BARBARA HAPPE

Die Entwicklung der deutschen Friedhöfe von der Reformation bis 1870

Untersuchungen des Ludwig-Uhland-Instituts der Universität Tübingen
im Auftrag der Tübinger Vereinigung für Volkskunde
herausgegeben von Hermann Bausinger, Ute Bechdolf, Utz Jeggle,
Wolfgang Kaschuba, Michi Knecht, Christel Köhle-Hezinger,
Konrad Köstlin, Gottfried Korff, Bernd Jürgen Warneken und Gisela Welz

77. Band

1991
TÜBINGER VEREINIGUNG FÜR VOLKSKUNDE E.V.,
Schloß, 7400 Tübingen

Barbara Happe

Die Entwicklung der deutschen Friedhöfe von der Reformation bis 1870

1991
TÜBINGER VEREINIGUNG FÜR VOLKSKUNDE E.V.,
Schloß, 7400 Tübingen

ISBN 3-925340-69-6

Alle Rechte vorbehalten. © Tübinger Vereinigung für Volkskunde 1991
Satz und Gestaltung: Stefan Beck, Gerhard Keim
Fotosatz und Druck: Guld-Druck GmbH, Tübingen

INHALT

VORBEMERKUNG 9

EINLEITUNG 11
Material 14

REFORMVERORDNUNGEN ZUR VERLEGUNG DER
BEGRÄBNISPLÄTZE IM 18. JAHRHUNDERT 17
Die Pariser Aussetzungsbeschlüsse und das Dekret von Napoleon I. 20
Die josephinischen Hofdekrete 22
Die Bestattungsverordnungen in deutschen Territorien während
 der zweiten Hälfte des 18. Jahrhunderts 23

DIE ENTWICKLUNG DER FRIEDHÖFE ZWISCHEN
1750 UND 1870: FALLSTUDIEN 27
Der Stadtfriedhof in Tübingen (1829) 28
Der Hedinger Friedhof in Sigmaringen (1825) 48
Der Friedhof „Unter den Linden" in Reutlingen. 64

VERGLEICHENDE UNTERSUCHUNGEN ZUM ANLAGESYSTEM DER
FRIEDHÖFE IM DEUTSCHSPRACHIGEN RAUM VON 1750–1850 73
Die Umwandlung bestehender Anlagen im
 Untersuchungszeitraum 74
Der „Alte Friedhof" in Ulm 74
Der „Alte Friedhof" in Freiburg i. Br. 77
Typus A: Der Friedhof als Zweckeinrichtung 78
Der „Gartenfriedhof" in Hannover (1741) 78
Die Friedhöfe in Göttingen (1747 & 1780) 79
Der Friedhof in Neuss (1804) 82
Die Friedhöfe in Rheydt (1807 & 1822) 83
Der „Städtische Kirchhof" in Trier (1808) 84
Der Hauptfriedhof in Koblenz (1820) 85

Typus B: Der Camposanto 87
Die Camposanto-Anlage auf dem Südfriedhof in München (1842) 88
Der Friedhof in Traunstein 91

Typus C: Die geometrische Vier-Felder-Anlage 97
Der „Alte Friedhof" in Pirmasens 98
Der „Neue Begräbnisplatz" in Dessau (1787) 99
Der „Hauptfriedhof" in Mainz (1803) 102
Der Friedhof in Würzburg (1803) 105
Der „Sadebecksche Friedhof" in Reichenbach (1804) 107
Die Friedhöfe in Düsseldorf 108
Der „Golzheimer Friedhof" (1804) 109
Der „Melaten-Friedhof" in Köln (1810) 111
Der „Friedhof am Stadtgarten" in Krefeld (1814) 115
Der „Trinitatis-Friedhof" in Dresden (1815) 117
Der „Historische Friedhof" in Weimar (1818) 118
Der „Nordfriedhof" in Magdeburg (1827) 121
Der „Friedhof an der Niederramstädter Straße" in Darmstadt (1828) 121
Der „Friedhof an der Norderreihe" in Altona (1831) 125
Der „Ebershaldenfriedhof" in Esslingen (1843) 128
Der „Hauptfriedhof"in Kassel (1843) 128

Typus D: Die Auflösung des geometrischen Grundrisses
durch den Einfluß landschaftsgärtnerischer
Gestaltungselemente 131
Der „Hauptfriedhof" in Mannheim (1842) 131
Der „Alte Friedhof" in Bonn (1715) 135
Der „Hauptfriedhof" in Frankfurt (1828) 139
Der „Kannenfeldgottesacker" (1868) und der „Wolfgottesacker"
(1869-1872) in Basel 143
Der „Domkirchhof" in Braunschweig (1810) 145

Die Lage der Grabstätten und die Plazierung der
Grabdenkmäler in den verschiedenen Anlagesystemen 149
Die Einführung des Reihenbegräbnisses 149
Die Verordnungen zur Einführung des Reihenbegräbnisses 152
Die Verordnungen zur Errichtung und Plazierung der Grabdenkmäler 157
Der denkmalfreie Innenraum und die grabmalsbesetzte Peripherie 163

DIE URSPRÜNGE DER MODERNEN BESTATTUNGSANLAGEN — 177

Luther und die Friedhöfe des 16. Jahrhunderts — 177
Der mittelalterliche Totenkult — 177
Luthers Gedanken zum Friedhof — 179
Die Übernahme von Luthers Forderungen zum Begräbnisplatz in die Kirchenordnungen des 16. Jahrhunderts — 183

Der Beginn der Trennung von Grab und Kirche — 188
Die Auslagerung der allgemeinen Begräbnisplätze im 16. Jahrhundert — 188

Der Camposanto-Friedhof im 16. Jahrhundert — 207

GARTENKUNST UND FRIEDHOFSANLAGEN — 217

Der englische Landschaftsgarten als Vorbild für die Friedhofsanlagen des 18. und 19. Jahrhunderts. Eine kritische Diskussion der aktuellen Sichtweise — 217

Hirschfelds Einfluß auf spätere Theorien über die Entstehung des modernen Friedhofes — 223

Das folgenreiche Mißverständnis in der Interpretation der Schrift von Voit — 228

Weitere Gestaltungsvorschläge — 231

F.L. von Sckell: „Über Anlagen und Pflanzungen auf Kirchhöfen." — 232

SCHLUSSBETRACHTUNG — 237

ANHANG — 243

Literatur — 243

Quellen — 253

Friedhofs- und Leichenordnungen — 255

Vorbemerkung

Die vorliegende Arbeit wurde im Sommersemester 1988 von der Fakultät für Sozial- und Verhaltenswissenschaften der Universität Tübingen als Dissertation angenommen. Text und Bildteil wurden für den Druck geringfügig überarbeitet.

Allen Personen und Institutionen, die meine Dissertation über Jahre hinweg begleitet und mich bei meinen Recherchen unterstützt haben, möchte ich herzlich danken. An erster Stelle gilt mein Dank Herrn Prof. Dr. G. Korff, der diese Arbeit betreut und mir in langen Gesprächen wertvolle Anregungen gegeben hat. Herrn Prof. Dr. H. Bausinger danke ich für wichtige Anregungen vor allem in der Schlußphase der Untersuchung und die kritische Durchsicht des Manuskriptes. Bei Herrn Dr. H.-K. Boehlke, Arbeitsgemeinschaft Friedhof und Denkmal e. V. (AFD Kassel), bedanke ich mich besonders für die Überlassung des Materials aus dem Forschungsprojekt „Erfassung und Dokumentation der Sepulkralkultur zwischen 1750 und 1850 im deutschsprachigen Raum" und für seine dauernde Gesprächsbereitschaft. Wesentliche Anstöße und Ideen verdanke ich Frau Dr. J. Schuchard (AFD Kassel), die meine Arbeit mit vielen Diskussionen begleitete und das Manuskript durchsah, sowie Herrn Dr. M. Belgrader, der mir vor allem zu Beginn behilflich war. Für Literaturhinweise danke ich Herrn Prof. Dr. D. Hennebo und Frau Erika Schmidt (Hannover). Herr Wolfgang Hesse (Tübingen) überließ mir freundlicherweise Hinweise zum Stadtfriedhof Tübingen. Bei Frau Dr. E. Mickoleit (Tübingen) bedanke ich mich für die sorgfältige Durchsicht des Manuskriptes. Frau Margret Roser danke ich für die Anfertigung von Zeichnungen.

Allen im Quellenverzeichnis aufgeführten Bibliotheken und Archiven danke ich für ihre Unterstützung und hilfreiche Mitarbeit.

Herrn P.E. Schwenk (Haigerloch) danke ich sehr für die Gewährung einer finanziellen Hilfe zur Drucklegung der Arbeit.

Die Dissertation wurde durch ein Stipendium der Landesgraduiertenförderung und einen Sach- und Reisekostenzuschuß der Tübinger Stipendienstiftung gefördert.

Einleitung

Der christliche Bestattungsplatz erfuhr durch die Ablösung des Kirchhofes vom außerörtlichen Friedhof, die sich in den Städten im wesentlichen zwischen 1750 und 1870 vollzog, einen tiefgreifenden Bedeutungswandel. Nach der jahrhundertelangen Verbindung von Kultbezirk und Begräbnisplatz führte die Trennung des Grabes vom Gotteshaus zu einem religiösen Bedeutungsverlust des Bestattungsortes, den man noch in diesem Jahrhundert als Sinnverlust und geistige Entleerung beklagte. Gleichzeitig entstanden völlig neue Voraussetzungen für die Einrichtung und Gestaltung der Friedhöfe, deren Verwaltung im Laufe des 19. Jahrhunderts größtenteils von kirchlicher in staatliche Hand überging.

In der vorliegenden Arbeit sollen die Umstände, die zur allgemeinen Verlegung der Begräbnisplätze vor die Städte führten, dargestellt, die Gestaltungsgrundsätze für die neuen Friedhofsanlagen ergründet und schließlich deren Umsetzung in verschiedenen Erscheinungsformen der Friedhofsarchitektur dieses Zeitraumes charakterisiert und diskutiert werden.

Trotz der scheinbaren Fülle von Literatur zum Themenbereich Friedhof und Grabmalkunst war die Behandlung dieses Themas notwendig geworden, da es keine zusammenfassende Darstellung der Friedhofsentwicklung zwischen 1750 und 1870 gibt. Die in letzter Zeit erschienenen Arbeiten sind vornehmlich ästhetisch präsentierte Bildbände oder populäre Abhandlungen, welche die vorhandene Forschungslücke nicht beseitigen.[1] So beziehen wir unsere derzeitigen Kenntnisse über die Geschichte der christlichen Bestattungsplätze weitestgehend aus den Standardwerken von Derwein[2], Hüppi[3], Melchert[4] und Schweizer[5] und der

---

1 Siehe hierzu die Angaben von Wolfgang Brückner: Das alte Thema Tod im Boom der neuen Literatur. In: Bayerische Blätter für Volkskunde 11. Jg. H. 2. 1984, S. 83ff.
2 Herbert Derwein: Geschichte des christlichen Friedhofs in Deutschland. Frankfurt a.M. 1931.
3 Adolf Hüppi: Kunst und Kult der Grabstätten. Olten 1968.
4 Herbert Melchert: Die Entwicklung der deutschen Friedhofsordnungen. Dessau 1929.
5 Johannes Schweizer: Kirchhof und Friedhof. Eine Darstellung der beiden Haupttypen europäischer Begräbnisstätten. Linz 1956.

unveröffentlichten Dissertation von Peiter[6], deren Verdienst es ist, die großen Entwicklungslinien des christlichen Bestattungswesens entworfen zu haben. „Es galt, den Friedhof innerhalb der abendländischen und nordamerikanischen Gemeinschaft und ihrer Kultur zu entwickeln", schreibt Hüppi.[7] Diese Autoren haben den Grundstein gelegt, auf dem aufbauend einzelne, als wichtig erkannte Epochen genauer untersucht werden können, um das Netz der Erkenntnisse über die Bestattungskultur immer engmaschiger zu knüpfen. Ein außerordentlich wichtiger Vorstoß zu dieser Verdichtung wurde mit dem von der Arbeitsgemeinschaft Friedhof und Denkmal e.V. (AFD) in Kassel unter der Leitung von Dr. H.- K. Boehlke durchgeführten und von der Volkswagenstiftung geförderten Forschungsprojekt „Erfassung und Dokumentation der Sepulkralkultur zwischen 1750 und 1850 im deutschsprachigen Raum" unternommen. Aus diesem Projekt sind mittlerweile drei Bände: Kasseler Studien zur Sepulkralkultur; Wandlungsprozesse zwischen 1750 und 1850 hervorgegangen. Ein wichtiger Beitrag ist auch der Sammelband: „Vergänglichkeit und Denkmal", Beiträge zur Sepulkralkultur. Hrsg. von J. Schuchard und H. Claussen[8].

Im Rahmen dieses Forschungsprojektes erstellte ich zwei Fallstudien über den Stadtfriedhof in Tübingen und den Friedhof „Unter den Linden" in Reutlingen. Sie waren der Ausgangspunkt der vorliegenden Arbeit, denn bei der Untersuchung dieser beiden Friedhöfe stieß ich auf bemerkenswerte Abweichungen von dem in der einschlägigen Literatur postulierten Bild des Friedhofes im späten 18. und frühen 19. Jahrhundert. Die lokalen Befunde unterschieden sich so sehr von der heutigen Rezeption, daß weiterführende Untersuchungen klären sollten, ob hier regionale Besonderheiten vorlagen oder ob ein Mißverhältnis zwischen vorhandener Theorie und empirischer Basis dazu führte, den Friedhof dieses Zeitraumes heute in einer retrospektiv verklärenden Sichtweise zu betrachten. So sollte im besonderen danach gefragt werden, ob und gegebenenfalls in welcher Weise das „Zeitalter der Empfindsamkeit"[9] Spuren auf den Stätten der Toten hinterlassen hat.

Das Thema Friedhof ist grundsätzlich kein Forschungsgegenstand, der einer bestimmten Fachrichtung obliegt. Dies zeigt z.B. die breitgefächerte interdisziplinäre Ausrichtung im Forschungsprojekt der AFD. Was jedoch das besondere Interesse der Empirischen Kulturwissenschaft am Friedhof ausmacht, ist seine Einbettung in das große Feld der Alltagswelt. Die 1750 bis 1850 entstandenen Friedhofsanlagen sind, wie die nachfolgende Untersuchung zeigen wird, kein Produkt der „Hochkultur" und dies mag auch die weitgehende Abstinenz der Kunsthistoriker von diesem Untersuchungsgegenstand erklären. Oftmals wurden

---

6 Katharina Peiter: Der evangelische Friedhof – Von der Reformation bis zur Romantik. Diss. Humboldt-Universität Berlin 1968.
7 Hüppi 1968, S. 7.
8 Vergänglichkeit und Denkmal: Beiträge zur Sepulkralkultur, Jutta Schuchard & Horst Claussen (Hrsg.), Bonn 1985 (Schriften des Arbeitskreises Selbständiger Kulturinstitute; Bd.4).
9 Renate Krüger: Das Zeitalter der Empfindsamkeit. Leipzig, Wien & München 1972.

Tendenzen und Strömungen der hohen Kultur vorschnell auf die Niederungen der Alltagskultur und hier die Entwicklung des öffentlichen Friedhofes übertragen. Nur eine dichte Materialerhebung auf der Basis neuer Quellen kann deshalb dazu beitragen, verhärtete Sichtweisen zu durchbrechen.

In den drei Fallstudien, die am Beginn der Arbeit stehen, wird ein möglichst detailliertes Bild der damaligen Friedhofswirklichkeit gezeichnet. Es sollen dem Leser alle Vorgänge, die das Erscheinungsbild dieser Friedhöfe prägten, vorgestellt werden. In dem sich anschließenden Vergleich mit 31 Friedhöfen im deutschsprachigen Raum ist das Hauptinteresse auf den Charakter der Anlage, die Bepflanzung, das Verhältnis von Reihengrab und Familiengrab und die Plazierung der Grabmale gerichtet.

Im Spektrum der im Untersuchungszeitraum von 1750 -1850 entstandenen Friedhofsanlagen unterscheide ich vier Typen. Sie reichen von einer zweckmäßigen, relativ anspruchslosen Anlage über den Camposanto und die am häufigsten auftretende Vier-Felder-Anlage bis zu dem vierten Typus, in welchem die Auflösung des geometrischen Grundrisses erreicht wird. Der letztgenannte Typus kann als Vorbote der Entwicklung der Friedhöfe nach 1870 gelten, als sich bei zahlreichen Friedhofsneugründungen eine neue Anlagenart – der Park- und Waldfriedhof – durchzusetzen begann. In Vorwegnahme eines Ergebnisses sei bemerkt, daß die Gestaltungsprinzipien des englischen Landschaftsgartens, die das Bild fürstlicher Parkanlagen in Deutschland nach 1750 bestimmten, nicht, wie bislang angenommen, das Vorbild für die Friedhofsarchitektur waren.

Im zweiten Komplex der Arbeit gehe ich der Frage nach, welches Wechselverhältnis zwischen der Art des Begrabens, der Plazierung der Grabdenkmäler und einem spezifischen Anlagetypus besteht. Dazu werde ich in einem besonderen Kapitel die Gründe für die Einführung des Reihenbegräbnisses und dessen Verbreitung untersuchen. Ein weiterer Akzent liegt auf der Bedeutung der Friedhofsmauer als eines privilegierten Bestattungsortsortes. Die Beobachtung, daß Wahl- und Familiengräber, sofern sie überhaupt auf den neuen Friedhöfen zugelassen waren, fast immer nur an den Umfassungsmauern lagen, während sich das Reihengräberfeld, auf dem sehr häufig das Errichten von Grabdenkmälern untersagt war, im Inneren der Anlage befand, verlangt nach einer Erklärung. Das Phänomen der besonderen Bedeutung der Friedhofsmauer führt zunächst an den Beginn der Trennung von Grab und Kirche nach der Reformation. An dieser Stelle wird auf eine in der Literatur bisher weitgehend unbeachtete Tatsache hinzuweisen sein. Schon im 16. Jahrhundert wurden, wie ich anhand von 50 Beispielen belegen werde, allgemeine Begräbnisplätze außerhalb der Städte angelegt. Hierbei gilt meine besondere Aufmerksamkeit der Verbreitung der Camposanto-Anlagen in Deutschland während des 16. Jahrhunderts. Sie liefern den Schlüssel zum Verständnis für die besondere Wertschätzung, die den Arkaden und der Friedhofsmauer als bevorzugtem Bestattungsort zukam. Anhand eines 1937 veröffentlichten Ratsprotokolls aus Luzern aus dem Jahre 1639 kann ein unmittelbarer Zusammenhang zwischen dem Besitz einer Grabstelle im Kircheninneren und in den Arkaden auf dem Friedhof hergestellt werden. So entsteht eine Kontinuität zwischen historischer Anlage und dem Ursprung der modernen Friedhofsarchitektur.

Da diese Schlußfolgerungen im Widerspruch zu der erwähnten Annahme stehen, der englische Landschaftsgarten sei das Vorbild für die Friedhofsgestaltung seit dem späten 18. Jahrhundert, habe ich diese Hypothese in einem gesonderten Abschnitt geprüft. Ich werde zeigen, daß sie nicht auf empirischen Untersuchungen der damaligen Friedhofswirklichkeit beruht, sondern sich auf die Rezeption gartenkünstlerischer Ansätze, wie z.B. Hirschfeld, stützt. Dabei treten, wie im Falle Voit, folgenreiche Mißverständnisse auf.

Material

Ausgangsmaterial sind Fallstudien über drei städtische Friedhöfe in Südwestdeutschland: den 1829 eröffneten Stadtfriedhof in Tübingen, den 1826 angelegten Hedinger Friedhof in Sigmaringen und den Friedhof „Unter den Linden" in Reutlingen, der seit der Stadtgründung außerhalb des Ortes lag. Da die Erwartung bestand, daß sich sowohl konfessionelle Unterschiede als auch die soziale Struktur der Städte auf die Gestalt und den Entwicklungsverlauf der Friedhöfe auswirke, wurden drei Städte von unterschiedlichem Charakter ausgewählt: Tübingen, als alte Universitätsstadt mit überwiegend protestantischer Bevölkerung, Sigmaringen, als Residenz der süddeutschen Hohenzollern, in der bis zur Mitte des 19. Jahrhunderts fast ausschließlich Katholiken lebten, und die kaufmännisch geprägte, protestantische Reichsstadt Reutlingen. Die Hauptquellen waren zumeist bisher nicht bekannte oder nicht bearbeitete Archivalien, Berichte in der zeitgenössischen örtlichen Presse, die ortsbezogene Literatur und Verordnungen zum Friedhofs- und Bestattungswesen.

Für die Bearbeitung des Tübinger Stadtfriedhofes wurden Recherchen im Diozösanarchiv Rottenburg, im Archiv der evangelischen Landeskirche in Stuttgart, im Staatsarchiv Ludwigsburg, im Universitätsarchiv Tübingen, im Hauptstaatsarchiv Sigmaringen und im Stadtarchiv Tübingen durchgeführt. Im Stadtarchiv Tübingen gelang ein glücklicher Fund. In den Beständen der Stiftungs- und Hospitalspflege, die für die Einrichtung und Verwaltung des Friedhofes zuständig war, fand ich ein bisher unbekanntes, viele hundert Seiten starkes Aktenkonvolut über den Stadtfriedhof. Dies ermöglichte, die genauen Umstände der Planung und Einrichtung und die Entwicklung dieses Friedhofes bis 1894 zu rekonstruieren.

Die Akten über den Sigmaringer Friedhof befinden sich, mit Ausnahme derjenigen des Pfarrarchivs, im Hauptstaatsarchiv Sigmaringen. Mit dem Fund von acht verschiedenen Grundrißentwürfen zum „Hedinger Friedhof" kann der Kanon der

*Abb. 1. Verzeichnis der in der Arbeit beschriebenen Friedhöfe. Die Signaturen bedeuten:
● = Städte mit außerörtlichen Begräbnisplätzen im 16. Jhd.; ○ = Städte, deren Friedhöfe zwischen 1750 und 1850 angelegt wurden und die im Text ausführlich beschrieben wurden; ⊙ = Städte, auf die beide vorher genannten Punkte zutreffen.*

damals erwogenen Gestaltungsmöglichkeiten einer Friedhofsanlage beispielhaft diskutiert werden.

An der Entwicklung des Reutlinger Friedhofes „Unter den Linden" sollen die Auswirkungen der Reformbestrebungen des späten 18. Jahrhunderts auf eine historisch gewachsene Anlage untersucht werden. Auf relevante Archivalien stieß ich im Archiv des evangelischen Dekanats in Reutlingen, im Stadtarchiv Reutlingen und in den Archivbeständen des Oberamtes Reutlingen, die im Hauptstaatsarchiv Sigmaringen lagern.

Für den Vergleich wählte ich aus den etwa vierzig Fallstudien des Forschungsprojektes der AFD die vierzehn Friedhöfe aus, welche durch die umfangreichsten Materialerhebungen repräsentiert sind. Vier dieser Fallstudien sind mittlerweile publiziert, nämlich Bonn, Göttingen, Hannover und Ulm. Für die Bereitstellung des gesamten Materiales des Forschungsprojektes möchte ich mich ganz besonders bei Herrn Dr. Boehlke (Kassel) bedanken. Ergänzt wurde der vergleichende Teil durch siebzehn Friedhöfe, die in der Literatur beschrieben sind. Bei fast allen Friedhöfen waren eigene Nachforschungen zu speziellen Fragen in den betreffenden Stadtarchiven notwendig.

Die Quellen für die Erfassung der außerstädtischen Friedhöfe im 16. Jahrhundert waren die Inventare der Baukunstdenkmäler. Die Topographia Germaniae von Merian[10] und die Stadtansichten von Braun & Hogenberg[10a] gaben mir Hinweise, in welchen Städten es damals außerstädtische Friedhöfe gab und wo somit Nachforschungen lohnend schienen (Abb. 1).

---

10 Matthäus Merian: Topographia Germaniae 1.-17. Faks. Ausgabe. Kassel und Basel 1959-1967.
10a Georg Braun & Franz Hogenberg: Beschreibung und Contrafactur der vornembster Stät der Welt (Civitates orbis terrarum). Eingel. und komm. von Max Schefold. Faks. Ausgabe. Bd. 1-5 Plochingen 1965-1969.

Reformverordnungen zur Verlegung der Begräbnisplätze im 18. Jahrhundert

Die Entwicklung des Friedhofs- und Bestattungswesens gelangte in der zweiten Hälfte des 18. Jahrhunderts an einen entscheidenden Wendepunkt. Die bis zu diesem Zeitpunkt über Jahrhunderte hinweg übliche Praxis der Bestattung auf innerörtlichen Kirchhöfen und im Kircheninneren wurde wegen des Bevölkerungszuwachses[11] und aus hygienischen Gründen in Frage gestellt (Abb. 2). Schon seit Beginn des 18. Jahrhunderts wurden insbesondere unter Medizinern Stimmen laut, die Begräbnisplätze zu verlegen. Es erschien eine Flut von Schriften, die das Für und Wider der Kirchenbestattung und der Beerdigung innerhalb der Städte im Hinblick auf die Reinhaltung der Luft und die Auswirkungen auf den Gesundheitszustand der

---

[11] Angaben des statistischen Bundesamtes Wiesbaden zur Bevölkerungsentwicklung in Deutschland zwischen 1750 und 1850. Die Angaben sind der Fachserie 1. Reihe 1.1.: Stand und Entwicklung der Bevölkerung entnommen. Sie umfassen Deutschland und Preussen zum Gebietsstand vom 31.12.1937.
Dezember 1788 = 15,4 Millionen Einwohner
" 1816 = 21,989 " "
" 1825 = 24,804 " "
" 1834 = 27,024 " "
" 1843 = 29,748 " "
" 1852 = 31,693 " "

Abb. 2. „Die Ruinen der ehemaligen Haupt=Kirche zu Speyer, des Begräbnisortes der Kaiser aus dem Hause Habsburg." Kupferstich, gez. Gouth/gest. Zentner von 1783. 16 x 21,6 cm. Stadtarchiv Speyer Bestd. 233/ III 30. Der Blick in das offene Kirchenschiff zeigt den mit Grabplatten bedeckten Boden.

Bevölkerung erörterten.[12] Die Kontroverse über den Standort der Begräbnisplätze wurde bekanntlich zugunsten derjenigen entschieden, die für eine Verlegung plädiert hatten. Die Warnungen der Mediziner vor der Beeinträchtigung der Luft durch ausströmendes Leichengift in der Nähe von Wohngebieten wurden ernst genommen und schlugen sich in der staatlichen Gesetzgebung der 70er und 80er Jahre des 18. Jahrhunderts nieder. In einer Übersicht von Polley über die Bestattungsverordnungen in den deutschen Staaten stammt das früheste Beispiel

---

[12] Johann Georg Krünitz: Ökonomisch-Technologische Encyclopädie oder allgemeines System der Staats-, Stadt-, Haus- und Landwirtschaft, und der Kunstgeschichte, in alphabetischer Ordnung. 2. Aufl., Bd. 73, Berlin 1798, S. 398ff. Hier werden eine Reihe der wichtigsten Schriften angeführt, die von der „Schädlichkeit der Kirchen=Begräbnisse, und deren nöthigen Abschaffung, wie auch der Schädlichkeit der Gottes=Aecker in Städten, Flecken und Dörfern, und deren nöthigen Verlegung" handeln. Keineswegs ungewöhnlich waren Titel wie der von J. G. Hasenest: „Effluvia coemeterii noxia, & inde scaturientes aquae, ceu periculosae, derivandae; schädliche Ausdämpfungen des Kirchhofs und die daraus quellende Wasser, sorgfältigst abzuleiten".

eines Verbotes der Kirchenbestattung aus dem Jahre 1770.[13] Bei Reyscher wird aus Württemberg bereits von 1700 ein Verbot der Kirchenbestattung erwähnt.[14] Die Notwendigkeit zur Entfernung der Begräbnisplätze aus den Städten und dem nahen Umkreis der Wohngebiete wurde nicht nur in Deutschland diskutiert. Vor allem Frankreich und Österreich übernahmen mit ihren teils sehr radikalen Reformmaßnahmen eine Vorreiterrolle.[15] Auf die Bedeutung der österreichischen Reformbewegung, die unter Maria Theresia begonnen und von ihrem Sohn Joseph II. in wesentlich strengerer Weise fortgeführt wurde, ist schon mehrfach hingewiesen worden. Polley hat im Rahmen des Forschungsprojektes der AFD die josefinischen Reformen schwerpunktmäßig untersucht.[16] Das Material zur Entwicklung der Bestattungsreformen in Frankreich aus vorrevolutionärer Zeit und bis zur Gesetzgebung Napoleon I. findet sich bei Ariès.[17] In England setzte die Reform des Bestattungswesens und die Entfernung der Begräbnisplätze aus den Städten erst im Laufe des 19. Jahrhunderts ein. So war z.B. Liverpool 1825 die erste Stadt in England mit einem außerstädtischen Friedhof.[18] Die ersten Friedhofsauslagerungen in Italien fanden nach den Angaben bei Krünitz in der Toskana (1773) und in Modena (1774) statt.[19] Damals war die Toskana habsburgische Sekundogenitur und Modena Herzogtum. Bei den Reformvorhaben im südlicheren Italien ist französischer Einfluß spürbar, und im nördlichen Italien waren ja bis 1859/60 bzw. in Venetien bis 1866 österreichische Gesetze maßgebend.[20] Diese Angaben stehen in Widerspruch zu

---

[13] Rainer Polley: Das Verhältnis der josephinischen Bestattungsreformen zu den französichen unter dem Ancien Régime und Napoleon I. In: Vom Kirchhof zum Friedhof: Wandlungsprozesse zwischen 1750 u.1850; Symposium vom 11.-13.Mai 1981 in Mühlheim/Ruhr zum Forschungsprojekt Erfassung und Dokumentation d. Sepulkralkultur d. Klassizismus, d. Romantik u. d. Biedermeier/Arbeitsgemeinschaft Friedhof und Denkmal e.V., Kassel. - Kassel: Arbeitsgemeinschaft Friedhof u. Denkmal, 1984. (Kasseler Studien zur Sepulkralkultur; Bd.2) S.112ff.

[14] August Ludwig Reyscher: Vollständige, historisch und kritisch bearbeitete Sammlung der württembergischen Gesetze. 8. Band. Enthaltend den ersten Theil der Sammlung der Kirchen-Geseze, Tübingen 1834, S. 513.

[15] Die französischen Verordnungen und insbesondere das Dekret Napoleons (1804) hat in weiten Teilen Deutschlands während der Besetzung durch die Franzosen die Auslagerung der Begräbnisplätze bewirkt oder beschleunigt.

[16] Vgl.: Polley 1984 und Wolfgang Biedermann: Friedhofkultur in Wien im 19. Jahrhundert. Das Bestattungswesen vom Josefinismus bis zur Gründerzeit. Diss. Wien 1978 hat die Bestattungsreformen vor, während und nach der Regierungszeit Josef II ausführlich dargestellt.

[17] Philippe Ariès: Geschichte des Todes. München 1982. Wichtige Hinweise geben auch Robert Auzelle: Dernières demeures. Paris 1965, Pierre Chaunu: La mort à Paris. XVIe, XVIIe, XVIIIe siècles. Paris 1978 und Richard A. Etlin: The Architecture of Death. The Transformation of the Cemetery in Eighteenth-Century Paris. Cambridge u.a. 1984.

[18] James Steven Curl: A celebration of death. An introduction to some of the buildings, monuments, and settings of funerary architecture in the Western European tradtion. London 1980, S. 208.

[19] Krünitz 1798, S. 402.

[20] Unter napoleonischer Herrschaft wurden z.B. in Rom 1809 erstmals Pläne entworfen, die Begräbnisse auf den sogenannten Campo Verano bei San Lorenzo fuori le mura zu beschränken. Dieser Plan wurde unter päpstlicher Herrschaft um 15 Jahre aufgeschoben. Vgl.: Klaus Wever.: Über die Ottocento-Friedhöfe in Italien. Dissertation in Vorbereitung. Zum Zitieren freigegeben

denen von Fayans, der angibt, daß erst die Neuzeit „mit ihren gesundheitlichen Fortschritten (...) nach dem erfolgten Verbote des Begrabens in den Kirchen (in Frankreich 1755, in Italien 1865) das Verlegen der Kirchhöfe vor die Tore der Städte" gebracht habe.[21]

Im folgenden werden die Kernpunkte der französischen und österreichischen Reformen, die für die Entwicklung des deutschen Begräbniswesens von Bedeutung waren, kurz dargestellt.

Die Pariser Aussetzungsbeschlüsse und das Dekret von Napoleon I.

Die Reform des Bestattungswesens im 18. Jahrhundert nahm ihren Anfang im vorrevolutionären Frankreich. Die Zustände auf den innerstädtischen Friedhöfen in Paris, die wie der „Cimetière des Innocents" jahrhundertelang in Benutzung waren und an hoffnungsloser Überfüllung litten, wurden von Anwohnern und Medizinern immer heftiger kritisiert. Schon 1737 berichtete eine Ärztekommission die Ergebnisse einer Untersuchung über den Zustand der Friedhöfe erstmals vor dem Pariser Stadtparlament. Diese Anhörung blieb vorerst folgenlos, und man beließ es bei der Ermahnung, mehr Sorgfalt bei den Begräbnissen und der Aufsicht über die Friedhöfe anzuwenden.[22] Dreißig Jahre später wurde in dem „Arrest de la cour de parlement" vom 21. Mai 1765 erstmals angeordnet, sieben oder acht neue Friedhöfe vor der Stadt anzulegen.[23] Durch Umfragen und Untersuchungen war man auf Unzulänglichkeiten im Begräbniswesen gestoßen. „(...) que d'après l'examen de toutes ces Pieces, le Procureur Général du Roi se croit en état de proposer à la Cour ses réflexions, & le noyen de remédier aux inconvéniens de tout genre qui paroissent résulter de l'usage actuel d'enterrer les corps des défunts dans l'intérieur de la Ville; usage qui ne doit son origine qu'à l'aggrandissement de cette Capitale, qui, en s'étendant, a renfermé la plupart des Cimetieres dans l'enceinte de ses limites; que d'ailleurs le nombre des habitans de chaque Paroisse s'est si fort augmenté par l'élévation des maisons, que les lieux destinés aux inhumations se sont trouvés trop resserés, & par-là sont devenus fort à charge à tout leur voisinage"[24]. Die täglichen Beschwerden über die schlechte Luft in der Nähe der Friedhöfe drängten auf eine Veränderung. „(...) principalement lorsque les chaleurs de l'Eté augmentent les

---

vom Autor. Darin: Kapitel: Acht Italienische Friedhöfe des Ottocento, S.2. Wever beruft sich auf Ermanno Loevinson: Il campo Verano. In: Nuova Antologia, 1914, S.78.
[21] Stefan Fayans: Handbuch der Architektur. IV. Teil, 8.Halbband, Heft 3: Bestattungsanlagen. Stuttgart 1907, S. 17.
[22] Vgl.: Ariès 1982, S. 608.
[23] Arrest de la cour de parlement, extrait des registres du parlement. Du 21. mai 1765. Archives nationales Paris Signatur AD I 25^A („Édits, Arrets, Lettres - Patentes, etc. Collection unique par Matières. Inhumations (et) cimetières.")
Ariès 1982, a.a.O. S. 614 gibt anstelle der Jahreszahl 1765 fälschlicherweise 1763 an.
[24] Ebd., S. 1f.

exhalaisons, qu'alors la putréfaction est telle que les alimens les plus nécessaires à la vie, ne peuvent se conserver quelques heures dans les maisons voisines sans s'y corrompre, ce qui provient ou de la nature du sol trop engraissé pour pouvoir consommer les corps, ou du peu d'étendue du terrein pour le nombre des Enterremens annuels, ce qui nécessite de revenir trop souvent au même endroit, & peut-etre aussi du peu d'ordre".[25] Demnach schien die Situation so dringend, daß ein ganzes Bündel von Maßnahmen zur grundlegenden Erneuerung des Begräbniswesens ergriffen wurde. Nach Artikel III des Aussetzungsbeschlusses von 1765 sollte die Bestattung in Kirchen und Kapellen grundsätzlich unterbunden werden. Um den Erwerb eines Kirchengrabes jedoch nicht gänzlich unmöglich zu machen, sollten bis auf die Geistlichen alle Personen eine Gebühr von 2000 Livres für ein Kirchengrab entrichten. In Kapellen und Grüften durften weiterhin die Stifterfamilien und diejenigen Familien, denen sie gehörten, bestattet werden. Trotz dieser prekären Situation und trotz der Anordnungen des Aussetzungsbeschlusses wurde die Verlegung der Begräbnisplätze bis auf weiteres verschoben.

Gleichzeitig rissen die Verhandlungen und Debatten über Begräbnisfragen nicht ab, bis König Ludwig XVI. im März 1776 eine für ganz Frankreich gültige „Declaration concernant les inhumations"[26] erließ, die erneut das Verbot der Kirchenbestattung und die Verlegung der Friedhöfe anordnete.

Am Ende des Jahres 1779 drang Feuchtigkeit aus einem der großen Gemeinschaftsgräber des Cimetière des Innocents in die Keller der angrenzenden Häuser, stieg bis in die Erdgeschosse und „verpestete" die gesamte Luft der betroffenen Häuser. Dieser Vorfall führte 1780 zur Schließung des Cimetière des Innocents und nachfolgend aller weiterer Friedhöfe im Stadtgebiet.[27] Nach einer zwei Jahrzehnte währenden Zwischenlösung wurden zu Beginn des 19. Jahrhunderts die drei großen Friedhöfe nördlich, östlich und südlich von Paris eröffnet: 1804 der berühmte Friedhof Père-Lachaise, zwanzig Jahre später der Cimetière Montparnasse und 1825 der Friedhof am Montmartre.[28]

Mit dem napoleonischen „Décret impérial sur les sépultures" im Jahre 1804 erreichte die französische Bestattungsreform einen vorläufigen Abschluß. Die napoleonische Begräbnisreform ist für die deutsche Friedhofsentwicklung von besonderer Bedeutung, da nach dem Frieden von Lunéville (1801) die linksrheinischen Gebiete französisch wurden. 1802 wurden nach französischem Gesetz die katholischen Friedhöfe enteignet und in den Besitz der Zivilgemeinden überführt. Durch das napoleonische Dekret von 1804 erfuhr das Begräbniswesen eine einheitliche Regelung. Auf die Bestimmungen des napoleonischen Dekretes zur Einrichtung und Gestaltung der Friedhöfe werde ich an anderer Stelle zurückkommen. Hier sei nur darauf hingewiesen, daß zahlreiche Friedhofsneugründungen auf französischen Einfluß zurückgehen.

---
[25] Ebd., S. 2.
[26] Diese Verordnung ist bei Polley 1984, S. 119ff abgedruckt.
[27] Vgl. Ariès 1982, 630f.
[28] Jean Hillairet: Les 200 Cimetières du Vieux Paris. Paris 1958, S.347.

Die josephinischen Hofdekrete

In Österreich begann die staatliche Einflußnahme auf das Bestattungswesen in den 60er und 70er Jahren des 18. Jahrhunderts. Das bis zu diesem Zeitpunkt ausschließlich in den Händen der Kirche liegende Begräbniswesen[29] wurde nun allmählich durch vereinzelte Maßnahmen des Staates geregelt. Sie betrafen vornehmlich gesundheitspolitische Fragen der Bestattung. Die grundsätzliche Autonomie der Kirche in Begräbnisfragen wurde dabei nicht angetastet.[30] Joseph II. hatte während seiner gesamten Regierungszeit, insbesondere aber nach 1780, als er nach dem Tode seiner Mutter zum Alleinregenten wurde[31], eine Reihe von Reformen erwirkt, die zu einer völligen Neuorientierung im Begräbniswesen führten und die z.T. ihre Gültigkeit bis ins späte 19.Jahrhundert behielten.[32]

Am 13. Oktober 1781 erließ Joseph II. das „Toleranzpatent", das die Gleichstellung aller Konfessionen beinhaltete und demzufolge keine konfessionellen Friedhöfe mehr angelegt werden sollten.[33] In einem weiteren Schritt ordnete Joseph II. im Hofdekret vom 7. Februar 1782 das Verbot der Kirchenbestattung an: „Da die schädlichen Ausdünstungen der entweder in der Kirche selbst oder wenigstens in der Nähe eines bewohnten Platzes begrabenen Leichen, für die Gesundheit sehr nachtheilige Folgen hatte, so befahl Se. Maiestät die Leichen nicht mehr in Kirchenkruften, weder in noch vor der Stadt zu begraben, sondern nur beyzusetzen und zur Nachtzeit in die gewöhnlichen Kirchhöfe zu führen".[34] Ausnahmen waren nur den Mitgliedern des österreichischen Kaiserhauses und den Wiener Erzbischöfen gestattet.[35] Im Hofdekret vom 9. Oktober 1783 ordnete Joseph II. die Verlegung der Friedhöfe außerhalb der Linien Wiens an. Ein Passus aus diesem Dekret veranschaulicht, wie sehr seine Bestrebungen auf die Zweckmäßigkeit der Bestattung gelenkt waren. „Auch werde umso mehr ein minderer Raum für dermal zureichen, wenn man für die Grabstätten tiefe Schachten errichtet, wann die Todtentruhen übereinandergeschichtet werden können und nur, wenn ein solcher Schacht mit einigen hundert angefüllt ist, solche schließt, und erst dann eine andere öffnet."[36] Ganz deutlich zeigte sich dies auch in dem Hofdekret vom 14. September 1784, in dem er an Stelle der traditionellen Sargbestattung die Beerdigung in Säcken vorschrieb:

---

[29] Biedermann 1978, S. 11.
[30] In einem Hofdekret vom 7. März 1771 geht es um den Zeitpunkt der Bestattung: „Vor zweimal 24 Stunden darf niemand, den besonderen Fall einer ansteckenden Krankheit ausgenommen, begraben werden." Mit dem Hofdekret vom 14.August 1772 soll der Verbreitung von Seuchen vorgebeugt werden: „Kein Leichnam eines an einer bösartigen, oder epidemischen Krankheit Verstorbenen, darf zur Schau ausgesetzt, sondern muß sogleich dicht mit Kalk bestreut"werden. Biedermann 1978, S.12f.
[31] Vgl. Polley 1984, S. 110.
[32] Vgl. Biedermnann 1978, S. 13 und S. 45.
[33] Ebd., S. 14.
[34] Ebd., S. 27.
[35] Ebd., S. 28.
[36] Ebd., S. 33.

„Da bei der Verwesung kein anderes Absehen sein kann, als die Verwesung sobald als möglich zu befördern, und solcher nichts hinderlicher ist, als die Eingrabung der Leiche in Todentruhen, so wird für gegenwärtig geboten, daß alle Leichen in einem leinernen Sack ganz blos ohne Kleidungsstücke eingenähet, sodann in die Todentruhe gelegt, und in solcher auf den Gottesacker gebracht werden soll."[37]

Diese Vorschrift wurde von der Wiener Bevölkerung nicht unwidersprochen hingenommen, so daß Joseph II. im Januar 1785 diese Verordnung revidierte: „Allein da viele aus Vorurtheil die wichtigen Vortheile dieser heilsamen Anstalt, die nur die Sorge für die Gesundheit der Bürger zugrunde hatte, mißkannten, und sich hierüber aus mancherlei vorgefaßten Meinung kränkten, so heißen Se. Majestät in Ansehung der Todtentruhen iedem frey zu thun, was er für das angenehmste hält."[38] Die Durchsetzung der Reformen gegenüber der Wiener Bevölkerung war so schwierig, daß Joseph II. immer wieder an ihre Einhaltung appellierte und sie auch vielfach wieder abmilderte. Darüberhinaus traf er Vorsorge gegen allzu heftige Proteststürme der Bevölkerung: „Sollte sich aus Gelegenheit der neuen Beerdigungsart ein Tumult Auflauf oder eine gewalttätige Widersetzung ereignen: so haben sich die Seelsorger an die Kreisämter um Hilfe zu verwenden".[39] Die Reformverordnungen Joseph II. haben zwei wesentliche Veränderungen im Bestattungswesen bewirkt: die Verlegung der Begräbnisplätze aus den Ortschaften und den Beginn ihrer Überführung in staatliche Aufsicht. Im Reichssanitätsgesetz vom 18. April 1870 wurden die Kirchen der Verpflichtung enthoben, die immer noch bestehenden konfessionellen Friedhöfe zu unterhalten. Die Religionsgemeinschaften behielten zwar weiterhin das Recht, eigene Friedhöfe einzurichten, doch unterstanden sie künftig der Aufsicht des Staates in sanitärer und technischer Hinsicht.[40]

Die Bestattungsverordnungen in deutschen Territorien während der zweiten Hälfte des 18. Jahrhunderts

Auch in Deutschland setzten im letzten Drittel des 18. Jahrhunderts Bestrebungen zur Abschaffung der Kirchenbestattung und etwas später Verordnungen zur Verlegung der Begräbnisplätze aus den Wohngebieten ein.[41] Seit 1770 findet man

---

[37] Ebd., S. 38.
[38] Ebd., S. 42.
[39] Ebd., S. 41.
[40] Ebd., S. 50.
[41] Polley (1984) untersucht den Einfluß der josefinischen Bestattungsreformen auf andere Territorien des Heiligen Römischen Reiches und geht gleichzeitig der Frage nach, ob sie durch ihre Übernahme in die napoleonische Gesetzgebung wiederum Einfluß auf die deutschen Verhältnisse gehabt haben könnten. In Bezug auf die napoleonische Gesetzgebung kommt er zu dem Schluß, daß sie sich aus den französischen Verordnungen des Ancien Régime heraus entwickelten und nicht dem josefinischen Muster folgten. Für die Reformentwicklung in den deutschen Staaten läßt sich m. E. nicht generell bestimmen, ob sie den Reformvorstellungen josefinischer oder napoleonischer Prägung entsprachen. Dies müßte eine auf Einzeluntersuchungen basierende Gesamtübersicht zeigen.

in den deutschen Gesetzesverordnungen das Verbot der Kirchenbestattung immer häufiger.[42] Aufgrund gesundheitlicher Bedenken sollte, ähnlich wie in Frankreich, die Kirchenbestattung zwar nicht gänzlich unterbunden, die Anzahl der Kirchengräber aber erheblich eingeschränkt werden. Da die staatlichen Gesetzgeber sich dem Widerstand der Geistlichkeit und den Standesinteressen privilegierter Familien ausgesetzt sahen, wurden Ausnahmeregelungen in die Verordnungen mitaufgenommen. Oftmals lassen deshalb schon allein die Formulierungen in den Gesetzesverordnungen zur Abschaffung des Kirchenbegräbnisses an ihrer Ernsthaftigkeit zweifeln. Als Beispiel sei eine Verordnung aus Schwedisch-Pommern von 1778 genannt: „Demnach die Vorsorge für die Gesundheit der Landes-Einwohner und deren Erhaltung allerdings erfordert, alle die Hindernisse (...) möglichst wegzuschaffen, unter welchen der eingerissene Mißbrauch und Unvorsichtigkeit bey Begrabung der Todten in den Kirchen eine besondere Aufmerksamkeit verdienen, und es wegen der höchst schädlichen Ausdünstung aus den Gräbern sowohl, als von den neu beerdigten Leichen, zu wünschen wäre, daß nach dem Beyspiele verschiedener polizierten Länder, die Begrabung der Todten überhaupt in den Städten, wenigstens in den öffentlichen Gotteshäusern, völlig abgestellet werden könnte: so haben Se. Durchlaucht und die Königliche Regierung (...) nachstehende Verordnung zu publiciren dienlich befunden: Es werden demnach 1. alle Beerdigungen in den Land=Kirchen und Capellen, bloß auf die den Gütern und Familien gehörigen Erb=Begräbnisse eingeschränkt"[43]. Mit der gleichen Zurückhaltung wird auch die Verlegung der Friedhöfe angeraten: „Übrigens würde es gut seyn, wenn ausserhalb den Städten Kirchhöfe angelegt, und die Einwohner durch eigenen Antrieb bewogen würden, allda ihre Ruhestätte zu bestellen, damit in der Folge das mit der Vorzüglichkeit des Begräbnisses in den Kirchen verbundene Vorurtheil gehoben, und die Stadt=und Land=Kirchen von den schädlichen Ausdünstungen gänzlich befreyet werden."[44]

Seit 1780 trat die Notwendigkeit zur Auslagerung der Begräbnisplätze immer stärker in das Bewußtsein der Gesetzgeber und fand Eingang in die Gesetzgebung.[45] Doch deutet auch hier die Unentschlossenheit in den Formulierungen der gesetzlichen Maßnahmen darauf hin, daß die Schließung der innerstädtischen Kirchhöfe zunächst nicht sehr konsequent betrieben wurde. Im Jahre 1779 heißt es beispielsweise in einer Verordnung der Grafschaft Lippe-Detmold zur Verlegung der Kirchhöfe: „Haben zwar nicht alle Kirchhöfe in unserm Lande, den darüber eingezogenen

---

[42] Vgl. Polley 1984, S. 112ff und Krünitz 1798, S. 402ff.
[43] Krünitz 1798, S. 402 ff. Gleiches galt auch für die Stadtkirchen. Daß die Durchsetzung des Verbotes der Kirchenbestattung fast immer schwierig war, zeigt auch Polley 1984, S. 109f.
[44] Krünitz 1798, S. 405.
[45] Bei Polley 1984, S. 112 findet sich eine, wenn auch nicht ganz vollständige Übersicht über die neuen Bestattungsverordnungen des 18. und frühen 19. Jahrhunderts. Vgl. auch die Angaben bei Krünitz 1798, S. 403ff und Franz Hügel: Das Friedhofswesen vom Standpuncte der Begräbnisspolizei, nebst einer kritischen Beleuchtung der von der Commune Wiens beabsichtigten Errichtung eines „Communal - Friedhofes". Wien 1868, S. 8f.

Berichten gemäß, eine solche Lage, daß sie allgemein der Gesundheit der Menschen schädlich, und also auch eine allgemeine Verlegung derselben nöthig wäre."[46] Sollte sich die Verlegung als unumgänglich erweisen, so empfehle es sich, daß die weltliche Obrigkeit, die Prediger, und die Kirchenvorsteher zusammentreten, um „gemeinschaftlich die Ursachen der Nothwendigkeit oder Nützlichkeit der Verlegung, auch wohin sie geschehen könne, und wie die Kosten dazu aufzubringen seyn, zu untersuchen und zu überlegen, und unserm Consistorio demnächst zum weitern Vortrag an uns zu berichten, und heilsamen Entwurf aufs beste landesherrlich zu unterstützen, und die Ausführung aufs möglichste zu erleichtern."[47] Ähnlich verhält es sich in Hessen-Darmstadt, wo 1786 die Verlegung der Kirchhöfe nur „da wo es thunlich ist" angeraten wird.[48] Nachdem schon seit Anfang des 18. Jahrhunderts die Mediziner nachdrücklich vor der Schädlichkeit von Begräbnisplätzen in den Städten gewarnt hatten, fanden erst Ende des Jahrhunderts Verordnungen zu ihrer Verlegung Eingang in die Gesetzgebung.

---

[46] Krünitz 1798, S. 407.
[47] Ebd.
[48] Polley 1984, S. 113.

Die Entwicklung der Friedhöfe zwischen 1750 und 1870: Fallstudien

Die Kritik an den sanitären Verhältnissen im Bestattungswesen und die erst viel später nachfolgenden Reformverordnungen leiteten gegen Ende des 18. Jahrhunderts eine Auslagerungswelle von Begräbnisplätzen ein.[49] Weitere Faktoren, wie beispielsweise das Schleifen der Befestigungsanlagen nach dem Siebenjährigen Krieg, beschleunigten die Entwicklung. So wurden zwischen 1750 und 1850 in nahezu allen Städten Deutschlands neue Friedhöfe außerhalb der Siedlungszentren angelegt. Damals gab es keine einheitliche Regelung des Begräbniswesens, und die Planung und Einrichtung der neuen Friedhöfe war sehr stark von den örtlichen Verhältnissen abhängig. Viele Mediziner, die die Diskussion über Hygienefragen im Bestattungswesen in Gang gesetzt hatten, setzten sich nun in örtlichen Medizinalkollegien oder als Stadtphysici für die Verlegung der Begräbnisplätze ein und nahmen oft auch Einfluß auf die Gestaltung der neuen Friedhöfe.

Zu Beginn dieses Kapitels werden drei Friedhöfe in ihrer Entwicklung während des 19. Jahrhunderts untersucht: am Beispiel des Stadtfriedhofes in Tübingen und des Hedinger Friedhofes in Sigmaringen werden exemplarisch die Entstehungs- und Planungsprozesse sowie deren Realisierungsbedingungen verfolgt. Das Beispiel des Reutlinger Friedhofes „Unter den Linden" wird zeigen, welche Veränderungen auf einer über Jahrhunderte gewachsenen Anlage durch die Einführung moderner Bestattungspraktiken und Gestaltungsvorschläge eintraten. Die Untersuchung dieser drei Friedhöfe stützt sich fast ausnahmslos auf nicht bekannte oder bisher nicht bearbeitete Archivalien. Der vergleichende Teil im Anschluß wird klären, welche

---

[49] Die Begräbnisplätze inmitten der Städte zählten nach dem neuen Reinlichkeitsempfinden mit zu den gefährlichsten Infektionsherden und Luftverschmutzern. Bezeichnenderweise beginnt in der Deutsche(n) Encyklopädie oder Allgemeines Real- Wörterbuch aller Künste und Wissenschaften von einer Gelehrten Gesellschaft. Bd.13 Frankfurt/M. 1788, S.45ff der Abschnitt „Kirchhof" folgendermaßen: „Zu den Sammelplätzen der die Luft verderbenden Unreinigkeiten gehören billig auch die Kirchhöfe."

Prinzipien und Vorstellungen leitend für die Friedhofsplanung und -gestaltung zwischen 1750 und 1870 waren.

Der Stadtfriedhof in Tübingen (1829)

Neuanlage und Planung unter besonderer Mitwirkung von Gotthold Immanuel Jakob Uhland

Am 30. November 1829 wurde in Tübingen der neue Stadtfriedhof eröffnet. Er lag im Nordosten der Stadt auf den Spitaläckern im Käsenbachtal, wo vormals das Vieh geweidet, Wein- und Ackerbau betrieben wurde.

Die früheren Begräbnisplätze der Stadt Tübingen lagen an den innerstädtischen Kirchen, der Stiftskirche und später auch an der Jakobskirche. Die Klöster hatten ihre eigenen Begräbnisplätze. Schon im 16. Jahrhundert erhielt Tübingen einen zusätzlichen Begräbnisplatz außerhalb der Stadtmauern. 1541 wurde ein Friedhof jenseits der Ammer im westlichen Zipfel des späteren botanischen Gartens angelegt. Über die Gründe seiner Anlegung wissen wir fast nichts. Die einzige bisher bekannte Quelle ist das Tagebuch von Crusius: „In dieser Pest-Zeit wurde ausserhalb der Stadt Tübingen ein neuer Kirchhof jenseits der Ammer zwischen dem Lustnauer= und Schmidt=Thor gemacht. Dann vorhin wurden die Todten in der Stadt drinnen auf dem St.Georgen Kirchhof (bei der Stiftskirche, d. Verf.) begraben; wie ich dann selbst A. 1589 den 16. Aug. sehr viele Beine allda ausgegraben sehe, als das Grufft oder Beiner=Häußlein, welches Anno 1497 gemacht worden, abgebrochen, und die Mägdleins = Schul dahin gesetzt wurde."[50] Der Ammerkirchhof hat mit Ausnahme seiner südlichen Mauer keine Spuren hinterlassen.

Laut königlicher Entscheidung wurde 1836 der Stadt die Erlaubnis erteilt, den alten Kirchhof an die Universität zu verkaufen, um dort einen botanischen Garten anzulegen.[51] Nach Wegnahme der meisten Grabdenkmäler legte die Universität hier ein Arboretum an, dessen Baumbestand zum Teil noch heute erhalten ist.[52]

Im Jahre 1827 begannen die Planungen für einen neuen Friedhof.[53] Die Verwaltung und Aufsicht der Begräbnisplätze unterstand zu dieser Zeit der Tübinger

---

[50] Martin Crusius: Diarium Martini Crusii. Wilhelm Göz & Ernst Conrad (Hrsg.), Bd. 2, Tübingen 1931. S. 253. Ob nun die Pest als alleiniger Grund für die Anlage des Ammerkirchhofes anzusehen ist, kann aufgrund der schlechten Quellenlage nicht entschieden werden. Gustav Riek: Alte Tübinger Friedhöfe. In: Tübinger Chronik Nr. 90 v. 18.4.1936, S. 11. Riek weist darauf hin, daß es in der Nähe des alten Schlachthofes einen besonderen Pestanger gegeben habe.
[51] StAT Stiftungs Raths Protokoll vom 9. Februar 1836, Bd. 713, S. 174, Nr. 341.
[52] Über die Geschichte des Ammerkirchhofes ist so gut wie nichts bekannt. Die wenigen Quellen geben nur sehr knappe Beschreibungen. Vgl. Friedrich August Köhler: Versuch einer historisch - statistischen und topographischen Beschreibung der Universität und Stadt Tübingen mit ihrer Gegend und ihrem Oberamte. Tübingen 1791, S. 44. Diözösanarchiv Rottenburg Bestand R GII d Ortsakten Tübingen. Pfarrbeschreibungen.
[53] StAT Registratur des Hospitals und der Stiftungsverwaltung Bestand B 30/H ad 5/3/9/6 Hospital Tübingen Akten, Betr.: Den im Jahr 1828 neu angelegten Gottesacker.

Stiftungspflege. Daneben waren die Oberamtsärzte verantwortlich für den Zustand der Friedhöfe.[54] Die Planung und Einrichtung des Stadtfriedhofes in Tübingen geht in besonderer Weise auf die Tätigkeit des Oberamtsarztes Gotthold Immanuel Jakob Uhland zurück. Mehrere Jahre verfasste er Gutachten zur Situation des Tübinger Begräbniswesens und entwickelte Vorstellungen zur Anlage des neuen Friedhofes, die, wie noch ausgeführt werden wird, weit über die Grenzen medizinischer Belange hinausgingen.[55] Am 14. 4. 1827 gab Uhland die Vermessung des alten Ammerkirchhofes in Auftrag: „Die wachsende Bevölkerung der hiesigen Stadt, und die mit derselben steigende Anzahl der Todesfäle erfordern eine bestimmte Übersicht des Beerdigungsplazes, um der Gefahr zuvor zukommen, welche aus zu früher Öffnung der Gräber noch vor vollendeter Verwesung der darin liegenden Leichen entspringen könnte." Zugleich wies er den Geometer an, ihm die Anzahl der noch unbelegten Gräber auf dem Friedhof zu nennen. Am 6. 5. 1827 legte er ein ausführliches Gutachten zur Frage, „ob der Kirchhof zur Beerdigung der gewöhnlichen als auch der durch Epidemien vermehrten Leichenzahl hinlänglichen Raum habe", vor.[56] Uhland berief sich in diesem Gutachten explizit auf die josefinischen Verordnungen und das napoleonische Dekret. Ausgehend von der Berechnung, daß in Tübingen zwischen 1817 und 1826 durchschnittlich 200 Leichen pro Jahr angefallen seien, folgerte er, daß bei einem Bedarf von 35 Quadratfuß für ein Grab und einer Wiedereröffnung nach 10 Jahren der Ammerkirchhof für weitere 10-11 Jahre ausreiche. Er legte aus hygienischen Gründen Wert auf die genügende Entfernung der Gräber voneinander. „Man muß von einem auch vor mehreren Jahren gemachten Grab nur anderthalb bis zween Fus im ganzen Umfang entfernt bleiben, sonst stürzt das benachbarte Grab zusammen, und das Hervordringen fauler Dünste von der noch nicht verwesenen Leiche würde das Leben des Todtengräbers in Gefahr sezen, und die benachbarte Gegend verpesten."[57] Nachdem er dann die Verwesungsbedingungen in unterschiedlichen Bodenarten erörtert hatte, kam er zu dem Schlusse, daß die Verwesungsdauer bei Erwachsenen 20-25 Jahre betrage und folglich der bisherige Bestattungsort Tübingens zu klein sei.

In einem dem Gutachten beiliegenden Brief an das königliche Oberamt bemängelte er des weiteren, daß die Totengräber die Leichen in einer willkürlichen Anordnung beerdigten und die Gräber z.T. sehr früh wieder öffneten, ohne den

---

[54] Julius Krauss: Das Medizinalwesen im Königreich Württemberg unter Mitwirkung des Sekretariats des K. Medizinal – Kollegiums. Stuttgart 1891. Darin : Zur Funktion und Aufgaben des Oberamtsarztes, S. 18 ff und S. 27.
[55] Barbara Happe: Der Tübinger Stadtfriedhof. In: Tübinger Blätter 73. Jg., 1986, S. 15 - 20.
[56] StAT Registratur des Hospitals und der Stiftungsverwaltung Bestand B 30/H 5/3/9/6a Bauwesen am Kirchhof/ Gottesacker.
[57] StAT B30/H 5/3/9/6a. Auch Alain Corbin: Pesthauch und Blütenduft. Berlin 1984, S. 137. beschreibt, daß in Frankreich um die Mitte des 18. Jahrhunderts die Forderung nach Einzelgräbern erhoben wurde, da man glaubte, daß jeder Leichnam krank machende Strahlen aussende. Deswegen sollte auch der Abstand zwischen den Gräbern eingehalten werden, „damit ihre Strahlen sich nicht vermischen." Der Autor sieht auch die Individualisierung des Bettes als Folge einer neuen Hygienepolitik an.

geringsten Anstoß daran zu nehmen.[58] Dem Totengräber muß man zugute halten, daß auch die Auffassungen der Mediziner über die Verwesungsdauer eines Körpers sehr voneinander abwichen[59] und Uhland selbst erst Untersuchungen zur Verwesungsdauer auf dem Ammerkirchhof anstellen mußte[60]. Auch die gesetzlichen Bestimmungen über die Ruhefristen waren von Land zu Land und selbst örtlich verschieden. In Frankreich betrug die Ruhezeit nur 5 Jahre[61], während manche deutsche Verordnungen von 25-30 Jahren ausgingen[62].

In einem kurz darauf verfaßten „Vorschlag zur Verbesserung und Verschönerung des hiesigen Kirchhofs"[63] resümierte Uhland, daß zwar seine „Lage alle Eigenschaften eines brauchbaren, bequemen und der Gesundheit der Stadt Bewohner nicht nachtheiligen Friedhofs" besitze, allerdings könne er „etwas mehr von der Stadt entfernt seyn". Großen Anstoß nahm er an dem äußeren Erscheinungsbild des Ammerkirchhofes. Es seien keine Wege angelegt, und der „ganze Plaz ist eine Wiese von den Todtengräbern zum Füttern ihrer Kühe verwendet. Überall sind Gräber, über die bey Leichenbegängnissen der Geistliche mit dem ganzen Leichenconduct oder Einzelnen, welche die Ruhestätte ihrer Lieben und Freunde besuchen wollen, hinübersteigen müssen. (...) Es ist schon ein mangelndes Gefühl, die Gräber der Eltern, Gatten, Geschwister, Kinder und Freunde, die man im Leben geschätzt und geliebt hat mit Füßen zu treten." Uhland machte es sich zur Aufgabe, den als verwahrlost und würdelos empfundenen Zustand des Friedhofes, der auch in anderen Städten immer häufiger bemängelt wurde, grundlegend zu verändern.

[58] StAT B 30/H 5/3/9/6a. „Die Todtengräber behaupten, daß jedes Grab nach 5-6 Jahren wieder geöffnet, und zu einer neuen Grabstätte gebraucht werden könne. Diese Behauptung ist falsch, und wird nun zu gewiß durch die Klagen widerlegt, daß ohnlängst bey Eröffnung eines Grabes Menschenknochen herausgegraben und nach Gutachten anderswohin begraben worden seyen."

[59] Victor Adolf Riecke: Ueber den Einfluß der Verwesungsdünste auf die menschliche Gesundheit und über die Begräbnißplätze in medizinisch-polizeilicher Beziehung. Stuttgart 1840, S. 141. Riecke berichtet hier von Versuchen, die dazu dienten, die Verwesungsdauer festzustellen. „Orfila hat in Betreff dieses Gegenstands einen Versuch angestellt, dessen Ergebnisse hier Erwähnung verdienen. Er legte vier Stücke Fleisch von gleicher Größe, die er aus den Oberschenkeln eines und desselben, noch keine Spuren der Fäulniß darbietenden Kadavers genommen hatte, in Säcke von ziemlich dicker ungebleichter Leinwand eingehüllt in Erdhaufen, die einen Meter hoch und eben so breit waren und aus verschiedenerlei Erdreich bestanden, so daß sie vollkommen denselben äußeren Einflüssen ausgesetzt waren." Anhand dieses Versuches ermittelte er die unterschiedliche Verwesungsdauer.

[60] Zwar hatte eine Probe auf dem Ammerkirchhof ergeben, daß dort ein an Typhus verstorbener Soldat schon nach 13 Jahren zersetzt war. Doch „wenn nun volle 13 Jahre bis zur gänzlichen Verwesung unter günstigen Umständen verflossen sind, so werden gewiß 20 J. erfordert, bis ein magerer, ausgetrockneter Körper in einer soliden Bare von Eichenholz oder von Dielen, dergleichen man noch vor kurzem zu den Baren der Honoratioren verwendete, verwesen ist." StAT, H 5/3/9/6a.

[61] „Décret impérial sur les sépultures" von Kaiser Napoleon I. vom 12. 6. 1804 (An XII prairal 23); zit. n. Polley 1984, S. 121. „6. Pour éviter le danger qu'entraine le renouvellement trop rapproché des fosses, l'ouverture des fosses pour de nouvelles sépultures n'aura lieu que de cinq années en cinq années."

[62] Riecke 1840, S. 103f.

[63] StAT B 30/H 5/3/9/6a.

Seine Vorschläge, die im folgenden ausführlich zitiert werden sollen, dienten auch als Grundlage für den zwei Jahre später eingerichteten Stadtfriedhof. „1) Der ganze ein langes Viereck bildende Begräbniß-Plaz wäre in 4 - 6 gleichmäßige Felder abzutheilen und nach einer festbestimmten Reihenfolge zu benuzen. 2) Die Felder durch breite und geebnete Wege abzusondern und in der Mitte des Plazes einen geräumigen Plaz für die Leichenbegleitung freyzulassen. 3) Die von diesem Plaz ausgehenden 12 Fus breiten Gänge theilen den übrigen Raum und die Figur des Kirchhofes in angemessene Felder. Hindern Denkmäler diese Einrichtung, so sind diesen andere zweckmäßige Plätze in oder vor den Nischen der Kirchhofmauer anzuweisen. 4) Die vorderen Linien entlang dem Leichenlegen kann mit Pyramiden Pappeln, Ulmen und dgl. Bäumen, die Zwischenräume der Denkmäler mit Hänge Birken, Trauerwaiden oder blühenden Gesträuchen bepflanzt werden. Künftige Denkmäler müssen in ihrer Form und Inschrifte die Rücksichten beachten, welche Zweck und Ort fordern, und vorher der Prüfung des gemeinschaftlichen Oberamtes unterzogen werden. 5) Die auf den Gräbern vorhandenen Leichensteine, müssen, wenn die Wegnahme nicht von freyen Stücken geschieht, biß zur vollendeten Verwesungs-Periode liegen bleiben. 6) Der Plaz in der Mitte für die Leichen Begleitung sey ein runder ovaler Plaz, in welchem sich ein breiter Weg wände. Auf diesem Plaz wäre ein auf freyen Säulen stehendes bedachtes Gebäude in Form eines Tempels zu errichten, um die Leichenbegleitung samt den Geistlichen gegen Regen zu schützen. (Abb. 3) 7) Ohne große Kosten wird dieser Plaz mit Pyramiden von Pappeln, Linden, Ulmen oder Hänge Birken zu bepflanzen seyn. 8) Sämtliche Wege werden planirt, mit Kies oder Sand befahren und mit der angegebnen Gattung von Bäumen in der Entfernung von 12-18 Fus bepflanzt. 9) In den 4 oder 6 Feldern, welche planirt, gewalzt und mit Rasen belegt werden, erfolgt das Begraben nach der Reihe. Denkmäler dürfen daselbst nicht mehr gesetzt werden. Ein Rosenstock und mit diesem ähnlich wohlriechende Gesträuche, welche kein Gebüsch verursachen, so wie Blumen, schmücken die Gräber. Mit dem Anfang jeden Jahres wird die Grabstätte durch einen eichenen Pfahl mit der auf einem Blech angebrachten Jahreszahl bezeichnet werden, wodurch künftig zu frühe Eröffnung der Gräber vermieden wird."[64]

Zur Durchführung der vorgeschlagenen Maßnahmen kam es auf dem Ammerkirchhof nicht mehr, da die Besitzer der angrenzenden Grundstücke nicht zum Verkauf bereit waren und so keine Erweiterung mehr möglich war. Am 26. Juni 1827 faßte der Stiftungsrat den Beschluß, den von Uhland vorgeschlagenen Platz im Käsenbach, der im Besitz der Stiftungspflege war, als Gelände für den neuen Friedhof auszuwählen.[65] Es wurde eine Kommission gebildet, die die Eignung des Geländes für einen Friedhof prüfen sollte. Am 22. August 1827 teilte Uhland dem Stiftungsrat mit, daß Probebohrungen an acht verschiedenen Stellen des Spitalackers im Käsenbach vorgenommen worden seien und der Boden sich als Friedhofs-

---

[64] Ebd.
[65] StAT Stiftungs Raths Protokoll vom 26. Juni 1827, Bd. 711, S.138, Nr. 251.

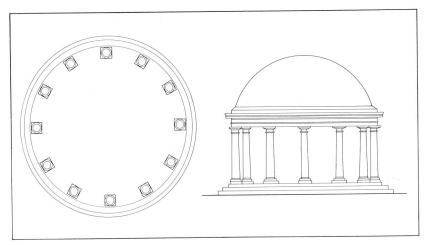

Abb. 3. Rotunde umgezeichnet nach einem nicht ausgeführten Entwurf des Landbaumeisters Müller für den Friedhof in Bad Hersfeld. Ähnlich hat sehr wahrscheinlich der Entwurf eines Zentralbaues für den Tübinger Stadtfriedhof von Uhland ausgesehen. Vorlage im Stadtarchiv Bad Hersfeld Sign. EXXXIV 1, 19.

gelände eigne. In einem Gutachten vom 8. 7. 1827[66] stellte Uhland dann erneut die wichtigsten Grundsätze für die Anlage eines neuen Friedhofes zusammen. Unter Punkt zwei „Die Entfernung vom Wohnort" ist zu lesen: „Ein Kirchhof darf der Stadt nicht so nah liegen, daß er an ihre Mauern gränzt; ein biß zweitausend Schritte vor der Stadt ist eine in jeder Hinsicht schikliche Entfernung. Je größer die Stadt, also je größer die Zahl der jährlich anfallenden Leichen desto größer soll die Entfernung seyn. Es ist also die Entfernung des zum neuen Kirchhof erwählten Plazes weit schiklicher als die des gegenwärtigen Kirchhofs, welche von den Stadtmauern, an welche Häuser gebaut sind, biß zum Kirchhof kaum 200 Schritte betragen mag." Ein weiterer Punkt betraf die Lage des Begräbnisortes. Er sollte trocken, etwas erhaben und keinem Wasser ausgesetzt sein. „Wenn es sich richten läßt, so sollen die Kirchhöfe gegen Norden oder Morgen angelegt werden. Es ist für die benachbarten Einwohner vorteilhaft, wenn der Kirchhof von allen Winden getroffen werden kann, und dagegen ist es nachteilig, wenn er blos von westlichen Winden bestrichen wird. Bey Einrichtung eines neuen Kirchhofes soll Bedingung seyn, daß die Winde welche in der Gegend am öftesten und gewöhnlichsten wehen, die Ausdünstungen des Kirchhofes von der Stadt hinweg, und nie nach dieser hintreiben."[67] Die Auswahl

---

[66] StAT B 30/H 5/3/9/6a.
[67] Ebd. Die Empfehlung zur Anlage neuer Friedhöfe im Norden oder Osten der Städte findet sich bei mehreren Autoren, allerdings mit unterschiedlicher Begründung. Stefan Fayans: Die Entwicklung der modernen Friedhofanlagen, Diss. Wien 1904, S.9 nennt als Grund, daß man von einer Ausdehnungsrichtung der Städte nach Süden oder Westen ausging. Johann Friedrich Gmelin:

des Friedhofsgeländes geschah vorrangig nach sanitären Gesichtspunkten. Unter Punkt vier seines Gutachtens vermerkte Uhland: „Eine der wichtigsten Bedingungen bei Anlegung eines neuen Kirchhofes ist die Beschaffenheit des Bodens, wobey es vorzüglich darauf ankommt, daß man 5-6 Fuß tief graben kann, ohne auf Felsen zu gerathen, und daß man auf Grundwasser kommt."[68] Abschließend äußerte er die Hoffnung, mit seinen Bemühungen zur „Beförderung des physischen Wohles seiner geliebten Vaterstadt" beizutragen.

Auch zur Bepflanzung des neuen Friedhofes erarbeitete Uhland genaue Vorschläge. Sie deckten sich mit den damligen Ansichten der Mediziner, die vor einer zu dichten Bepflanzung der Friedhöfe mit hohen Bäumen warnten, da sie die Luftzirkulation hemme. Hingegen „niedrige Sträucher und Kräuter würden sehr zur Verbesserung"[69] der Luft beitragen. Diesen Theorien folgend, forderte Uhland, nur die Ränder und Wege des Friedhofes mit Bäumen und die Begräbnisfelder mit wohlriechenden Sträuchern und Blumen zu bepflanzen.[70]

Kurz vor der Eröffnung des neuen Friedhofes legte Uhland erneut seine Vorstellungen von der Einrichtung und Gestaltung eines Begräbnisfeldes dar: „Der

---

Ueber die neuere Entdeckungen in der Lehre von der Luft, und deren Anwendung auf Arzneikunst in Briefen an einen Arzt. Berlin 1784, S.155 scheint in seinen Überlegungen, den Vorstellungen Uhlands sehr verwandt: „Ueberhaupt muß der Kirchhof so liegen, daß die Winde ungehindert ihr Spiel darin haben können, und, wenn wir außer Stande sind, uns jene Vortheile zu verschaffen, wenigstens so, daß die Winde, welche am gewöhnlichsten wehen, die Ausdünstungen davon eher von der Stadt hinweg, als nach dieser zu treiben. Die Lage nach Mitternacht oder Morgen wird (...) im Ganzen genommen vortheilhafter seyn, als die Lage gegen Mittag oder Abend, weil die von jenen Gegenden kommende in Europa gemeiniglich kühle und frische Winde den Schaden dieser Ausdünstungen eher mildern können, als die es schon in anderm Betracht der Gesundheit nachtheilige, und die Fäulnis befördernde Mittag=und Abendwinde." Gmelin hebt wie andere Autoren darauf ab, daß diese Vorsicht auch für andere Gewerbe wie Färbereien, Walkereien, Fleischbänke und Schlachthäuser, Zergliederungssäle und Krankenhäuser gelten solle, da sie bei Ausbruch von Epidemien die Ansteckungsgefahr erhöhen. Hügel 1868, S.36f. „Man räth allgemein an, sie den Nord- und Ostwinden auszusetzen, die geringere Quantitäten putrider Ausdünstungen absorbieren, die weit rascher zerstreuen als die feuchten West- und Südwinde." Vgl. auch Riecke 1840, S.173f.
[68] Biedermann 1978, S. 38. Das hier zitierte Hofdekret Joseph II. vom 13. September 1784 legt gleichermaßen besonderen Wert auf die Beschaffenheit des Bodens. „3.) In diesen Friedhöfen ist ein der Volksmenge angemessener hinlänglicher Platz zu wählen, welcher keinen Wasser ausgesetzt, noch sonst von solcher Erdgattung ist, das selber die Fäulnis verhinderte."
[69] Gmelin 1784, S. 155.
[70] StAT B 30/H 5/3/9/6a. Dieser Ansicht, daß eine zu dichte Bepflanzung der Luft auf dem Friedhof nicht förderlich sei, werden wir im Laufe der Arbeit noch häufiger begegnen. So bemerkt z.B. Riecke 1840, S. 203 „... denn es ist, wie das französische Dekret vom Jahre 1804 ganz richtig bemerkt, bei Pflanzungen auf den Kirchhöfen die Vorsicht zu beobachten, daß der Luftzug durch dieselben nicht gehindert werde. Letzteres ist aber leicht der Fall, wenn auf einem Begräbnis-platze viele Bäume und hohes dichtes Gesträuch sich findet (...) aber die Anpflanzung von Bäumen auf den einzelnen Gräbern sollte nicht geduldet werden, sonst ist es nicht zu verhüten, daß nicht am Ende ein wahrer, dem Luftwechsel sehr hinderlicher Wald sich bildet." Auch Riecke rät dazu, die dem Wohnort zugewandte Seite des Friedhofes mit Bäumen zu bepflanzen, um ein Wehen der Ausdünstungen aus den Gräbern zu diesem hin zu vermeiden.

gegenwärtige neue Beerdigungs-Plaz ist in 4 gleichgroße Felder einzutheilen, welche durch den Hauptweg in der Mitte voneinander getrennt sind. Zwey Felder liegen oberhalb dieses Hauptweges gegen die Weinberge hin, und zwey Felder unterhalb desselben gegen den Käsenbach hin. Die Felder sind durch breite und geebnete Nebenwege abzusondern, damit man mit Bequemlichkeit zu jedem Grab gelange. In diesen Feldern, welche, sobald es die Witterung erlaubt, planirt, gewalzt und mit Rasen belegt werden, erfolgt das Begraben nach der Reihe. Der Anfang der Gräber für Erwachsene ist der vordere Theil des Feldes (...) unterhalb des Hauptweges, und die Gräber der Kinder vom ersten biß zum vollendeten vierzehnten Jahr fangen oberhalb des Hauptweges (...) an. (...) Die Gräber werden in einer Linie neben Einander gegraben, und von gleicher Größe, und die zwote Linie darf nicht angegriffen werden, biß die erste ausgefüllt ist. (...) Auf die Gräber selbst komt kein Denkmal, als etwa ein Kreuz von Holz oder von Eisen, Blumen oder ganz niederes Gesträuch. (...) Denkmäler oder Grabschriften kommen in die Kirchhofmauer. Wer Familiengruft wünscht, kann einen Platz dazu an der oberen Mauer erkaufen. (...) Auch die Gräberfelder werden mit Birken und Trauerweiden theils mit blühendem Gesträuch eingefaßt. Umzäunungen einzelner Gräber finden nicht statt, dagegen mögen sie durch Blumen und niederes Gesträuch ausgezeichnet werden. Künftige Denkmäler wären vorher der Prüfung der weltlichen und geistlichen Orts-Vorsteher zu unterwerfen. Der Tempel für den Leichen Redner und den Leichen Conduct wären fast an Staketenzaun zu lociren, da wir bey gegenwärtiger Zahl der Stadteinwohner noch eben so viel Begräbnisplatz als der wirkliche neue Kirchhof beträgt, bedürfen. (...) Der große Leichenzug vom Thore bis zu dem Staketenzaun kann mit Pyramiden von Pappeln, Ulmen, Trauerweiden, Hängebirken (...) besetzt werden. Nicht zu nah aneinander gesetzte Pappelbäume sind eine zweckmäßige Einfassung."[71] Ursprünglich sollten außer dem bereits erwähnten Tempel für die Leichenbegleitung eine Aufseherwohnung für den Totengräber und ein Leichenhaus zur Ausstattung des Friedhofes gehören.[72]

Die drei Hauptanliegen Uhlands für die Anlage des Tübinger Friedhofes waren: Zweckmäßigkeit, Hygiene und ein freundliches Erscheinungsbild.

Die Auseinandersetzung um die Aufstellung und Plazierung von Grabdenkmälern und den Erwerb von Familiengräbern

Die Vorschläge Uhlands enthalten auch klare Vorstellungen zur Bestattungspraxis. Das große Mittelfeld war ausschließlich für Reihenbegräbnisse vorgesehen. Auf diesen sollten mit Ausnahme einfacher Holz- oder Eisenkreuze keine dauerhaften Grabdenkmäler aufgestellt werden. Gedenkzeichen, -tafeln oder Inschriften seien an der Umfassungsmauer anzubringen, wo sich auch die Plätze für Familiengräber

---
[71] StAT B 30/H 5/3/9/6a.
[72] Ebd.

befänden. Der Friedhof sollte somit in einen grabmalsfreien Bereich im Inneren der Anlage und in eine periphere Zone für die mit Grabdenkmälern besetzten Familiengräber unterteilt werden.

Die Möglichkeit zum Erwerb von Familiengräbern und die Modalitäten zur Aufstellung von Grabdenkmälern waren heftig umstrittene Fragen bei der Planung des Tübinger Stadtfriedhofes. Sie setzten eine über mehrere Jahrzehnte andauernde Diskussion zwischen dem Kirchenkonvent, dem Stiftungsrat und den Bürgerkollegien in Gang. Bereits 1820 ordnete der Kirchenkonvent auf dem alten Ammerkirchhof wegen Raummangels erstmals das Reihenbegräbnis an.[73] Auf Anfrage des Dekanatsverwesers Oberhelfer Pressel, diese Bestimmung zu lockern und „gegen etwaige Taxe gewisse Pläze zu Familienbegräbnißen zu vergönnen",[74] wurde vom Stiftungsrat der vormalige Beschluß nicht nur aufrecht erhalten, sondern sogar die bislang zuerkannten Ausnahmen aufgehoben und eine konsequente Durchführung des Reihenbegräbnisses gefordert. Man verkenne zwar „auf keine Weise das Natürliche dieses Wunsches und den Drang des trauernden Herzens, seine Hingeschiedenen nicht sowol blos nebeneinander ruhend zu wissen, als bei einem Besuche der Gräber sie neben einander zu finden, und seine Empfindungen in einem äußerlichen Sammel Punkte ungestörter zusammzufassen."[75] Doch stünde diesem Wunsche die Aufrechterhaltung der Ordnung auf dem Begräbnisplatz und die Notwendigkeit der Raumersparnis entgegen.

Vor der Eröffnung des Stadtfriedhofes wurde die Diskussion über die Berechtigung der Familiengräber und die Aufstellung von Grabdenkmälern neu belebt; dabei herrschte vor allem zwischen Bürgerausschuß und Stiftungsrat Uneinigkeit. Während der Bürgerausschuß der Ansicht war, Familiengräber störten die Ordnung des Begrabens, sah der Stiftungsrat in ihnen eine mögliche Einnahmequelle.[76] Am 26. Oktober 1830 faßte der Stiftungsrat den Beschluß, Familiengräber an der Umfassungsmauer zuzulassen, und änderte somit die auf dem Ammerkirchhof übliche Praxis. Eine Anfrage in Stuttgart hatte ergeben, daß „auf dem dortigen neuen Kirchhof zwar Familiengräber, jedoch nur an den 4 Mauern gestattet"[77] seien. Überdies „können Denkmale auf die Gräber gesetzt werden. Dafür sind zur Stiftungskasse zu bezalen: für den Ankauf des Rechtes zu einem Denkmal besonders 6 fl für den Plaz, der jedoch nicht größer sein darf, als das Grab selbst 15 cr dem Quadratschuh nach."[78] In Bezug auf die Aufstellung von Grabdenkmälern hatten Bürgerausschuß und Stiftungsrat schon am 29. Dezember 1829 einstimmig beschlossen: „..., daß ein Denkmal (auf dem Grab, d. Verf.) stehen bleiben solle, bis das Grab nach 20 Jahren umgegraben wird, wo es dann hinweggenommen und an

---

[73] StAT Stiftungs Raths Protokoll vom 8. April 1824. Bd. 710, S. 50, Nr. 110.
[74] StAT Stiftungs Raths Protokoll von 1824/25. Bd 710, S. 47, Nr. 104.
[75] StAT Stiftungs Raths Protokoll vom 8. April 1824. Bd. 710, S. 50, Nr. 110.
[76] „Sodann würde der Ankauf solcher Gräber einen nicht unbeträchtlichen Ersaz der so bedeutenden Kosten von diesem Kirchhofe gewähren." StAT Stiftungs Raths Protokoll vom 19. August 1830, Bd. 712, S. 100, Nr. 189.
[77] StAT Stiftungs Raths Protokoll vom 26. Oktober 1830, Bd. 712, S. 128, Nr. 241.
[78] Ebd.

der Mauer angebracht werden solle."[79] Am 10. November 1830 wandte sich die Stadtdirektion gegen die Bestimmung, die Familiengräber an die Mauern zu legen, sie sollten stattdessen in die fortlaufenden Reihenbegräbnisse integriert werden. Um keine Verwirrung bei dem Umgraben der Gräber aufkommen zu lassen, „seien Linien mit Zahlen an der Mauer erforderlich, welche über die ganze Abtheilung hin weisen, und durch deren Hilfe das Familien Grab erkannt werden könne. Diese Linien werden immer sichere Anzeige sein, auch wenn Denkmale darzwischen zu stehen kommen sollten, denn die Entfernung auf einer solchen Abtheilung sei nicht so gros, daß die Richtung der Linie aus dem Auge verloren werden könnte. Daß die Todtengräber die Pläze auch in ihre Verzeichnisse aufnehmen, verstehe sich von selbst."[80]

In der gedruckten Leichen- und Leichentaxordnung von 1833 finden sich keine Angaben zur Anlage von Gräbern. In einem Stiftungsratprotokoll vom 20. Februar 1838 wurde erneut die Frage der Familiengräber behandelt, die früheren Beschlüsse aufgehoben und einstimmig beschlossen, „daß keine Familiengräber stattfinden, sondern zur Sicherung der Ordnung die Gräber ohne Unterschied der Reihe nach angelegt werden sollen."[81] Der Friedhof sei vorrangig eine hygienische Anstalt, denn „die Ordnung im Begraben" ist „als das erste Erfördernis" zu betrachten, und diese fürchtet man zu gefährden, „wenn Pläze für Gräber ausgesondert" und diese nicht der regulären Umgrabungsfrist unterliegen. „Willkürlichkeiten, Unsicherheit und empörende Auftritte durch Ausgraben unverwester Leichname wären dann nicht mehr zu verhüten."[82] 1859 kam bei der geplanten Erweiterung des Friedhofes die Rede wieder auf die Familiengräber. Man hatte Auskünfte aus anderen württembergischen Städten über Verordnungen zu Grabmaltaxen und Familiengräbern eingeholt. In allen befragten Städten: Reutlingen, Ulm, Heilbronn, Stuttgart, Eßlingen und Ludwigsburg bestand bereits die Möglichkeit zum Erwerb von Familiengräbern. Abgesonderte Plätze für Familiengräber waren in Eßlingen, Ludwigsburg, Stuttgart und Heilbronn eingerichtet. In Stuttgart wurde für den Erwerb eines Grabes an der Mauer ein zusätzliches Concessionsgeld zu der normalen Gräbertaxe erhoben.[83] Die Regelungen der genannten Städte fanden in Tübingen keine Zustimmung. Der Stiftungsrat begründete nun seine ablehnende Haltung gegenüber Familiengräbern mit dem Argument sozialer Gerechtigkeit: „(...) da einerseits hierdurch sich allmählig ein eigenes Reichenviertel auf dem Ruheplatz der Todten bilden möchte, andererseits dasselbe zu einer Monumentenstadt anwachsen würde, was die Ueberfüllung eines engen Raumes mit Denkmälern u. den gänzlichen Mangel derselben auf dem übrigen Kirchhofe zur Folge hätte. Dagegen möchte sich die Anordnung auszahlen, wornach Familiengräber stets nur gegen die Mauer hin angewiesen werden sollten, so daß, so oft ein Familiengrabplatz

---

[79] StAT Stiftungs Raths Protokoll vom 19. Dezember 1829, Bd. 712, S. 28, Nr. 43.
[80] StAT Stiftungs Raths Protokoll vom 10. November 1830, Bd. 712, S. 133, Nr. 246.
[81] StAT B 30/H ad 5/3/9/6.
[82] Ebd.
[83] StAT B 30/H 297 Stiftungratsprotokoll vom 24. Mai 1859.

erkauft wird, derselbe oben an der Mauer der nächstfolgenden Reihe abgegeben werden sollte."[84] Die „Taxe für die Erwerbung von Familiengräbern" solle möglichst hoch angesetzt werden, „da es keineswegs wünschenswerth erscheint, daß von diesem neu einzuräumenden Recht ein so häufiger Gebrauch gemacht werde."[85] Daher schlug er vor, die Leichenordnung so zu ändern, daß die Erwerbung von Familiengräbern nur „ausnahmsweise" gestattet sei. In diesem Falle solle der Umfang eines Familiengrabes nie den Raum von 4 Gräbern überschreiten. Die Familiengräber sollten nur im Todesfall abgegeben werden dürfen „und nur an dem Platze des Friedhofs, an welchem aber die Reihe der Gräber steht, jedoch in der Weise, daß sie, wo möglich, immer an den Anfang oder das Ende einer Gräberreihe gerückt werden sollen. (...) Der gekaufte Platz bleibt Eigenthum des Käufers oder seiner nächsten Erben 60 Jahre lang, so daß bis zu Ablauf dieser Frist nach den gegebenen Bedingungen darauf begraben, u. nicht vor 80 Jahren diese Grabstätte umgegraben werden darf."[86] Der Preis für einen Platz mit 2 Gräbern solle 100 fl, für einen mit 3 Gräbern 175 fl und für einen Platz mit 4 Gräbern 250 fl betragen. Die Regierung des Schwarzwald-Kreises sah die in diesem Entwurf angegebenen Gebühren als zu hoch an und forderte den Tübinger Stiftungsrat erneut zu einer Begründung auf, da sie es als wichtig erachtete, „daß auch minder Vermöglichen nicht durch große Kosten gehindert werden sollten, der Pietät gegen Verstorbene Rechnung zu tragen."[87] Die Interessen der Stiftungspflege waren hingegen rein wirtschaftlicher Natur. Sie hielt den Einwänden der Regierung entgegen, daß aufgrund der zahlreichen Grabdenkmäler der Friedhof erweitert werden müsse und dadurch die städtischen Kassen zu sehr belastet würden. Man wolle dem Übelstand der Zeit, der durch die „Monumentenmanier" und „Prachtliebe" den Friedhof zu einer „Rennbahn des Ehrgeizes" mache, entgegenwirken und „in der Stadt unserer Todten möglichste Gleichheit" walten lassen.[88] Es sei als ein außerordentliches Entgegenkommen gegenüber den Wünschen der Angehörigen aufzufassen, wenn man dennoch den Erwerb von Familiengräbern ermöglichen wolle. Allerdings müsse dieser Wunsch mit einem finanziellen Opfer erkauft werden. „Denn auf dem gemeinsamen Todtengarten einen besonderen Raum für Familienbegrebniss auszuscheiden, oder mit anderen Worten neben dem Todtenacker der Armen einen Todtengarten der Reichen anzulegen, wäre in hiesiger Gemeinde ein großes Aergerniß. Der genannte Wunsch der Pietät aber findet sich gottlob bei den Armen so gut als bei den Reichen. Kann er den Ersteren nicht gewährt werden, so daß ihnen ein Opfer der Selbstverleugnung dadurch aufgelegt wird, so dünkt es nur billig, daß die Reichen, wenn es ihnen gewährt wird, es sich auch ein Opfer kosten lassen. Wir wünschen ihnen dieses Opfer zu ermöglichen, aber nicht zu erleichtern."[89] Soweit

---
[84] Ebd.
[85] Ebd.
[86] Ebd.
[87] Ebd., Abschrift No. 6413 „Die Königlich Württembergische Regierung des Schwarzwald Kreises an das K. gem. Oberamt Tübingen". (23. September 1859)
[88] Ebd., ohne Datumsangabe. Aus dem Kontext geht hervor, daß es sich um das Jahr 1859 handelt.
[89] Ebd.

die Argumente des Stiftungsrates. Die weiteren Verhandlungen zwischen Stiftungsrat und Kreisregierung blieben ohne Ergebnis. Die Kreisregierung war mit den Vorschlägen des Stiftungrates nicht einverstanden und bestand weiterhin darauf, die Gebühren für Familiengräber tiefer anzusetzen. Der Stiftungsrat konnte sich unter diesen Bedingungen zu keiner positiven Lösung entschließen, und am 17. Juli 1860 wurden endgültige Beschlüsse gefaßt, auch in Zukunft den Erwerb von Familiengräbern nicht zu gestatten. Am 21. Januar 1873 ersuchte der Stiftungsrat erneut die Zustimmung der Kreisregierung für die am 7.Juni 1859 vorgeschlagene Taxe zum Erwerb von Familiengräbern zu bekommen. Offenbar fiel die Entscheidung der Kreisregierung im Sinne des Stiftungsrates aus, denn in einer Notiz der Tübinger Chronik vom 9.Oktober 1874 hieß es, daß aufgrund des Beschlusses vom 21. 1. 1873 Familiengräber zugelassen seien. Der Wunsch Uhlands, auf dem Reihengräberfeld keine Grabdenkmäler zuzulassen, konnte sich nicht durchsetzen.

Die bauliche Entwicklung von 1829–1894

Am 30. November 1829 wurde mit der ersten Beerdigung, nämlich der des Hufschmiedes Engelfried, der Stadtfriedhof im Käsenbach seiner Funktion übergeben. Der Spitalacker umfaßte damals 12 Morgen und hatte die Form eines langgezogenen Dreieckes. Anfangs wurde er jedoch nur zu einem geringen Teil als Begräbnisplatz eingerichtet. Am 30. September 1828 fasste man in Übereinstimmung mit dem Bürgerausschuß den Beschluß, vorerst 2 5/8 Morgen des gesamten Terrains als Friedhof anzulegen.[90] Die verbleibende Fläche des Grundstückes sollte weiterhin zur landwirtschaftlichen Nutzung verpachtet und der Friedhof nur an drei Seiten mit einer Mauer eingefaßt werden.

Noch in der Planungsphase wurden fast sämtliche Einrichtungen, die Uhland für die Einrichtung des neuen Friedhofes vorgesehen hatte, aus dem Bauvorhaben gestrichen. Uhland selbst riet zu absoluter Sparsamkeit: „Es muß daher dieses Jahr (1828 d. Verf.) alles vermieden werden, was bey Errichtung des neuen Kirchhofes nicht absolut nothwendig ist. Deswegen mache ich den Vorschlag, (...) 3. bis 4. Morgen vom Spitalaker mit einer Mauer, u. zwar nur von vorne, wo die Einfarth beschlossen ist, und zu beyden Seiten einzufassen, statt der Schluß-Mauer aber, welche nach einigen Jahren doch wieder wegkäme, Staket m. d. stacheligen Acazien bepflanzt, anzubringen, welche gegen Thiere so gut schützen als Mauern. Der bevorstehende Abbruch des Lustnauerthurmes, der längst schaadhafte Haagthorthurm u. ein Theil der überflüssigen Stadtmauer dürften Materialien genug dazu liefern."[91] Am 4. 2. 1828 ging er von einigen seiner ursprünglichen Vorschläge ab. „Über die Einrichtung eines Tempels und des Leichenhauses samt einer Wohnung für den

---
[90] StAT Stiftungs Raths Protokoll vom 30. September 1828, Bd. 711, S. 267, Nr. 354. Der Bürgerausschuß kalkulierte sogar wesentlich knapper, er ging von einem Raumbedarf von 1 1/2 - 2 Morgen für die ersten 5 - 7 Jahre aus.
[91] StAT B 30/H 5/3/9/6a. Lit. K. 20.

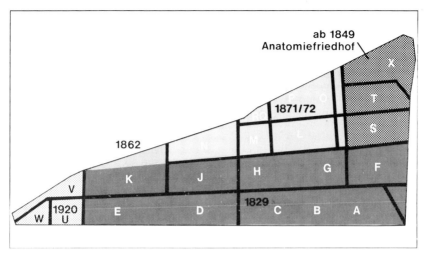

Abb. 4. Übersicht über die auf dem Stadtfriedhof Tübingen vorgenommenen Erweiterungen.

Todtengräber oder Leichenaufseher bitte ich noch keinen Akkord einzugehen, indem noch einige Abänderungen nöthig sind, welche gerade die Kosten nicht vermehren dürfen."[92] Auch die Baumalleen wurden der Kostenersparnis geopfert[93], so daß nur wenig von dem anfänglichen Idealentwurf Uhlands beibehalten wurde. Es existiert keine verläßliche Beschreibung des Stadtfriedhofes aus seiner Anfangszeit, doch scheinen selbst die wenigen Sätze von Pressel den Friedhof eher in einem wohlwollenden Lichte zu sehen: „Der neue Gottesacker, nur zur größeren Hälfte angelegt, hat geregelte Wege, ist in Felder abgetheilt, und wird auser der schon vorbereiteten Anpflanzung von Bäumen und Gesträuchen mit der Zeit noch weitere Einrichtungen erhalten, die an würdiger und ernster Einfachheit festhaltend das Auge und Herz befriedigen. (...) In einigen Jahren, wenn das Ganze zu seiner vollen Ausdehnung gelangt ist, wird sich für diesen Zweck in der Mitte des Todtengartens eine möglichst einfache, aber die Bedürfnisse würdig berücksichtigende Capelle erheben."[94]

Die heutigen Abteilungen A, B, C, D, E, F, G, H, J und der untere Teil von K sind der älteste Teil des Friedhofes. (Abb. 4.) Er bildete ein langgezogenes Rechteck mit

---

[92] Ebd.
[93] Ebd.
[94] M. Johann Gottfried Pressel & M. Carl Gottlieb Friedrich Sarwey: Worte der Weihe, bey dem Uebergange von einem alten auf einen neuen Gottesacker. Tübingen 1829. S. V - VI.

einem mittleren Hauptweg.[95] Im heutigen Feld C wurde an der Mauer mit den Gräbern für Erwachsene begonnen und jenseits des Hauptweges lagen je zwei kleine Felder für Kinder und Erwachsene.[96] Etwa zwischen den Feldern H, G, C und B befand sich anstelle des geplanten Rondells für das Tempelchen eine provisorische Überdachung für Leichenredner und Beerdigungsteilnehmer.[97] Die im Laufe der Zeit vorgenommenen Erweiterungen des Stadtfriedhofes mußten immer kostengünstig und raumsparend sein. So wurde z.b. die Umfassungsmauer immer nur so weit fertiggestellt, daß die gerade angelegten Gräber umfriedet waren. Der Raum, der nicht zu Begräbnissen benötigt wurde, war dem Totengräber zum landwirtschaftlichen Anbau überlassen. Am 15. September 1835 beschloß der Stiftungsrat, nach Fertigstellung des neuen Todtengartens, die Teile des Spitalackers, die erst in einigen Jahren als Begräbnisfelder eingerichtet würden, als Obstbaumgüter anzulegen und zu verpachten, und die Teile, die schon zum Friedhof gehörten, aber noch nicht mit Gräbern belegt seien, dem Totengräber für 10 bis 11 fl Pacht pro Morgen „zur Anblümung" zu überlassen.[98] 1844 wurden Maßnahmen ersonnen, um die Erweiterung des Stadtfriedhofes aufzuschieben. „Das einzige Mittel, dem Mangel ohne Erweiterung des ganzen Begräbnis Platzes abzuhelfen, wäre vorausgesetzt, daß jezt nach 15jähriger Umflußzeit - statt der 20 jährigen - mit dem Umgraben der alten Gräber, angefangen würde, und zwar bei dem Ersten nach der Anlage des Plazes, dann würde man das dem Umgraben fortsezen über den gegenwärtig noch freien Plaz bis an die westliche Mauer, an dieser würde man auf die obere Abtheilung der Kindergräber übergehen, so daß mit der Zeit die Gräber Erwachsenen und Kinder zusammenträfen."[99] Bei den Anatomieleichen dachte man daran, künftig zwei Särge in ein Grab zu stellen.

1847 schien die Erweiterung des Friedhofes unumgänglich geworden zu sein. Am 12. Dezember desselben Jahres wies der Kirchenkonvent den Oberamtsarzt Krauss darauf hin, daß der Friedhof in Kürze vollständig belegt sei, und riet, mit der Umgrabung der ersten Gräber zu beginnen.[100] Krauss öffnete sodann das Grab des ersten Verstorbenen, Engelfried, um sich von dem Stand der Verwesung persönlich zu überzeugen. Er „fand sämtliche durchgegangene Knochen leicht und völlig geruchlos, womit die höchste Stufe der Verwesung erreicht ist. Es steht somit von dieser Seite der Umgrabung der im Jahre 29 angelegten Gräber kein Hinderniß entgegen, ungeachtet der gesetzlichen (20jährigen) Umtriebszeit noch nicht erfüllt ist."[101] Krauss gab aber auch zu verstehen, daß die Ruhefrist der Toten nicht allein unter dem Gesichtspunkt der Verwesung festgesetzt werden solle: „Es ist vielmehr

---

[95] Diese Situation ist auf dem „Brouillon über die Ergänzung der Feuerkarten und Primärkataster im Jahr 1842 bis 1847 aufgenommenen Gebäude und Güterparzellen" wiedergegeben.
[96] StAT B 30/H ad 5/3/9/6. Eine den Akten beiliegende Zeichnung gibt diese Situation wieder.
[97] Ebd.
[98] StAT Stiftungs Raths Protokoll vom 15. September 1835, Bd. 713, S. 134, Nr. 260.
[99] StAT Stiftungs Raths Protokoll vom 22. Oktober 1844, Bd. 715, S. 136, Nr. 326.
[100] StAT Stiftungs Raths Protokoll vom 12. Dezember 1847, Bd. 715, S. 300, Nr. 44.
[101] StAT B 30/H ad 5/3/9/6.

die das menschliche Gefühl so sehr ehrende Pietät gegen die Todten, welche Rücksicht erheischt und der umso eher ein Opfer gebracht werden dürfte in einer Zeit, wo die menschliche Gesellschaft aus langer verstandesfrostiger Gefühlserstarrung wieder erweckt, für zärtere und feinere Gefühle empfänglicher zu werden beginnt."[102] Es sei eine Pflicht, „die Todten und ihr Andenken zu ehren und ihre Ruhestätte möglichst lange vor Störung zu schützen. Es wird deshalb der Zeitpunkt der Umgrabung lieber über den gesezlichen Termin heraus verlängert werden, als daß man hinter demselben um mehrere Jahre zurückbliebe."[103] Aus diesem Grund forderte Krauss die Erweiterung des Begräbnisplatzes. Nach einjährigen Verhandlungen wurde beschlossen, für die Leichen der Anatomie einen gesonderten Raum im Nordosten des bestehenden Friedhofes einzurichten. Die Obstbaumgüter, die ursprünglich der Ausdehnung des Friedhofes weichen sollten, wurden laut Stiftungsratsbeschlüssen vom 12. Dezember 1848[104] und 30. Januar 1849[105] auf weitere neun Jahre verpachtet.

Im Laufe des Jahres 1849 wurde der Anatomiefriedhof eingerichtet. Erst zehn Jahre später griff man die Pläne zur Erweiterung des Stadtfriedhofes wieder auf, um sie sogleich um weitere drei Jahre zu verschieben.[106] 1862 wurde der Stadtfriedhof, abgesehen von der Einrichtung des Anatomiefriedhofes, das erste Mal erweitert. Auch hier kam es wieder zu Verzögerungen. So wurden Probebohrungen zur Untersuchung der Bodenbeschaffenheit hinter die Interessen der Pächter zurückgestellt. „Diesem Verfahren tritt aber augenblicklich der Umstand entgegen, daß die fragliche Fläche mit Halm und anderen Früchten bestockt ist, und es daher wünschenswert erscheint, erst die Erndte vorüber gehen zu lassen".[107] Im Herbst 1862 wurde das fragliche Stück, der obere Zipfel der heutigen Abteilung K, schließlich als Friedhof eingerichtet.[108] 1869 wurden die Pläne für eine Aufseherwohnung vorgelegt und genehmigt[109], und 1871/72 der Friedhof abermals vergrößert, wobei die nördliche Umfassungsmauer weiter hinausgerückt und die Abteilungen M, N, L, O, P, Q und R hinzugefügt wurden.[110] 1894 baute man die Kapelle. Erst im 20. Jahrhundert fanden mit der Hinzunahme des Dreieckes U, V und W an der Nordwestspitze die letzten Erweiterungen statt, so daß der Friedhof seine heutige Form erhielt. Alle Pläne und Risse aus der Planungs- und Entstehungszeit des Friedhofes sind nicht mehr vorhanden. Die erste noch erhaltene Grundrißzeichnung wurde im Rahmen der Katastervermessung von 1842-44 angefertigt. Ein weiterer

---

[102] Ebd.
[103] Ebd.
[104] StAT Stiftungs Raths Protokoll vom 12. Dezember 1848, Bd. 715, S. 376b, Nr.837.
[105] StAT Stiftungs Raths Protokoll vom 30. Januar 1849, Bd. 715, S. 383, Nr. 848.
[106] StAT B 30/H 298. Auszug aus dem Stiftungs Raths Protokoll vom 7. Juni 1859.
[107] StAT B 30/H ad 5/3/9/6.
[108] Ebd.
[109] Bauamt Tübingen, Bauschau Protocoll vom 16. April 1869.
[110] Im Hauptstaatsarchiv Sigmaringen (HStAS) befindet sich in dem Bestand Wü 63/36, F.205, Nr.328 eine Kostenaufstellung über alle vorgenommenen Erweiterungen und baulichen Einrichtungen des Stadtfriedhofes Tübingen bis 1873.

Abb. 5. „Tübingen gegen Norden." Nach der Natur gezeichnet und lithographiert von Carl Baumann. Um 1840. Städt.Slg. Tübingen Nr. 1513. 16 x 22, 5 cm. Man erkennt, daß zu diesem Zeitpunkt noch keine Bepflanzung auf dem Friedhofe vorhanden war.

Situationsplan stammt aus dem Jahre 1869. Er wurde aus Anlaß des Baues der Aufseherwohnung erstellt.[111]

Die Bepflanzung

Die bisherigen Ausführungen zeigen, daß die Realisierung der Vorschläge von Uhland sowohl aus finanziellen Gründen als auch an der Bereitschaft der städtischen Behörden scheiterten. Dies trifft auch für die Bepflanzung des neu angelegten Friedhofes zu.

Wie die Bepflanzung der Friedhöfe zu Beginn des 19. Jahrhunderts ausgesehen hat, ist eine der schwierigsten und in der Friedhofsforschung bisher am meisten vernachlässigten Fragen.[112] Da es so gut wie keine gesicherten Befunde über die Art der verwendeten Pflanzen gibt, muß die weit verbreitete Annahme, die Bepflanzung der Friedhöfe sei ein Mittel zur Erzeugung melancholischer Stimmungen, zunächst in Zweifel gezogen werden. (Abb. 5)

---
[111] Er befindet sich ohne Signatur in den Friedhofsakten auf dem Bauamt Tübingen.
[112] Vgl. Annerose Graf: Flora und Vegetation der Friedhöfe in Berlin (West). Verhandlungen des Berliner Botanischen Vereins. 5.Band. Berlin 1986, S. 2ff.

Abb. 6. Ausschnitt aus der „Ansicht der Stadt Tübingen." Nach der Natur gezeichnet und lithographiert von Eberhard Emminger gedruckt von G. Küstner. 1853. 37,8 x 59,3 cm. Städt. Slg. Tübingen Nr. 3279.

Bei der Durchsicht der Rechnungsbeilagen der Spitalpflege[113] und der Akten sämtlicher Institutionen, die mit dem Tübinger Stadtfriedhof befaßt waren, fand ich keinen Hinweis, der auf eine Bepflanzungskonzeption schließen ließe. Die finanzielle Situation des Stiftungsrates und seine Haltung zum Friedhof erhärten diesen Eindruck. Ich habe bereits darauf verwiesen, daß der nicht mit Gräbern belegte Raum von den Totengräbern als Anbaufläche verwendet wurde bzw. als Obstgarten verpachtet war. Erst im Dezember 1845 erging vom Stiftungsrat die Aufforderung an die Totengräber: „Forthin hat übrigens eine Anpflanzung im Todtengarten aufzuhören."[114] Ob die Totengräber diese Aufforderung befolgten, geht nicht aus den Akten hervor. Der Grasertrag wurde ihnen und den Aufsehern

---

[113] StAT Sto 1554. Beilagen zu Spitalrechnungen.
[114] StAT Stiftungs Raths Protokoll vom 16. Dezember 1845, Bd. 715, S. 178b, Nr. 414. Vgl. Heinrich Merz: Der evangelische Kirchhof und sein Schmuck. Stuttgart 1884, S. 4: „Kommt es nirgend mehr vor, daß ein Totengräber ein Stück Vieh auf dem Gottesacker grasen oder gar sein Schwein darin wühlen läßt? Kann man nirgends mehr sehen, wie auf den noch ziemlich frischen Gräbern saftige Rüben gezogen, oder wie in den noch nicht angegriffenen Teilen neuer Gottesäcker Frucht, Kraut und Gemüse gebaut oder Klees angesät und dieser mit Dünger übertragen wird? Daß der Totengräber das von selber wachsende Gras benütze, ist natürlich; aber als Kraut=, Frucht= und Kleeacker einen Gottesacker zu benützen- solche Unwürdigkeit sollte in keiner Gemeinde mehr vorkommen."

weiterhin gegen ein kleines Pachtgeld überlassen.[115] Als Uhland 1831 angeregt hatte, die Gräber und ihre Zwischenräume mit Gras zu bepflanzen, wurde sein Vorschlag mit der Begründung abgelehnt, man wolle dort Esparsetten einsäen.[116] Die Esparsette ist eine anspruchslose Futterpflanze, die auf ungedüngtem Boden wächst und nur alle acht bis zehn Jahre neu ausgesät werden muß[117] (Abb. 6).

Die Aktivitäten des Verschönerungsvereines

Am 28. Mai 1842 wurde von Professoren und anderen Mitgliedern der Universität der „Privatverein für die Verschönerung der Umgebung von Tübingen" gegründet.[118] In seinen Überlegungen über die zukünftigen Aufgaben und Arbeitsfelder spielten auch die Zustände auf dem Stadtfriedhof eine Rolle: „(...) nämlich die so wünschenswerte Verschönerung des Kirchhofs, welcher jetzt mehr einer Wildnis als einer Anlage gleiche, wie doch andere Kirchhöfe in anderen Städten diesen Charakter haben. (...) Sorge man für das Vergnügen der Lebenden durch neue Anlagen, so solle man auch den Todten eine anständige Ruhestätte gönnen. (...) auch sey nicht zu bezweifeln, daß wenn erst aus der Wüstenei des Kirchhofs eine gartenähnliche Anlage geworden, dieß schon von selbst zu grösserer Achtung von der Ruhestätte der Verstorbenen und deren Verzierungen führen werde."[119] Hinsichtlich der Einrichtung des Friedhofes räumten die Vertreter der Stadt ein, „daß man anfangs einen besseren Plan verfolgt, diesen aber später nur um der Gewinnung des Platzes willen wieder aufgegeben habe."[120] Tatsächlich war von Seiten der Stiftungspflege sehr wenig in den Friedhof investiert worden.[121] Beschwerden über Mißstände auf dem Friedhof hatten sich dagegen gehäuft.[122]

---

[115] StAt Stiftungs Raths Protokolle vom 8. Juli 1856, Bd. 716, S. 455, Nr. 911; und 11. August 1857, Bd. 716, S. 583, Nr. 1157.
[116] StAT Stiftungs Raths Protokoll vom 15. März 1831, Bd. 712, S. 169, Nr. 241.
[117] J.A. Doerrien: Von der Esparcette. 1756. Vgl. auch Hermann Fischer: Schwäbisches Wörterbuch. 2. Bd. Tübingen 1908, S. 877.
[118] UAT 117/370.
[119] Ebd. Vgl. Riecke 1840, S. IV: „Gegen Ende des Jahres 1837 bildete sich ein Verein von angesehenen Einwohnern hiesiger Stadt (Stuttgart, d.V.), der, im Einverständniß mit den städtischen Behörden, eine Verbesserung des mangelhaften Zustandes der hiesigen Begräbnißplätze zu erzielen seither sich bemühte."
[120] Ebd.
[121] Tübinger Chronik vom 19.8.1864: „Aus dem in Nr.157 d.Bl. veröffentlichten Etat der hiesigen Stiftungspflege für das Jahr 1864-65 ist zu ersehen, daß die Einnahmen „aus Begräbnis-Anstalten" zu 705 fl., die Ausgaben „für Begräbnisanstalten" zu 75fl., demnach zu etwa 1/1o der Einnahmen vorgesehen sind. Unter den Ausgaben werden ausdrücklich nur aufgeführt: „Trauerwagen, Sargtücher;" für Cultur und Erhaltung des Friedhofs ist also nichts in Rechnung genommen, und sollte auch dafür neben der Ausgabe für seine beiden Posten Etwas abfallen, so könnte es bei 75 fl nur eine unzureichende Kleinigkeit sein. Der Friedhof der Stadt Tübingen befindet sich aber, (...) in einem der Verbesserung höchst bedürftigen Zustand."
[122] Im Amtsblatt vom 19.5.1840 wird berichtet, daß aus „der jungen Baum = Pflanzung am neuen Todtengarten (...) kürzlich drei Kastanienbäume gestohlen worden", seien. 1841 verbietet der Kirchenkonvent den Besitz von eigenen Schlüsseln für den Friedhof, da wegen wiederholt

Die deutlichste Kritik an den Zuständen auf dem Tübinger Stadtfriedhof stammt von Professor Hepp, einem der engagiertesten Mitglieder des Verschönerungsvereines. Voller Empörung wandte er sich 1846 mit seinem Anliegen an den Kirchenkonvent. In Kenntnis der Vorschläge, die Uhland schon zwanzig Jahre zuvor unterbreitet hatte, erschienen ihm die akuten Mängel noch drastischer. Hepp zitierte den Bericht Uhlands vom 22. Mai 1827 fast in ganzer Länge und konstatierte, „daß alle Unbestände des alten Kirchhofs sich auf den neuen übersiedelt haben indem auch auf diesen die Worte des Berichts: „Der ganze Platz ist eine Wiese, von den Todtengräbern zum Füttern ihrer Kühe verwendet werden; desgl. die Worte: „es ist schon ein mangelndes Gefühl, wenn die Gräber der Eltern mit Füßen getreten werden. Der Vorwurf mangelnder Würde, Ordnung und Schönheit unzweifelhaft auf den neuen Gottesacker seine volle Anwendung findet." Hepp hob darauf ab, daß eine Anstalt, „die das Gemüth in seinem bewegtesten Zustande berührt, aber empfindungslos und gleichgültig läßt, wenn das Publikum sieht, daß statt Symmetrie und Ordnung u. schonender Rücksicht, Unordnung und Schonungslosigkeit herrscht; (…) aus Mangel an Wegen werden viele Grabhügel mit Füßen getreten, die meisten Grabstätten, welche nicht durch Denkmäler oder Pflanzungen geziert sind, kaum mehr äußerlich unterschieden werden können; keine Alleen und Anpflanzungen bestehen; der breite Weg ist mit Gras durchwachsen, und statt mit feinem Kiese bestreut zu seyn, (…) mit groben Steinen in unterschiedlicher Größe belegt ist, der Tempel für den Leichenredner und den Leichenconduct wie ihn Uhland nennt, weder entfernt diesen Namen verdient noch auch nur zu diesem Zweck benützt werden kann, u. außerdem eine ganz unpassende Lage hat. Wie verschieden die Gefühle sind, wenn man einen geordneten, einfach aber geschmackvoll angelegten Gottesacker betritt, oder wenn der bestehende aller Anlagen entbehrt u. in Verwilderung gewachsen ist, das wird jeder bezeugen müssen, welcher Gelegenheit gehabt hat, diese Vergleiche anzustellen. (…) Das Publikum wird seine Haltung ändern, wenn es sieht, daß auch die Behörden Sympathie für Ordnung und würdige geschmackvolle Anlagen zeigen."[123]

Im Jahre 1849 zeigten sich die ersten Erfolge der Aktivitäten des Verschönerungsvereins. „Bey der vor sich schreitenden Verschönerung des Gottes Akers

vorgekommenen Plünderungen der Gräber ein Besuch des Friedhofes nurmehr im Beisein des Totengräbers gestattet sein soll. Erst 1857 werden gegen eine Gebühr von 30 kr Schlüssel auf fünf Jahre abgegeben (Tübinger Chronik 23.7.1858).
In der Tübinger Chronik vom 25.9. 1867 wird von groben Störungen während der Begräbnisfeierlichkeiten auf dem Friedhof berichtet. Erwachsene Bengel hätten „nach der Art der Hunde, die keinen Eckstein sehen können, ohne einem gewissen Drange nachzugeben, Gräber und Grabsteine ganz unbefangen als Aborte" benutzt.
Aus Anlaß einer feierlichen Begehung des Friedhofes und seiner interessantesten Gräber berichtet die Zeitung, „daß der Zustand dieses Friedhofes, seine Ueberwucherung mit jeder Art von Unkraut und Gestrüpp, sein Mangel an geordneten Wegen zur Feier eines Todten = Cultus wenig geeignet erscheint und zumal auf Freunde, die die sorgsame Pflege solcher Orte gewöhnt sind, keinen günstigen Eindruck machen dürfte. Nichts wäre daher erfreulicher, als wenn obiger Vorschlag die controlirenden Behörden veranlassen würde, diesem Uebelstande einmal gründlich abzuhelfen." (Tübinger Chronik 18.7.1877)

[123] StAT B 30/H ad 5/3/9/6.

sey es aber sehr üblich geworden die Gräber mit Rasen zu fassen."[124] Mit Hilfe öffentlicher Spenden installierte er 1853 einen Pumpbrunnen auf dem Friedhofe.[125] Bei wiederholten Begehungen machte er auf Mißstände aufmerksam und entwikkelte Vorschläge zur besseren Ausstattung und Pflege des Friedhofes. Auch auf seine Anregung hin wurde eine Rosenhecke nördlich des Fahrweges gepflanzt[126] und 1875 eine Tannenallee von etwa 100 Bäumen auf dem Friedhof angelegt.[127] Am 19. September 1853 berichtete der Aufseher der Verschönerungskommission, es sei schon mehrmals vorgekommen, daß Besucher das Grab ihrer Angehörigen nicht mehr aufgefunden hätten[128], was wohl auch daran lag, daß bis 1869 keine Gräberverzeichnisse geführt wurden.

Im Sommer 1869 holte der Verschönerungsverein vom Kirchenkonvent die Genehmigung ein, einen bisher von Gräbern freigelassenen, vernachlässigten Platz umgestalten und bepflanzen zu dürfen.[129] Dabei entstand die Idee, diesen Platz zur Anlage von Familiengräbern zu verwenden und aus diesen Einnahmen eine weitere Verschönerung des Friedhofes sowie die Baukosten für das Aufseherhaus zu finanzieren; wie erwähnt war die Anlage von Familiengräber aber erst ab 1874 gestattet.

Der Tübinger Stadtfriedhof als Beispiel einer zweckmäßigen Einrichtung

In der einschlägigen Literatur herrscht die Ansicht vor, daß die Verlegung der Begräbnisplätze am Ende des 18. Jahrhunderts von einem sentimental-ästhetisierenden Verhältnis der Menschen zum Tode begleitet sei, welches sich in dem Bedürfnis nach einer gärtnerischen Gestaltung der Friedhöfe Ausdruck verschaffe. Das häufig gezeichnete Bild von gartenartig angelegten Friedhöfen, die den Besucher zum Spazierengehen und Verweilen aufforderten, wird durch die Gestaltung des Tübinger Stadtfriedhofes nicht bestätigt. Seine Entwicklungsgeschichte zeigt hingegen, daß die verantwortlichen Gremien vornehmlich Wert auf die wirtschaftliche Führung und Verwaltung des Bestattungsplatzes legten und keinen stimmungsvollen Ort schaffen wollten, der seine Besucher, die „ihn oft und gern" betraten, in eine „kontemplative Feierabendstimmung" versetzte.[130] Feier-

---

[124] StAT Stiftungs Raths Protokoll vom 27. November 1849, Bd. 715, S. 449, Nr. 998.
[125] StAT Stiftungs Raths Protokoll vom 14. Juni 1853, Bd. 715, S. 874, Nr. 1669.
[126] StAT B 30/H 5/3/9/6.
[127] E.N.: Verschönerungsverein Tübingen. In: Tübinger Blätter X. Jg., Nr. 3/4, 1907. Vgl. Tübinger Chronik vom 28. 4. 1874, Nr. 81: „Vielfach geäußertem Wunsch gemäß beabsichtigen wir nun vor allem die große Lindenallee besser als bisher mit Bänken zu versehen. Außerdem haben wir in Aussicht genommen: Ergänzung und Neuherstellung von Wegzeigern, und Anpflanzung einer Allee von Rothtannen und Birken an dem großen Mittelweg des Kirchhofs, damit diesem Orte hier wie anderswo eine Ausstattung mit einer würdigen und passenden Baumanlage zu Theil werde."
[128] StAT B 30/H 5/3/9/6.
[129] StAT B 30/H 5/3/9/6 und Tübinger Chronik vom 21.5.1869.
[130] Martin Kazmaier: Die deutsche Grabrede im 19. Jahrhundert. Diss. Tübingen 1977, S. 188.

abendbesucher wären vor geschlossenen Toren gestanden, da man darauf bedacht war, den Friedhof, um ihn vor dem Fehlverhalten ungeliebter Besucher zu schützen, immer geschlossen zu halten. Eine Instruktion für den Totengräber wies 1869 ausdrücklich darauf hin, „daß der Friedhof nicht zum Aufenthalt von Personen diene, welche keinen Beruf daselbst haben oder deren Absichten verdächtig scheinen, namentlich auch daß er nicht zum Spiel- u. Tummelplatz von Kindern mißbraucht oder von Thieren, z.B. Hunden, Geflügel mißbraucht werde. (...) Er (der Totengräber, d.Verf.) hat dafür zu sorgen, daß die beiden großen zum Friedhof führenden Thore jeder Zeit geschlossen sind außer zur Stunde der Beerdigung."[131] Demgegenüber steht in dem Bericht einer Kommission aus Mitgliedern des Stiftungsrates und des Bürgerausschusses von 1859, daß der Friedhof an Wochentagen für jedermann geöffnet sei.[132] Vergeblich hatte sich schon 1842 der Verschönerungsverein darum bemüht, die Regelung, keine Schlüssel an Privatpersonen zu vergeben, wieder rückgängig zu machen.[133] Auch in anderen Städten legte man Wert darauf, die Friedhöfe von allzuviel Publikumsverkehr freizuhalten. In einer Esslinger Friedhofsordnung hieß es: „der Aufseher hat dafür zu sorgen, daß der Friedhof mit Ausnahme der Zeit stattfindender Beerdigungen und der zur regelmäßigen Eröffnung bestimmten Stunde, immer geschlossen bleibe; vom 1. April bis 31. Oktober wird der Friedhof täglich Morgens und Abends 1 Stunde unter Aufsicht eines der Todtengräber oder dessen Angehörigen geöffnet."[134] Ähnliches berichtet auch Derwein vom Friedhof in Karlsruhe.[135] In den Anweisungen der Begräbnisordnung für den neuen Friedhof in Altona hieß es: „Die Eingangsthore des Platzes hält er stets verschlossen, und öffnet sie nur bei Beerdigungen für die Leichenzüge, nach deren Abgang er sie sofort verschließt."[136]

So scheint es trügerisch, den Worten des Diakon Pressel bei der Einweihung des Stadtfriedhofes zu glauben. „Siehe ein Friedensfeld, (...) ist dieser neugepflanzte, dieser freundlich angelegte und in ein liebliches Thal gebettete Garten Gottes. Ferne von dem Geräusche der Welt, von dem Getümmel einer beweglichen Menschen=Menge, von dem Getriebe gemeiner Leidenschaften und Neigungen, hier in diesem abgelegenem einsamen stillen Thale sind wir wie im inneren Heiligthume des großen Hauses unsers Gottes; (...) und die Bäume, die einst in diesen Beeten grünen, und die Rosen die unter ihren Zweigen blühen und duften, und die gebahnten geordneten Gänge, die zu den Grabmahlen der Geliebten führen werden, sie sollen unserem sinnenden Gemüthe liebliche Sinnbilder des schönen Ebenmaaßes" sein.[137]

---
[131] StAT B 30/H 297.
[132] StAT B 30/H 298. Stiftungsraths Protokoll vom 24. Mai 1859.
[133] UAT 117/370.
[134] StAT B 30/H 298.
[135] Derwein 1931, S. 177: „1818 war in Karlsruhe der Friedhof außer der Zeit eines Begräbnisses geschlossen und der Zutritt war nur durch den die Schlüssel bewahrenden Türhüter gestattet."
[136] Staatsarchiv Hamburg, Dienststelle Altona, Bestand 1 Signatur II c 211. Regulativ für den neuen Begräbnißplatz der Stadt Altona.
[137] Pressel & Sarwey 1829, S. 18 und S. 30.

Zusammenfassung

Neu entdeckte Quellen lassen die Geschichte der Friedhöfe und des Bestattungswesens in Tübingen im 18. und 19. Jahrhundert in einem anderen Licht erscheinen. Die Entwicklungsgeschichte des 1829 eröffneten Tübinger Stadtfriedhofes während des 19. Jahrhunderts zeigt, daß dieser Begräbnisplatz, wie bislang angenommen, kein öffentlicher Raum war, der wegen seiner ästhetischen Gestalt der Erbauung seiner Besucher diente. Für die verantwortlichen Träger des Stadtfriedhofes, den Stiftungsrat, die Stadt und den Kirchenkonvent war er keine Einrichtung von repräsentativem Wert, sondern er mußte in erster Linie rentabel verwaltet werden. Die Tübinger Friedhofswirklichkeit entspricht nicht dem bisher in der einschlägigen Literatur gezeichneten Bild eines Friedhofes im 19. Jahrhundert.

Die glücklicherweise erhaltenen Akten aus der Amtszeit des Oberamtsarztes G.I.J. Uhland zeigen dessen Einfluß bei Veränderungen auf dem früheren Ammerkirchhof und bei der Neuanlegung des Stadtfriedhofes. Bemerkenswert ist, daß er als Mediziner gleichermaßen Wert auf Zweckmäßigkeit, Hygiene und Ästhetik legte. Allerdings wurden wesentliche Punkte seines Idealentwurfes zur Gestaltung des Friedhofes nicht realisiert. Die geplanten Friedhofsbauten, wie ein Rundtempel für die Trauergemeinde und die Leichenhalle wurden aus finanziellen Gründen nicht gebaut. Aus dem gleichen Grund und wegen mangelndem Interesse der städtischen Behörden kam es zunächst auch zu keiner planmäßigen Bepflanzung des Friedhofes. Ebenso ließ sich die Idee Uhlands von einem denkmallosen Innenraum, d.h. keine Denkmäler auf den Gräbern anzubringen, nicht durchsetzen. Dagegen führte man das Reihenbegräbnis, das möglicherweise schon auf dem Ammerkirchhof praktiziert wurde, ein und erst 1874 wurden offiziell Familienbegräbnisse zugelassen.

Als Reaktion auf vielerlei Mißstände und die Tatsache, daß auf dem Stadtfriedhof keine gärtnerische Pflege betrieben, sondern nur Nutzpflanzen angebaut wurden, machte es sich der Verschönerungsverein zur Aufgabe, diese Versäumnisse der städtischen Behörden bei der Pflege und Gestaltung des Friedhofes auszugleichen. Nur sehr langsam entwickelte sich der Stadtfriedhof von einem anspruchslosen, unordentlichen Bestattungsfeld zu der gepflegten Anlage, wie wir sie heute vorfinden. G.I.J. Uhland hatte einen großen Anteil an diesem Prozeß, der sich dann in der zweiten Hälfte des 19. Jahrhunderts allmählich durchsetzte.

Der Hedinger Friedhof in Sigmaringen (1825)

Der Entstehungs- und Entwicklungsgeschichte des Stadtfriedhofes in Tübingen, dem kommunalen Begräbnisplatz einer Universitätsstadt mit überwiegend protestantischer Bevölkerung, wird die Untersuchung der Friedhöfe in Sigmaringen gegenübergestellt.[138] Sigmaringen, die Residenz der Fürsten von Hohenzollern/ Sigmaringen, war eine Kleinstadt, deren Bevölkerung bis zur Mitte des 19. Jahrhunderts fast ausschließlich Katholiken waren. Die Stadt besaß zum vergleichbaren Zeitpunkt wesentlich weniger Einwohner als Tübingen. Keller nennt hierzu folgende Zahlen: im Jahr 1820 = 1434 Einwohner, 1830 = 1516, 1840 = 1750 und 1850 = 2636.[139] Demgegenüber besaß Tübingen schon 1793 = 6583 und 1811 = 6448 Einwohner.[140] Die archivalische Quellenlage war hier sehr günstig.

Der Friedhof von 1744

Bis 1744 wurden die Einwohner Sigmaringens in dem mehrere Kilometer entfernten Laiz beerdigt, wohin auch die Bewohner von Inzigkofen und Laiz ihre Toten brachten.[141] In diesem Jahr erhielt Sigmaringen auf Anstoß des Stadtschultheißes und einiger Bürger, die einen Teil des erforderlichen Grundstückes stifteten, einen eigenen Friedhof.[142] Die Anregung der Bürger fand die Zustimmung des Fürsten, der zu dem besagten Grundstück ein weiteres hinzufügte und dort eine Kapelle erbauen ließ.[143] Im Jahre 1858 gab der Stadtpfarrer an, daß die Ummauerung des neuen Friedhofes aus Spenden der Bürgerschaft bestritten worden sei[144]. Dieser Friedhof lag im Südosten, außerhalb der Stadtmauern, und ist inzwischen mehrmaligen Überbauungen zum Opfer gefallen. Über die Anlage dieses Friedhofes, seine bauliche Einrichtung, das Wegesystem und die Bepflanzung ist nichts bekannt, und auch die Nachsuche im Staatsarchiv Sigmaringen ergab nur wenige neue Hinweise; so konnte anhand von Archivalien z.B. ein Beinhaus nachgewiesen werden.[145] Auf den Stadtplänen von 1822 und 1823 ist die Lage der Kapelle im Zentrum der Friedhofsanlage ersichtlich.

---

[138] Auf die Unterschiede in den theologischen Grundauffassungen zum Bestattungsort wird hier nicht näher eingegangen, da im Untersuchungszeitraum die Aufsicht über die Friedhöfe nicht Sache der Religionsgemeinschaften, sondern weltlicher Träger war.

[139] HStAS Dep.1 Nachlaß Keller.

[140] Beschreibung des Oberamts Tübingen. Herausgegeben von dem Königlich statistisch-topographischen Bureau. Stuttgart 1867, S. 243. Vgl. dazu: Das andere Tübingen. Kultur und Lebensweise der Unteren Stadt im 19. Jahrhundert. Untersuchungen des Ludwig-Uhland-Instituts Tübingen. Bausinger, H., Jeggle, U., Scharfe, M. & Warneken, B. J. (Hrsg.). Tübingen 1978, S. 83-85 und S. 113-116.

[141] Pfarrarchiv Sigmaringen: IIa Begräbnisse. Brief des Stadtpfarrers Lampenscherf „An das Hochwürdigste Erzbischöfliche Ordinariat Freiburg" vom 7. März 1858.

[142] Ebd.

[143] Ebd.

[144] Ebd.

[145] HStAS Dep. 1 Rathsprotokoll vom 6ten August bis 10. Jänner 1838. Bd. 64, S.296: Sigmaringen den 26ten März 1837 „In Folge Beschlußes fürstl. Landesregierung vom 13ten d.Mts. sollen die der Stadt dahier zu geschiedenen zwei auf dem alten Kirchhof sich befindlichen Gebäude, nemlich das s.g. Gebeinhaus, und vornen an der Straße stehende Häuschen auf den Abbruch verkauft werden."

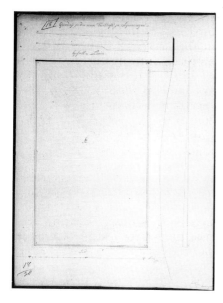

Abb. 7. „Grundriß zu dem neuen Freithofe zu Sigmaringen" von Hugo Uhl. STAS HO 199 FOA 42.

Erwähnenswert ist, daß auf dem alten Friedhof nicht nach einem bestimmten Ordnungsprinzip begraben wurde. So waren etwa Familien- und Einzelgräber nicht in verschiedene Abteilungen getrennt. Auch läßt sich heute nicht mehr feststellen, ob sich durch die Orientierung der Gräber auf die Kapelle ein gewisses Ordnungsgefüge ergab. Da zur damaligen Zeit noch keine Grabregister geführt wurden, hatte dies zur Folge, daß insbesondere die Gräber von Einzelpersonen, die oftmals keine Grabzeichen besaßen, schon nach wenigen Jahren nicht mehr aufzufinden waren. Die kurze, achtzigjährige Geschichte des ersten Sigmaringer Friedhofes hat nahezu keine Spuren hinterlassen.[146]

Neuanlage des Hedinger Friedhofes

Im Jahre 1825 wurde in Hedingen, etwa 1 km vom Stadtkern entfernt, der allgemeine Begräbnisplatz der Stadt Sigmaringen eingerichtet. Am 23. September 1823 machte der Medizinalreferent Dr. Rehmann darauf aufmerksam, „daß der Begräbnisplatz dahier mit der zunehmenden Bevölkerung in keinem Verhältnis stehe, daher weder zureichenden Raum darbiete noch bei seiner Lage in den nächsten Umgebungen der

---

[146] Zwar wurden mit Aufgabe des Friedhofes ein Teil seiner Grabdenkmäler an der Umfassungsmauer des Hedinger Friedhofes aufgestellt, doch auch sie mußten im Laufe der Zeit der Aufstellung neuerer Grabdenkmäler weichen.

Stadt an der Stelle, wo er sich gegenwärtig befindet, beibehalten werden könne", da wiederholt „noch unverwesene Ueberreste" von Leichen ausgegraben worden seien.[147] Daraufhin wurde das Oberamt von der fürstlichen Regierung dazu beauftragt", in Vereinigung mit dem Pfarramte und Physikate und unter Beiziehung des Stadtmagistrats sowohl den Ort, wohin der Kirchhof zu verlegen wäre, als die sonst erforderlichen Einrichtungen in Vorschlag zu bringen."[148] Nach der Auswahl des zum neuen Friedhof bestimmten Geländes bei dem alten Kloster Hedingen erging am 23. Juli 1824 von der hohenzollerisch-fürstlichen Regierung das Dekret, den „Freithof" auf dem „obern Platz an der Klostermauer in Hedingen anzulegen."[149] In diesem Erlaß wurde auch die anteilige Kostenübernahme des Landes, der Kirchenpflege und der Pfarrgemeinde festgelegt. Der Fürst selbst stellte das Grundstück aus seinem Lehensbesitz zur Verfügung. Zwar versuchten Stadtmagistrat und Bürgerdeputation die Anlage des neuen Friedhofes aus Angst vor zu großen Kosten hinauszuzögern und schlugen verschiedene Mittel vor, „alles Schädliche beim Fortbestande des gegenwärtigen Freithofes", das „eine Ausdünstung erzeugen könnte", zu beseitigen.[150] Moralische oder religiöse Motive wurden bei den Einwendungen der Stadt gegen den neuen Friedhof nicht ins Spiel gebracht. Im Verlauf der Jahre 1824 und 1825 wurde der neue Friedhof angelegt und am 15. Mai 1826, einem Pfingstmontag, eingeweiht.[151] Er lag, wie der Tübinger Stadtfriedhof, in unbewohnter Umgebung inmitten von Feldern.

Es muß als ein besonders glücklicher Umstand gewertet werden, daß die Pläne, welche zur Neuanlage des Friedhofes von Bauinspektor Uhl angefertigt wurden, im Staatsarchiv Sigmaringen aufbewahrt worden sind.

Am 30. Mai 1825 legte Bauinspektor Uhl sieben Pläne, numeriert von II-VIII, für die „innere Eintheilung" des Friedhofes vor[152], über deren Ausführung das Pfarramt und der Magistrat der Stadt Sigmaringen zu befinden hatten (Abb. 7-8). Von Uhl selbst existieren keine Erläuterungen zu seinen Plänen vor, und da wir auch über Uhls Leben und seinen beruflichen Werdegang fast nichts wissen, muß offen bleiben, ob und woher er Anregungen für seine gestalterischen Ideen erhalten hat.[153] Wie noch gezeigt werden wird, decken seine Pläne für den Friedhof das gesamte, damals denkbare Gestaltungsrepertoire ab. Sie reichen von einer streng symmetrischen Anlage bis hin zu großzügigen, gartenkünstlerischen Lösungen.

Aus den sieben verschiedenen Entwürfen lassen sich grundsätzlich zwei Lösungsmöglichkeiten für die Binnengliederung einer Friedhofsanlage

---

[147] HStAS Ho 199 FOA 42, Quadrangel 1, 26. September 1823.
[148] Ebd.
[149] Ebd. Quadrangel 4, 23. July 1824.
[150] HStAS Dep. 1 2018, 2. Sept. 1824.
[151] Fürstl. Hohenz. Hofbibliothek Sigmaringen Hs 172 „Standrede am 15. May 1826 am Pfingst – Montage Nachmittags bei der feierlichen Einweihung des Kreuzes auf dem Friedhofe in Sigmaringen Stadt."
[152] HStAS Ho 199 FOA 42.
[153] Vgl. Maren Kuhn-Refus: Der Prinzenbau in Sigmaringen. Versuch einer Baugeschichte. In: Zeitschrift für Hohenzollerische Geschichte 15 (1979), S. 155 – 171. Nachforschungen in den Akten des Hauptstaatsarchives Sigmaringen über Uhl blieben ohne Ergebnis.

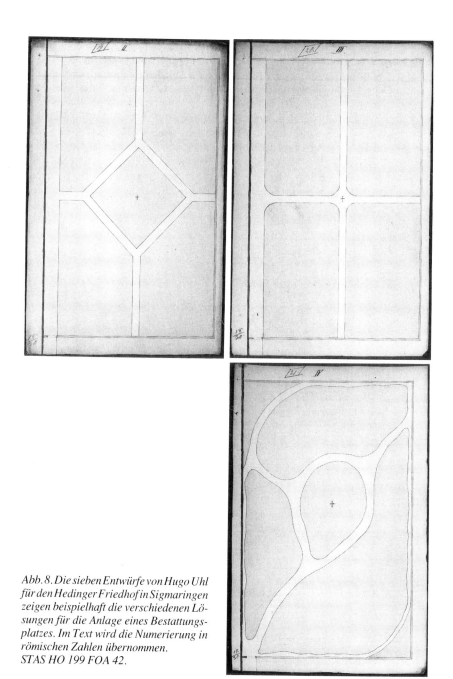

Abb. 8. Die sieben Entwürfe von Hugo Uhl für den Hedinger Friedhof in Sigmaringen zeigen beispielhaft die verschiedenen Lösungen für die Anlage eines Bestattungsplatzes. Im Text wird die Numerierung in römischen Zahlen übernommen.
STAS HO 199 FOA 42.

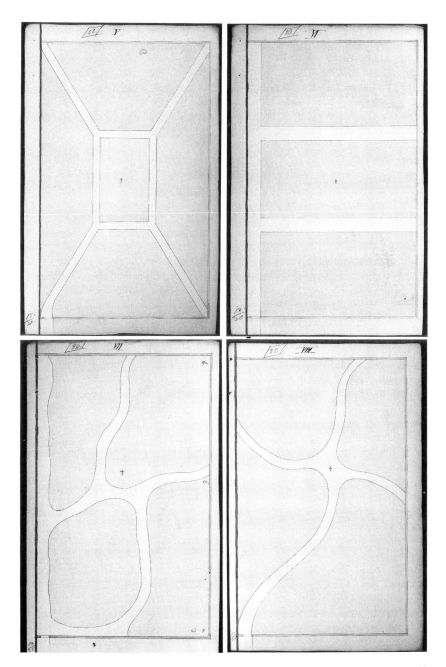

herauskristallisieren. Die erste ist ein klar strukturiertes, regelmäßig angelegtes Begräbnisfeld, das durch ein Wegesystem in gleichgroße Felder unterteilt wird. Die zweite Lösung geht wesentlich freier mit der Aufteilung des Raumes um. Geschwungene, scheinbar richtungslose Wege durchziehen das Begräbnisfeld, ohne ihm eine sichtbare Ordnung oder ein Zentrum zu verleihen.

Die Entwürfe II, III, V und VI sind analog zum rechteckigen Grundriß der Anlage geometrische Variationen mit den symmetrischen Grundformen Rechteck, Rhombus und Trapez. Im Entwurf VI ist die Anlage in drei gleich große Abteilungen unterteilt. Das Friedhofskreuz steht auf dem mittleren Feld und wird trotz seiner Position in der Mitte der Anlage nicht zu ihrem zentralen Orientierungspunkt. Die drei Felder werden von einem umlaufenden Weg erschlossen. Die Entwürfe II, III und V unterscheiden sich durch ihr zentrales Achsensystem von Entwurf VI. Der Entwurf III ist wohl die am häufigsten verwirklichte Lösung dieser Zeit: ein Wegekreuz gliedert die Grundfläche in vier gleich große, rechteckige Abteilungen. Der Kreuzungspunkt der Wege im Zentrum der Anlage gibt hier einen besonders prominenten Standort für das Friedhofskreuz ab. So bildet auch im Entwurf II das Kreuz den Mittelpunkt der Anlage. Um das Kreuz legt sich ein Weg in der Form eines Rhombus, an dessen vier Ecken jeweils ein Weg abzweigt, der in den, die vier Felder umschließenden, Umfassungsweg einmündet. Ganz ähnlich steht auch in Entwurf V das Kreuz im Mittelpunkt der Anlage. Von den vier Ecken des rechteckigen Grundrisses laufen vier Wege in diagonaler Richtung auf das Kreuz im Zentrum der Anlage zu. Sie münden in einen Weg, der wie im Entwurf II, jedoch jetzt im Rechteck, um das Friedhofskreuz herumführt. Die Wege unterteilen den Friedhof in vier trapezförmige Abteilungen.

Entwurf VIII behält zwar die Orientierung der leicht geschwungenen Wege auf das Kreuz hin bei, zeigt aber keine geometrische Feldergliederung mehr. Das Friedhofskreuz ist ein wenig vom Zentrum der Anlage weggerückt, und die vier geschwungenen Wege, die im eigenwilligen Verlauf auf das Kreuz zuführen, teilen die Gesamtanlage in vier Felder auf, die in Form und Größe unterschiedlich gestaltet sind. In den Entwürfen IV und VII ist die Wegeführung schließlich nicht mehr auf einen Mittelpunkt hin orientiert. Scheinbar richtungslos durchziehen die geschwungenen Wege den Begräbnisplatz, auf dem es somit keine fest begrenzten Abteilungen mehr gibt.

Die Binnenstruktur einer Friedhofsanlage ist für die Positionierung der Gräber von hoher Bedeutung. Denn sie gibt das System für die Art und Weise der Anordnung der Gräber vor. Auf einem symmetrischen Grundriß entsteht eine klar überschaubare Ordnung, in der einzelne Abteilungen oder Bereiche durch ihre besondere Lage ausgezeichnet sein können. Ein unregelmäßiger Grundriß hingegen schränkt zunächst die Möglichkeit ein, bestimmte Zonen gestalterisch zu akzentuieren und dadurch privilegierte Flächen auf dem Friedhof zu schaffen.

Letztlich kam keiner der Entwürfe von Uhl zur Ausführung. Das vorhandene Grundstück wurde mit einer Mauer umfriedet und durch einen Hauptweg in zwei Felder geteilt. Der Totengräber Walz beschrieb den neuen Begräbnisplatz so: „Der

Friedhof bildet nemlich ein breites Vierek, welches durch eine Straße in 2 Hauptfelder geschieden ist."[154] Laut Oberamtsprotokoll vom 5. Juni 1825 hatte sich das Stadtschultheißamt Sigmaringen in Übereinstimmung mit dem Pfarramt wie in Tübingen für die kostensparendste Lösung entschieden.[155] Eine Begründung für diesen Entscheidungsprozeß ist weder aus dem Protokoll noch aus anderen Quellen zu entnehmen. Der Bildhauer Ehinger, auf dessen Angaben sich die Untersuchungen im Nachlaß Keller im wesentlichen stützen, beschrieb den Friedhof in ähnlicher Weise: „Die damalige Anlage umfaßte blos die beiden ersten Felder links und rechts vom Haupteingang bzw. des Hauptweges entlang. Das Friedhofskreuz stand in der Mitte der Anlage."[156]

„Aus Anlaß der Einrichtung des neuen Begräbnißplatzes für die Stadt Sigmaringen sind mehrere Einrichtungen nothwendig geworden, und sowohl für die Begräbniss als die Leichenzüge eine bestimmte Ordnung aufzustellen."[157] Mit diesen Worten erließ das Oberamt am 10. Oktober 1825, das zuvor eine Absprache mit dem Pfarramt, dem Physikat, dem Stadtschultheißamt, einigen Mitgliedern des Magistrats und dem Totengräber getroffen hatte, nachfolgende Ordnung, die nur in handschriftlicher Form in den Akten des Oberamtes vorliegt.

„1) Auf dem neuen Begräbniß Platze finden keine Familien = Begräbniße statt; vielmehr wird Jedermann ohne Unterschied des Standes der Person in ordnungsmäßiger Reihe begraben.
2) Die Reihe der Gräber wird nach der Zeitfolge angelegt, und zwahr so, daß die Kinder je zu 2. auf das Grab eines Erwachsenen berechnet werden.[158]
3) Das Grab eines Erwachsenen muß vollständig 5' Fuß tief gegraben werden, bey Kindern im Verhältniß.
4) Wenn der ganze Kirchhof durchgegraben ist, so wird in der bisherigen Ordnung von forne wieder angefangen, die ersten Gräber geöffnet, und die Gebeine, mit den neu Begrabenen in demselben Grabe gelaßen. Es soll daher, wie schon längst in dem Bisthum Konstanz verordnet ist, kein Beinhaus errichtet werden."

Punkt 5 betrifft die Gebührenregelung.

„6) Da bey der gegenwärtigen Entfernung des Begräbnißplatzes das Tragen des Sarges, ebenso beschwerlich, als kostspielig ist, so wird festgesetzt, daß die Stadt einen Todtenwagen anschaffe, und ihn mit der Berechtigung die Todten auf den Begräbnißplatz zu führen, an den Meistbietenden verpachten soll."

In der Folgezeit wurde sehr viel Wert darauf gelegt, auch den Aufwand bei Begräbnissen einzuschränken; so sollten z.B. keine Trauerflöre mehr verteilt

[154] HStAS Ho 199 FOA 43.
[155] HStAS Ho 199 FOA Bd. 23.
[156] HStAS Dep 1 Nachlaß Keller Nr. 182.
[157] HStAS Ho 199 FOA 43.
[158] In Tübingen wurde aus Gründen der Platzersparnis eine besondere Abteilung für Kinder angelegt, da man ihre Verwesungsdauer kürzer als die der Erwachsenen ansetzte.

werden. „Vielmehr mögen die Hinterlassenen statt des gegenwärtigen Aufwandes eine angemessene Summe zu der hiesigen Armenanstalt übergeben, damit durch das Gebeth der Hülfsbedürftigen das Andenken des Verstorbenen geehrt werde."[159] Mit diesen Verordnungen verband sich auch das Bestreben die Einrichtung des Friedhofes auf das Notwendigste zu beschränken und alles zu vermeiden, was irgendwelche Kosten oder anderen Aufwand verursachen könnte. Der Grundsatz der Zweckmäßigkeit und Wirtschaftlichkeit unter Berücksichtigung hygienischer Maßnahmen wurde in Sigmaringen fast noch ausgeprägter als in Tübingen zum Maßstab für die Gestaltung des neuen Friedhofes erhoben. Zehn Jahre nach der Fertigstellung des Hedinger Friedhofs befasste sich auch die „Geheime Konferenz" des Fürsten mit der Situation der Friedhöfe, denn es sollten generelle Verordnungen zur Verlegung und Einrichtung der Friedhöfe erlassen werden. Bis zu einer endgültigen Druckfassung der daraufhin erlassenen Verordnung im März 1836 wurden verschiedene Entwürfe vorgelegt, die ohne Ausnahme die Abschaffung der innerörtlichen Begräbnisplätze vorsahen. Die Unterschiede in den einzelnen Fassungen bezogen sich nur auf die Angabe von Mindestentfernungen der neu anzulegenden Friedhöfe zu den Wohngebieten. Hinsichtlich der Lage der Friedhöfe sei darauf zu achten, daß sie „auf einen schicklichen, wo möglich etwas erhaben nordöstlich liegenden, und trockenen Platz (...) angelegt werden."[160] Wie schon in Tübingen richtete sich die Auswahl der Grundstücke vor allem nach hygienischen Grundsätzen. Aus diesen Erwägungen heraus erließ man auch ein generelles Bauverbot für Wohngebäude und Brunnen zwischen dem Friedhof und der Ortschaft.[161]

Die Stadt Sigmaringen empfand die Einrichtung des neuen Friedhofes in Hedingen als eine außerordentliche finanzielle Belastung, was sich natürlich auf den Charakter der Begräbnisstätte auswirkte, die nur mit sehr bescheidenen Mitteln ausgestattet war. Der Friedhof war in den ersten Jahren seiner Belegung ein schlichtes, durch einen Hauptweg unterteiltes Feld. Schon bald nach seiner Eröffnung entzündete sich ein Konflikt zwischen der Stadt und dem Pfarramt. Bei einer Inspektion des Friedhofes durch das Physikat wurd man darauf aufmerksam, „daß die Gräber nicht der Reihe nach gegraben werden. Vielmehr die erste Reihe mitten im Kirchhof abgebrochen und wieder von Fornen angefangen worden sey."[162] Auf Befragen des Totengräbers gab dieser an: „Übrigens werde wahrscheinlich deswegen auf die andere Seite nicht vergraben werden sollen, weil auf demselbigen Theile vor

---

[159] HStAS Ho 199 FOA 43. Vgl. auch Ho 6 II 5717.
[160] HStAS 17 G 3. Sammlung der Gesetze und Verordnungen für das Fürstenthum Hohenzollern Sigmaringen von 1833 bis 1837, 4. Bd., Sigmaringen 1839. Darin: Verordnung Fürstlicher Geheimer Conferenz, die Verlegung und Einrichtung der Friedhöfe betreffend (Sigmaringen den 11. März 1836). Im Entwurf vom 7. August 1835 (Ho 6 II 5717) wird ausdrücklich dazu geraten, die Begräbnisplätze „an trokenen Stellen, welche ein für die Verwesung günstiges Erdreich haben," anzulegen.
[161] Ebd., 11. März 1836.
[162] HStAS Ho 199 FOA 43.

ungefähr 10 Tagen geäkert und Mist darauf geführt worden sey."[163] Dies sei auch schon im letzten Herbst geschehen. Der Pfarrer benutzte demnach die Hälfte des Friedhofes, auf dem noch keine Gräber angelegt waren, zum landwirtschaftlichen Anbau. Er sah in der „lucrativen Benüzung des Gottesackers" durch Raygras und Esparsetten[164] und deren Düngung mit Mist keinesfalls eine „Entweihung des Heiligthumes", noch einen Verstoß gegen „canonische und bischöfliche Geseze", dies sei „ein Verfahren, das allenthalben, auch in anderen Staaten bei Anlegung neuer Friedhöfe statt findet".[165] Ganz anderer Ansicht waren hier die weltlichen Behörden. Das Physikat forderte die sofortige Bestrafung der Totengräber und eine „Wiederausgrabung der ordnungswidrig gemachten Gräber".[166] Es bestand insbesondere darauf, daß die Friedhöfe, was die „Anstands u. Gesundheits=Policey" betraf, unter die Aufsicht des Oberamtes und des Physikats gestellt wurden. Damit entspreche man auch der Regelung anderer Staaten, wie schon aus den napoleonischen Gesetzen hervorgehe: „Les lieux de sépultures seront ce soumis à l'autorité, police et surveillance des administrations municipales. – Les autorités locales sont specialement chargées – d'empecher qu'il ne se commette dans les lieux de sépultures aucun desordre, ou qu'on s'y permette aucun acte contraire au respect dû à la memoire des morts."[167] Ganz entschieden verwahrte sich das Oberamt gegen jede Fremdnutzung des Begräbnisplatzes, es sah in der „Begailung des geweihten Freithofes (...) ein Vergehen gegen den öffentlichen Anstand"[168], denn der „geweihte Begräbnisplatz ist pro cultu, aber nicht pro cultura aufgestellt."[169] Seine Düngung empfand man daher als „unschiklich" und „unanständig". Der Konflikt um die Nutzung des Friedhofes endete damit, daß der Pfarrer am 23. August 1826, nachdem man ihm die kostenlose Nutzung des Grases bewilligt hatte, auf die Anpflanzung von Klee und Esparsetten verzichtete. Er wurde gebeten, den Mist vom Friedhof wegzuschaffen und künftig derlei „Ungebühr" zu unterlassen.[170]

Im Konflikt zwischen Pfarramt und weltlichen Behörden zeigte sich eine allmählich verändernde Einstellung zu den neuen Friedhöfen. Die Begräbnisplätze, ihrer Nähe zum Gotteshaus beraubt, wurden nun in einen Status besonderer Unantastbarkeit gehoben, und sie erhielten ihre Würde durch den Respekt, den man gegenüber ihrem äußeren Erscheinungsbild empfand.[171] Dies belegt auch ein Brief

---
[163] Ebd.
[164] Raygras ist wie die Esparsette ein alte Futterpflanze.
[165] HStAS Ho 199 FOA 43. Brief des Stadtpfarramtes an das hochfürstl Oberamt dahier, 26. April 1826.
[166] HStAS Ho 199 FOA 43.
[167] Ebd.
[168] Ebd.
[169] Ebd.
[170] HStAS Ho 199 FOA 43.
[171] Johannes Warncke: Die Errichtung des Allgemeinen Gottesackers vor dem Burgtore. In: Vaterstädtische Blätter Jg. 1931/32, Nr. 21, S. 88, beschreibt auch für Lübeck diese besondere Empfindung, die sich gegenüber den außerstädtischen, dem täglichen Leben entfernten Begräbnisplätzen einstellt: „Ein solcher Ort muß aber von der Stadt entfernt sein, damit man von dem Geräusch nicht gestört wird, um recht über Leben und Tod Betrachtungen anstellen zu

57

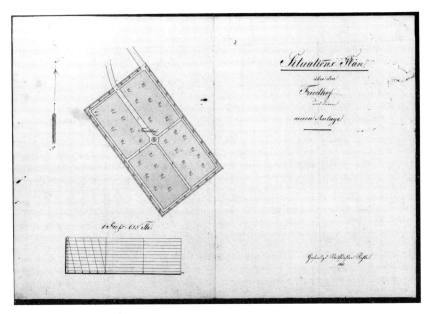

Abb. 9. „Situations=Plan über den Friedhof und deren neue Anlage" gefertigt von Stadtförster Stehle 1861. STAS Dep 1 2018.

des hessischen Staatsministeriums an den Schul- und Kirchenrat in Gießen aus dem Jahre 1820, auf den ich in den Sigmaringer Friedhofsakten stieß. „Liegt es nicht nur im Gefühl des Menschen, daß die Ruhestätte der Entschlafenen eine gewisse Schonung und Stille in Anspruch nehmen". „Eine Verpachtung der Kirchhöfe als Gärten u. dgl. kann daher nicht zugegeben werden."[172] Zugleich muß immer wieder betont werden, daß dieser Wandel in der Einstellung zu den Friedhöfen nur sehr langsam auf ihr äußeres Erscheinungsbild zurückwirkte. Noch 1924 schrieb Ehinger über den Friedhof in Sigmaringen: „Der Gesamteindruck im Verhältnis zu ähnlichen Städten war bis zur Neuanlage der einzelnen Felder, bzw. Abteilungen, im (Jahre, d. Verf.) 1913 kein günstiger zu nennen; zwar waren die Wege und Gräber, abgesehen von den Herrenlosen und Spitalern, gut gepflegt aber auf der alten Anlage ist das Gehen bei oft meterhohem Gras und Unkraut über in dem hohen Gras verborgenen, eingesunkenen Gräber und Grabeinfassungen um zu den einzelnen Gräbern zu kommen geradezu halsbrecherisch. Ueber das nicht Kurzhalten des Grases hat sich schon mancher Fremde welcher den Friedhof besuchte mir gegenüber geäußert, daß der Sigmaringer Friedhof gegenüber den anderen Anlagen in der

können. Hier aber und in Hamburg läuft man Tag täglich den Todten über den Kopf und empfindet dabei nichts."

[172] HStAS Ho 82 I 24168.

Stadt und Umgebung sehr in den Hintergrund gedrängt wurde. Diesem Uebel hat die Neuanlage ein Ende gemacht, jetzt kann man durch gepflegte Wege jedes Grab betreten ohne über Hindernisse zu stolpern. Wenn einmal die Neuanlag auf sämmtlichen Abteilungen durchgeführt ist dan kann der hiesige Friedhof den Vergleich mit andern in ähnlichen Städten aushalten."[173]

1861 leitete man erste Schritte zur „Verschönerung" des Friedhofes ein. In einem Bericht vom 1. Juni des Jahres hieß es: „Das Bürgermeisteramt hat sich selbst überzeugt, wie nothwendig es ist, daß für die Ordnung und die freundlichere Herstellung des hiesigen Friedhofes entschiedene Schritte gethan werden. (...) Unzweifelhaft würden alle Maßregeln, welche zur Herstellung eines geordneten, reinlichem und freundlichem Friedhofes ergriffen werden, den ungetheilten Beifall aller hiesigen Einwohner finden, denn die öffentliche Stimmung spricht sich darüber ganz bestimmt aus."[174] Man hielt es nun für eine wesentliche Voraussetzung, anstelle der bisherigen Tagelöhner einen Totengräber mit festem Gehalt anzustellen. Aus einem zwei Monate später aufgestellten Kostenvoranschlag geht hervor, welche Maßnahmen zur freundlicheren Gestaltung des Friedhofes vorgesehen waren. Die Wege sollten planiert und ausgebessert werden, die Umfassungsmauer instand gesetzt und der Friedhof von Schutt und anderem Abraum befreit werden. Auch sollte der Rasen jetzt regelmäßig geschnitten werden.[175] Der Friedhof besaß nun die im Entwurf III von Uhl vorgeschlagene Form einer geometrischen, in vier rechteckige Felder unterteilten Anlage (Abb. 9), die in den Jahren 1873 und 1884 in fortlaufender Richtung nach Südosten erweitert wurde.[176]

Die Bepflanzung

Die Frage, wie der neue Friedhof bepflanzt werden sollte, entschied man ausschließlich nach der hygienischen Wirkung der Pflanzen. Es gab weder Überlegungen zur gestalterischen Aufgabe der Bepflanzung noch zu ihrer atmosphärischen Wirkung auf die Stimmung der Besucher. In einem Vortrag über die „Anlegung und Benützung der Begräbnißplätze" fragte sich der Referent der „Fürstlichen Geheimen Konferenz": „Ob die Baumpflanzung jeder Lage angemessen sei, vielmehr manchmal nicht den Luftzug hindere, und Feuchtigkeit, daher Dünste erzeuge, ist ebenfalls zu bezweifeln."[177] Diese Überlegungen deckten sich mit den Bestimmungen im napoleonischen Dekret, in dem ebenfalls von einer zu dichten Bepflanzung der Friedhöfe abgeraten wurde: „On y fera des plantation, en prenant les précautions convenables pour ne point gêner la circulation de l'air."[178] Die

---

[173] HStAS Dep 1, Nachlaß Keller Nr. 182, S. 30f.
[174] HStAS Dep 1 2019.
[175] HStAS Dep 1 2018.
[176] HStAS Dep 1 2025.
[177] HStAS HO 6 II 5717. Verordnung, die Beschaffenheit und Einrichtung der Friedhöfe, Behandlung der Verschiedenen u. Gestorbenen, Art der Beerdigung. 1835, 1836.
[178] Ebd.

Bepflanzung sollte vornehmlich dazu dienen, die Lebenden vor den schädlichen Ausdünstungen der Toten zu schützen. So wurde im endgültigen Entwurf angeordnet: „An der gegen dem Orte gelegenen Seite sollen Bäume gepflanzt werden, in so fern dieselbe nicht wegen der besondern örtlichen Lage nach der Ansicht deß betreffenden Physikats dem Luftzuge nachtheilig erscheinen."[179]

Diese Ansicht wurde auch von wissenschaftlicher Seite bis in das späte 19. Jahrhundert hinein vertreten. Die Beschlüsse der „Königlichen Wissenschaftlichen Deputation für das Medizinalwesen vom 1. November 1890, betreffend Projekte für Anlage und Erweiterung von Begräbnisplätzen und Entwürfe von Begräbnisplatz Ordnungen" enthalten die Empfehlung, die Begräbnisplätze von den Wohngebieten durch eine „dichte Baumbepflanzung" zu scheiden, „daß auch die etwaigen geringen übelriechenden Ausdünstungen aus frischen Gräbern die Wohnräume nicht treffen können, und die Bewegung etwa in Betracht zu ziehenden Grundwassers in einer von den letzteren abgewendeten Richtung statt hat."[180] Gleichzeitig solle darauf geachtet werden, daß der Baumbewuchs nicht so dicht sei, daß er die Sonneneinstrahlung auf die Gräber beeinträchtige und dadurch den entgegengesetzten Effekt bewirke. Wie sich nun diese Überlegungen auf die tatsächliche Bepflanzung des Hedinger Friedhofes auswirkten, läßt sich anhand der vorliegenden Quellen nur schwer beurteilen. In den Kostenaufstellungen bei der Neuanlage und auch der Umgestaltung des Friedhofes 1861 sind keine Ausgaben für die Bepflanzung aufgeführt. Ansichten des Friedhofes aus dem 19. Jahrhundert gibt es nicht. Nach den wenigen vorhandenen Angaben ist eher anzunehmen, daß der Bepflanzung als gestalterischem Mittel und Stimmungsträger keine besondere Bedeutung beigemessen wurde. Dies bestätigte Ehinger noch im Jahre 1924: „Der Gräberschmuck mit lebenden Blumen, Epheu, Immergrün, Botanischen Pflanzen p.p. hat seit Anlegung von Familiengräbern bedeutenden Fortschritt gemacht. Bei der früheren Anlage war es eben, da nur Reihengräber vorhanden waren, wegen Platzmangel nicht möglich, Zierbäumchen wie Tuya etc. auf die Gräber zu setzen."[181] Laut Keller wurde der Friedhof erst nach seiner zweiten Erweiterung im Jahre 1883 großzügiger bepflanzt. „Seitdem konnte die gärtnerische Kunst = Bepflanzung der Haupt= und Nebenwege mit Linden, veredelten Kastanien, Trauerweiden und Wildbäumen, sowie die Einfassung der Felder und Gräberreihen mit Tuja, Weißdorn usw. in reicher Abwechslung sich entfalten. Zu diesem Zwecke wurden auch die Abstände zwischen den Gräbern und Gräberreihen, sowie zwischen den gekauften Einzel= und Familiengräbern etwas reichlicher bemessen als ehedem."[182] Die Bepflanzung der Reihengräber wurde hingegen weiterhin eingeschränkt. Noch in der Friedhofsordnung von 1915 liest man: „Die auf fraglichen Feldern befindliche Grabplätze der nicht gekauften Gräber dürfen weder Einfassungen noch Grabhügel erhalten. Diese

[179] HStAS 17 G 3.
[180] HStAS Ho 235 I – X Nr. 852. Da Hohenzollern-Sigmaringen 1849 seine Souveränitätsrechte an Preußen abgetreten hatte, befand es sich nun in dem Geltungsbereich preußischer Gesetzgebung.
[181] HStAS Dep. 1 Nachlaß Keller Nr. 182.
[182] Ebd.

Grabstellen sind als Rasenplätze zu unterhalten, die jedoch unter Ausschluß von Bäumen und Gesträuchen mit Blumen bepflanzt werden dürfen."[183] Die Haupt- und Nebenwege waren mit Kastanien besetzt, die laut Bericht der Friedhofskommission von 1894, wegen der Anlage neuer Familiengräber durch Thuja ersetzt wurden.[184]

Um die Friedhöfe ausschließlich zum Begräbnis zu benutzen, wurde in der Verordnung von 1836 ausdrücklich deren Nutzung als landwirtschaftliche Anbaufläche untersagt. Zwar durfte wie bisher die Grasnutzung dem Pfarrer, Meßner oder Lehrer überlassen werden, doch die „Benüzung darf nur auf eine Weise geschehen, welche mit der Würdigkeit des Ortes verträglich ist, daher niemals mittelst Umarbeiten des Bodens oder Betreibung durch Vieh."[185]

Das Verbot von Familiengräbern

Mit der Verordnung von 1836, deren Geltungsbereich sich auf das gesamte Fürstentum Hohenzollern Sigmaringen erstreckte, wurde die Anlage von Familiengräbern untersagt. In Paragraph 8 hieß es: „Das Begraben der Leichen hat mit gänzlicher Beseitigung aller Familienbegräbnisse nach der Zeitfolge in einer Reihe ohne Unterbrechung und mit möglichst sparsamer Benüzung des Plazes zu geschehen. Für Kinder ist eine besondere Reihe anzulegen."[186] Die Abschaffung des Familienbegräbnisses schien aus zwei Gründen geboten: einerseits gewährleistet das Begraben nach der Reihe eine gewisse Ordnung und Übersichtlichkeit bei der Anlage der Gräber. Die nunmehr gesetzlich festgelegten Ruhefristen können besser eingehalten und gleichzeitig ein zu frühes Öffnen der Gräber, wie es auf den alten Friedhöfen oftmals vorkam, verhindern. Dies war in einer Zeit ausgeprägten Hygieneempfindens von besonderer Bedeutung. Gleichzeitig ließ sich, wie auch in Tübingen, eine Tendenz beobachten, die gesellschaftlichen Rangunterschiede in der Bestattung, wenn nicht aufzuheben, so doch abzumildern. Anläßlich der Anlage des neuen Friedhofes verfaßte der Magistrat 1824 folgende Erklärung: Es „ist die Bemerkung nothwendig, daß an einem Orte, wo die Natur jeden Rang aufhebt, die Begrabung mehr der Ordnung nach vorgenommen werden solle – wodurch mehr Platz gewonnen, überhaupt das Schädliche zu früher Eröfnung der Gräber vorgebeugt wird."[187] So war man auch bemüht, den Aufwand bei den Trauerbekundungen und Leichenzügen durch die Bestimmungen in den Leichenordnungen einzuschränken.[188]

---

[183] Ebd.
[184] HStAS Dep. 1 2019.
[185] HStAS 17 G 3.
[186] Ebd. Daß die Raumersparnis eines der wichtigsten Argumente war, zeigen auch die Ausführungen des Referenten der Geheimen Konferenz wenn er bemerkt, „wie unordentliche die Linien und die Grabentfernungen" seien und wieviel „Terrain damit verloren wird." Ho 6 II 5717 vom 6. Juni 1835.
[187] HStAS Dep 1 Ratsprotokolle von 1822 – 1827 Bd. 60, S. 159, 26ten April 1824.
[188] Dies trifft beispielsweise auch auf den Gebrauch der Särge zu. In dem Vortrag „des Referenten Fürstlicher Geheimer Konferenz über die Anlegung und Benützung der Begräbnisplätze" äußerte

Die Einführung des Reihenbegräbnisses

Die Verordnungen aus dem Jahre 1825 für die Stadt Sigmaringen und von 1836 für das Fürstentum Sigmaringen machten die Einführung des Reihenbegräbnisses zur Pflicht. Diese Bestimmung wurde in den ersten 50 Jahren der Belegung des Hedinger Friedhofes ohne Ausnahme befolgt. Noch 1853 bestätigte der Gemeinderat die Beibehaltung dieser Praxis: „Es soll niemand gestattet sein, ein Grab für sich oder Verstorbene Angehörige anzukaufen. Es sollen die Ausgrabungen ohne Unterschied vorgenommen werden."[189] Eine Zurückstellung der Gräber mit Grabzeichen von der turnusmäßigen Wiederbenützung, wie es z.B. in Tübingen üblich war, war somit ausgeschlossen. Es gab hingegen keine besondere Genehmigungspflicht oder Beschränkungen für die Aufstellung von Grabdenkmälern. Interessanterweise findet sich in den Akten des „Geheimen Conferenz=Protokolls" vom 12. Februar 1836, in dem die neue Verordnung zur Einrichtung der Friedhöfe beschlossen wurde, eine Randnotiz, die das Problem der Aufstellung von Grabmälern thematisiert. „Schon eine Oesterreichische Verordnung bestimmt, daß Monumente nicht auf die Gräber gesezt werden, sondern nur in die Mauer, was nothwendige Folge der Reihenbegräniße ist, u. bisher dahier übersehen worden."[190] In der Tat wurde diese Bemerkung nicht beachtet oder hatte zumindest keine Auswirkungen auf die Bestattungspraxis in Sigmaringen. Sie erinnert an das von Uhland in Tübingen vorgeschlagene strikte Verbot von Grabdenkmälern außerhalb des Mauerbereiches. Doch setzte sich die Idee von einem Bestattungsfeld ohne Grabzeichen auch in Sigmaringen nicht durch.

Als man 1861 erwog, den Friedhof zu erweitern, trug das Oberamt das Anliegen an die Gemeinde heran, sich zu überlegen: „Ob es nicht für wünschenswert und auch im pecuniären Interesse der Gemeinde zweckmäßig zu erachten wäre, einen bestimmten angemeßen großen Platz auf dem Kirchhofe zu Erbbegräbnißen zu bestimmen, für welche letztere dann von den Stiftern ein angemeßen hohes Kaufgeld in die Gemeindekasse für den Grund und Boden zu zahlen wäre."[191] Dieser Aufforderung wurde vorerst nicht entsprochen, denn als 1864 der Hofmaler Lauchert den Antrag auf die Gewährung eines Familienbegräbnisses stellte, wies man seine Bitte zurück.[192] Erst 1875 wurde nach der ersten Erweiterung des

---

sich der Referent dahingehend, daß „aller kostspielige Prunk" untersagt werden müsse; eine recht geläufige Formulierung zu dieser Zeit. „Ebenso ist der Gebrauch gewölbter Särge, ein ohnehin unnützer Luxus, zu beachten, und dafür eine größere Tiefe zu fordern." HStAS Ho 6 II 5717. In Tübingen sollten die Särge, „um die Verwesung nicht aufzuhalten, in der Regel von tannenem Holz verfertigt werden". Leichen-Ordnung für die Stadt Tübingen in Wirkung getreten mit dem 1. April 1879. In der Leichen= und Leichentax = Ordnung für die Stadt und Universität Tübingen von 1833 wird in 18 angeordnet: „Alle Leichensärge sollen allein von tannenem Holz, also nicht von eichenem oder forchenem Holz, verfertigt werden, und jede unnöthige Verzierungen von Kuglen, kostbaren Handgriffen, Kloben und dgl. hiemit abgeschafft und verboten seyn."

[189] HStAS Dep. 1 Nachlaß Keller Nr. 182.
[190] HStAS Ho 6 II 5717.
[191] HStAS Dep. 1 2019.
[192] HStAS Dep. 1 2019.

Friedhofes eine neue „Friedhof= und Taxordnung für die Stadt Sigmaringen" erlassen, in der auch der Erwerb von Familiengräbern ermöglicht wurde.[193] Paragraph 4 dieser neuen Verordnung bestimmte: „Die Grundfläche des Friedhofes ist eingetheilt: 1) in Felder, welche durch Wege getrennt sind; 2) in jene Fläche, welche an der Umfassungsmauer liegen und zu Familiengräbern bestimmt sind." Paragraph 5 führt aus: „Die Begräbnisse in den Feldern geschehen reihenweise und darf ein neues Feld so lange nicht benützt werden, bis jenes, in welchem bisher begraben wurde keinen Raum mehr für weitere Gräber hat. Es ist dem Todtengräber untersagt, ohne besondere Erlaubniß des Bürgermeisters ein Grab ausserhalb der Reihe zu graben." Die Lage eines Grabes wurde nun zum Merkmal des sozialen Ranges; für sie mußte auch entsprechend bezahlt werden. Paragraph 7 und 8 vermerken: „Die vordere Gräberreihe auf jeder Seite der in dem Plan über den neuen Teil des Friedhofes (...) mit A,B,C und D bezeichneten Felder muß in gleicher Richtung mit dem daneben laufenden Wege angelegt werden. Die an diesen Wegen liegenden Gräber werden nur gegen baare Entrichtung einer bestimmten Taxe der Reihenfolge nach abgegeben; jedoch nur auf die Dauer von 25 Jahren. Wenn nach dieser Zeit solche Grabplätze dem Friedhofe zurükfallen, so werden die darauf befindlichen Grabsteine entfernt und wenn möglich an der östlichen Umfassungsmauer aufgestellt, falls keine anspruchsberechtigten Erben darüber anderweitig verfügen." Paragraph 9: „In den Feldern dürfen weder Gruften, noch ausgemauerte Gräber angebracht werden." Die Familiengräber können auf die Dauer von fünfzig Jahren erworben werden, wobei darauf zu achten sei, daß nie mehr als die Anzahl der erworbenen Särge in dem Grab beigesetzt werden dürfen.[194] Analog zur Rangordnung der verschiedenen Grablagen bestimmten sich auch die Preise. Ein Familiengrab an der Umfassungsmauer kostete 80 Mark, ein Einzelgrab an der Mauer 60 Mark, ein Grab an dem Hauptweg kostete 30 Mark, und für eine Grabstätte an den Nebenwegen mußten 20 Mark bezahlt werden. Ob die Reihengräber innerhalb der Felder kostenlos abgegeben wurden, geht aus der Taxordnung nicht hervor. Die Randzone an der Umfassungsmauer, die durch einen umlaufenden Weg für den Besucher erschlossen wurde, war der Bezirk mit der höchsten sozialen Wertschätzung, darauf folgten die Gräber an den Haupt- und an den Nebenwegen, die Gräber im Innenfeld stehen in dieser Rangfolge an letzter Stelle.

Zusammenfassung

Der Friedhof in Sigmaringen war anfangs eine kleine, nüchtern konzipierte Begräbnisanlage. Als bescheidene Zweckeinrichtung erfüllte sie die Grundvoraussetzungen für eine hygienische und sparsame Bestattung. Die Stadt Sigmaringen

---

[193] Für diese Abänderung wurde eine ausdrückliche Genehmigung beim Innenministerium in Berlin eingeholt. HStAS Ho 235 I-X, Nr. 852.
[194] HStAS Dep. 1 2019.

faßte den Friedhof nicht als öffentliche Anlage mit einer repräsentativen Wirkung auf. Bauinspektor Uhl legte sieben verschiedene Pläne für die Anlage des neuen Begräbnisplatzes vor. Sie sind ein wichtiges Zeugnis der unterschiedlichen gestalterischen Konzeptionen für eine Friedhofanlage im ersten Drittel des 19. Jahrhunderts. Zunächst wurde jedoch keiner der Entwürfe von Uhl umgesetzt. Das ursprüngliche Wegesytem, die Bepflanzung und die beiden großen Reihengrabfelder lassen zunächst jede gestalterische Idee vermissen. Soweit dies einer empirischen Überprüfung zugänglich ist, wurde der Bepflanzung eine ausschließlich hygienische Bedeutung beigemessen. Erst um 1860 wurde eine regelmäßige, in vier Felder unterteilte Anlage geschaffen. Ähnlich wie in Tübingen setzte nur ganz allmählich eine Friedhofspflege ein. Die ersten Anzeichen einer Verschönerung und Pflege des Friedhofes sind im letzten Drittel des 19. Jahrhunderts zu erkennen. Während der ersten fünfzig Jahre waren Familien- oder Erbbegräbnisse untersagt, und es wurde streng der Reihe nach begraben.

Der Friedhof „Unter den Linden" in Reutlingen.

Vorgeschichte

Der Friedhof „Unter den Linden" nimmt eine Sonderstellung unter den hier untersuchten Begräbnisanlagen ein, denn er ist keine Gründung aus dem späten 18. oder der ersten Hälfte des 19. Jahrhunderts, sondern er liegt seit über tausend Jahren am selben Orte. Die Reutlinger Stadtgeschichtsforschung nimmt an, daß schon seit der Ansiedlung der Alemannen auf diesem Gebiet bestattet wurde.[195]
Auch der Bau der Pfarr- und Parochialkirche (Baudatum 1246) St. Peter und Paul an diesem Orte, außerhalb der damaligen Stadt, verleiht dem Friedhof seine besondere Bedeutung.[196] Nach Bossert erwarb die Marienkirche, die spätere Hauptkirche, zwar nach und nach die Sakramentsrechte aber niemals die Sepultura. So lag der Friedhof bis weit ins 19. Jahrhundert hinein außerhalb des Stadtzentrums. Außer der Pfarrkirche St. Peter und Paul, die 1538 abgerissen wurde[197], befand sich seit

---

[195] Vgl. Karl Keim: Alt-Reutlingen. Reutlingen 1975, S. 23; Herbert Kopp: Die Anfänge der Stadt Reutlingen. Reutlingen 1961, S. 36; und Heinz Dieter Schmid & Paul Schwarz: Aus der Geschichte einer Stadt. Reutlingen 1973, S. 55f.
[196] "Es gab in Reutlingen nur eine Pfarrkirche, zu welcher der Bürger tot und lebendig gehörte. Das ist die St. Peterskirche in den Weiden, der Kirchhof noch der Stadt dient." Gustav Bossert: Die kirchlichen Verhältnisse von Reutlingen bis Ende des dreizehnten Jahrhunderts. In: Reutlinger Geschichtsblätter Nr. 2, 1890, S. 5.
[197] Lorenzius Hofstetter: Reutlinger Chronik. Von Ursprung der Stadt und was sich Merkwürdiges zugetragen bis 1691. Bearb. von Dr. Paul Schwarz. In: Reutlinger Geschichtsblätter NF 20/21 1981/82, S. 62. und Beschreibung des Oberamts Reutlingen. Herausgegeben von dem statistischen Landesamt. Stuttgart 1893, S. 36f.

Abb. 10. *Ausschnitt aus der Kreidelithographie von Johannes Scheiffele um 1828. 14 x 20,3 cm. Heimatmuseum Reutlingen. Inv.-Nr. 22. In der linken Bildhälfte erkennt man den Friedhof mit dem alten „Käppele" und dem Beinhaus. In der Mauer befinden sich Nischen für bevorzugte Grabmäler. Besondere Beachtung verdient der baumlose Zustand des Friedhofes.*

1338 eine zweite Kapelle auf dem Begräbnisplatz. Sie erhielt nach ihrem Stifter Berthold Spiegel den Namen Spiegelkapelle.[198] Die ausführliche Darstellung der Geschichte des Friedhofes habe ich in einer Fallstudie im Rahmen des von der AFD durchgeführten Forschungsprojektes vorgelegt. Hier beschränke ich mich auf die im Zusammenhang mit der Fragestellung der vorliegenden Arbeit relevanten Gesichtspunkte.

Die Entwicklung im 19. Jahrhundert

Leider ist die Quellenlage für diesen Zeitraum lückenhaft, da die betreffenden Akten des Stadtarchives während des Zweiten Weltkrieges verbrannten. Die Archivalien in den Staatsarchiven Ludwigsburg und Sigmaringen und im Archiv des evangelischen Dekanats in Reutlingen sind leider nicht sehr ergiebig. Daß ich dennoch diesen Friedhof in die primäre Erhebung einbezogen habe, liegt zum einen an der

---

[198] Werner Hülle: Die Kirchen und kirchlichen Bauten in der Geschichte der freien Reichsstadt Reutlingen. Reutlingen 1953, S.25.

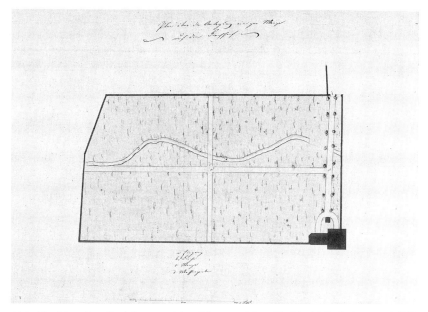

Abb. 11. „Plan über die Anlegung einiger Weege auf dem Kirchhof." Undatiert (um 1857). Das Wegekreuz gibt dem Friedhof erstmals eine klare Feldereinteilung. Seit 1898 wird der Stadtbach unterirdisch geführt. AeDR Bestand III A 16 c.

erwähnten Besonderheit seiner Geschichte und zum anderen an der Bedeutung des vorhandenen Materiales für den argumentativen Gang meiner Arbeit. So lassen sich z.b. an der Entwicklung des Reutlinger Friedhofes im 19. Jahrhundert wichtige Spuren der Bestattungsreform nachweisen. Bis 1845 sind drei Stadtansichten bekannt, auf denen der Friedhof abgebildet ist: der „Ditzinger Stich" von 1620, eine Radierung „Reutlingen von Norden" von 1820 und eine Lithographie von Joh. Scheiffele um 1825 (Abb. 10). Der älteste Plan des Friedhofes ist im Brouillon der Stadt von 1845 aufgenommen.

Zum letztgenannten Zeitpunkt besaß der Friedhof einen fast rechteckigen Grundriß, nur seine östliche Begrenzung verlief wegen der angrenzenden Grundstücke leicht diagonal. Vom Haupteingang im Süden führte ein Weg zur Katharinenkapelle, von dem aus etwa nach der Hälfte ein Weg in östlicher Längsrichtung den Friedhof durchzog. Dieses Gelände umfaßt die heutigen Abteilungen B, C, D, E, I, M, L und K. Ob dieses Anlagesystem erst zu diesem Zeitpunkt eingeführt wurde, läßt sich aufgrund der vorliegenden Quellen nicht klären. Südlich des Friedhofes, in Richtung Stadt, ist eine Baulinie eingezeichnet, die angibt, bis zu welcher Grenze in der näheren Umgebung des Friedhofes gebaut werden durfte.[199] Auf einem nicht da-

---

[199] Vgl. StAR Stadtratsprotokoll vom 10.April 1844, S. 477: „Aus Salubritäts-Rüksichten wird beschloßen, daß der Nähe des Gottesackers wegen kein weiteres Gebäude errichtet werden dürfte.

tierten „Plan über die Anlegung einiger Weege auf dem Kirchhof" sind Umfang und Grundriß des Friedhofes unverändert (Abb. 11). Der Weg zur Kapelle ist hier mittlerweile mit Bäumen besetzt, und der Längsweg wird von einem nord-südlich verlaufenden Weg gekreuzt. Somit wurde auch der Friedhof „Unter den Linden" der, wie noch gezeigt werden wird, typischen Grundform des geometrischen Friedhofes angeglichen, wenngleich das Wegesystem zumindest auf dem Plan nicht die sonst übliche Randbepflanzung aufwies. Den Aufzeichnungen des Steinmetzes Launer zufolge wurde der auf dem Plan sichtbare Bach seit 1898 unterirdisch geführt.[200]

Die erste schriftliche Beschreibung des Friedhofes stammt aus dem Jahre 1805 von dem Arzt Friedrich August Memminger. Dort heißt es: „Der Kirchhof liegt von der Stadt entfernt gegen Norden neben dem Waisenhaus. Er ist mit Mauren umfangen und mitten durch denselben fließt ein Bach. Er wäre sehr geräumig, wenn nicht der Todtengräber einen zu großen Theil zum Anbau benuzte."[201] Diese Gewohnheit ist uns schon aus der Beschreibung der Verhältnisse auf den Friedhöfen in Tübingen und Sigmaringen vertraut. Aus einem Reutlinger Pfarrbericht von 1859 erfahren wir: „Der Begräbnisplatz liegt der Stadt gegen Norden 1/8 Stunden von der Mitte der Stadt entfernt, neben dem Armenspital, dessen Kirche auf demselben steht. Er maß 1827 im ganzen 3Mg. 119 Ruthen u 30 Schu, ist aber seit 1852 fast um das doppelte vergrößert, seit 1857 mit Anlagen und schönen Wegen versehen".[202] Aus dieser Zeit dürfte auch der nicht datierte Plan stammen. Ein Abschnitt aus der Friedhofs-und Begräbnisordnung von 1897 bestätigt dies.[203] Im Verlaufe des 19. Jahrhunderts wurde der Friedhof „Unter den Linden" mehrmals erweitert und mit einem rasterförmigen Wegesystem durchzogen, das die Anlage in verschieden große rechteckige Felder untergliederte (Abb. 11a). Die alte Katharinenkapelle wurde nach ihrem Abriß im Jahre 1887 in den darauffolgenden Jahren durch einen neugotischen Kirchenbau, der am 9. März 1890 eingeweiht wurde, ersetzt.[204] 1903 erhielt der Friedhof eine Leichenhalle und 1910 ein Krematorium.[205]

Nach diesem Beschluße ist in dem Stadtbauplan Baulinie einzuzeichnen und ist dieser Beschluß öffentlich bekannt zu machen, damit baulustige sich danach richten können."

[200] StAR Friedrich Launer: Erläuterungsbericht zum Kirchhof Reutlingen aufgenommen und gezeichnet in den Winterhalbjahren 1896, 1897 und 1898.

[201] Friedrich August Memminger: Versuch einer Beschreibung der Stadt Reutlingen. Reutlingen 1805. S. 95.

[202] AeDR Pfarrbeschreibung von der Parochie Reutlingen, Dekanats Reutlingen, Generalats Reutlingen. Angefertigt 1827 von dem Dekan Eisenlohr. Revidiert und umgearbeitet 1859 von Dekan Beck. S. 59.

[203] StAR A 537 Stadt Reutlingen Friedhof=und Begräbnis= Ordnung 1897. Mit einer Beilage betr. Statuten für die Familien= Begräbnisse, S. 32. Der „Gottesacker der hiesigen Gemeinde" wurde „in den Jahren 1852/54 um 24/8 Morgen vergrößert und auf der nordöstlichen und nordwestlichen Seite, auch teilweise auf der südwestlichen Seitein den Jahren 1851-1855 neu ummauert". Auffallend sind die Abweichungen in den Maßangaben.

[204] AeDR Akte III A 16b Fach 9 16c Bausachen Katharinenkirche; und Schwarzwälder Kreiszeitung 35.Jg, Nr. 8 v. 11.1.1891. „Die Katharinen-Kirche auf dem Friedhof in Reutlingen."

[205] StAR Sa 145 Übersicht über die Tätigkeit des Vereins für Feuerbestattung, S. 10; und Reutlinger Generalanzeiger vom 30. und 31. Dezember 1910.

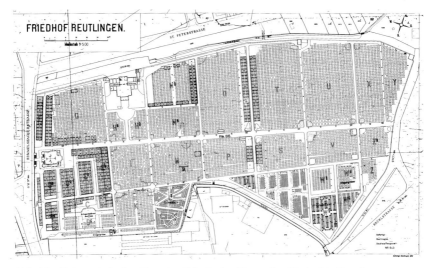

Abb. 11a. Zeitgenössischer Plan des Friedhofes 'Unter den Linden' in Reutlingen.

Die Bepflanzung

Von einer planmäßigen Bepflanzung des Friedhofes im 18. und auch zu Beginn des 19. Jahrhunderts kann anhand der vorliegenden Quellen nicht ausgegangen werden. Der Ditzinger Stich von 1620 und die Lithographie von Scheiffele aus dem Jahre 1825 zeigen ihn als baumloses offenes Feld; der Totengräber benutzte ja einen großen Teil des Friedhofes als Anbaufläche. Gezielte Bemühungen, den Begräbnisplatz durch Anpflanzungen in eine freundliche gartenartige Anlage zu verwandeln, lassen sich nicht nachweisen. Noch in den Friedhofsordnungen von 1897 und 1910 wurde ausdrücklich darauf hingewiesen, daß eine Nebennutzung der Begräbnisfläche nicht gestattet sei, denn das „Friedhofs-Personal erhält in Geld festgesetzte Belohnungen. Der Bezug von Neben-Nutzungen irgend einer Art, z.B. des auf den Friedhöfen wachsenden Grases (...) ist untersagt".[206]

Wie schon auf den Friedhöfen in Tübingen und Sigmaringen setzten auch hier die hygienischen Vorsichten einer dichten Bepflanzung Grenzen. Noch 1897 schrieb die Friedhof- und Begräbnisordnung in Paragraph 35 vor: „Die Begräbnisstätten dürfen in der Regel nur mit Blumen und niedrigen Gehölzen in Höhe bis zu drei Meter bepflanzt werden; seitlich dürfen die Zweige nicht die Grenzen der Begräbnisstätte überragen. Die Pflanzung von Bäumen und stark emporwachsenden Gesträuchen ist nur auf Doppelgräbern und Familiengräbern, aber auch hier nur in

---

[206] StAR A 537 S. 22; und StAR Gemeinde-Satzung über die Friedhöfe und das Begräbniswesen der Stadt Reutlingen mit dem Vorort Betzingen. 1910, S. 21.

der Weise gestattet, daß die benachbarten Gräber nicht zuviel Schatten erhalten."[207] Selbst die Gemeinde-Satzung von 1910 beurteilte die Auswahl der Pflanzen auf dem Friedhof noch sehr stark unter hygienischen Gesichtspunkten: „Die Friedhof-Verwaltung kann die Beseitigung oder das Zurückschneiden eines Baumes oder einer sonstigen Pflanze, welche die angrenzenden Gräber beeinträchtigt, oder sonstige Unzuträglichkeiten im Gefolge hat, anordnen."[208] Diese Beschlüsse wurden kurze Zeit darauf von höherer Ebene aufgehoben. Am 13. Oktober 1910 wurden in einem Schreiben des „Königlich Württembergischen Ministerium des Innern", das an die Oberämter, die Physikate und die Stadtdirektionen versandt wurde, die neuen Richtlinien für die Bepflanzung der Friedhöfe bekanntgegeben. Die „in früheren Zeiten herrschend gewesene Ansicht, daß bei Begräbnisplätzen zur Verwesung in der Hauptsache ein freier Luftwechsel und Lichtzutritt nötig sei," und die aus diesem Grunde beanstandete Bepflanzung der Friedhöfe mit zu hohen Bäumen, gilt als veraltet. „Nach einer Äußerung des K. Medizinalkollegiums vom 24. Mai d. Js. ist jene Ansicht veraltet und durch die Erfahrung widerlegt. Besonders in Amerika sind mit landschaftlich angelegten Friedhöfen günstige Erfahrungen gemacht worden." Die Anpflanzung von Bäumen gelte nun als „hervorragendes Mittel zur Verschönerung der Friedhöfe" und biete die unabdingbare Voraussetzung dafür, eine Erholungsstätte für ihre Besucher zu werden. Mit dieser Formulierung wurden die Bezirksstellen dazu angewiesen, für eine ausreichende Bepflanzung der Begräbnisplätze zu sorgen. „Auch da, wo vorhandene schöne Bäume oder Baumgruppen die Regelmäßigkeit der Gräberreihen stören oder zu stören drohen, sollte, bevor zu deren Beseitigung geschritten wird, genau untersucht werden, ob nicht das, was mit der Regelmäßigkeit der Gräberreihen bezweckt wird, nemlich der ordnungsmäßige Nachweis der belegten Gräber und die richtige Einhaltung der Zeit, während welcher dieselben nicht wieder ausgegraben werden dürfen (Grabesruhe), auf andere Weise, nötigenfalls durch entsprechende Vergrößerung des Friedhofs erreicht und diesem dadurch der Schmuck, den die Bäume für ihn bilden, erhalten werden kann. Die Bezirksstellen wurden daher beauftragt, bei den Gemeindevisitationen und sonst sich bietenden Anlässen (...) auch der Art der Anpflanzung der Friedhöfe ihre Aufmerksamkeit zuzuwenden".[209] Diese Formulierung gab den Anstoß für eine folgenreiche Veränderung in der Bepflanzungsstruktur des Reutlinger Friedhofes „Unter den Linden". Die Friedhofsverwaltung reagierte schnell und veranlaßte gleich zu Beginn des Jahres 1911 eine Besichtigung des Friedhofes durch das Königliche Forstamt.

Der schriftliche Bericht des Oberförsters Weith über die Ergebnisse der Begehung ist zugleich eine wichtige Quelle für die Art der Bepflanzung des Friedhofes zum damaligen Zeitpunkt und das neue Bepflanzungskonzept; er wird daher fast vollständig wiedergegeben: „Der hiesige Friedhof zeigt einen sehr ernsten Charakter, was mir schon beim ersten Betreten desselben aufgefallen ist, weiter ist mir

---

[207] StAR A 537, S.12.
[208] StAR 84/10 Gemeinde-Satzung über die Friedhöfe und das Begräbniswesen usw. a.a.O., S. 13.
[209] HStAS Wü 65/27 Nr. 1930 Oberamt Reutlingen.

aufgefallen, dass ganze Quartiere fast nur Grabsteine & Kreuze tragen ohne Unterbrechung durch eine grössere Pflanze. Wo aber Pflanzen oder Bäume da sind, sind es nur Nadelhölzer oder deren Verwandte, Lebensbäume & Cypressen. Ernst, still & ewig gleich zeigen diese Pyramiden nach oben, unversöhnlich. Nach meinem Empfinden soll der Friedhof aber auch zeigen, dass nach dem Tode nicht Alles aus ist & so möchte ich da lichteren freundlicheren Laubhölzern, welche in jedem Frühjahr wieder sozusagen neu zum Leben auferstehen gerne ein Plätzchen gönnen."[210] Diesen Bepflanzungsvorschlägen wurde im Einvernehmen mit der Friedhofsverwaltung am 1. Februar 1911 vom Gemeinderat zugestimmt und der Oberförster Weith mit ihrer Ausführung und Leitung beauftragt.[211] Am heutigen Gesamtbild der Friedhofsbepflanzung lassen sich die Spuren dieses Eingriffes noch deutlich erkennen.

Die Bestimmungen in den Friedhofs- und Leichenordnungen zur Aufstellung und Plazierung von Grabdenkmälern

Die erste Verordnung zu dieser Frage wurde 1798 erlassen. Obwohl sie nicht im Original erhalten ist, finden sich über sie einige wichtige Hinweise in der Literatur und in archivalischen Quellen.

Das Jahr 1798 fiel in die Amtszeit des im selben Jahre zum regierenden Bürgermeister der Stadt Reutlingen gewählten Johann Jakob Fezer, der ein radikaler Anhänger demokratischer Ideen war. Wie später auch Friedrich List setzte er sich energisch gegen die Eingliederung der freien Reichsstadt Reutlingen in das Herzogtum Württemberg zur Wehr. Er galt als ein „gescheiter, aber unruhiger Kopf"[212], und schon nach zweijähriger Amtszeit wurde seine Wiederwahl auf Betreiben seiner Gegner, die ihn „als einen gefährlichen Neuerer" und als „Triebrad revolutionärer Auftritte" denunzierten, vom Reichshofsrat annulliert.[213] Als „überzeugter Demokrat"[214] verfaßte er während seines vierjährigen Aufenthaltes in Wien den „Österreichischen Toleranzboten", einen Kalender für alle Religionsgesellschaften in den K.u.K. Erbstaaten. Seine Nähe zum Hofe des aufgeklärten Kaisers Joseph II., der ihn gerne noch länger in Wien gehalten hätte[215], dürfte für die Entwicklung seiner Ideen

---

[210] StAR Flattich Acc. 16 Akte über den Reutlinger Friedhof.
[211] Ebd. Darin Auszug aus dem Gemeinderatsprotokoll vom 1. Februar 1911.
[212] Beschreibung des Oberamts Reutlingen a.a.O., S. 496. Siehe hierzu Gerhard Junger: Johann Jakob Fezer als Spätaufklärer und frühliberaler Publizist im Zeitalter der Französischen Revolution in Reutlingen und Wien (1760–1844), Diss. Tübingen. In: Reutlinger Geschichtsblätter Nr. 26 (NF) Jg. 1987.
[213] E. Carl: Biographische Skizze über das Leben und die besondern Schicksale des Reichsstadt Reutlingischen Herrn Burgermeisters Dr. Fezers, von einem Freunde desselben. In: National=Chronik der Teutschen. Erste Jahreshälfte 1802.
[214] Johann Jakob Fezer: Meine Lebensumstände. Bearbeitet von Paul Schwarz. Reutlingen 1968. S. 5.
[215] Carl, a.a.O., S. 339.

wichtig gewesen sein. Denn die Vorstellungen Fezers zum Bestattungswesen ähneln den Verordnungen Joseph II.
Am 1. Advent des Jahres 1798 trat die von ihm erlassene Leichenordnung in Kraft. Sie hob die traditionellen Familienbegräbnisse auf und bestimmte, daß „jede Leiche ohne Ausnahme der Person, des Vermögens, Alters, Geschlechts oder Standes" nach der Reihe begraben werden solle. „Mit dem weiteren Bedenken, daß, wenn der Todtengräber dieser aus guten Gründen erlassenen Obrigkeitl.= Verfügung zuwiderhandele oder durch abergläubische Aeusserungen die Leute irre machen würde, er ohne alle Nachsicht seines Dienstes verlustig erklärt werden solle."[216] Wie Votteler berichtet, sei das Errichten von Grabdenkmälern gänzlich eingeschränkt gewesen, und „wer seinem verstorbenen Freunde zu Ehren einen Grabstein errichten lassen wolle, solle denselben an der Mauer in der Gegend setzen, woselbst die Ruhestätte seines Anverwandten sich befinde."[217] Der Reutlinger Magistrat vertrat in seiner ausführlichen Begründung die Ansicht: „ Wenn man in unsern Tagen so viel von der natürlichen Gleichheit der Menschen spricht, so würde man fürwahr, besonders in einem republikanischen Staate dem Geist der Zeit entgegenarbeiten, wenn man noch im Grabe vor seinen Zeitgenossen einen eitlen Vorzug suchen wollte. (...) Wir alle sind von gleichem Stoff bereitet, für uns alle geziemt es sich also auch, bei unserem Uebergang in ein besseres Leben die hinfälligen Reste unseres zeitlichen Daseins ohne irgend einen Unterschied des Standes dahin begraben zu lassen, wo die Reihe uns unsere Ruhestätte anweisen wird."[218] Diese Begräbnisordnung, die nach Votteler den „Geist der Aufklärung und demokratischer Gleichmacherei" trug, währte nicht lange.[219] Nach dem Sturze Fezers wurde sie im Jahre 1802 sogleich wieder aufgehoben und das Familienbegräbnis wieder eingeführt.[220] Von Fetzer selbst erfahren wir nichts über die umstrittene Leichenordnung. In seiner Biographie äußert er sich nur über „lästige Anstalten" bei Leichenbegängnissen, die unnötige Zeit und „große Kosten" verursachten.[221] Hierin stimmte er mit jenen Zeitgenossen überein, die insgesamt den Aufwand bei Trauerfällen reduzieren wollten. Seit dieser Zeit hat es in Reutlingen keine Einschränkungen mehr hinsichtlich der Aufstellung von Grabdenkmälern und der Anlage von Familiengräbern gegeben. Die gedruckten Leichen- und Leichentax- Ordnungen von 1835 und 1849 enthalten keinerlei Bestimmungen über die Anlage und den Erwerb von Grabstellen.[222] Zwar wurden erst 1856 vom Stiftungsrat, Gemeinderat

---

[216] StAR Geheime Collegial Protocolle v. 8.ten Janr 1798 bis 31.Decbr. Das Zitat findet sich am 26.11.1798. Diese Anordnungen wurden beim sonntäglichen Gottesdienst von der Kanzel verlesen.
[217] Franz Votteler: Reutlingen vor hundert Jahren. In: Reutlinger Geschichtsblätter 14. Jg., Nr. 1, 1903, S. 5.
[218] Zit. nach Votteler 1903, S. 6. Das Magistratsprotokoll ist leider nicht mehr im Original erhalten.
[219] Ebd., S. 5.
[220] Ebd., S. 6.
[221] Fezer 1968, S. 103.
[222] StAR Leichen= und Leichentax=Ordnung für Reutlingen. Revidiert im Jahr 1849. Darin wird in Paragraph 13 festgelegt: „Gemauerte Grüfte dürfen nicht ohne besondere Erlaubniß und nur an der Umfriedung des Gottesackers errichtet werden."

und Bürgerausschuß einheitliche Beschlüsse zur Abgabe von Familiengräbern gefaßt, doch wurden auch schon zuvor Familiengräber im Bereich zwischen dem Haupteingang und der Kapelle angelegt. Ein „ordentlicher Erwerb dieser Begräbnis-Plätze kann von den Familien, die sie seither benutzten, nicht nachgewiesen werden; es scheint, daß sie durch Rücksichten der jeweiligen Totengräber auf einzelne einflußreiche Familien entstanden sind. Ebenso wenig ist irgend ein nähere Ordnung über die Benützung dieser Begräbnisse vorhanden."[223] In Reutlingen wurden nicht, wie in Sigmaringen, besondere Bereiche auf dem Friedhof für die Anlage von Familiengräbern reserviert.

Zusammenfassung

Der Reutlinger Friedhof „Unter den Linden" nimmt innerhalb der untersuchten Friedhofsanlagen eine Sonderstellung ein, da er sich seit über tausend Jahren an dem selben Orte befindet. Trotzdem treffen wir im 19. Jahrhundert auf gleiche Entwicklungen im Anlagesystem und der Bepflanzung wie in Sigmaringen und Tübingen. Dies gibt erste Hinweise auf übergreifende, die lokalen Besonderheiten ignorierende Züge in der Friedhofsentwicklung des Untersuchungszeitraumes. Mit einmaliger Rigorosität und Nachdruck wurde durch Johann Jakob Fezer die Gleichheit der Menschen zur Grundlage der Bestattungsordnung gemacht. Die Einführung des Reihenbegräbnisses wurde nicht mit hygienischen Überlegungen sondern mit Argumenten, die auf die Herstellung gesellschaftlicher Gleichheit zielten, begründet. Die „Demokratie" währte vier Jahre auf dem Reutlinger Friedhof, dann setzte sich der Wille zur Demonstration des gesellschaftlichen Status und damit das Erbbegräbnis wieder durch.

---

[223] StAR A 537. Darin Abschnitt über die Familienbegräbnisse.

Vergleichende Untersuchungen zum Anlagesystem der Friedhöfe im deutschsprachigen Raum von 1750 – 1850

Die vorausgeschickte Betrachtung zeigte an ausführlich dargestellten Fallbeispielen die Entstehung und den Werdegang zweier Friedhöfe im ersten Drittel des 19. Jahrhunderts und am Beispiel in Reutlingen die übergreifenden Auswirkungen der Reformbewegung auf einen historischen Friedhof.

Nachfolgend soll durch den Vergleich der lokal erhobenen Befunde mit den erwähnten Fallstudien aus dem Forschungsprojekt der AFD Kassel und weiteren Beispielen aus der Literatur ein Gesamtbild der Entwicklung der Friedhöfe zwischen 1750 und 1870 entworfen werden.

Zwei Fragen stehen dabei im Vordergrund: 1. welchen Wünschen und Anforderungen mußten die neuen Bestattungsplätze genügen und 2. welche Lösungen ergaben sich daraus für die Anlagensysteme? Insbesondere die vorherrschende Ansicht, die Friedhöfe seien infolge des Säkularisierungsprozesses zu ästhetischen, gartenartigen Einrichtungen geworden, wird mit dem tatsächlichen Erscheinungsbild der Friedhöfe zu konfrontieren sein. Gleichzeitig ist zu prüfen, ob die Ansicht, die Friedhöfe seien dadurch zu Stätten subjektiver Empfindsamkeit geworden, nicht eine Folge retrograd verklärender Betrachtungsweise ist. Stellvertretend für diese Auffassung sei Kazmaier zitiert: „Der deutsche „Friedhof" des 19. Jahrhunderts, gestaltet nach den Vorstellungen eines an klassizistischen Idealen inspirierten Bürgertums, war eine stimmungsvolle Parkanlage, meist außerhalb der Stadtzentren. (...) Seine Abgeschiedenheit wurde als Gegensatz zur Betriebsamkeit der (industrialisierten) Städte erlebt, der Weg „hinaus" als Weg der Einstimmung. Der Eintretende – ob Trauernder oder Spaziergänger – empfand kontemplative Feierabendstimmung."[224]

Bereits vor den Reformverordnungen zur Verlegung der Begräbnisplätze aus den Städten, die in Deutschland in der zweiten Hälfte des 18. Jahrhunderts einsetzten,

---
[224] Kazmaier 1977, S. 187f.

gab es vereinzelte Neugründungen von außerörtlichen Friedhöfen. Andere Städte entschlossen sich erst fast ein ganzes Jahrhundert später zu dieser Maßnahme. Die nachfolgende Untersuchung zeichnet die Entwicklungslinien dieses sich über mehr als hundert Jahre hinziehenden Auslagerungsprozesses nicht chronologisch nach, sondern sie verfährt systematisch, das heißt, die Friedhöfe werden nach der Art ihres Anlagesystems vier verschiedenen Grundtypen zugeordnet.

Die Umwandlung bestehender Anlagen im Untersuchungszeitraum

Beginnen werde ich mit der Beschreibung der beiden historisch gewachsenen Friedhöfe in Ulm und Freiburg, die, wie der Reutlinger Friedhof, keine Neuanlagen aus dem Untersuchungszeitraum sind, sondern bereits seit mehreren Jahrhunderten außerhalb der Städte lagen. An ihnen soll beispielhaft gezeigt werden, wie sich mit dem Ende des 18. Jahrhunderts der allmähliche Übergang von einer planlos gewachsenen zu einer regelmäßig strukturierten Friedhofanlage vollzog.

Der „Alte Friedhof" in Ulm

Der „Alte Friedhof" in Ulm war rund tausend Jahre in Benutzung, er wurde im 7.-8. Jahrhundert[225] angelegt und im Jahre 1898 geschlossen. Seine Lage nördlich der Stadt erklärt sich, wie beim Friedhof „Unter den Linden" in Reutlingen, daraus, daß der Siedlungskern sich allmählich verlagert hatte. Zum neuen Stadtzentrum entwickelte sich der Münsterplatz. An der neuen Pfarrkirche (Baudatum 1376/77) entstand, anders als in Reutlingen, ein weiterer Begräbnisplatz, der Münsterkirchhof. Der „Alte Friedhof" bestand ursprünglich aus zwei streng voneinander getrennten Begräbnisplätzen: dem Gottesacker für die Bürgerlichen und demjenigen für die Nichtbürgerlichen.[226] Sie waren bis 1634 durch ein Gartengrundstück und bis 1812 durch einen Zaun voneinander getrennt.[227] Auf dem nichtbürgerlichen Teil wurden die „Fremden, die Soldaten, die Pilger, die Ärmsten der Armen, die Findel- Waisen- und Ungetauften- Kinder, aber auch die im Spital und im Siechen- oder Leprosenhaus Verstorbenen bestattet."[228] Letzteres lag in unmittelbarer Nähe

---

[225] Ein genaues Gründungsdatum ist nicht bekannt, da der Bau der damaligen Pfarrkirche auf dem Friedhof nicht überliefert ist. Hansmartin Ungericht: Der alte Friedhof in Ulm. Forschungen zur Geschichte der Stadt Ulm: Dokumentation. Bd.3 Hrsg. vom Stadtarchiv Ulm. Ulm 1980, S. 240.
[226] Ebd., S. 14.
[227] Ebd., S. 199.
[228] Ebd., S. 200. Dieser Teil besaß auch eine gesonderte Pestgrube.

zum Friedhof.[229] Mit der Schließung des Münsterkirchhofes im Jahre 1526 wurde der bürgerliche Teil des alten Friedhofes zur Begräbnisstätte der Protestanten.[230] Zumindest an einer Seite war die Mauer mit nischenartigen Auswölbungen versehenen.[231] Während des Dreißigjährigen Krieges riß man die Mauer und sämtliche Gebäude des Friedhofes ab[232], und seit 1634 besaß der Friedhof bis ins 19. Jahrhundert hinein nur eine hölzerne Umfriedung.[233] Anläßlich des Reformationsjubiläums im Jahre 1817 plante die Stadtverwaltung eine neue Ummauerung.[234]

Der württembergische Landbaumeister Azel entwarf 1812 eine Konzeption zur Neugestaltung des „Alten Friedhofes".[235] Als Grundlage diente ihm eine Flächenbedarfsberechnung des Feldmessers Henseler, die anhand der jährlichen Sterbeziffern, der Verwesungsdauer und der einzelnen Grabgröße aufgestellt worden war.[236] Azel wollte die bisher getrennten Begräbnisplätze verbinden und mit einer einheitlichen Mauer umschließen. „Die nicht genau rechtwinklig aufeinanderstoßenden Begrenzungslinien wurden so beschnitten, daß ein Rechteck entstand mit einer halbkreisförmigen Ausbuchtung auf der Südseite. Die außerhalb des Mauerrings liegenden Friedhofsflächen sollten verkauft werden, d.h. der Friedhof wurde verkleinert. (...) In die Mitte des südlichen Halbkreises stellte er eine Rotunda als Tempelchen zur Abhaltung von Leichensermonen. Kleine, halbkreisförmige Ausbuchtungen auf der West- und Ostseite sollten die Sammlung und Aufbewahrung erhaltenswerter Grabzeichen ermöglichen".[237] Ein auf die Rotunde zuführender Längsweg und zwei Querwege gliederten das Begräbnisfeld in verschieden große rechteckige Abteilungen und verliehen ihm so eine klare Innenstruktur. Die Gräber sollten „in Reihen angeordnet werden, was bisher in Ulm „noch niemalen" geschehen war."[238] Die Bepflanzung ist auf diesem Plan nicht berücksichtigt worden. Der Plan von Azel strebte einen einschneidenden Eingriff in eine historisch gewachsene Anlage an, die in ihrem Grundriß, dem Wegesystem und der Anordnung der Gräber nunmehr einer klaren Ordnung zugeführt werden sollte. Ungericht bemerkt, daß dieses Vorhaben wohl vor allem einen Angriff auf die Besitzansprüche der Patrizier bedeutete, die mit ihren aufwendigen Grabanlagen das gesamte Begräbnisfeld belegten, denn nicht „die Wegeführung und nicht die Bepflanzung,

---

[229] Ebd., S. 13.
[230] Ebd., S. 255.
[231] Ebd., S. 200. Ob die auf diesem Kupferstich von 1593 regelmäßig über die Begräbnisfläche verteilten Grabplatten und stehenden Monumente den tatsächlichen Gräberbestand wiedergeben oder nur als graphische Signatur zu verstehen sind, ist m. E., ohne weitere Belege zu kennen, nicht zu entscheiden.
[232] Ebd., S. 201.
[233] Ebd., S. 16.
[234] Ebd., S. 16.
[235] Ebd., S. 16.
[236] Nicht ganz erklärlich bleibt, ob den von Ungericht zitierten Angaben Henselers, die mit dem 4. Januar 1813 datiert sind, also später als der Plan von Azel, frühere Berechnungen vorausgehen. Ebd., S. 19.
[237] Ebd., S. 17.
[238] Ebd., S. 17.

sondern die Grabanlagen der Geschlechter bestimmten das Friedhofsbild."[239] Diese als Eigentum erworbenen Grabanlagen „waren mit Marksteinen abgegrenzt, nicht aneinandergereiht, sondern in lockerer Folge auf dem Friedhof verteilt. Zwischen diesen Particularbegräbnissen gab es sogenannte gemeine Plätze, zur Anlage der Wege, Brunnen, Totengräberhäuschen und zur Beisetzung derjenigen Bürger, welche keine eigenen Erbbegräbnisse hatten."[240] Ungericht schränkt zugleich ein: „Ihr ursprüngliches Ordnungsprinzip ist noch nicht genau bekannt und müßte erst mit Hilfe zeitraubender Rückschreibungen rekonstruiert werden. Sicher ist, daß sie zusammen mit der früheren Pfarrkirche „Unserer Lieben Frau ennot felds" eine formale Einheit bildete."[241] Die alte Pfarrkirche auf dem Friedhof wurde allerdings schon 1376/77 abgerissen.[242]

Der älteste in situ erhaltene Grabstein ist der Sarkophag des Grafen Arco von 1805/06.[243] Ein Teil der älteren Grabsteine wurde 1910/11 in die Außenwand der 1870 erbauten Friedhofkapelle eingemauert, ein anderer in das Gewerbemuseum verbracht, so daß es tatsächlich schwierig erscheint, die Belegungssituation vor 1800 zu rekonstruieren.[244] Bei der Neugestaltung des Friedhofes folgte man nicht den Plänen von Azel. Zwar wurde zwischen 1812-1817 eine neue Ummauerung gebaut, doch nicht gemäß dem Vorschlag Azels. Nachdem die Friedhofsrechte 1834 an die Stadt übergegangen waren, wurde nach und nach ein rechtwinkliges Wegesystem angelegt und bescheidene Verschönerungsmaßnahmen in Angriff genommen: die Wege wurden mit Donaukies beschottert und es war geplant, daß „einige hundert Rosenstöcke gekauft und in angemessenen Distanzen an diesen Wegen entlang gepflanzt werden".[245] Die Anlage der Gräber paßte man dem linearen Wegesystem an.[246] Erst 1870 wurde eine vorwiegend aus Spenden der evangelischen Einwohner finanzierte Kapelle im neuromanischen Stil fertiggestellt.[247]

Einen zweiten Entwurf zur völligen Neugestaltung des Friedhofes legte 1862 der am Friedhof beschäftigte Kunstgärtner Christian Keller vor.[248] Kellers Entwurf war von einem ganz anderen Formgefühl getragen als der von Azel. Während Letzterer noch darum bemüht war, Ordnung in ein regelloses Gefüge zu bringen, wollte Keller die strenge Geometrie der gesamten Anlage auflösen. Auf seinem Plan ist die gesamte Begräbnisfläche mit einem vielfach geschlungenen und sich immer wieder verzweigendem Wegesystem durchzogen.[249] Entlang der Umfassungsmauer zieht

---

[239] Ebd., S. 15.
[240] Ebd., S. 15.
[241] Ebd., S. 15.
[242] Ebd., S. 254.
[243] Ebd., S. 14.
[244] Zumal Ungericht (S. 15) selbst schreibt: „Aus diesem verschwindend kleinen Grabmalbestand können wir uns keinen zutreffenden Eindruck von der Gesamterscheinung des Friedhofes zur Zeit Dieterichs machen." Dietrich hatte 1825 eine Beschreibung der Stadt Ulm verfaßt.
[245] Ebd., S. 20 siehe dort Fußnote 16.
[246] Ebd., S. 20.
[247] Ebd., S. 27.
[248] Ebd., S. 21.
[249] Ebd., Abb. 5, S. 19.

sich eine dichte Randbepflanzung, und die Wege sind mit verstreuten Baum- und Buschgruppen besetzt. Diese tiefgreifende Neugliederung der Begräbnisfläche hätte eine Veränderung in der strengen Reihung der Gräber bewirkt. Vielleicht deshalb kam auch der Plan von Keller nicht zur Ausführung. Abschließend sei festgehalten, daß obwohl wesentliche Bestandteile der Planung von Azel nicht verwirklicht wurden, sie doch richtungsweisend für die allmähliche Neugliederung der Friedhofsanlage waren. Kellers an landschaftsgärtnerischen Prinzipien orientierte Planungen vermochten sich zu diesem Zeitpunkt hingegen noch nicht in einer auf Zweckmäßigkeit ausgerichteten Friedhofsgestaltung durchzusetzen.

Der „Alte Friedhof" in Freiburg i. Br.

Auch der „Alte Friedhof" in Freiburg, der schon seit dem frühen 16. Jahrhundert außerhalb der Stadt lag, erhielt erst im späten 18. Jahrhundert eine planvolle Struktur.[250] Seine Entstehung geht auf das Jahr 1510 zurück, als Kaiser Maximilian I. veranlaßte, den alten Münsterkirchhof zu schließen.[251] Der heutige „Alte Friedhof" wurde 1638 etwas nördlich des um 1515 angelegten Nicolaifriedhofes angelegt.[252] Nach Poinsignon war die ursprüngliche Anlage von 1638 sehr klein.[253] Bis zu seiner Ummauerung im Jahre 1788 war der Friedhof aus militärischen Gründen lediglich mit einem Lattenzaun umfriedet.[254] Im Zuge der verschiedenen Erweiterungen erhielt er schließlich eine fast quadratische Form.[255] Auf dem Stadtplan von 1852 lassen sich die einzelnen Abschnitte dieser Entwicklung nachvollziehen: im älteren Teil des Friedhofes liegt die Kapelle (Baudatum 1722), auf die ein Weg zuführt, östlich davon schließt sich eine fast eigenständige, durch ein Wegekreuz in vier regelmäßige Felder unterteilte, Anlage an. Die Randbepflanzung an den Wegen und der Umfassung akzentuiert diese regelmäßige Grundform. Die Einführung des Reihenbegräbnisses Ende der zwanziger Jahre des 19. Jahrhunderts, auf die später noch zurückzukommen sein wird, hat diesen Zug zur Vereinheitlichung zweifellos begünstigt.[256]

---

[250] Thomas Schwarz: Fallstudie Freiburg i. Br. im Forschungsprojekt der AFD Kassel (Unveröffentl. Manuskript). 1980. Schwarz stellt die Entstehung und Entwicklung des „Alten Friedhofes in Freiburg" ausführlich dar.
[251] Ebd., S. 9. Auf die genauen Umstände der Verlegung des alten Münsterkirchhofes wird im Abschnitt: Die Auslagerungen der allgemeinen Begräbnisplätze im 16. Jahrhundert eingegangen.
[252] Ebd., S. 10.
[253] A. Poinsignon: Die alten Friedhöfe der Stadt Freiburg i.B.. In: Freiburger Adressbuch 1890, S. 18. Walther Furtwängler: Der Freiburger „Alte Friedhof". Diss. Freiburg 1926, S.7: „Aus den schon angedeuteten Umständen ist wohl sicher, dass irgendwelche künstlerischen Gesichtspunkte bei der Anlage nicht mitsprachen. Seine Entstehung verdanken wir lediglich den Bedürfnissen des Augenblicks."
[254] Schwarz 1980, S. 12.
[255] "Noch im Herbst desselben Jahres (1836) wurden, um die Form des Gottesackers regelmäßiger zu gestalten, ebenfalls nach Osten hin, 2 1/2 Viertel (...) hinzugekauft". Poinsignon 1890, S. 20.
[256] Ebd., S. 19.

Typus A: Der Friedhof als Zweckeinrichtung

Dieser Typus beschreibt eine einfache Begräbnisanlage, die in ihrem Gesamtbild weder formalen noch ästhetischen Ansprüchen genügen will. Bei einigen der zu besprechenden Friedhöfe, wie z.b. demjenigen von Rheydt, könnte dieser Eindruck auch aufgrund der dünnen Quellenlage entstehen, welche häufig nur diesen Aspekt betont. Umgekehrt läßt eine solche Quellenlage häufig Rückschlüsse auf die dem Gegenstand beigemessene Bedeutung zu.

Der „Gartenfriedhof" in Hannover (1741)

Schon sehr früh trug man sich in Hannover mit der Absicht, einen neuen Begräbnisplatz unter städtischer Verwaltung einzurichten. Bedingt durch die Stadtentwicklung im 17. und 18. Jahrhundert, die durch die Residenznahme von Herzog Georg im Jahre 1636 einen sprunghaften Aufschwung genommen hatte, und dem damit verbundenen raschen Bevölkerungsanstieg, verlangte die Situation im Begräbniswesen nach einer Änderung.[257] „Nachdem 1738 die Kirchhöfe der Altstadt aufgehoben" wurden, die Bestattungskapazität auf dem St. Nikolaifriedhof nahezu ausgeschöpft war, „die Bevölkerung weiterhin stark anstieg"[258], und die Bürgervertreter sich über die krassen Mißstände auf dem alten Nikolaifriedhofe beschwert hatten, mußte nach einem neuen Friedhofsstandort gesucht werden.[259] 1741 wurde der Gartenfriedhof vor dem Aegidentor in einer Gartensiedlung, die zu Beginn des 18. Jahrhunderts entstanden war, eingerichtet. Seine anfängliche Grundfläche betrug 6 Morgen.[260] Laut Richter existieren keine Primärunterlagen, aus denen die gestalterischen Absichten zur Einrichtung des neuen Friedhofes hervorgehen. Eine Chronik von 1741 erwähnt den Gartenfriedhof nur sehr knapp. „Er ward mit einer Haynbüchen Hecke und davor mit einem Stakit umgeben."[261] Richter schließt daraus, „daß es über die Planung und Realisierung (...) keinen Entwurfsplan gegeben hat."[262] Auch die Grundrißsituation lasse jeglichen Anspruch auf eine „formal gegliederte oder räumlich gestaltete Anlage" vermissen, und man

---

[257] Hannover besaß um 1735 = 13.920 und 1755 = 17.434 Einwohner. Gerhard Richter: Der Gartenfriedhof in Hannover. In: Hannoversche Geschichtsblätter NF 38, 1984, S. 57.
[258] Ebd., S. 59.
[259] Gerhard Richter: Entstehung und Entwicklung des öffentlichen Grüns in Hannover bis zur Eingemeindung Lindens im Jahre 1920. Diss. Hannover 1969, S. 136.
[260] Richter 1984, S. 60.
[261] Zit. nach Richter, 1984. S. 59.
[262] Gerhard Richter: Fallstudie Hannover im Forschungsprojekt der AFD Kassel (Unveröffentlichtes Manuskript). S. 9. Richter 1984, S. 62 weist darauf hin, daß einem Plan von 1780 über die Anlagen vor dem Aegiden-Tor ebenfalls „keinerlei Details, die Rückschlüsse auf Grundriß, Gliederung oder Raumbildung des Gartenfriedhofes" zuließen, entnommen werden könnten.

könne nicht davon ausgehen, daß es den Verantwortlichen um „einen besonders gestalteten oder ästhetisch geformten Friedhof"ging.[263] Die Lage der Kapelle am südöstlichen Rand der Anlage gab die Wegeführung vor. Von ihr „.... führten anfangs offensichtlich 2 Wege durch den Friedhof, die als Zugang von Westen und Nordwesten zur Gartenkirche und zum Gartenfriedhof dienten".[264] In der 1749 eingeweihten Kapelle wurden 36 Begräbnisgewölbe ausgemauert[265], so daß neben dem Feldbegräbnis weiterhin die Kirchenbestattung praktiziert wurde. Auch über die ursprüngliche Bepflanzung des Gartenfriedhofes liegen keine Quellen vor. Richter nimmt an, daß sein heutiger Baumbestand sich allmählich entwickelt hat, die Bäume entweder auf Grabstätten angepflanzt wurden oder sich zufällig ausgesät haben.[266] Eine Pflanzungskonzeption sei nicht erkennbar und weder durch Stadtpläne noch durch andere Quellen nachweisbar. Nur ein Plan von 1780 zeige, „daß straßenbegleitend vor dem Gartenfriedhof eine Baumreihe stand."[267] Der heutige Baumbestand ist bis auf wenige Einzelexemplare auf den Grabstätten nicht älter als hundert Jahre.[268]

Die Friedhöfe in Göttingen (1747 & 1780)

Die Universitätsstadt Göttingen erhielt im Verlaufe des 18. Jahrhunderts drei Außenfriedhöfe: 1747 den Bartholomäusfriedhof und 1784 den Albani- und Marienfriedhof.[269] 1780 wurde die Kirchenbestattung verboten, und seit 1784 fanden innerhalb des Walles keine Beerdigungen mehr statt.[270] Schon seit 1734 bestanden Pläne zur Anlage eines neuen Friedhofes vor der Stadt. Die Entwicklung Göttingens zur Universitätsstadt und hygienische Bedenken mögen die Ursachen für den frühen Zeitpunkt der Auslagerung gewesen sein.[271] Im Jahre 1736 wurde nördlich der Stadt bei dem ehemaligen Bartholomäusstift ein Grundstück für den Bartholomäusfriedhof bestimmt. Der Kaland, der aus mittelalterlichen Bruderschaften hervorgegangen und seit 1720 unter städtischer Oberaufsicht stand, war der neue Friedhofsträger. 1747 wurde der neue Friedhof für die Gemeinden St. Jacobi und St. Johannis angelegt.[272] Der „Kirchhof" besaß ein annähernd rechteckiges Grundstück von etwa 6600 Quadratmeter Größe und lag, wie fast alle neuen Friedhöfe dieser

---

[263] Richter 1984, S. 60.
[264] Ebd., S. 60.
[265] Ebd., S. 58.
[266] Ebd., S. 65. Der Platzmangel auf dem Friedhof ist einer der Gründe für eine fehlende Bepflanzung im Sinne einer raumarchitektonischen Gestaltung.
[267] Ebd., S. 61.
[268] Ebd., S. 65.
[269] Jürgen Döring: Geschichte der alten Göttinger Friedhöfe. In: Göttinger Jahrbuch 1983, S.103, 106 und 109.
[270] Ebd., S. 111.
[271] Ebd., S. 103.
[272] Ebd., S. 105.

Zeit, inmitten von Feldern und Gärten.[273] Ein Weg teilte ihn in zwei Hälften. Nur entlang der Straßenfront pflanzte man Bäume (Linden), die eigens aus Hamburg bestellt wurden.[274] Die gezielte Auswahl der Bäume für eine sonst anspruchslose Bestattungsfläche deutet auf eine hygienische Maßnahme. „Der Anblick des Kirchhofs mit der niedrigen, weißen Mauer, dem schlichten Tor und den Linden entlang der Straßenfront dürfte nicht sehr beeindruckend gewesen sein", resümiert Döring.[275]

Ähnlich wie auf dem Gartenfriedhof in Hannover sind, bis auf die Randbepflanzung entlang der Straße, keine Gestaltungsansätze zu erkennen, die auf eine gärtnerische oder architektonische Gesamtkonzeption schließen lassen. Selbst die erste Erweiterung des Friedhofes im Jahre 1843, zu deren Anlaß der Stadtsyndikus Oesterley einen Plan vorgelegt hatte, beschränkte sich nur auf das Notwendigste. Statt des Vorschlages von Oesterley, den alten Hauptweg durch ein ganzes Wegenetz zu ergänzen und längs der großzügig bemessenen Wege Blumenbeete anzulegen, wurde nur die westliche Mauer durchbrochen, um den alten Hauptweg zu verlängern. „Eine größere gärtnerische Gestaltung war ebenfalls überhaupt nicht im Gespräch, allenfalls von privater Hand kam auf den einzelnen Grabstellen eine vielfältigere Bepflanzung zustande."[276] Bemerkenswert ist auch die Haltung des Göttinger Pastors Miede, der sich gegen eine Verschönerung aussprach: „Dieser Friedhof habe eine freundliche Lage, diene aber nicht, wie z.B. in Schweden, zur gewöhnlichen Promenade, und werde also nicht gartenmäßig eingerichtet, da der Eindruck des Beschauens ein tief wehmütiger sein und eine feierlich ergreifende Stimmung veranlassen soll.(...) Nicht wahr ist, was man oft behauptet hat, daß Friedhöfe, welche Theile von öffentlichen Promenaden sind, die Lustwandelnden mit dem Tode vertraut und also frei von Todesfurcht mache. Wer sich da von weltlichen Dingen unterhält, dem sind Grabhügel und Denksteine keine Hinweisung auf die eigene Zukunft"[277]. Der Abneigung gegen die Ästhetisierung der Friedhofslandschaft zur Gefühlsbewältigung der Lebenden begegnet man in dieser Zeit auf Seiten der Geistlichen häufig. Ganz vehement wurde sie von dem Katholiken Reichensperger vorgebracht.[277a] Miede warnte nun einerseits davor, Begräbnisplätzen den Charakter von Parks zu verleihen, andererseits legte er Wert

---

[273] Ebd., S. 105.
[274] Ebd., S. 106.
[275] Ebd., S. 106.
[276] Ebd., S. 114f.
[277] Göttingensches Unterhaltungsblatt vom 31.10.1841, „Ueber Leichenhäuser". Döring nimmt an, daß der Autor des Beitrages der Redakteur Miede ist, was eine gewisse Plausibilität besitzt, da die späteren Beiträge „Gedanken über Todtenhöfe" mit „M." unterschrieben sind.
[277a] August Reichensperger: Fingerzeige auf dem Gebiete der kirchlichen Kunst, Leipzig 1854, S. 87. „Eben so hüte man sich, dem Ganzen zu sehr den Anstrich einer Gartenanlage zu geben, um den tiefen Ernst des Todes möglichst hinwegzuscheuchen: poetische Pantheisten oder sentimentale Romanleser mögen anderwärts ihre Promenaden machen; diese Stätte soll die frommen Gläubigen zum Gebete für das Seelenheil der Abgestorbenen einladen." Vgl. auch: Mainzer Monatsschrift 6.Jg., 1790, S. 589. „Etwas über die Kirchenbegräbnisse und Kirchhöfe". „Der Christ besucht die Gräber der Verstorbenen nicht aus Empfindelei, nicht aus dichterischer Ueberspannung, sondern sich seiner eigenen Sterblichkeit nachdrucksam zu erinnern".

Abb. 12. Ansicht des Marienfriedhofes in Göttingen um 1800. Aquarell. Künstler unbekannt. 16,7 x 23,1 cm. Städtisches Museum Göttingen o.Sig.. Nur vereinzelt zieren Grabdenkmäler die Gräber, insbesondere die Reihengräber jenseits des Hauptweges sind ohne Grabzeichen.

darauf, sie zweckmäßig und freundlich zu gestalten, „um auch nicht eben den Eindruck hervorzurufen, welcher uns eisig durchschauernd auf Gräbern und Gewölben in und um Kirchen ergreift, und der zur wahren Todesfurcht führt."[278] Dazu zählte auch, daß es aufs strengste untersagt sein müsse, „ihn zu etwas anderm als zum Grasbaue zu benutzen; nicht zum Baue von Gemüsen oder Frucht, zu häuslichen oder gewerblichen Arbeiten; z.b. Waschen, Zeug trocknen, Seile drehen u.d.gl. So etwas stört die Begrabenden, Vorübergehenden, die Gräber Besuchenden. Deshalb hat es auch viele erfreuet, daß der Gemüsebau vor dem St.Johannis=Todtenhofe aufgehört hat."[279]

1784 erhielt Göttingen auf Betreiben der Stadt hin einen weiteren Außenfriedhof im Südosten der Stadt. Der nahe am Wall gelegene Albanifriedhof war der Ersatz für die innerstädtischen Kirchhöfe von Albani und Nikolai. Wohl wegen seiner topographischen Lage besaß er einen unregelmäßigen Grundriß und wurde wie der Bartholomäusfriedhof, da er für zwei Gemeinden bestimmt war, durch einen Hauptweg geteilt. Döring betont, daß der Friedhof „in keiner Weise gärtnerisch

[278] Göttingensches Unterhaltungsblatt 1841, S. 124.
[279] Göttingensches Unterhaltungsblatt vom 18. Juni 1843, Gedanken über Todtenhöfe. S. 100. Miede befürchtete aber auch, daß sich diese Sitte auf dem Lande nicht so einfach abschaffen lasse: „Da

gestaltet wurde"[280]. Ein Kupferstich von 1804 zeigt ihn nur spärlich mit jungen Bäumen bepflanzt. „Über die Wegeführung, wie auch die sonstige Ausstattung auf dem Albanifriedhof vor 1900 ist so gut wie nichts bekannt."[281] Beschwerden über seine unregelmäßige Belegung und den schlechten Zustand der Wege mögen auch hier ein Indiz dafür sein, wie wenig Wert auf seine äußere Erscheinung gelegt wurde.

Der Marienfriedhof, ebenfalls 1784 im Westen der Stadt und östlich der Leine, für die Mariengemeinde angelegt, war nur siebzig Jahre in Betrieb und wurde, nach einer Erweiterung im Winter 1847/48, schon 1853 wieder offengelassen (Abb. 12). Ein Ersatz entstand direkt im Norden des Bartholomäusfriedhofes.[282]

Das von Döring sehr umfangreich dokumentierte Material über die Göttinger Friedhöfe im 18. und 19. Jahrhundert zeigt, daß von einer Friedhofsplanung, die auch ästhetische Kriterien berücksichtigte, nicht ausgegangen werden kann.

Der Friedhof in Neuss (1804)

Am 10. Juni 1785 erließ der Kölner Kurfürst und Erzbischof Max Franz folgende Aufforderung an die Stadt Neuss: „Liebe Getreue! Da wir gnädigst gemeint sind, euch nicht allein die Beerdigung der Todten in den Kirchen zu verbieten, sondern auch die Kirchhöfe außerhalb denen Städten verlegen zu lassen; So habt Uns ihr eueren gehorsamsten Bericht darüber ehestens gehorsamst zu erstatten, welcher Platz hierzu für dasige Stadt am tauglichsten seye?"[283] Da die Vertreter der Stadt die ablehnende Haltung der Bevölkerung gegenüber einem neuen Begräbnisplatz kannten, kamen sie dieser Aufforderung nicht nach, und so wurde die Einrichtung eines neuen Friedhofes erst wieder 1795 unter französischer Herrschaft erwogen. Laut einer Verfügung der „Administration Centrale du Pay d'entre Meuse et Rhin" durften seit dem 18. März 1795 keine Beerdigungen mehr innerhalb der Stadt vorgenommen werden.[284] Doch auch diese Verfügung blieb zunächst wirkungslos. Erst am 3. Juni 1802 ergriff der Maire der Stadt Neuss erneut die Initiative. In einer umfassenden Erklärung erläuterte er die Gründe für die Notwendigkeit eines neuen Friedhofes. Er wies vor allem darauf hin, wie wichtig es sei, alle Gegenstände aus der Stadt zu entfernen, welche „die gesunde Luft entweder durch ihre Ausdünstungen vergiften oder sonst auf welche Art immer dem menschlichen

---

ist der Kirchhof leider oft ein wichtiges Stück der für ihren Stand noch immer kärglich besoldeten Schullehrer, welches auf alle Weise benutzt werden muß. Aber bei neuangelegten Todtenhöfen sollte nichts als Gras die Erde, von Bäumen Obstbäume den Umfang, den Eingang Linden zieren; nicht Akazien und andere vergängliche Zierbäume."

[280] Döring 1983, S. 106f und S. 108.
[281] Jürgen Döring: Fallstudie Göttingen im Forschungsprojekt der AFD Kassel (Unveröffentlichtes Manuskript), Abschnitt 2.3.2. Die Erweiterungen des Albanifriedhofes.
[282] Döring, 1983, S. 109ff.
[283] Zit. nach Joseph Lange: Zur Geschichte der Neusser Friedhöfe. In: Neusser Jahrbuch für Kunst, Kulturgeschichte und Heimatkunde, Neuss 1974, S. 25.
[284] Ebd., S. 24.

Leben gefährlich seyn können. Mit Recht kann man daher unsern Voreltern über die fast algemein in hiesigen Ländern übel hergebrachte Anlegung der Kirchhöfen mitten in den Städten und Dörfern Vorwürfe machen, denn die Gefahr, welcher sie alle Einwohner besonders bei ansteckenden Krankheiten dadurch ausgesetzt haben, bedarf wohl keiner näheren Auseinandersetzung."[285]

Die Stadt erwarb daraufhin im Tausch mit der Hospitalsverwaltung ein Grundstück vor dem Niedertor nördlich der Stadt zwischen Wiesen und Äckern. 1804 wurde schließlich nach langwierigen Verhandlungen der neue Friedhof mit einer Mauer umgeben und nach einer Verfügung vom 9. August 1805 endgültig in Gebrauch genommen, denn die Neusser Bürger hatten sich bis dahin standhaft geweigert, den Friedhof zu benutzen. Über die Einrichtung und Gestaltung des Begräbnisplatzes ist so gut wie nichts bekannt[286], doch lassen verschiedene Anekdoten darauf schließen, daß es um seine Ordnung und Pflege nicht sonderlich bestellt gewesen zu sein schien. So wollte z.B. 1868 ein Neusser Bürger ein Kreuz auf dem Grab seines Vaters anbringen. Dabei stellte sich heraus, daß das Grab nicht auffindbar war, weil der Totengräber kein Gräberverzeichnis führte.[287]

1873 bekam Neuss abermals einen neuen Friedhof, da der bisherige zu klein geworden und aufgrund der städtebaulichen Situation nicht mehr erweiterungsfähig war.

Die Friedhöfe in Rheydt (1807 & 1822)

In Rheydt erklärte der Gemeinderat im Jahre 1800 erstmals die Entfernung des Begräbnisplatzes von der Kirche für dringlich. Wie so häufig widersetzte sich die Bevölkerung dem Vorhaben der Stadt. Trotz der Bestimmungen des napoleonischen Dekretes von 1804, welches auch in Rheydt galt, zog sich die Einrichtung des neuen Begräbnisplatzes um weitere drei Jahre bis 1807 hinaus.

Der neue Friedhof, der auf dem Klosterkamp, in der Nähe eines um 1802 aufgehobenen Klosters, lag, wurde wegen seines wasserhaltigen Bodens von der Bevölkerung nicht akzeptiert.[288] Man beerdigte weiterhin auf dem alten Kirchhof in der Stadt und bemühte sich um den Erwerb eines geigneteren Grundstückes. Der Streit endete damit, daß die Bürgerschaft einen neuen Platz auswählte, der 1822 mit einer Mauer umgeben wurde. „Dieser Gottesacker, etwa einen halben Morgen groß, ist das älteste Stück unseres heutigen evangelischen Friedhofes. Er stellte ein Viereck dar, durch dessen Mitte vom Eingang her ein neun Fuß breiter Weg führte, der von zwei Querwegen gekreuzt wird."[289] Näheres über das äußere Bild des

---
[285] Ebd., S. 26.
[286] Eine Nachfrage im Neusser Stadtarchiv ergab, daß dort aus diesem Zeitraum keine weiteren Friedhofsakten vorhanden sind.
[287] Ebd., S. 31. Dieser Vorfall erinnert an eine ähnliche Begebenheit auf dem Stadtfriedhof Tübingen.
[288] K. Steffen: Zur Geschichte der Friedhöfe der evangelischen Gemeinde Rheydt. In: Niederrheinischer Heimatfreund (Rheydt) 5, 1929, S. 73f.
[289] Ebd., S. 76.

Friedhofes ließ sich auch über das Stadtarchiv, das dazu keine weiteren Akten besitzt, nicht herausfinden. Aus der Rheydter Chronik von 1897 erfahren wir, daß der Friedhof zu dieser Zeit mit „mächtig entwickelten Coniferen" und „schattigen Alleen" bepflanzt war.[290]
Erwähnenswert ist, daß der Totengräber dazu verpflichtet war, den Friedhof vom Frühjahr bis zum Herbst jeweils nur an Sonntagnachmittagen zu öffnen.[291]

Der „Städtische Kirchhof" in Trier (1808)

Trier war von 1794 – 1814 die Hauptstadt des französischen Saardepartements und unterstand damit französischem Recht. Zwar wurden schon unter dem Trierer Erzbischof und Kurfürst Clemens Wenzeslaus verschiedene Reformen im Bestattungswesen durchgeführt, doch der entscheidende Schritt vollzog sich erst unter französischer Herrschaft. 1777 erwirkte Wenzeslaus ein Bestattungsverbot in den Kirchen, das allerdings schon 1778 mit Rücksicht auf die erworbenen Anrechte einiger Familien weitestgehend wieder aufgehoben wurde.[292] Auf Veranlassung von Wenzeslaus wurde 1781 zusätzlich zu den bestehenden Pfarrfriedhöfen ein Begräbnisplatz in der Stadt eingerichtet, welchen die medizinische Fakultät der Universität Trier wegen seiner Lage für die Gesundheit der Bevölkerung jedoch für sehr bedenklich hielt.[293] Die wiederholten Aufforderungen des Kurfürsten an die Stadt, einen Friedhof außerhalb der Stadt anzulegen, blieben ebenso folgenlos wie das Dekret Napoleons.

Bis 1808 verzögerte sich die Einrichtung des neuen Friedhofes. „Über die Anlage des Kirchhofs in französischer Zeit ist nur festzustellen, daß er, entsprechend dem Dekret von 1804, von einer zwei Meter hohen Mauer umschlossen war."[294] Ein Plan, der anläßlich einer veränderten Einteilung des Friedhofes im Jahre 1817 angefertigt wurde, ist nach Angabe von Mosebach nicht mehr erhalten.[295] Eine Verordnung von 1817 verpflichtete den Leichenwärter, die an den Wegen gepflanzten Bäume zu pflegen[296]. In einer „Verordnung über die Anlegung neuer und die Erweiterung alter Begräbnisplätze" aus dem Regierungsbezirk Trier von 1839 heißt es bezüglich der Bepflanzung: „Vor dem Haupteingange ist ein Hauptweg von 6 bis 8 Fuß Breite

---

[290] Rheydter Chronik. Geschichte der Herrschaft und Stadt Rheydt. 2. Bd. Rheydt 1897, S. 213.
[291] Ebd., S. 76.
[292] Marika Mosebach: Fallstudie Trier im Forschungsprojekt der AFD Kassel (unveröffentl. Manuskript). S. 2.
[293] Ebd., S. 3.
[294] Ebd., S. 4.
[295] Ebd., S. 5. Trier war hier keine Ausnahme. So ist auch in Bielefeld, wo die Anlage des Friedhofes 1808 auf napoleonische Gesetze zurückgeht, nichts über seine anfängliche Gestalt bekannt. Karl-Wilhelm Röhs: Der „Alte Friedhof" der Stadt Bielefeld von 1811. In: Vergänglichkeit und Denkmal. Beiträge zur Sepulkralkultur. Jutta Schuchard & Horst Claussen (Hrsg.), Schriften des Arbeitskreises selbständiger Kultur-Institute Bd. 4, Bonn 1985, S. 47-52.
[296] Verordnung vom 3. Februar 1817 über den städtischen Friedhof und das darauf befindliche Leichenhaus. Beilage zur Fallstudie Trier von Marika Mosebach. Stadtarchiv Trier 15/676.

durchzuführen und an dessen Seiten 3 bis 4 Fuß breite Einfassungen aufzuwerfen und mit Pflanzen zu besäen, welche, wie die besonders nach dem Orte hin zu ziehenden Bäume, zur Luftverbesserung beitragen. Derselbe Zweck wird auch durch die Besämung der ganzen Begräbnisstätte mit Gräsern befördert."[297] Auch hier steht wieder der hygienische Gesichtspunkt der Bepflanzung im Vordergrund.

Der Hauptfriedhof in Koblenz (1820)

In Koblenz ging die Einrichtung eines außerstädtischen Friedhofes ebenfalls auf eine Verordnung des Kurfürsten und Erzbischofs Clemens Wenzeslaus von 1771 zurück, in welcher die Bestattung in den Kirchen und auf den innerstädtischen Friedhöfen untersagt wurde.[298] Zunächst wurde 1777 ein Friedhof vor dem Löhrtor eingerichtet, der dann 1818 zugunsten des Friedhofes am Fuße der Karthause wieder aufgegeben wurde.

Am 28. Mai 1820 wurde der neue Friedhof eingeweiht. Er bestand zunächst aus einem schlichten Feld mit einem einzigen Längsweg. „Ansonsten bot sich der Friedhof als eine Fläche mit aneinander gereihten Gräbern dar. Da die einzelnen Gräber etwa alle 15 Jahre zur Wiederbelegung kamen, konnte man sich den Luxus einer Bepflanzung (Bäume und Sträucher) zwischen den Gräbern nicht leisten."[299] 1833 wurde er erstmals erweitert. Die 1842 geplante Vergrößerung wurde nicht ausgeführt und erst 1856/57 wieder in Angriff genommen. Eine Kommission aus Vertretern der Polizei, der Regierung und der Kirchen unterbreitete einen Vorschlag zur Erweiterung des Friedhofes, nach welchem derselbe großzügiger angelegt und verschönert werden sollte. Die Anlage zusätzlicher Wege erwies sich dabei als besonders dringlich. „Weiterhin sollte an der südlichen Längsseite (...) ein 8-10 Fuß Geländestreifen von künftiger Belegung freigehalten werden, um auch dort einen Weg anzulegen. Auch sollten auf dem „langen Wege" (...) vier Rundungen als Versammlungsplätze angelegt werden, wovon sich einer im Schnittpunkt des neu anzulegenden Weges befinden sollte. Letztendlich sollten dann zur Verschönerung noch Pflanzungen erfolgen und, damit diesen fachkundige Pflege zuteil werde, sollte vom Totengräber ein „gartenkundiger Gehilfe" engagiert werden."[300] Ob und in welchem Umfang die Vorschläge der Kommission bei der Erweiterung berücksichtigt wurden, geht aus der Dokumentation nicht hervor. Zieht man in Betracht, daß bereits die Mitte des 19. Jahrhunderts überschritten war, so nehmen sich diese Anregungen zur Verschönerung recht bescheiden aus.

---

[297] Wilhelm Brunner: Das Friedhofs- und Bestattungswesen. Berlin 1927, S. 196.
[298] Hauptfriedhof Koblenz – Dokumentation zum 100jährigen Bestehen des Hauptfriedhofes. Stadt Koblenz Presse- und Informationsamt (Hrsg.). Koblenz 1981, S. 27.
[299] Ebd., S. 34. Vgl. Monatsblatt für Bauwesen und Landesverschönerung. Veranlaßt und red. durch J.M.C.G. Vorherr, Nr. 7, 1823, S. 45. Darin wird er als ein längliches Viereck von 770 und 260 Fuß beschrieben, welches in seiner Umgebung mit Bäumen bepflanzt gewesen sei.
[300] Hauptfriedhof Koblenz 1981, S. 36.

Seine besondere Anziehungskraft erhält der Friedhof heute durch seine landschaftlich reizvolle Lage an dem terrassenförmig ansteigenden Hang und meines Wissens nicht aus einer schon im 19. Jahrhundert verwirklichten gartenkünstlerischen Gesamtkomposition[301]. So zeigt doch die am 1. März 1828 für den Regierungsbezirk Koblenz in Kraft getretene „Instruktion über Errichtung der Begräbnisplätze oder Kirchhöfe und deren polizeiliche Beaufsichtigung"[302], welche bescheidenen Maßstäbe an die Einrichtung eines Friedhofes gelegt wurden. Neben den üblichen Bestimmungen zur Gräbergröße, Bodenbeschaffenheit, Entfernung von der Ortschaft etc. enthielt die Instruktion Angaben zur Raumaufteilung und Bepflanzung. So sollte etwa ein „Hauptweg von 6 bis 8 Fuß Breite" angelegt werden. „An dessen Seiten sind drei bis vier Fuß breite Rabatten aufzuwerfen und mit Pflanzen zu besäen, welche zur Aufnahme der ausströmenden Dünste geschickt sind. An den gegen den Ort zu liegenden Theil des Kirchhofs ist sodann eine Reihe von Bäumen anzupflanzen, welche einer Seits zur Zierde gereichen, anderer Seits aber gleichfalls die nach der Ortschaft hinströmenden Dünste aufnehmen."[303]

Eine abschließende Beurteilung der anfänglichen Gestaltung des Koblenzer Hauptfriedhofes muß hier zurückgestellt werden, da die betreffenden im Stadtarchiv Koblenz vorhandenen Archivalien zum Hauptfriedhof hier nicht berücksichtigt wurden und auch nicht in der vorhandenen Literatur bearbeitet sind.

Zusammenfassung

Im gesamten Untersuchungszeitraum begegnen wir Begräbnisanlagen vom Typus A. Sie waren sanitäre Zweckeinrichtungen, bei deren Planung keine erkennbaren ästhetischen Überlegungen zugrunde lagen. Ihr zumeist unregelmäßiger Grundriß ergab sich aus den Gegebenheiten des vorhandenen Geländes. Außer einem Mittelweg war anfangs kein ordnendes Wegesystem vorhanden. Vorrangig bei der Auswahl der Grundstücke waren hygienische Gesichtspunkte, wie die Entfernung der Friedhöfe von den Ortschaften und ihre Lage zu den Winden, die Bodenbeschaffenheit und eine ausreichende Größe. Die der Stadt oder der vorbeiführenden Hauptstraße zugewandte Seite der Friedhöfe war meist von einer schützenden Baumreihe umgeben. Außer der Randbepflanzung, für die mit Ausnahme des Göttinger Bartholomäusfriedhofes keine bestimmte Baumart bevorzugt wurde, war dieser Anlagetyp ohne besondere Bepflanzung und zumeist ganz frei von Bäu-

---
[301] Vgl.: Georg Dehio: Handbuch der deutschen Kunstdenkmäler. Rheinland – Pfalz Saarland. 1972, S. 403. „Am Hang der Karthause, begonnen 1818, mit seiner terrassenförmigen Anlage und dem alten Baumbestand bis zur teilweisen Zerstörung 1944 eine hervorragende Leistung der Gartenbaukunst des 19. Jh.." Vgl. auch Inge Zacher: Friedhofsanlagen und Grabmäler der kommunalen rheinischen Friedhöfe. In: Kunst des 19. Jahrhunderts im Rheinland. Bd.4, Düsseldorf 1980, S. 394. „Die Hanglage, die aus Raummangel gewählt worden war, nutzte ein begabter Gärtner zu einer überzeugenden künstlerischen Leistung."
[302] Brunner 1927, S. 192ff.
[303] Ebd., S. 193.

men. Der spätere ausgedehnte Baumbestand auf den genannten Friedhöfen entstand durch private Grabbepflanzung oder Selbstaussaat.

Typus B: Der Camposanto

Eine grundsätzlich andere Lösung der Bauaufgabe, eines von der Kirche getrennten Begräbnisplatzes ist der Camposanto. Der Camposanto ist ein quadratischer oder rechteckiger Friedhof, der an allen vier Seiten von einem Arkadengang umschlossen ist. Die Arkaden sind zur Innenseite des Friedhofs hin geöffnet, ihre Rückwand schließt das Begräbnisfeld gegen die äußere Umgebung ab.[304]

Das bekannteste und früheste Beispiel ist der zwischen 1278-83 in Pisa in der Nähe des Domes erbaute Camposanto.[305] In Deutschland, Österreich und der Schweiz sind Friedhöfe in der Art eines Camposanto seit der ersten Hälfte des 16. Jahrhunderts nachweisbar. Sie entstanden mit dem beginnenden Ablösungsprozeß der Begräbnisplätze von den Kirchen. Auf die besondere Bedeutung der Camposanto-Friedhöfe als eine Übergangsform zwischen mittelalterlichem Kirchhof und modernem Feldbegräbnis gehe ich später in einem gesonderten Kapitel ausführlich ein.

Die Auswertung des Forschungsprojektes der AFD und der Literatur ergab, daß die reine Camposanto-Anlage, d.h. ein das Begräbnisfeld an allen vier Seiten umschließender Arkadengang zwischen 1750 und 1870 nur selten anzutreffen ist. Es werden jedoch im eklektizistischen Rückgriff einzelne architektonische Elemente, z.B. die Säulen- und Gruftenhallen übernommen, die, wie auch schon Grundmann und Gellhorn gezeigt haben[306], zu einem wichtigen Bestandteil der neu entstehenden Friedhöfe werden.

---

[304] Vgl. Lexikon der Kunst, Bd. 1 A-F, Berlin 1984.
[305] Vgl. Conversations – Lexicon für bildende Kunst. Begründet von J. A. Romberg, fortgeführt von Friedrich Faber. 2. Bd., Leipzig 1846, S. 356f. Die Frage des Baumeisters des Camposanto ist in der Literatur noch nicht geklärt. Die meisten Angaben nennen Giovanni Pisano. Otto von Simson: Propyläen Kunstgeschichte Bd. 6, Das Mittelalter. Frankfurt 1972. S. 321 erwähnt eine „Inschrift von 1278, die einen Giovanni di Simone als Architekten nennt." Vgl. P. Bacci: Il „Camposanto di Pisa" non è di Giovanni di Niccola Pisano, Pisa 1918.
[306] Günther Grundmann: Gruftkapellen des achtzehnten Jahrhunderts in Niederschlesien und der Oberlausitz. In: Studien zur deutschen Kunstgeschichte, Heft 193, Straßburg 1916. Alfred Gellhorn: Die Friedhofsanlagen Schlesiens. Straßburg 1918.

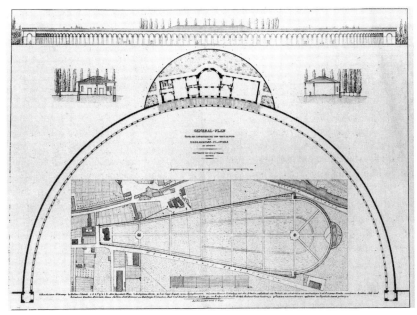

Abb. 13. „Generalplan über die Erweiterung und Gestaltung des Begräbniss-Platzes zu München. Entworfen von J.M.C.G. Vorherr." Lithographie von Joseph Unger von 1818. 36 x 47. Münchner Stadtmuseum M I/2839.

Die Camposanto-Anlage auf dem Südfriedhof in München (1842)

Im Jahre 1842 erhielt Friedrich von Gärtner als Hofarchitekt Ludwig I. von Bayern den Auftrag, den Friedhof vor dem Sendlinger Tor zu erweitern.[307] Der alte Südfriedhof war bereits 1563 unter Herzog Albrecht V. als Pestfriedhof angelegt worden.[308] Nachdem 1788 die Bestattungen innerhalb der Ringmauern Münchens untersagt worden waren, wurde er zum Zentralfriedhof der Stadt.[309] Sein Grundriß ist auf dem „General-Plan über die Erweiterung und Gestaltung des Begraebniss-Platzes zu München" wiedergegeben. Baurat Vorherr erweiterte ihn 1818 etwa um das Doppelte und gab ihm die Form eines Sektors (Abb. 13). Diese ungewöhnliche

---

[307] Ludwig Wind: Der neue Leichenacker in München. In: Zeitschrift für praktische Baukunst 11 (1851), S. 34.

[308] M. Schepe: Der alte Süd-Friedhof. In: Klassizismus in Bayern, Schwaben und Franken. Architekturzeichnungen 1775-1825. Ausstellung der Architektursammlung der TU München und des Münchener Stadtmuseums in Verbindung mit dem Zentralinstitut für Kunstgeschichte und dem Bayerischen Hauptstaatsarchiv. Nerdinger, W. (Hrsg.), München 1980, S. 99.

[309] Ebd., S. 99.

Form, die bis heute zu eigenwilligen Deutungen anregte, war auf die kreisförmige Architektur des Sendlingertor-Platzes bezogen. Schon von Sckell hatte sie 1809 für die gesamte Anlage des Krankenhauses am Sendlingertor-Platz gewählt und sich damit den vorhandenen Gegebenheiten der Grundstückssituation anpaßt. Einen Zeitgenossen erinnerte sie an einen, von antiken Mauern umschlossenen, Sarkophag[310], und dieser Vergleich hat sich seither in der Literatur festgesetzt. Schepe sieht in der Sarkophagform einen Bezug zur französischen Revolutionsarchitektur.[311] Diese Assoziation kann meines Wissens nicht durch eine entsprechende Äußerung von Vorherr gestützt werden. Vorherr selbst erklärte: „Zweckmäßigkeit und Ökonomie, Ordnung und Symmetrie suchte ich durchgehend zu beobachten und das Ganze in einem möglichst einfachen, reinen, der Natur der Sache und unserem Klima gemäßen Stil darzustellen."[312] Mit der Anlage eines regelmäßigen Wegesystems wurde eine innere Ordnung hergestellt. Der überwiegende Teil des Friedhofes bestand aus rechteckigen Feldern. In der Mitte des letzten Querweges, der die beiden Endpunkte der halbkreisförmigen Arkadenanlage verband, stand ein Brunnen, von dem aus die Wege sternförmig auf die Arkaden zuliefen. Ein innerer und ein äußerer halbkreisförmiger Weg nahm die Form der Arkadenanlage auf. Vorherr selbst bestimmte den in der Sektorkrümmung liegenden Arkadengang zur Aufstellung „geschmackvoller Monumente"[313]. Die Bepflanzung des Friedhofes war nach Wanetschek nur untergeordnetes Beiwerk. Mit Ausnahme eines niedrigen Pflanzenstreifens entlang der Mauer blieb sie im wesentlichen auf die individuelle Grabbepflanzung beschränkt.[314]

---

[310] Margret Wanetschek: Die Grünanlagen in der Stadtplanung Münchens von 1790–1860. München 1971 (Neue Schriftenreihe des Staatsarchivs München, Heft 35), S. 71. Wanetschek bezieht sich ohne Angabe von Seitenzahlen auf Aloys Huber: München im Jahre 1819 (o.O.).
[311] Schepe 1980, S. 100.
[312] Zit. nach Wanetschek, a.a.O., S. 196, Fußnote 61 a. Vgl. N.L.: Ueber den Gottesacker in München, in technischer Hinsicht. In: Kunst = und Gewerb = Blatt des polytechnischen Vereins im Königreich = Reiche Bayern, Nro. 14. München 1819, S.201 – 205. Der Autor ist wesentlich vorsichtiger bei der Deutung der Grundrißform, die an schon Vorhandenes anknüpfte. „Wollte man für die, durch die Nothwendigkeit entstandenen Figur eine Aehnlichkeit benennen, so würde man, dünkt mich, sie am ersten einem ägyptischen Sarkophag vergleichen können, so daß also der Platz, der so viele Tausend Särge zu fassen bestimmt ist, nicht so unpassend selbst die Gestalt eines großen Sarges darbietet." Es ist naheliegend, daß Huber hierher seine Anregung bezog.
[313] Schepe 1980, S. 100. In Bamberg wurde 1821 der alte Armenfriedhof von 1564 vom Kgl. Landbaumeister J.B.Eck erweitert. Ähnlich wie Vorherr schloß Eck die regelmäßige Anlage mit einem halbrunden Säulenportikus ab. Vgl. Wilhelm Ament: Bamberg: Die fränkische Kaiser- und Bischofsstadt. Bamberg 1929, S. 173ff und Heinrich Mayer: Bamberg als Kunststadt. (o.O.) 1959, S.350.
[314] Wanetschek 1971, S. 72. Vgl. auch J.M.C.G. Vorherr: General=Plan über die Erweiterung und Gestaltung des Begräbniß=Platzes zu München. In: Kunst=und Gewerb=Blatt des polytechnischen Vereins im König=Reiche Bayern, Nro. 24, München 1818, S. 411f: „Die Wege werden gleichfalls mit Blumen und wohlriechenden Gewächsen, Rosen, Lavendel, Salbey, Rosmarin, u.dgl. eingefaßt. Außerhalb den Umfangs=Mauern werden Baum=Reihen und Baum = Gruppen, besonders von Pappeln, angepflanzt."

Abb. 14. Die Arkaden der Camposanto-Anlage auf dem Münchner Südfriedhof. Tuschezeichnung von Friedrich von Gärtner von 1842. Gärtnersammlung in der Architektursammlung der TU München GS 1567. Der in den Arkaden wandelnde Mönch weckt die Assoziation an einen Kreuzgang.

Als von Gärtner mit einer abermaligen Erweiterung beauftragt wurde, entschied er sich, die in sich geschlossene Anlage von Vorherr nicht zu verändern, sondern ihr einen neuen selbständigen Friedhof anzugliedern. Das annähernd seitengleiche Begräbnisfeld besaß die beachtliche Größe von 627 x 562 Fuß und war in sechzehn Quadrate unterteilt, die von einem Arkadengang mit 189 Abteilungen umgrenzt wurden.[315] Im Schnittpunkt der Hauptwege stand ein Kreuz, vier Bassins an den Kreuzungspunkten der Nebenwege waren weitere Gliederungspunkte auf dem großen Innenfeld. Über die Bepflanzung finden sich in der Literatur keine Hinweise. Die Arkadenanlage wurde im II. Weltkrieg fast vollständig zerstört.

Die Architektur der monumentalen Arkadenanlage ist bei Wind und Hederer detailliert beschrieben.[316] Sie bot Raum für mehr als zweihundert Gruftbegräbnisse, und hier fanden die Grabmäler berühmter Persönlichkeiten ihren Platz.[317] Außer einem unbestimmten Verweis auf italienische Vorbilder besitzt man keine Kenntnisse darüber, welche Anregungen von Gärtner verarbeitet haben könnte. Röttgen stellt aufgrund der geographischen Nähe eine Beziehung zum St. Sebastiansfriedhof in Salzburg her.[318] Für die in der vorliegenden Arbeit noch folgenden Ausführungen ist interessant, daß von Gärtner in einer Tuschezeichnung der Arkadengänge mit einem wandelnden Mönch den Gedanken an einen Kreuzgang geweckt hat (Abb. 14).

Der Friedhof in Traunstein

Da in der einschlägigen Literatur bisher nur wenig über diesen Friedhof berichtet wurde, sich aber gleichzeitig bei meinen Recherchen interessante Quellen gefunden haben, werde ich ausführlicher auf ihn eingehen.

Traunstein erhielt schon 1639 einen neuen Friedhof außerhalb der Stadt. Zuvor wurden die Toten in der Gemeinde Haslach, an die Traunstein noch bis 1850 kirchlich gebunden war, beigesetzt.[319] Zu Beginn des 19. Jahrhunderts wurde der Friedhof allseitig mit einer Arkadenanlage umgeben, die bis 1829 fertiggestellt war. Der genaue Baubeginn und der Baumeister sind nicht bekannt. In einem Bericht aus dem Pfarrarchiv Traunstein desselben Jahres ist die Baugeschichte der Arkaden und ihrer Autraggeber beschrieben[320]. Demzufolge wurde jeder „Begräbniß-Bogen"

---

[315] Wind 1851, S.36. Gärtner verband den Camposanto mit der Anlage von Vorherr durch einen überkuppelten Gelenkbau, der als Durchfahrt für feierliche Bestattungen diente. Siehe hierzu auch Steffi Röttgen: Der südliche Friedhof in München. In: Die letzte Reise. Sterben, Tod und Trauersitten in Oberbayern. Ausstellungskatalog, Metken, S. (Hrsg.), München 1984, S. 296f.
[316] Wind 1851, S.33ff. Oswald Hederer: Friedrich von Gärtner 1792–1847. Leben, Werk, Schüler. Passau 1976 (Studien zur Kunst des 19. Jahrhunderts, Bd. 30), S.168ff.
[317] Hederer 1976, S. 170. Von Gärtner selbst, der die Vollendung seiner Anlage nicht mehr miterlebte, wurde hier beigesetzt und neben ihm Leo von Klenze, Ludwig Schwanthaler, Carl August Ritter von Steinheil und Justus von Liebig.
[318] Röttgen 1984, S. 297.
[319] Anton Kasenbacher: Traunstein. Chronik einer Stadt in Wort und Bild. Grabenstätt 1980, S. 66ff.
[320] StATr A VII 54 Depositum des Pfarrarchivs St. Oswald, Traunstein.

Abb. 15. Alter Friedhof in Traunstein. Künstler unbekannt. Um 1830. Öl auf Leinwand. 75 x 100,6 cm. Heimatmuseum Traunstein. Die Reihengräber im mittleren Felde des Camposanto sind fast ausschließlich mit Grabkreuzen versehen. Trotz des damals schon zweihundertjährigen Bestehens ist der Friedhof ohne Baumbestand.

von einer anderen Familie in Auftrag gegeben (Abb. 15). Der älteste Abschnitt der Arkaden erstreckte sich links des südlichen Eingangs bis hinauf in das südwestliche Eck. Er wurde von einem Kaufmann in Auftrag gegeben. 1813/14 wurde das Stück rechts des nördlichen Einganges bis zur nordwestlichen Ecke, dessen Bau ebenfalls von einem Kaufmann veranlaßt worden war, fertiggestellt. Der große Gang auf der Westseite mit vierzig Bögen entstand in der Amtszeit des Bürgermeisters Weber. Die Arkaden auf der südwestlichen Seite wurden 1826 und die an der nordwestlichen 1827 erbaut. Einzelne Bögen kamen nach und nach hinzu. Die Abteilungen auf der Ostseite finanzierte ein Ehepaar, in dessen Ehevertrag vom 30. April 1827 festgelegt wurde: „Daß auf kinderloses Ableben Niclas Hillmages die Wittwe sechs=hundert Gulden zu Herhaltung und Verschönerung des Gottesackers in Traunstein zu entrichten habe."[321] Das Anrecht auf einen Grabplatz in den Arkaden konnte laut Friedhofsstatut von 1861 durch einen Mietvertrag erworben werden.[322] In dem Bericht heißt es weiter, daß der Friedhof nun auch „die nothwendige

---
[321] Ebd.
[322] StATr Von der k. Regierung von Oberbayern am 23. September 1861 gnädigst genehmigte Statuten für den Gottesacker in der Stadt Traunstein.

Verbeßerung und Eintheilung der vielen bisherigen Gänge, die Einführung einer strengeren Ordnung in der Richtung der Gräber, und die Begründung einer dauerhaften Uebersicht"bekam.[323] Auf dem ersten überlieferten Plan von 1859 besaß der Friedhof einen trapezförmigen Grundriß. An der zentralen Kreuzung der vier Hauptwege hatte man die St. Georgs- und Katharinenkapelle, die zuvor in der Stadt gestanden hatte, wieder aufgebaut. Zwei weitere Querwege teilten das Begräbnisfeld in acht etwa gleich große Abteilungen, die mit Klee bepflanzt waren, um den Besucher in einer freundlichen Umgebung zu empfangen. „Im April 1829 wurden die Ecken der Leichenfelder mit Trauerweiden besetzt."[324] Bedauerlicherweise wurde die Arkadenanlage bis auf ihren westlichen Teil schon im Jahre 1921 wieder abgebrochen.[325]

Die Camposanto-Friedhöfe in München und Traunstein sind seltene Beispiele einer Friedhofarchitektur, die sich in Deutschland im 19. Jahrhundert, im Unterschied zur gleichzeitigen Entwicklung der Friedhöfe in Italien, nicht durchzusetzen vermochte. Nur vereinzelt trugen sich Städte mit dem Gedanken, einen Friedhof in der Art eines Camposanto anzulegen.[326] Doch lassen sich Anklänge an die Camposanto-Architektur bis in das späte 19. Jahrhundert nachweisen. Ein Beispiel ist der sog. Camposanto auf dem Westfriedhof II in Aachen, eine monumentale Gruftenanlage, die auf Anregung einer Vereinigung wohlhabender Bürger zwischen 1894–1898 erbaut wurde.[327] Auch auf dem Nordfriedhof in München, der zwischen 1866–1869 von Stadtbaurat Zenetti angelegt wurde, tauchte das Camposanto-Motiv noch einmal in Form einer Arkadenanlage auf.[328] Die Säulen- und Gruftenhallen oder Nischen in den Umfassungsmauern, die indessen zu einem geläufigen Gestaltungselement der Friedhofsarchitektur vor 1850 wurden, wirken wie Zitate der Camposanto-Architektur.

Im späten 18. und frühen 19. Jahrhundert wurde der Camposanto als ideale Friedhofsarchitektur indes weiterhin empfohlen. So findet sich z.B. in der Deutschen Encyclopädie von 1788 unter dem Stichwort „Gottesäcker" folgender Idealentwurf: „Man wähle einen geräumigen Platz von viereckiger, oder einer jeden

---

[323] Ebd.
[324] Ebd.
[325] Vgl. Kasenbacher 1980, S. 72.
[326] In Schwerin sollte bspw. der Domfriedhof (1779-1786) als Camposanto angelegt werden, doch wurde nur der westliche Teil als Arkadenflügel ausgeführt. Vgl. Georg Dehio: Handbuch der Deutschen Kunstdenkmäler. Die Bezirke Neubrandenburg, Rostock, Schwerin. Bearbeitet von der Arbeitsstelle für Kunstgeschichte bei der Deutschen Akademie der Wissenschaften zu Berlin. München & Berlin 1968, S. 365. Die Stadt Köln trug sich anläßlich einer bevorstehenden Erweiterung des Melatenfriedhofes im Jahre 1867 mit dem Gedanken, einen Camposanto anzulegen. Dieses Vorhaben wurde aus Kostengründen nicht realisiert. Vgl. Paul Pieper: Entwicklung des Beerdigungswesens der Stadt Köln. Worms 1905, S. 38.
[327] Dagmar Jürgensen: Campo santo: Von der Familiengruft zur Einzelzelle. In: Deutsche Friedhofskultur, 77.Jg., 3/1987, S.55ff. Diesen Hinweis verdanke ich Frau Dr. Jutta Schuchard (AFD – Kassel).
[328] Elfi Zuber: Der alte nördliche Friedhof. Ein Kapitel Münchner Kulturgeschichte. München 1983, S. 3 und 11.

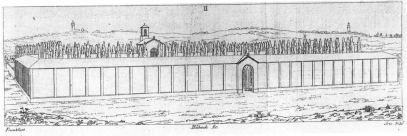

Abb. 16. „Entwurf zu einem Gottesacker" von Heinrich Hübsch von 1825. In: IRIS Unterhaltungsblatt für Freunde des Schönen und Nützlichen. Nro.167.
I Blick von den Arkaden über das Gräberfeld des Camposanto.
II Außenansicht
III Grundriß
IV Detailansicht der äußeren Fassade
V - VI Innenansicht der Arkaden.

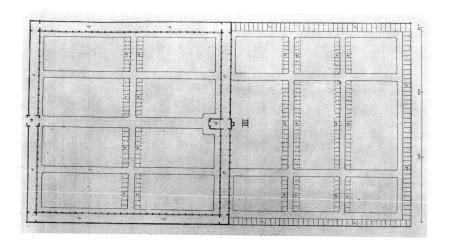

andern beliebigen Form, umgebe ihn mit Bogenstellungen und maßiven Pfeilern von wurmartigem bäurischem Werk, als eine Allegorie auf den Zustand der begrabenen Körper. An den Wänden der Einfaßungsmauer in den bedekten Gängen mache man ähnliche Bogen, darin die Grabmonumente verdienstvoller Personen zu stehen kommen, und unter solchen ihre Begräbnisgewölbe."[329]

Unter den Architekturzeichnungen von Heinrich Hübsch befinden sich vier Blätter „Entwurf zu einem Gottesacker"[330], die in die Zeit seiner zweiten Romreise (1822) datiert werden.[331] Eine in dem genannten Katalog nicht verzeichnete und der Rezeption des Werkes von Hübsch möglicherweise entgangene Schrift erhellt die Absicht des Meisters und fügt den bekannten vier Entwürfen eine weitere Zeichnung hinzu[332] (Abb. 16). Eine Anmerkung der Redaktion der „Iris" zu den Entwürfen weist auf eine spätere Entstehungszeit hin. Sie lautet: „Vor mehreren Monaten dahier im Städelschen Institut ausgestellt und zuletzt bei der Kunstausstellung in Carlsruhe. – Die unterste Zeichnung (Nr. II) ist neu hinzugekommen". Auch berechnet Hübsch die Kosten für die Ausführung seines Entwurfes mit den „zu Frankfurt üblichen Preise".[333]

Ausgehend von der Überlegung, daß auf einem Friedhof Raum zur Aufstellung besonderer Denkmäler vorhanden sein müsse, erwog Hübsch folgende Möglichkeiten: „Dieß kann zu nächst bloß ein auf dem allgemeinen Todesacker abgesteckter Raum seyn; aber besser und würdiger leistet diesen Dienst eine ausgemauerte Gruft. Und noch mehr Aufmerksamkeit verwendend wird man über diese Gruft, um sie vor aller Feuchtigkeit zu schützen, eine Bedeckung, in Gestalt einer Halle, erbauen, und hier Platz haben, um Grabsteine im Trocknen aufzustellen und Gemälde anzubringen."[334] Seine Idee sollte folgende Gestalt annehmen: „Ein längliches Viereck (...) ist zur Hälfte von einem bedeckten Gange umgeben, dessen Dach nach außen durch die Ringmauer (...), nach innen durch eine Bogenstellung unterstützt wird. Der dadurch bedeckte Boden ist unterwölbt, und zwar so, daß zwischen jedem Bogen immer zwei Familiengruften sind."[335] Die „hintere Hälfte des Vierecks" ist „bloß mit einer Mauer umgeben, längs welcher sich ebenfalls ausgemauerte überwölbte Familiengruften befinden, jedoch ohne einen Ueberbau und nur mit einem festen etwas abhängigen Boden überdeckt."[336] Die Kapelle im Zentrum der Anlage erreicht

---

[329] Deutsche Encyclopädie oder Allgemeines Real-Wörterbuch, 1788, S. 32, Stichwort: Gottesäcker.
[330] Heinrich Hübsch 1795 – 1863. Der große badische Baumeister der Romantik. Ausstellung des Stadtarchivs Karlsruhe und des Instituts für Baugeschichte der Universität Karlsruhe. Karlsruhe 1983, Kat.- Nr. 20-23.
[331] Ebd., S. 45f. Vgl. auch Joachim Göricke: Die Kirchenbauten des Architekten Heinrich Hübsch. Diss. Karlsruhe 1974, S. 27. „Auf der Karlsruher Industrieausstellung des Jahres 1825 stellte Hübsch eine in Frankfurt gefertigte Arbeit, aus." Auch Göricke erwähnt nicht, daß diese Zeichnungen zuvor im Städelschen Institut in Frankfurt ausgestellt wurden.
[332] Heinrich Hübsch: Entwurf zu einem Gottesacker. In: Iris. Unterhaltungsblatt für Freunde des Schönen und Nützlichen. Nr. 167, 1825. Mit fünf abgebildeten Zeichnungen. S. 665-668.
[333] Ebd., S. 668.
[334] Ebd., S. 666.
[335] Ebd., S. 666.
[336] Ebd., S. 666.

man auf einem nach beiden Seiten hin geöffneten Arkadengang, in dem sich die Grufen befinden. Er dient darüberhinaus als Unterstand für die Trauergemeinde. Das allgemeine Begräbnisfeld unter freiem Himmel wird durch rasterförmig angeordnete Wege in rechteckige Felder unterteilt. Pyramidenpappeln rahmen in strenger Reihung den Arkadengang. Hübsch wählte als Vorbild für seinen Entwurf den Camposanto von Pisa.[337]

Zusammenfassung

Mit der Architektur der Camposanto-Friedhöfe entsprach man dem Wunsch, einen besonderen Raum für die Gräber verdienstvoller Personen oder privilegierter Familien zu schaffen. Der Friedhof erhielt damit im Sinne Vorherrs die Funktion eines öffentlichen Ehrenplatzes und wurde zur Stätte bürgerlicher Selbstdarstellung. Diese Form der Prestigebekundung durch die Absonderung bestimmter Grabstätten von dem Gemeinschaftsfeld ist, wie noch ausgeführt werden wird, aus historischen Vorbildern wie der Bestattung im Kreuzgang und den daraus entstandenen Camposanto-Friedhöfen im 16. Jahrhundert hervorgegangen. Der Camposanto vermochte sich nicht als Lösung für den gewöhnlichen städtischen Friedhof des späten 18. und frühen 19. Jahrhunderts durchzusetzen. Doch wir werden sehen, daß Arkadengänge oder diesem Bauelement ähnliche Mauergestaltungen zu einem wichtigen Bestandteil der Friedhofsarchitektur wurden.

Typus C: Die geometrische Vier-Felder-Anlage

Zu diesem Anlagetypus zählen Friedhöfe mit einem rechteckigen oder quadratischen Grundriß, den ein Wegekreuz in vier gleich große Felder teilt. Letztere können von einem umlaufenden Weg umschlossen sein. Nur entlang der Wege sind in der Regel Bäume gepflanzt.

---

[337] In einem kurzen historischen Überblick über die Gestaltung von Begräbnisanlagen hebt Hübsch den Camposanto von Pisa als einzigartiges Beispiel hervor. Im Vergleich mit seinem eigenen Entwurf räumt er ein: „Daher denke ich mir die Ausführung des beschriebenen Entwurfs keines Wegs so prachtvoll, als sie z.B. bei dem campo santo zu Pisa statt findet. Denn die Opulenz, wodurch fast jedes Gebäude jener älteren Zeiten sich auszeichnet, würde man nach der heutigen Ansicht der Dinge für eine unmögliche Verschwendung ansehen (ob mit Recht oder Unrecht, mag dahin gestellt seyn). Ebd., S. 666f.

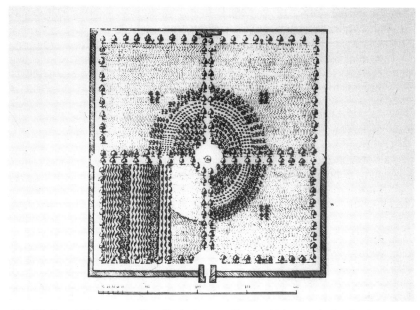

Abb. 17. Grundriß des neuen Begräbnisplatzes zu Dessau. Zeitgenössischer Stich. In: Rode 1795, Abb. IX.

Der „Alte Friedhof" in Pirmasens

Ein genaues Gründungsdatum des „Alten Friedhofes" in Pirmasens ist nicht bekannt.[338] Es wird jedoch vermutet, daß er um 1762/63 im Osten der Stadt etwa 200m außerhalb der damals im Bau befindlichen Stadtmauer angelegt wurde. Die Einwohnerzahlen von Pirmasens waren seit der Residenznahme des Landgrafen Ludwig IX. von Hessen-Darmstadt rapide angestiegen (1740 = 400 Einwohner, 1743 = 1000 E., 1763 = 4000 E.)[339], und so erklärt sich auch das Bedürfnis nach einem neuen Friedhof. Über das Anlagesystem und Erscheinungsbild des Friedhofes in seiner Gründungszeit sind keine Einzelheiten bekannt. Anhand der Grabdaten und des „Prospekt (es, d. Verf.) von Pirmasens" von Petzinger (1755 – 1833) rekonstruieren die Autoren eine nicht ganz regelmäßige viereckige Anlage, die durch ein Wegekreuz in vier Felder unterteilt und von einem Weg umschlossen wurde.[340] Als Bepflanzung werden ein „stattlicher Baum" und ansonsten nur

---

[338] Wolfgang Loeser, Volker Lösch & Claudia Engelmann: Fallstudie „Alter Friedhof" Pirmasens im Forschungsprojekt der AFD Kassel (unveröffentlichtes Manuskript) 1982, S. 3.
[339] Ebd., S. 3.
[340] Ebd., S. 9.

„spärlicher niederer Bewuchs" genannt.[341] Die einzelnen Erweiterungsabschnitte, die während des 19. Jahrhunderts durchgeführt wurden, waren eine Aneinanderreihung von rechteckigen Grabfeldern, die dem Verlauf des Geländes folgten. Die Wege waren beidseitig mit Linden eingefaßt.

Der „Neue Begräbnisplatz" in Dessau (1787)

1787 ließ Herzog Leopold Friedrich Franz zu Anhalt-Dessau, der sich schon zu Lebzeiten wegen seiner Reformfreudigkeit und seiner fortschrittlichen Leistungen auf dem Kultur- und Bildungssektor, aber auch in der Landwirtschaft, einen besonderen Ruf erworben hatte, unter der künstlerischen Leitung von Friedrich Wilhelm von Erdmannsdorff einen allgemeinen Begräbnisplatz vor der Stadt anlegen.[342] Dieser Friedhof genoß bei Zeitgenossen hohes Ansehen und gewann in der einschlägigen Literatur eine besondere Bedeutung.

Der „Neue Begräbnisplatz"[343] im Südosten der Stadt trat an die Stelle der innerstädtischen Kirchhöfe und Kirchengräber. Sein quadratischer Grundriß war durch ein Wegekreuz in vier Felder unterteilt (Abb. 17). Zwischen der Mauer und dem äußeren Ringweg war ein schmaler Streifen ausgespart. Die vier Begräbnisfelder waren entlang der Wege mit weißblühenden Akazien eingefaßt, die die rahmende Wirkung der Wege akzentuierten und besonders während der Blütezeit ein freundliches, helles Bild geboten haben müssen. Den Mittelpunkt des Friedhofes, am Kreuzungspunkt der Wege, bildete ein mit Blumen bepflanztes Rondell, das ebenfalls Akazien säumten. Ursprünglich war dieser zentrale Punkt für das Grab des Fürsten vorgesehen, doch wurde 1814 dessen vor ihm verstorbener Sohn hier beigesetzt.[344] Auf den vier Begräbnisfeldern waren keine Bäume gepflanzt. Ob dies, wie in anderen Städten, hygienische Ursachen hatte oder eine ästhetisch begründete Entscheidung war, beantworten die Quellen nicht. Nach Rode waren die Begräbnisfelder mit Gras[345], nach Hacker hingegen mit Blumen und Rosenstöcken

---

[341] Ebd., S. 9.
[342] Erhard Hirsch: Progressive Leistungen und reaktionäre Tendenzen des Dessau – Wörlitzer Kulturkreises in der Rezeption der aufgeklärten Zeitgenossen (1770-1815). Ein Beitrag zur Geschichte der deutschen Ideologie im Zeitalter der Französischen Revolution. Diss. Martin-Luther-Universität Halle Wittenberg 1969, S.66f. Hirsch (S. 15) zählt Herzog Leopold Friedrich Franz neben Karl Friedrich von Baden und Carl August von Weimar zu den aufgeklärtesten Fürsten der damaligen Zeit.
[343] Dies war seine offizielle Bezeichnung. Erhard Hirsch: Dessau – Wörlitz „Zierde und Inbegriff des XVIII. Jahrhunderts". München 1985, S.72.
[344] Marie Luise Harksen, W. Engels & K. Müller: Die Stadt Dessau. Bd. 1. In: Die Kunstdenkmale des Landes Anhalt. Im Auftrage des Oberpräsidenten der Provinz Sachsen und des Anhaltischen Staatsministeriums hrsg. von Hermann Giesau. Burg b.M. 1937. Der Fürst und seine Gemahlin wurden später in der Kirche zu Jonitz beigesetzt. Friedrich Reil: Leopold Friedrich Franz. Herzog und Fürst von Anhalt-Deßau, nach seinem Wesen und Wirken geschildert. Dessau 1845, S.317.
[345] August Rode: Wegweiser durch die Sehenswürdigkeiten in und um Dessau. Erstes Heft. Dessau 1795, S.148.

Abb. 18. Portal des „Neuen Begräbnisplatzes" in Dessau. In: Hirsch 1985, Tafel 36. In den oberen Nischen stehen die beiden Genien des Todes. Die Inschrift lautet: „Tod ist nicht Tod, ist nur Veredlung sterblicher Natur."

bepflanzt, was dem Friedhof das Aussehen eines geordneten Gartens verliehen habe.[346]

Man betrat den Friedhof durch ein Eingangsportal, das einem antiken, eintorigen Triumphbogen nachgestaltet war (Abb. 18). Rundbogenblendnischen flankierten den Eingang an jeder Seite. Darüber standen in weiteren Nischen an einen Baumstumpf gelehnt zwei Jünglinge, die in der Literatur als Genien des Todes und des Schlafes gedeutet werden. Da jedoch beide eine umgekehrte Fackel halten, wäre ikonographisch auch denkbar, daß beide Figuren spiegelbildlich dargestellte Todesgenien sind. Über dem Rundbogendurchgang befindet sich eine Tafel mit der Inschrift: „Tod ist nicht Tod ist nur Veredlung sterblicher Natur" und auf der Rückseite des Tores „Kein drohendes Grabmal und kein Tod wird mehr sein auf der neuen Erde Gefilden".[347] Oben auf dem Portal stand in der Mitte die auf einen Anker

---

[346] Joachim Leonhard Nicolaus Hacker: Thanatologie oder Denkwürdigkeiten aus dem Gebiete der Gräber. Ein unterhaltendes Lesebuch für Kranke und Sterbende. Th.1. Leipzig 1795, S.261. Hirsch 1969, Fußnote 327 zitiert weitere Autoren, die den Friedhof als „blühenden Garten" bezeichnen oder „Veilchen, Lilien und Rosen" als Bepflanzung angeben.

[347] Friedrich Heinrich Ephraim Bobbe: Die Gräber auf den Gefilden des neuen Gottesackers bei Dessau nebst einer kurzen Beschreibung des Gottesackers Dessau. Dessau 1792, S. 50. Herder

gestützte Figur der Hoffnung und links und rechts davon auf einer Wölbung eine bekränzte Urne. In der Rückfront des Portals waren die Nutzbauten untergebracht, auf einer Seite die Wohnung des Totengräbers und auf der anderen eine Art Geräteschuppen und die Leichenhalle. Dieses Portal, in dem die klassizistische Todesauffassung ihren sinnbildlichen Ausdruck gefunden hatte, machte auf die Zeitgenossen einen tiefen Eindruck. Besonders Hölderlin und Schelling, die wie viele ihrer Zeitgenossen, den Dessauer Friedhof aus eigener Anschauung kannten, erwähnten das Portal in ihren Schriften. „Gleich das edle Portal, wo oben auf der Kuppel die Hoffnung – eine rührende, fast durchaus gut gearbeitete Gestalt – auf ihren Anker sich lehnt, und auf den beiden Seiten des Eingangs zwei Jünglinge mit ausgelöschter Fackel in Nischen stehn – machte mir eine seltene Freude" schwärmt Hölderlin, und auch Schelling ist voll des Lobes: „Das erste Mal, so viel ich weiß, daß man in Deutschland auf einem christlichen Kirchhofe dieses alte griechische Sinnbild – gewiß das schönste, das man erfinden kann, nachgeahmt hat."[348] Hier zeigten sich die unmittelbaren Auswirkungen der berühmten Schrift Lessings „Wie die Alten den Tod gebildet"[349], in welcher er das antike Sinnbild des Todes als Zwillingsbruder des Schlafes für seine Zeit wieder entdeckte. Lessing hatte gehofft, daß sich mit seiner Untersuchung das Bild des Todes in der Kunst verändern werde.[350]

Seine außergewöhnliche Anziehungskraft bewies der Friedhof auch dadurch, daß er fast täglich von Einheimischen und Fremden besucht wurde.[351] Hirsch führt zahlreiche Stimmen von Zeitgenossen aus der Entstehungszeit des Friedhofes an, die die heitere Ruhe, die der Dessauer Friedhof ausstrahle, lobten und die davon überzeugt waren, daß mit dem Wandel des Erscheinungsbildes die Friedhöfe auch ihre einstmalige Wirkung eines Memento mori eingebüßt hätten. Bei manchem entstand aus der Bewunderung der Wunsch, dort begraben zu sein. „Ja, wem man

---

deutet den Tod in ähnlicher Weise: „Kein Tod ist in der Schöpfung, sondern Verwandlung." Zit. nach Rainer Volp: Der Tod im Leben. Todesanschauungen um 1800. In: „Wie die Alten den Tod gebildet" Wandlungen zur Sepulkralkultur 1750-1850. Boehlke, H.-K. (Hrsg.). Mainz 1979 (Kasseler Studien zur Sepulkralkultur, Bd. 1.), S. 8.

[348] Zit. nach Erhard Hirsch: Der Erdmannsdorff – Friedhof in Dessau im Spiegel der zeitgenössischen Literatur. In: Dessauer Kalender 1966, S.41ff.

[349] Gotthold Ephraim Lessing: Wie die Alten den Tod gebildet. 1769. In: Gotthold Ephraim Lessings sämmtliche Schriften. Bd. 8, Lachmann, K. (Hrsg.), Leipzig 1855. In diesem Zusammenhang ist es unerheblich, daß die Auswirkungen der Schrift von Lessing auf die Sepulkralikonographie des 18. und 19. Jahrhunderts auf falschen Voraussetzungen basiert, wie erst jüngere Untersuchungen zeigen. Vgl. hierzu Barbara Naumann: „Wie die Alten den Tod gebildet" Lessings produktives Mißverständnis der Todesgenien im Streit um das Bild des heiteren Todes. In: „O ewich is so lanck" Die Historischen Friedhöfe in Berlin – Kreuzberg. Ein Werkstattbericht, Fischer, C. & Schein, R. (Hrsg.), Berlin 1987.

[350] Lessing 1769, S. 248. Er sah nicht, „was unsere Künstler abhalten sollte, das scheußliche Gerippe wiederum aufzugeben, sich wiederum in den Besitz jenes bessern Bildes zu setzen. Die Schrift redet selbst von einem Engel des Todes; und welcher Künstler sollte nicht lieber einen Engel, als ein Gerippe bilden wollen?"

[351] Bobbe 1792, S.49. Die bisher untersuchten Friedhöfe, und hier besonders das Beispiel Tübingen, zeigten, wie ungewöhnlich es war, auf dem Friedhof spazieren zu gehen.

von nun an was Gutes wünschen will, dem rufe man zu: Stirb zu Dessau!"[352] Überzeugt davon, daß die Erscheinung der Friedhöfe Spiegel der moralischen Grundhaltung einer Gesellschaft sei, forderte ein anderer Zeitgenosse, der sich über die Unordnung der Berliner Friedhöfe beklagte, zu einem pfleglicheren Umgang mit den Begräbnisplätzen auf, denn wenn „das ästhetisch Schöne ein Beförderungsmittel des moralisch Schönen ist, so kann auch das ästhetisch Schlechte nicht ganz ohne Bedeutung für moralische Veredlung seyn. (...) Daß diese Ideen nicht ohne Wahrheit sind, beweist die Aufmerksamkeit, welche einige aufgeklärte Männer an mehreren Orten auf die sorgfältigere Einrichtung der Grabstätten verwandt haben. Ich erinnere hier nur an die Kirchhöfe zu Herrenhut und Dessau."[353]

Der Imperativ, die Menschheit durch das ideale Kunstwerk zu veredeln, wurde nun auch für Friedhöfe gültig. In Dessau wurde erstmals ein Friedhof im Sinne klassizistischer Gestaltungsideen angelegt. Wir werden dem Einfluß des Dessauer Modelles noch vielerorts begegnen.

Der „Hauptfriedhof" in Mainz (1803)

Der Mainzer Hauptfriedhof wurde 1803 auf Veranlassung französischer Regierungsstellen „neben dem früher aus dem Münstertor führenden Weg nach Zahlbach am Abhang eines Hügels, im Westen der Stadt"[354] angelegt.

Schon seit Mitte des 18. Jahrhunderts verhandelten die fürstliche Landesregierung und die Medizinische Fakultät der Universität auf der einen und das Erzbischöfliche Vikariat und die Mainzer Pfarrgeistlichkeit auf der anderen Seite über die Verlegung der innerstädtischen Begräbnisplätze. Der erste schriftliche Beleg hierüber ist ein Protokollauszug des Erzbischöflichen Mainzer Vikariats vom 17. März 1760.[355] Darin wurde beschlossen, den Mainzer Kurfürsten über die Überbelegungen der Pfarrkirchen und Kirchhöfe zu informieren und über die Gefahr, daß „die Luft inficiret und viele Krankheiten daraus entstehen mögten"[356]. Das Vikariat schlug daraufhin vor, zwei Plätze für Friedhöfe außerhalb der Stadt auszuwählen.[357] Erst dreizehn Jahre später wurde in einem Reskript des Mainzer Kurfürsten an das Erzbischöfliche Vikariat ein Plan zur „Verlegung der Gottesäcker außer der Stadt Mainz" bekannt.[358] Doch auch dieser Vorstoß des Fürsten scheiterte

---

[352] Wekherlin zit. nach Hirsch 1966, S. 42.
[353] Mayer: Einige Gedanken über Kirchhöfe, nebst einigen Denkmählern und Grabinschriften in Berlin. In: Kosmann, J.W.A. & Heinsius Th.: Denkwürdigkeiten und Tagesgeschichte der Mark Brandenburg. 2. Bd., Berlin 1796, S. 1157.
[354] Maria Wenzel: Fallstudie Mainz im Forschungsprojekt der AFD Kassel (unveröffentlichtes Manuskript), S. 3.
[355] Nikolaus Adler: Die Bemühungen um die Verlegung der Mainzer Friedhöfe vor die Stadt in der 2. Hälfte des 18. Jahrhunderts. In: Mainzer Almanach. Mainz 1963, S. 61.
[356] Zit. nach Adler 1963, S. 61.
[357] Ebd., S. 61.
[358] Ebd., S. 61.

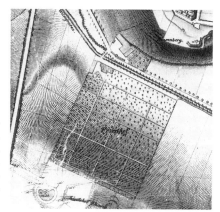

Abb. 19. Ausschnitt aus dem „Plan der Bundesfestung Mainz samt der umliegenden Gegend" von J. Türk von 1840. Stadtarchiv Mainz Sign. 430 c Blatt 18. Rasterförmige Wege durchziehen das Begräbnisfeld und unterteilen es in gleichgroße Abteilungen.

Abb. 20. „Grabmal auf dem Friedhofe zu Mainz/ der bei der Pulver-Explosion am 18. Novemb. 1857 in Ausübung ihres Dienstes erschlagenen königl. preuss. Soldaten./ Errichtet von den Steinen des explodirten Thurmes worauf Inschrift u. Namen mit Goldschrift gehauen." Lithographie. Künstler unbekannt. Undatiert. 135 x 242 mm (Darstellungsgröße), 242 x 342 mm (Blattgröße). Mittelrheinisches Landesmuseum Mainz. Ins Auge sticht die noch junge Bepflanzung auf dem bereits 1803 eröffneten Friedhof.

am Widerstand des Stadtklerus und des Generalvikariats. Nach weiteren acht Jahren beauftragte der Kurfürst am 20. Dezember 1781 die Medizinische Fakultät, ein Gutachten darüber zu erarbeiten, „wie notwendig es sei die Kirchhöfe außer Stadt und den Dörfern, der Gesundheit der Einwohner wegen, vor die Tore auf das freie Feld zu versetzen; und wie schädlich die Begräbnisse und Grüfte in den Kirchen, sowol denen seien, die in diese Kirchen gehen, als jenen, so nahe daherum wonen".[359] Das medizinische Gutachten wies in aller Schärfe auf die Gefahr der „faulen Ausdünstungen" aus den Gräbern in der Kirche und auf dem Kirchhof hin und forderte, „daß alle Todte, sie seien wer sie wollen, außer der Stadt begraben würden"[360]. Von den zahlreichen Einwänden der Geistlichen gegen die Verlegungspläne scheint mir einer besonders erwähnenswert, denn er spricht die Funktion der Gräber in der Nähe der Lebenden als Memento mori an: „die Verlegung der Kirchhöfe habe zur Absicht, die Zergänglichkeit, Sterblichkeit (...) aus den Augen zu entfernen."[361] Auch das Vikariat hatte sich mittlerweile gegen die Verlegung der Begräbnisplätze ausgesprochen, da es u.a. befürchtete, daß alte katholische Bräuche, wie die sonntäglichen feierlichen Umgänge über die Gräber zum Troste der Toten, verlorengingen, und es plädierte am 3. Juni 1782 dafür, „die gewöhnlichen Begräbnisse auf den Kirchhöfen und in den Kirchen beizubehalten"[362].

1798 wandte sich die französische Verwaltung an die Mitglieder der Medizinischen Fakultät, die erneut ein Gutachten zur Einrichtung neuer Friedhöfe ausgearbeitet hatten. Die ausschließlich die Hygiene betreffenden Empfehlungen wurden später bei der Anlage des Hauptfriedhofes im Jahre 1803 berücksichtigt. An den Wegseiten des neuen Friedhofes sollten Bäume mit einer hohen Krone gepflanzt werden, um eine gute Durchlüftung des Geländes zu gewährleisten, und die Gräber mit Rasen bedeckt sein, um die Verwesungsdünste aufzusaugen.[363]

Das Gelände des Friedhofes war elf Morgen groß und hatte einen fast quadratischen Grundriß. Rechtwinkelig angelegte Wege teilten das Begräbnisfeld in unterschiedlich große rechteckige Felder, wie auf den Stadtplänen von 1830 und 1840 (Abb. 19) zu erkennen ist. Aus der Entstehungszeit des Friedhofes existieren keine Pläne mehr.[364] 1804 erhielt der Friedhof auf Anraten des Professors für Anatomie J.F. Ackermann eine Leichenhalle.[365] Der einfache Holzbau wurde 1865/66 durch eine Leichenhalle im neugotischen Stil ersetzt.[366] 1856 wurde eine hölzerne

---

[359] Ebd., S. 62.
[360] Ebd., S. 63.
[361] August Ludwig Schlözer: Stats-Anzeigen gesammelt und zum Druck befördert. Bd. 1, H. 1 – 4. Göttingen 1782, S. 206.
[362] Zit. nach Adler 1963, S. 67.
[363] K.G. Bockenheimer: Geschichte der Stadt Mainz während der zweiten französischen Herrschaft (1798 – 1814). Mainz 1890, S. 141.
[364] Wenzel o. J., Abschnitt 2. 1.: Die Größe des Mainzer Hauptfriedhofes.
[365] Alfred Boerckel: Der Mainzer Friedhof. Seine Geschichte und seine Denkmäler. Mainz 1903, S. 5.
[366] Wenzel, o. J., Abschnitt 2. 2.: Die Friedhofsbauten.

Kapelle nach Plänen des Dombaumeisters Statz aus Köln unter Leitung des Mainzer Stadtbaumeisters Laske auf dem Friedhof errichtet.[367]

Die Hauptwege waren als Alleen angelegt, die bereits 1812/13 bei einer Belagerung zerstört und dann 1816 mit Platanen neu bepflanzt wurden.[368] Anhand der vorliegenden Literatur ist nicht zu klären, ob die Bepflanzung mit Tannen, Fichten und Birken, die in einem Zeitungsartikel von 1925 besonders gelobt wird, aus der Entstehungszeit des Friedhofes stammt.[369] Die Lithographie von 1856/57 läßt erkennen, daß der Baumbestand zu diesem Zeitpunkt erst relativ jung war (Abb. 20). Anläßlich einer Erweiterung des Friedhofes zwischen 1847 und 1848 legte eine „Special – Commission" des Gemeinderates Vorschläge zur „Einrichtung des Begräbnisplatzes" vor.[370] „Bei einem Begräbnißplatze muß dahin gewirkt werden, daß der Luftzug so wenig als möglich gehemmt, die Verwesung der Leichen möglichst befördert und das Aufsteigen der schädlichen Dünste aus der Erde möglichst verhindert werde. Diese Zwecke werden dadurch erreicht, daß hochstämmige Bäume so wenig als möglich auf dem Begräbnisplatze geduldet werden, daß derselbe ganz mit Pflanzen überdeckt wird, welche die verwesten Theile einsaugen und das Durchdringen der schädlichen Dünste verhindern".[371] Gleichzeitig sprach man auch die ästhetische Gestaltung des Friedhofes an. So „wollen wir kurz in ästhetischer Beziehung hier noch andeuten, daß die Gräber flach gehalten werden sollen, damit solche nicht, wie irgendwo gesagt worden, Runkelrübengruben gleichen; daß der ganze Plan mit Pflanzen und niederm Gesträuche gartenartig anzulegen sei und insbesondere mehr Symmetrie bei den Gräberreihen erzielt werde".[372] Abschließend wurde der Vorschlag gemacht, den Stadtgärtner mit der Bepflanzung zu beauftragen. Ob dieser Aufforderung entsprochen wurde, läßt sich heute nicht mehr feststellen.

Der Friedhof in Würzburg (1803)

Gegen Mitte des 18. Jahrhunderts erhoben die Mediziner der Stadt Würzburg die Forderung zur Verlegung der Begräbnisplätze aus dem nahen Umkreis der Menschen. Wie an anderen Orten sperrten sich der Klerus und die Klöster, die um ihre Einnahmen bangten, gegen dieses Ansinnen.[373] Nach mehrjährigen Verhandlungen

---

[367] Ebd., Abschnitt 2.2.: Die Friedhofsbauten.
[368] Boerckel 1903, S. 28.
[369] Wenzel o. J., Abschnitt 2.4.: Gartenarchitektur und Bepflanzung. In dem betreffenden Artikel im Mainzer Anzeiger. Nr. 248, 1925 heißt es : „Der Friedhof, obwohl in Quadrate eingeteilt, besitzt trotzdem ein parkähnliches Ansehen durch seinen überaus reichen Bestand an Tannen, Fichten und Birkenbäumen, seine hohen Alleen, und nicht zuletzt durch seine geschmackvolle Bepflanzung der Gräber."
[370] Der Gemeinnützige, Nr. 34, 1847.
[371] Ebd., S. 134f.
[372] Ebd., S. 135.
[373] August Memminger: Würzburger Friedhofwanderung. Würzburg 1885, S. 12.

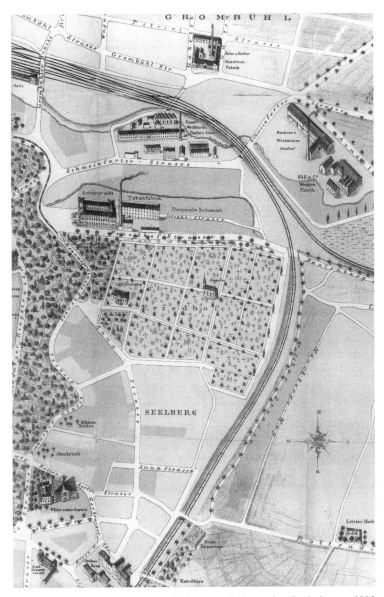

Abb. 21. Plan des Würzburger Friedhofes. Ausschnitt aus dem Stadtplan von 1893. Stadtarchiv Würzburg Karten A 22. Der in geometrische Felder unterteilte Friedhof liegt östlich der Stadt zwischen Fabriken.

mit Vertretern der Geistlichkeit faßte 1778 die Regierung im Würzburger Hochstift den Entschluß, „alle Leichenhöfe innerhalb der Stadt (...) aufzulassen. Mit Hinweis auf den Leichengeruch, der sich besonders in der Gegend der Dominikanerkirche bemerkbar mache, drang die medizinische Fakultät mit aller Energie auf Beseitigung dieses gemeingefährlichen Zustandes."[374] Bis 1803 änderte sich jedoch nichts an der Lage der Begräbnisplätze. Am 30. April 1803 erging unter der kurpfalzbayrischen Regierung erneut eine Verordnung zur Einrichtung außerörtlicher Begräbnisstätten.[375] Im Nordosten der Stadt wurde sodann ein neuer Friedhof angelegt. Er sollte laut Beschluß der Stadtväter „mit schicklichen Bäumen (Akazien) bepflanzt, die Kruzifixe von Trauerweiden umgeben und oben an den Toren Urnen angebracht werden"[376]. Über die Gestaltung des im Jahre 1806 fertiggestellten Friedhofes finden sich in der Literatur nur spärliche Angaben. Einer anonym verfaßten Schrift kann man entnehmen, er sei mit „symmetrischen Mauern umschlossen".[377] Eine Kreuzigungsgruppe, die seit 1625 auf dem alten Hauger Friedhof stand, wurde auf dem neuen Friedhof aufgestellt. 1827 wurde in der Nähe der südlichen Mauer ein Leichenhaus erbaut.[378] Über die ursprüngliche Anlage liegen leider keine Angaben vor. Nach mehrfachen Erweiterungen bestand der Friedhof 1893 aus einer Aneinanderreihung von quadratischen und rechteckigen Grabfeldern (Abb. 21).

Der „Sadebecksche Friedhof" in Reichenbach (1804)

Im Jahre 1804 stiftete der Baumwollfabrikant Friedrich Sadebeck der evangelischen Gemeinde in Reichenbach a.d. Eule einen neuen Friedhof außerhalb der Stadt.[379] An diese Schenkung war eine Reihe von Gestaltungsauflagen gebunden. So entstand eine streng symmetrische, rechteckige Anlage, deren Gräberfelder durch ein Wegekreuz in vier gleich große Abteilungen untergliedert waren. Das Zentrum des Friedhofes wurde vom Mausoleum des Stifters beherrscht. Der runde Kuppelbau besaß einen Durchmesser von sechs Metern und war mit einer Allegorie der Hoffnung bekrönt (Abb. 22). Auch den monumentale Eingangsbereich zierten allegorische Figuren. Die Wege und das Rondell um den zentralen Grabbau rahmten eine Anpflanzung aus Hecken und Bäumen, die nach dem Wunsche des Stifters nicht über sechs Ellen hoch sein durften.[380] Von den Banknischen am Ende der Wege hatte man einen Blick auf den zentralen Grabbau des Stifters. Der Baumeister der

---

[374] Ebd., S. 12.
[375] Ebd., S. 13.
[376] Ebd., S. 14.
[377] Anonym: Der Kirchhof zu Würzburg, mit geschichtlichen Nachrichten über die älteren Begräbnisplätze und die Vermächtnisse zum Aufbau der Todtenkapelle dahier. Würzburg 1859, S. 15.
[378] Memminger 1885, S. 15.
[379] Günther Grundmann: Stätten der Erinnerung. Denkmäler erzählen schlesische Geschichte. München 1975, S. 162.
[380] Gellhorn 1918, S. 72.

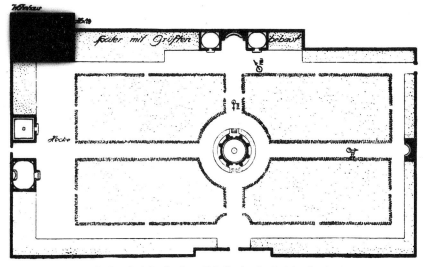

Abb. 22. *Grundriß des Sadebeckschen Friedhofes in Reichenbach. Im Zentrum das Mausoleum des Friedhofstifters. In: Schweizer 1956.*

Anlage ist nicht bekannt und es wäre sicherlich lohnenswert, die einzelnen Bestimmungen der Stiftungsurkunde zu kennen. Einer Chronik zufolge hatte die großzügig geordnete Friedhofsanlage auch auf Durchreisende einen tiefen Eindruck gemacht.[381]

Die Friedhöfe in Düsseldorf

Der Friedhof „Vor dem Flingertor" (1766).
Auf erste Pläne zur Anlage eines außerstädtischen Friedhofes stoßen wir im Jahre 1756, als von Kurfürst Carl Theodor die Aufforderung erging, den innerstädtischen Kirchhof an der Stiftskirche zu schließen.[382] Das Stift widerstand dieser Anordnung so lange, bis der als sehr reformfreudig geltende Graf von Goltstein die Schließung des alten Friedhofes erwirkte.

Der neue Friedhof vor dem Flingertor war ausschließlich für Katholiken bestimmt.[383] Seine Lage im Osten der Stadt bot günstige hygienische Voraussetzun-

---

[381] Alfred Gellhorn: Der Sadebecksche Friedhof zu Reichenbach in Schlesien. In: Der Städtebau, 10.Jg., 1913, S. 64f.
[382] Inge Zacher: Düsseldorfer Friedhöfe und Grabmäler. Begräbniswesen und Brauchtum im 19. Jahrhundert. Düsseldorf 1982, S. 43.
[383] Die Protestanten benutzten den Friedhof bei Derendorf, der schon 1565 als Pestfriedhof außerhalb der Stadt angelegt wurde. Ebd., S. 48.

gen, da die vorwiegend von Westen her wehenden Winde die in dieser Zeit so gefürchteten Verwesungsdünste von der Stadt wegtrieben.[384] Ein Wegekreuz teilte den Friedhof mit seinem rechteckigen Grundriß in vier gleich große Felder, die von einem Weg umschlossen wurden.[385] Über die Bepflanzung des Friedhofes, der schon 1804 aufgrund städtebaulicher Veränderungen wieder geschlossen wurde, ist nichts bekannt.

Der „Golzheimer Friedhof" (1804)

1804 wurde unter Kurfürst Maximilian Joseph der Golzheimer Friedhof eingerichtet. Er war im Norden der Stadt, etwa 2 km vom Stadtkern entfernt, auf einer kleinen Anhöhe inmitten von Äckern gelegen und wurde von Protestanten und Katholiken gemeinsam benutzt. Zacher spricht davon, daß das langgestreckte rechteckige Begräbnisfeld anfangs „außerordentlich einfach und bescheiden" war.[386] Zunächst gab es auf dem Friedhof bis auf eine Umfriedung mit Pappeln, die nach Zacher eine hygienische Maßnahme aus der Franzosenzeit war, keine planmäßige Bepflanzung.

Mit dem Bau einer Umfassungsmauer, eines repräsentativen Friedhofstores und eines „klassizistischen Rundtempelchens" plante man 1807, den Friedhof wesentlich großzügiger auszustatten.[387] Doch scheiterten diese Vorhaben an den knapp bemessenen Finanzen. Erst in preußischer Zeit widmete man sich erneut der Verschönerung des Friedhofes. Der Kreiskommissar wandte sich 1816 in dieser Angelegenheit an die preußische Regierung: „Es ist darauf Bedacht genommen, daß diese Stätte ein gefälliges und anziehendes Aussehen erhält, daß sie eine Erbauungsstätte werde, wohin fromme Christen, im Andenken an die Ihrigen, gern wandeln und jede widrige Empfindung, soviel als möglich, entfernt wird."[388]

1816 wurde anläßlich der notwendigen Erweiterung des Friedhofes der königliche Gartenbaurat Maximilian Friedrich Weyhe mit der Gestaltung beauftragt. Weyhe erstellte einen Plan mit zwei Ansichten des Friedhofes (Abb. 23). Die obere Hälfte des Planes zeigt den alten Friedhof als ein anspruchsloses, rechteckiges Feld ohne Wege, das mit Bäumen umfriedet ist. Auf dem unteren Teil ist der Zustand des Friedhofes nach seiner projektierten Erweiterung abgebildet. Das langgezogene Rechteck ist durch ein geradliniges Wegesystem in acht Felder untergliedert. Vier kleinere Felder gruppieren sich um die Zentralachse der Hauptwege. Ihnen schließt sich jeweils ein größeres Feld an. Am zentralen Schnittpunkt der Wege entsteht ein mit Bäumen umpflanztes Rondell. Hier wurde 1851 das von katholischen Bürgern

---
[384] Ebd., S. 45.
[385] Ebd., S. 45.
[386] Ebd., S. 55.
[387] Ebd., S. 58.
[388] Ebd., S. 59.

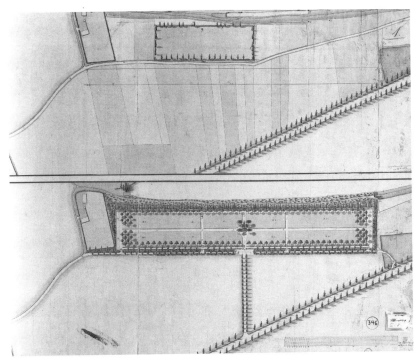

Abb. 23. Plan des Golzheimer Friedhofes in Düsseldorf von Maximilian F. Weyhe von 1816. Stadtarchiv Düsseldorf Plan 346. Der obere Teil des Planes gibt die ursprüngliche Anlage, der untere die geplante Erweiterung wieder.

gestiftete Hochkreuz aufgestellt.[389] Die Umfriedung war an der Innenseite mit Rotfichten und einer Weißdornhecke verdichtet. Die von Zacher beschriebene Bepflanzung der Hauptwege mit Linden ist auf dem Plan nicht zu erkennen.[390]

Wenngleich die Ausstattung des Golzheimer Friedhofes unter den Sparmaßnahmen der Stadt zu leiden hatte, so genoß er schon in den 30er Jahren des 19. Jahrhunderts bei den Düsseldorfer Bürgern hohes Ansehen. Schwärmerische Schilderungen lobten seine landschaftlich reizvolle Lage und die Schönheit seiner Bepflanzung. Manche zählten ihn zu den schönsten Friedhöfen Deutschlands.[391] Er

---

[389] Ebd., S. 60 und S. 83. Die Protestanten hatten sich für den Bau einer Leichenhalle eingesetzt.
[390] Ebd., S. 60. Hable erwähnt, daß die noch nicht belegten Teile des Friedhofes mit einer Rasenfläche bedeckt waren, die an Interessenten zur Grasgewinnung verpachtet wurde. Barbara Hable: Fallstudie Düsseldorf des Forschungsprojektes der AFD Kassel (unveröffentlichtes Manuskript), S. 3. In der Akte II 1016, Blatt 60, Datum 12.September 1838. Stadtarchiv Düsseldorf (Beilage zur Fallstudie) ist lediglich von den „vom Winde gebeugten Lindenbäume an der Westseite des Kirchhofes" die Rede.
[391] Zacher, 1982, S. 61.

wurde als „ein schöner Ort" erlebt, dessen Nähe zum Rhein zu symbolischen Deutungen inspirierte. „Aus seinen Gängen sieht man über eine Wiese hin den breiten majestätischen Fluß seine Wasser dem Ocean entgegenrollen. Weithin darüber hinaus erstreckt sich sich die niederrheinische Ebene. Ringsum aber erheben sich neben den Lindenalleen Grabmäler, welche von Trauerweiden und Cypressen beschattet werden, und kleine Hügel, die mit Epheu, Immortellen und Rosen bepflanzt sind", sinnt eine gefühlsgetragene Beschreibung von 1861.[392] Ein anderer Zeitgenosse empfand ihn 1877 wie einen Garten, dem jeglicher Anschein einer düsteren Begräbnisstätte genommen sei. „Wenn man den großen und geräumigen Gottesacker erblickt, sollte man für den ersten Augenblick glauben, daß man sich in einem der schönsten Gärten befindet, die der Lust und Erholung gewidmet sind. Wohin das Auge sieht, sprießt der reichste Blumenfloor, und die schönsten prachtvollsten Bäume breiten gar mächtig ihre Äste aus. Neben lieblich duftenden Frühlingsblumen gewahrt man die stolze, einsame und schneeige Kamelie, Epheu und Rosen aller Gattungen sind zu Kränzen gewunden und bescheidene Veilchen ruhen neben Tulpen, in der Nähe des Rittersporns und Eisenhuts leuchtet die Centifolie von bezaubernder Schöne."[393]

Der „Melaten-Friedhof" in Köln (1810)

In Köln gab, wie im übrigen linksrheinischen Gebiet, das napoleonische Dekret von 1804 den Anstoß zu einer Reform des Bestattungswesens. Zuerst verbot der Bürgermeister die Beerdigung in den Kirchen[394], und 1808 erwarb man ein Gelände für den neuen Begräbnisplatz. Es lag etwa zwei Kilometer westlich des Stadtzentrums am Melatener Hof, der bis 1712 als Hospital für Leprakranke diente.[395] Das Grundstück war 11 bis 12 Morgen groß und wurde am 29. Juni 1810 geweiht. In den ersten Jahren wurden auf dem Melaten-Friedhof nur Katholiken beigesetzt, ab 1829 auch Protestanten.[396]

Das langgezogene Rechteck des Friedhofsgrundstückes war anfangs durch zwei sich kreuzende Wege in vier gleich große Felder unterteilt.[397] Es war an einer Seite von einer Mauer und an drei Seiten von einer Hecke umfriedet.[398] Bei der Vergabe

---

[392] Ebd., S. 61.
[393] Ebd., S. 62.
[394] Pieper 1905, S. 10.
[395] Ebd., S. 11. Die Bezeichnung Melaten leitet sich angeblich von „malade" ab, womit die Leprakranken gemeint waren. Die Nachbarschaft der Friedhöfe zu ehemaligen Leprosensiedlungen läßt sich häufig nachweisen. Andere Beispiele, wie der alte Nikolai-Friedhof in Hannover, der Johanniskirchhof in Leipzig, sowie die berühmt gewordenen Friedhöfe in Halle und Nürnberg sind Zeugnisse dafür, daß die alten Seuchenfriedhöfe oftmals zum Ausgangspunkt für spätere allgemeine Begräbnisplätze wurden.
[396] Ebd., S. 30.
[397] Ebd., S. 17.
[398] Johannes Ibach: Die Friedhöfe und das Beerdigungswesen der Stadt Cöln im 19. Jahrhundert. In: Die Stadt Cöln im ersten Jahrhundert unter Preußischer Herrschaft 1815 bis 1915. Bd.2. Die Verwaltung der Stadt Köln seit der Reichsgründung in Einzeldarstellungen. Cöln 1915, S. 301.

Abb. 24. „Gottesacker in Melaten bei Cöln" Aquarell von J.P. Weyer von 1838. Rheinisches Bildarchiv Köln. Plattennr. 121 820. Die Hauptallee des schon seit 28 Jahren benutzten Friedhofes wirkt sehr kahl.

der Bauarbeiten für den neuen Friedhof war eine Lieferung von 380 Bäumen vorgesehen.[399] Ob sie ausgeführt wurde, erscheint fraglich, denn nach Pieper wurde die Bepflanzung „in jenen Anfängen der Entwicklung noch sehr stiefmütterlich behandelt"[400], was eine Sicht auf den Hauptweg des Friedhofes (Abb. 24) von 1838 belegt. Abgesehen von der individuellen Grabbepflanzung wirkt der Friedhof noch sehr kahl. Im Zentrum stellte man ein Kreuz aus dem 16. Jahrhundert, das zuvor auf dem Brigiden-Kirchhof gestanden hatte, wieder auf.[401] Die alte Hospitalskapelle aus dem Jahre 1255 wurde restauriert und als Friedhofskapelle in Gebrauch genommen.[402] Ein alter Holzschuppen diente als Leichenhalle.[403]

Das blockhaft monumentale Eingangstor scheint Assoziationen an Tempeltore aus Frühkulturen wecken zu wollen, die Inschrift im Giebelfeld „Funeribus Agrippinensium Sacer Locus" spielt auf die römische Vergangenheit Kölns an. Sie

---

[399] Ebd., S. 301.
[400] Pieper 1905, S. 12.
[401] H. Vogts: Der Kölner Friedhof Melaten. In: Rheinische Friedhöfe. Sonderhefte der Mitteilungen der Westdeutschen Gesellschaft für Familienkunde. Heft 2, Köln 1937, S. 2.
[402] Pieper 1905, S. 12.
[403] Ibach 1915, S. 305.

war von dem Theologie-Professor F. F. Wallraf[404] aus mehreren Wettbewerbsvorlagen ausgesucht worden.[405] In der hierzu verfaßten Schrift unterbreitet Wallraf seine Idee von der ästhetischen Gestalt eines Friedhofes. „Um den fast zwölf Morgen großen Raum nicht leer, öde und stumm zu lassen, ist er mit Schattengängern umgeben, und mit zerstreuten Stauden Gruppen bepflanzt worden. Hie und da müßte er nun mit einer Rasenbank und ein Paar einsamen Ruhesitzen versehen werden, welche auf einige, zwischen und an den Baumgruppen, mit sparsamem Aufwande hingesetzte Gegenstände zielen könnten, die den dorthin pilgernden Christen zu sanften Gefühlen, zum heilsamen Andenken an Verstorbene, zu Betrachtungen über Tod, Vergänglichkeit und Ewigkeit stimmen, und zu dem Troste der seligen Unsterblichkeit ermuntern."[406] Mit Denkmälern und kleinen Gartenpartien wollte Wallraf die Stätte des Todes in zeitgemäßer Form zieren und die Besucher zum Nachdenken anregen. Hier nur eine Auswahl seiner Vorschläge: „Irgendwo ferner steigt aus der Erde eine steinernen Säule mit einer Kugel darüber, welche mit einer von der Morgenseite herkommenden Stralenerleuchtung bemahlt ist. Auf dem Aequator zeigt sich: Lucescit. (...) Irgendwo ein kleines Feld, mit zwei Lilien, einigen Rosen und Mohnblumen, dabei ein Stein mit der Schrift: Blühen, Wachsen, Welken und Vergehen! (...) Ein Plätzchen mit Vergiß=mein=nicht und Immergrün, dazwischen ein Cippus, worauf man liest: Eltern! Freunde! Wohltäter! heilige Erinnerung! Wir sehn uns glücklicher wieder!"[407] Sein didaktischer Anspruch ist unverkennbar, denn auf „diese Art glauben wir, daß unser allgemeiner Gottesacker eine Einrichtung erhalte, die unserer heiligen Religion und unserer Ehre würdig, unsern edelern Gefühlen ersprieslich, (...) sey".[408] Ferner sollte er den auswärtigen Besucher zu einer „günstigen Beurteilung" seiner Stadt bewegen und ihn von ihrer Humanität und ihrem guten Geschmack überzeugen.[409] In dieser eindeutigen Form wird erstmals die repräsentative Funktion eines Friedhofes angesprochen. Auch Wallraf hoffte, ähnlich wie wir es aus der Beschreibung Mayers vom Dessauer Friedhof kennen, mit seinen Ideen zur Verbreitung höherer Kultur und des reinen Geschmackes beizutragen. Leider läßt sich nicht feststellen, was von seinen Plänen verwirklicht wurde.

1826 wurde der Königliche Gartenbaudirektor Maximilian Friedrich Weyhe mit der Bepflanzung des Melaten-Friedhofes beauftragt.[410] Auf dem Bepflanzungsplan ist der Friedhof nun in vier quadratische und zwei kleinere Felder aufgeteilt, die

---

[404] F.F. Wallraf ist einer der Namensgeber des Wallraf-Richarz-Museums. Vgl. Allgemeine Deutsche Biographie, auf Veranlassung Seiner Majestät des Königs von Bayern, hrsg. durch die historische Commission bei der Kgl. Akademie der Wissenschaften. Leipzig 1896.

[405] Ferdinand Franz Wallraf: Über den neuen stadtkölnischen Kirchhof zu Melaten. Kritische Auswahl unter den dazu gelieferten Inschriften desselben, die für den Ort und den Geschmack der Zeit paßte. Köln 1809.

[406] Ebd., S. 28.

[407] Ebd., S. 28f.

[408] Ebd., S. 30.

[409] Ebd., S. 30.

[410] Zacher, 1980, S. 394f.

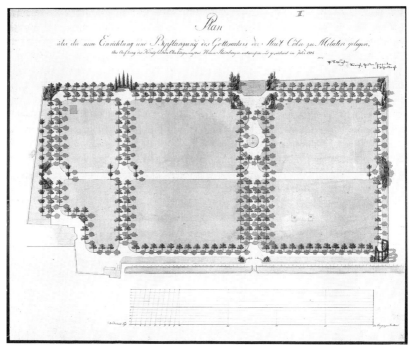

Abb. 25. „Plan über die neue Einrichtung und Bepflanzung des Gottesackers der Stadt Cöln zu Melaten gelegen" von M.F. Weyhe von 1826. Historisches Archiv der Stadt Köln.

ähnlich wie auf dem Golzheimer Friedhof in Düsseldorf nur an der Umgrenzung und an den Hauptwegen mit Bäumen eingefaßt sind (Abb. 25). Eine doppelte Reihe von Platanen verleiht der großen, auf das Hochkreuz zuführenden Allee ein besonderes Gewicht, der zweite, etwas kleinere Hauptweg ist einreihig bepflanzt.[411] Die Kreuzungspunkte der Wege und die Wegmündungen sind als Rondelle angelegt. Auch hier ist unbekannt, ob und, wenn ja, in welchem Umfange der Plan Weyhes verwirklicht wurde.[412]

Nach Durchsicht der Quellen ist davon auszugehen, daß der Melaten-Friedhof in den ersten Jahrzehnten nur spärlich bepflanzt war. Eine Beschreibung der Bepflanzung von 1908 hebt daher auch vor allem den Baumbestand längs der Wege hervor, über dessen Alter allerdings keine Angaben vorliegen. „Von ganz besonderer Schönheit ist der Baumbestand des Friedhofes Melaten. (...) Während sich über den in der

---

[411] Ebd., S. 394f.
[412] Josef Abt & Wolfgang Vomm: Der Kölner Friedhof Melaten. Köln 1980, S. 39. „Der bekannte Düsseldorfer Gartenkünstler M.F. Weyhe entwarf den Bepflanzungsplan, der allerdings nicht vollständig verwirklicht wurde."

Achse des Hauptportals verlaufenden Hauptwege mächtige, breitästige Platanen (Platanus orientalis L.) wölben, findet der Besucher, weiterschreitend, Alleen malerisch wirkender Trauer – Ulmen (Ulmus americana pendula hort.), hoch aufstrebender Ahornbäume (Acer platanoides L.) und zierlicher Birken (Betula alba L., Betula alba pendula Joungi hort.), die ihre silberglänzenden Aeste weit ausstrecken und ihre biegsamen, lang herabhängenden Zweige bei leisestem Luftzuge zitternd bewegen. An anderen Stellen findet der Besucher lang gestreckte Alleen von Lebensbaum (Thuya occidentalis L.), dem charakteristischen Baume unserer Friedhöfe, und in einem leider etwas abgelegenen und daher wenig besuchten Theile des Friedhofes eine Allee von Thuya gigantea Nutt., die, von imposanter Wirkung, kaum irgendwo ihresgleichen finden dürfte. In den Anpflanzungen des Friedhofes zerstreut, wie auch in Alleen, finden sich weiter Ulmus campestris, Tilia platyphyllos Scop., T. euchlora K.Koch, T. tomentosa Much., Acer dasycarpum Ehrh., Crataegus oxyacantha fl.pl.L., Aesculus ippocastanum L. und A. carnea Willd., Quercus rubra L., Ailanthus glandulosa Desf. in schönen Exemplaren."[413] Auch Höveler lobt die „prächtigen Bäume, das hochgewachsene Strauchwerk" und den „reiche(n) Blumenflor", der insbesondere dem alten Teil des Friedhofes einen „ganz besonderen Reiz" verleihe.[414]

Der „Friedhof am Stadtgarten" in Krefeld (1814)

1814 wurde in Krefeld der neue Friedhof vor dem Westtor angelegt. Der 1833 von J.P. Fenn gestochene Plan gibt die damalige Grundrißsituation des Friedhofes wieder (Abb. 26).[415]

Er ist durch ein Wegekreuz in vier Quadrate aufgeteilt, die mit Bäumen eingefaßt sind. Die Hauptwege sind von Laubbäumen und die äußere Umfassung von Nadelbäumen gesäumt. Am Schnittpunkt der Wege umrahmen die Bäume einen runden Platz. Der Eingangsbereich vor den vier Begräbnisfeldern ist als eine kleine, stimmungsvolle Gartenanlage gestaltet. Zwei Trauerweiden beschatten ein Rondell, das links und rechts im Halbrund von Bäumen flankiert ist. Zu beiden Seiten dieses Platzes schließt sich je ein ovales und ein rundes Beet an. Letzteres nimmt die halbkreisförmige Bepflanzung des Eingangsplatzes wieder auf. An den Rändern und zwischen den Beeten ist die Gartenpartie mit verschiedenartigen Bäumen und Buschwerk durchsetzt. Den Rand des Planes zieren reich umpflanzte Grabmäler.

---

[413] Johannes Ibach: Die Friedhöfe. In: Naturwissenschaft und Gesundheitswesen, Cöln 1908, S. 144f.
[414] Peter Höveler: Blätter und Blüten vom Friedhof Melaten. Düsseldorf o. J. (handschriftlicher Vermerk auf dem Deckblatt: „zwischen 1900 und 1914"), S. 39.
[415] K. Rembart: Friedhöfe unter der Stadt. In: Stätten des Friedens. Die Krefeld – Uerdinger Friedhöfe früher und heute. Buss, H. & Peters, C. (Hrsg.), Krefeld 1950, S. 36.

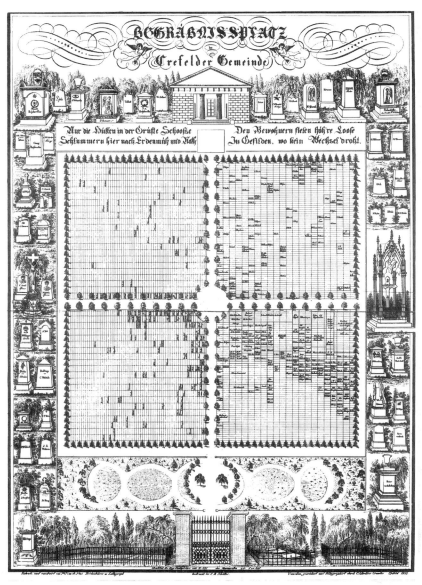

Abb. 26. „Begräbnisplatz der Crefelder Gemeinde." Lithographie von P. J. von de Fenn von 1833. Stadtarchiv Krefeld H 19, 258 a.

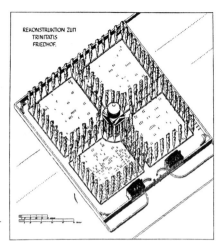

Abb. 27. Rekonstruktion des Trinitatis-Friedhofes in Dresden. In: Kluge 1937.

Der „Trinitatis-Friedhof" in Dresden (1815)

Im Jahre 1815 wurde in Dresden auf Anraten von Ärzten, die schon seit geraumer Zeit vor den Gefahren überfüllter Friedhöfe gewarnt hatten, der Trinitatis-Friedhof angelegt.[416] Dank der Untersuchung von Kluge sind die Erläuterungen zu verlorengegangenen Friedhofsentwürfen von Maurermeister Spieß und Hofbaumeister Thormeyer aus dem Dresdener Ratsarchiv überliefert. In diesen Unterlagen wird „zum ersten Male in Dresden ein Friedhof nach einem einheitlichen Plan, unter einem einzigen großzügigen Gesichtspunkte geschaffen."[417]

In dem Entwurf von Spieß ist eine Fläche von 240 auf 211 Ellen „mit einer Mauer eingefaßt und durch einen Kreuzweg in 4 Teile geteilt (...). In den vier Ecken der Umfassungsmauer sind erhöhte 10. Ellen Raum im Quadrat enthaltende 4 1/2 Ellen hohe Plätze – Perrons – auf welche eine Treppe führt, um den Kirchhof und die umliegende Gegend überschauen zu können."[418] (Abb. 27) In der Mitte dieser vier Quartiere steht ein nach allen vier Seiten offener Tempel für die Trauergäste. Auf jeder Seite des eisernen Eingangstores befindet sich eine Wohnung für die Totengräber. Zu beiden Seiten des Einganges sollten Bänke aufgestellt werden. „Die Umfassungsmauer ist mit einer Reihe von Pappeln eingefaßt, auch kann dieselbe von außen mit Sträuchern bedeckt werden."[419]

---

[416] Hansjoachim Kluge: Dresdens Friedhöfe in der Zeit der Freiheitskriege und der Romantik. (Forschungen des Kunstgeschichtlichen Instituts der Technischen Hochschule Dresden, Bd. 1), 1937, S. 11ff.
[417] Ebd., S. 12.
[418] Ebd., S. 13.
[419] Ebd., S. 13.

Die „Ideen zu einem neuen Begräbniß Platze" von Thormeyer sind viel ausführlicher wiedergegeben. Thormeyer faßte die Gestaltung eines Friedhofes als ein künstlerisches Projekt auf. Für den Grundriß wählte er eine regelmäßige Form, „ein Viereck oder Oblongue"[420], das mit einer Hecke, umgeben sein sollte. Zusätzlich sollten zwei Reihen von Pappeln den Platz umschließen. Im Innern säumten sie die kreuzförmigen Alleen. „In der Mitte des Platzes wird die Rotunda zu und über einer großen Gruft gebauet. Diese Rotunda würde das Ansehen eines Tempels haben",[421] in dessen Innenwänden Nischen für kleine Aschenkrüge eingelassen werden sollten. Auf den Postamenten der Aschenkrüge seien die Namen der in der Gruft Bestatteten einzugravieren. „Der übrige Raum zwischen der Rotunda der Hecken und Pappel Alleen wird in Felder, nach Ähnlichkeit der Gärten, regelmäßig vertheilt" und mit Gängen durchschnitten.[422] Der Eingang sei ein „in gutem und einfachem Geschmack gebautes Portal" mit der Überschrift: „Sie sind von süßem Schlaf noch nicht erwacht! Der Genius des Schlafs und des Todes könnte en bas relief darüber angebracht werden."[423] Die Vorstellung von einer repräsentativ wirkenden Friedhofsanlage schien jedoch, wie so häufig, auch in Dresden zum Scheitern bestimmt. Aus Kostengründen lehnte der Kirchenrat das Projekt Thormeyers ab.[424] Hieran änderten auch die Einwendungen eines Inspektors nichts, der Kirchhof müsse eine Zierde der Stadt sein und dürfe ähnlichen Anlagen, wie sie in Dessau und Herrnhut zu finden sein, nicht nachstehen. Das Oberkonsistorium erteilte die Weisung, den „Friedhof lediglich mit einer Mauer zu umziehen und mit einer zweiteiligen Totengräberwohnung zu versehen (...);die übrigen Bauanlagen seien der Zeit nicht entsprechend."[425] Kluge resümiert, daß nur der Grundgedanke Thormeyers, nämlich „die planvolle Einteilung des Friedhofes durch die Wege und deren Betonung durch Baumreihen"[426] ausgeführt wurde.

Der „Historische Friedhof" in Weimar (1818)

Am 20. März 1818 wurde in Weimar südöstlich der Stadt der Friedhof vor dem Frauentor, der heute als Historischer Friedhof bezeichnet wird, eingeweiht.[427] Er war der Nachfolger des Jakobsfriedhofes, der fast dreihundert Jahre als allgemeiner Begräbnisplatz der Stadt Weimar gedient hatte. Sieben Jahre befaßte sich eine Friedhofskommission mit der Planung des neu anzulegenden Begräbnisplatzes. In

---

[420] Ebd., S. 14.
[421] Ebd., S. 15.
[422] Ebd., S. 15.
[423] Ebd., S. 14. Kluge irrt, wenn er in seiner Rekonstruktion des Trinitatis-Friedhofes, den Entwurf von Thormeyer sieht, denn in der Rekonstruktion sind die Vorschläge von Spies wiedergegeben.
[424] Der Kirchenrat verlangte, auch die Inschriften durch Bibelstellen zu ersetzen.
[425] Ebd., S. 20.
[426] Ebd., S. 18.
[427] Ilse Sibylle Stapff: Fallstudie Weimar im Forschungsprojekt der der AFD Kassel (unveröffentlichtes Manuskript), Kapitel: Der Jakobsfriedhof in Weimar, II, S. 3.

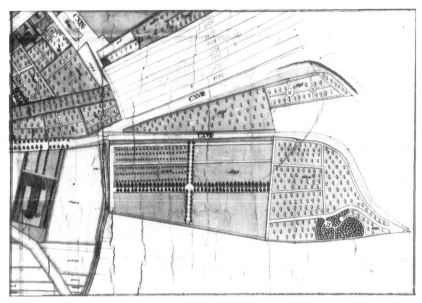

Abb. 28. Ausschnitt aus dem Stadtplan von Weimar von 1822. Handzeichnung von Johann Valentin Blaufuß. Rechts schließt sich im Süden des Friedhofes eine Baumschule an.

einem Kommissionsbericht, der sehr viel Wert auf Standortfragen wie z.B. die Bodenbeschaffenheit legte, ist festgehalten, „daß sich dazu nur ein Platz eigne, der allen Erfordernissen genüge, nämlich Lage gegen den Wind, 3 m tiefes Erdreich ohne Felsen und ohne Grund-, Sumpf- oder Schichtwasser, sowie ohne Überschwemmungen ausgesetzt zu sein".[428] Als Vorbild für die Anlage wurden der „Neue Begräbnisplatz" in Dessau und der Friedhof der Herrnhuter Brüdergemeinde genannt.[429] Bestimmende Grundform des Friedhofes im nördlichen und ältesten Teil ist ein Trapezoid, das durch zwei sich zentral kreuzende Wege in vier Grabfelder unterteilt ist, wovon zwei wiederum durch Wegekreuze verkleinert werden (Abb. 28). Die Hauptachse war mit Linden, die ursprünglich beschnitten wurden, bepflanzt.[430] Weitere Details über die Bepflanzung sind nicht bekannt. 1822/23 wurden das Leichenhaus und 1824/25 die Fürstengruft von Coudray erbaut[431], welche den vorläufigen Abschluß des alten Friedhofsteiles bildete und in der

---

[428] Ebd., Kapitel : Der historische Friedhof in Weimar S. 2.
[429] Ebd., S. 2. Leider nennt Stapff keine weiteren Einzelheiten über die Vorbildfunktion dieser beiden genannten Friedhöfe.
[430] Ebd., Kapitel: Der historische Friedhof in Weimar, S. 4.
[431] Bei Bernd Evers: Mausoleen des 17.-19. Jahrhunderts. Typologische Studien zum Grab- und Memorialbau. Diss. Berlin 1983 findet sich auf S. 113ff eine detaillierte Beschreibung der Fürstengruft.

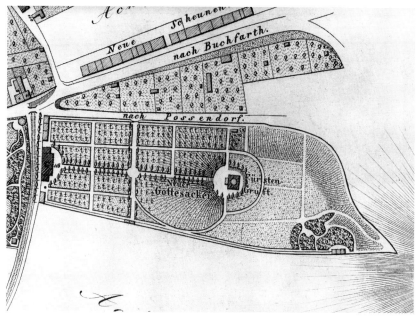

Abb. 29. Ausschnitt aus dem Stadtplan von Weimar von 1841. Stich von Karl Friedrich Weiland. Das in Abb. 28 erwähnte Areal der Baumschule wurde mittlerweile zur Erweiterung des Friedhofes benutzt.

bekanntlich Schiller und Goethe beigesetzt sind. Südlich um die Gruft führte ein halbkreisförmig angelegter, mit einer Pappelreihe besetzter Rundweg. (Abb. 29). Obzwar die Fürstengruft nicht wie vergleichbare Repräsentationsbauten das Zentrum der Anlage bildete, wiesen ihre leicht erhöhte Lage und die auf sie zulaufende Zentralachse mit dem vorgelagerten Platz sowie der durch die Abteilung D führende, geschwungene Weg auf ihre besondere Bedeutung hin.

1835 wurde das nach Süden hin leicht ansteigende Gelände hinter der Fürstengruft zum Friedhof hinzugenommen.[432] Drei Wege unterteilten es in fünf Abteilungen. 1859 baute man für die verstorbene Großfürstin Maria Pawlowna, die Tochter des Zaren Paul I., eine Gruftkapelle im russischen Stil an die klassizistische Fürstengruft an. 1875 erhielt der Friedhof mit einer von der Sparkasse Weimar gestifteten Kapelle in der Abteilung A ein viertes Gebäude.

---

[432] Stapff o.J., Kapitel: Der historische Friedhof in Weimar, S. 3.

Der „Nordfriedhof" in Magdeburg (1827)

Der am 21. 3. 1827 eröffnete Nordfriedhof war der erste, außerhalb der Stadt gelegene Begräbnisplatz.[433] 1824 wurde Joseph Peter Lenné von Oberbürgermeister Francke mit seiner Gestaltung beauftragt. Lenné entschied sich für einen regelmäßigen Grundrißplan, der von der strengen Form des Rechteckes nur durch die konkave Linienführung an den beiden Schmalseiten abweicht (Abb. 30). Die Zeichnungen Lennés sind nicht mehr erhalten, dafür aber erläuternde Bemerkungen mit genauen Angaben zur Bepflanzung. Die kreuzförmig angelegten Alleen stießen auf ein mittleres Rondell, das mit einer Gruppe von Trauerweiden und Trauereschen einzufassen sei. Der Mittelpunkt dieses Platzes sei für ein besonderes Monument zu reservieren. Zu beiden Seiten der Alleen sollten blühende Stauden und Ziersträucher angepflanzt werden. Die vier Begräbnisfelder, die nach Ansicht Lennés eine möglichst reguläre Form und Symmetrie besitzen sollten, seien mit Baumschulanlagen einzufassen und der Vorplatz des Friedhofes mit Gruppen von Sträuchern zu besetzen. 1829 erließ Oberbürgermeister Francke eine Verfügung, die auf einer Vereinbarung mit Lenné basierte. Auf den Rabatten an den Wegen sollten Zedern und andere Gewächse gepflanzt und am Kopfende jedes Grabes Sträucher oder Blumen gruppiert werden, wobei die Erwachsenengräber mit Sträuchern und die der Kinder mit weißen und roten Rosen zu besetzen seien. Die noch nicht benutzten Grabfelder sollten Pflanzengruppen erhalten. Es zeigt sich, daß Lenné die Bepflanzung als wichtiges Gestaltungsmittel einsetzte. So unterstreicht die Randbepflanzung entlang der Wege die regelmäßige Struktur der Anlage; Sträucher und Blumen auf den Gräbern verleihen ihr einen freundlichen Charakter. Auffallend ist, daß gerade Lenné, der durch seine Parkanlagen im Stile des Landschaftsgartens berühmt geworden ist, mit dieser Konzeption nicht das herkömmliche Muster der geometrischen Friedhofsanlage überwindet (Abb. 31-32).

Der „Friedhof an der Niederramstädter Straße" in Darmstadt (1828)

Zwei Ansichten des Niederramstädter Friedhofes aus der Zeit um 1830 (Abb. 33 – 34) sind das wichtigste erhaltene und zugleich aussagekräftigste Dokument.[434] Sie zeigen den auf einer Anhöhe gelegenen, rechteckigen Friedhof. Er ist von einer Mauer umschlossen und durch einen breiten Hauptweg sowie drei kleine Querwege in acht Felder unterteilt. Entlang der Mauer führt ein weiterer Weg. Das in der Mitte der Begräbnisfelder ausgesparte Oval ist mit einem solitären Nadelbaum und weiteren kleinen Bäumen und Sträuchern besetzt. Der Friedhof ist bis auf die

---

[433] Die folgenden Angaben wurden mir dankenswerter Weise vom Archiv der Stadt Magdeburg übersandt. Vgl. auch: Magdeburg: Centralblatt der Bauverwaltung 30.9. 1899, S.467f.
[434] Laut freundlicher Mitteilung von Herrn Hoferichter, Stadtarchiv Darmstadt, verbrannten ein Großteil der Akten über den „Alten Friedhof" 1944 im Städtischen Friedhofsamt Darmstadt. Vgl. auch Karl Esselborn: Darmstädter Gärten geschichtlich betrachtet, Darmstadt 1935.

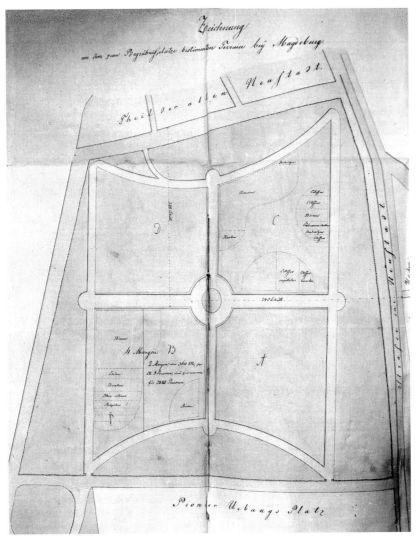

Abb. 30. „Zeichnung von dem zum Begräbnißplatze bestimmten Terrain bey Magdeburg." Undatierter Plan, nach Angaben des Stadtarchivs Magdeburg um 1831. Stadtarchiv Magdeburg Nr. 589. In den Feldern B und C sind Vorschläge zur Bepflanzung eingezeichnet.

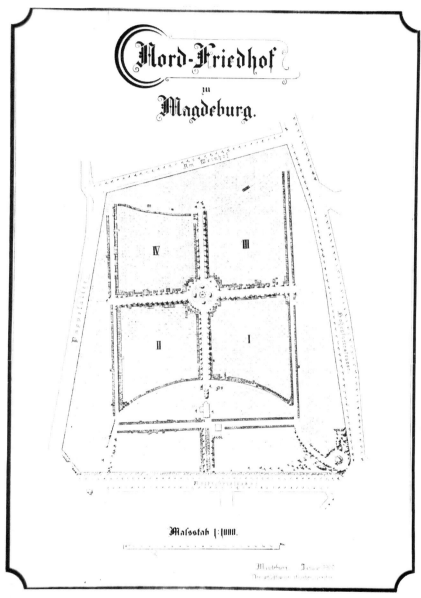

Abb. 31. „Nord-Friedhof zu Magdeburg." Der Grundriß ist vom Januar 1900. Stadtarchiv Magdeburg Nr. 14 451. Auch auf diesem späten Plan ist eine Bepflanzung nur entlang der Wege eingezeichnet.

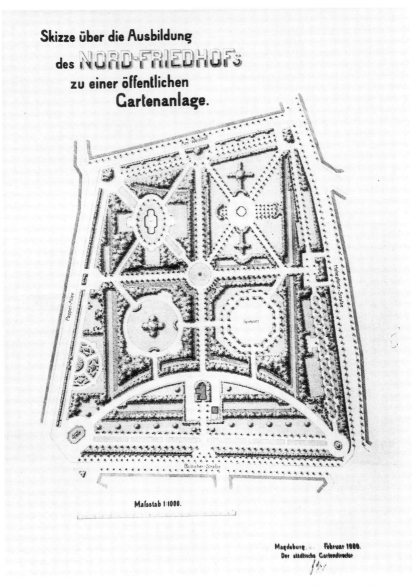

Abb. 32. „Skizze über die Ausbildung des Nord-Friedhofs zu einer öffentlichen Gartenanlage." Februar 1900. Stadtarchiv Magdeburg 14 503. Interessanterweise soll der geometrische Grundriß des Friedhofes in eine barockähnliche Gartenanlage umgewandelt werden.

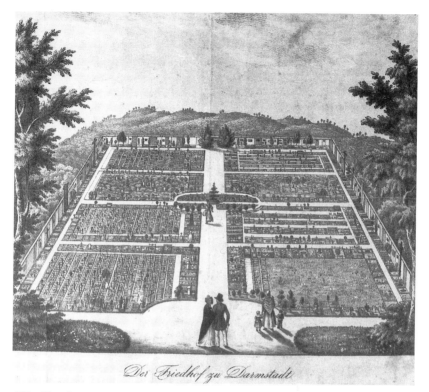

Abb. 33. „Der Friedhof zu Darmstadt." Undatierte (um 1830) Lithographie eines unbekannten Künstlers. Hessische Landes- und Hochschulbibliothek Darmstadt. Sign. 3501/ 21, 250. Auffallend sind die regelmäßigen Gräberreihen und die sehr spärliche

Umrandung der Felder und den Randstreifen an der Mauer insgesamt noch sehr spärlich bepflanzt. Die Gräber sind in auffallend geraden Linien angelegt, und vornehmlich diejenigen an den Wegen, auf denen auch vereinzelte Grabdenkmäler zu erkennen sind, scheinen mit Blumen bepflanzt zu sein. Durch die regelmäßige Aufteilung der Felder und die Linearität der Gräberreihen wirkt die Anlage sehr geordnet. Auf dem ovalen Platz vor den Grabfeldern sieht man die eintretenden Besucher.

Der „Friedhof an der Norderreihe" in Altona (1831)

Im Jahre 1831 wurde in Hamburg Altona auf dem nördlich der Stadt gelegenen Wiesengelände „Lammerskamp" ein Friedhof für die lutherische Gemeinde ange-

Abb. 34. „Der Friedhof bei Darmstadt." Lithographie um 1830 eines unbekannten Künstlers. Hessische Landes- und Hochschulbibliothek Darmstadt. Sign. 3501/ 21, 200.

legt.[435] Der annähernd quadratische Grundriß war durch die charakteristische Kreuzachse mit einem großräumigen Mittelrondell von fünfzig Metern Durchmesser gegliedert (Abb. 35). 330 Linden säumten die Alleen und den Umfassungsweg.[436] Ein halbkreisförmiger Platz von 25 Metern Durchmesser war der Anlage im Eingangsbereich vorgelagert.[437] Ein Regulativ von 1832 legte u.a. die Art der Bepflanzung sowie die Benutzung und Pflege des Friedhofes fest. Bezüglich der Grabbepflanzung ist dort zu lesen: „Bäume dürfen nicht auf und neben den Gräbern gesetzt werden, wiewohl das Pflanzen von Blumen oder kleinen Strauchgewächsen auf der Oberfläche des Grabes unverwehrt ist."[438] Der Aufseher war, wie in

---

[435] Karl-Heinz Grimm: Zur Geschichte Altonas und seines historischen Friedhofes an der Norderreihe. S. 9-20. In: Der Friedhof Norderreihe in Altona. Beiträge zu seiner Geschichte und Gegenwart. Im Auftrage des Heimat-Vereins für Pflege der Natur- und Landeskunde in Schleswig-Holstein und Hamburg. Radtke, C. (Hrsg.). Schleswig 1979, S. 10f. Grimm führt in seinem Beitrag (S.11) als Grund für die Verlegung des Begräbnisplatzes von der Hauptkirche St. Trinitatis das Bevölkerungswachstum zu Beginn des 19. Jahrhunderts an. Er nennt folgende Zahlen 1803 = 23.000; 1830 = 26.OOO; 1866 = 53.000 Einwohner.
[436] Ebd., S. 11.
[437] Ebd., S. 11.
[438] StAH Bestand 1 Signatur II c 211, S. 12.

Abb. 35. „Grundriß des neuen Kirchhofes der evangel. lutheri-schen Gemeinde in Altona. Lithographie von H. Cordts. StAH 151-5/16/41.

Tübingen, dazu verpflichtet, den Platz außer bei Beerdigungen immer geschlossen zu halten. Ihm selbst war es untersagt, „das Land des Begräbnisplatzes so wenig an den noch unbenutzten Stellen, als da, wo bereits Gräber sind, zum Garten, oder zur Bleiche oder Trocknenstelle von Wäsche benutzen, noch benutzen zu lassen.

Dagegen wird ihm ein kleiner Platz neben dem Hause von 15 Fuß Länge und Breite zur eigenen Benutzung und besonderen Einfriedigung überlassen; auch wird ihm die Benutzung des Grases auf den nicht eigenthümlichen Gräbern eingeräumt, doch darf er das Gras nur abmähen, nicht aber abweiden lassen, so wie er überhaupt dafür zu sorgen hat, daß kein Vieh auf den Gottesacker komme."[439]

Der „Ebershaldenfriedhof" in Esslingen (1843)

Erst verhältnismäßig spät entschloß sich Esslingen zur Anlage eines Friedhofes außerhalb der Stadt. Im Jahre 1836 wählte eine Kommission aus Beamten des Stiftungrates und des Stadtschultheißes ein Gelände in den Ebershaldengärten, östlich der Stadt, für den neuen Friedhof aus.[440] 1843 wurde der Friedhof seiner Bestimmung übergeben. In seiner Lage und der Ausstattung mit einem „Grufthäuschen", das als Leichenhalle fungierte, entsprach er den hygienischen Erfordernissen der Zeit.[441] Sein Grundriß zeigte ein langgestrecktes Rechteck in Ost-West-Richtung, welches in acht regelmäßige Grabfelder unterteilt war. Am Kreuzungspunkt der vorderen vier Grabfelder errichtete man eine kleine Holzkapelle.[442] Über die Bepflanzung des Ebershaldenfriedhofes ist nichts bekannt, Fekete bemerkt nur soviel, daß der landschaftsgärtnerische Aspekt keine besondere Rolle gespielt habe.[443] 1902 wurde die schlichte Friedhofsanlage durch eine repräsentative Bestattungshalle in Form eines monumentalen Kuppelbaues und eine Brunnenanlage ergänzt.[444] 1913 stellte man das Krematorium als Erweiterungsbau der Bestattungshalle fertig.[445]

Der „Hauptfriedhof" in Kassel (1843)

Am 1. Juli 1843 wurde in Kassel der Hauptfriedhof, der als Begräbnisplatz für das ganze Stadtgebiet diente, eröffnet. Die planmäßige Anlage war durch ein Wegeraster in rechteckige Quartiere aufgeteilt und erhielt insbesondere durch die als Eichenalleen angelegten Hauptachsen eine streng architektonische Gliederung. „Den nördlichen Abschluß der Gründungsanlage des Hauptfriedhofs bildet eine im Rundbogenstil errichtete Gruftenhalle mit elf Arkaden, hinter denen sich

---
[439] Ebd., S. 14f.
[440] Julius Fekete: Die Friedhöfe im 19. und frühen 20. Jahrhundert. Dargestellt am Beispiel des Ebershaldenfriedhofs in Esslingen. In: Esslinger Studien, 23. 1984, S. 129f. Zur Entlastung der innerstädtischen Kirchhöfe diente zwischenzeitlich der 1808 angelegte Friedhof vor dem Scheltztor. Er wurde 1851 geschlossen.
[441] Ebd., S. 130.
[442] Ebd., S. 131.
[443] Ebd., S. 129.
[444] Ebd., S. 134f.
[445] Ebd., S. 136ff.

kreuzgratgewölbte, untereinander verbundene Memorialräume mit einer geschlossenen, durchlaufenden Rückwand befinden (Abb. 36).[446] Sie war mit ihrer hundertjährigen Ruhefrist besonders privilegierten Schichten des Kasseler Bürgertums vorbehalten.

Abb. 36. Gruftenhalle auf dem Hauptfriedhof in Kassel. In: Boehlke 1984.

Zusammenfassung

Den zum Typus C zusammengefaßten Friedhofsanlagen ist ein viereckiger, häufig quadratischer Grundriß, der durch ein Wegekreuz in vier gleich große Begräbnisfelder unterteilt ist, gemeinsam. Meist umschließt ein, entlang der Umfassungsmauer verlaufender, Weg die Felder. Schmalere Wege können diese in kleinere Einheiten zerlegen, ohne jedoch ihre viereckige Form zu verändern. Am Schnittpunkt der Hauptwege ist vielfach ein runder Platz angelegt, der häufig für repräsentative Zentralbauten, Anpflanzungen oder die Aufstellung von Kruzifixen genutzt wird. Das Mausoleum auf dem Sadebeckschen Friedhof in Reichenbach, die Tempelanlage in dem Entwurf von Thormeyer für den Trinitatis-Friedhof in Dresden oder das schlichtere Grabdenkmal für den Sohn von Herzog Leopold in Dessau sind Beispiele einer Nutzung des Zentralbaues als besonderem

---

[446] Gerhard Seib: Exemplarische Darstellung einer Fallstudie am Beispiel der Friedhöfe in Kassel. In: Vom Kirchhof zum Friedhof: Wandlungsprozesse zwischen 1750 u. 1850. (Kasseler Studien zur Sepulkralkultur, Bd. 2). Kassel 1984, S. 44.

Bestattungsort. Die Vorschläge von Uhland in Tübingen, Azel in Ulm, Spieß in Dresden und in Düsseldorf, dort einen Rundtempel als Versammlungsort für die Leichenbegleitung zu bauen, wurden aus Kostengründen nicht verwirklicht. Der Typus C zeigt in seinem geometrischen, die Zentralachse betonenden Grundriß, Anklänge an barocke Gartenanlagen, doch werden selten direkte Bezüge zwischen den Friedhofs- und Gartenanlagen, wie z.B. bei Thormeyer in Dresden, hergestellt. Nur selten erhielten die neuen Friedhöfe wie etwa in Köln oder Esslingen gleich zu Anfang eine Kapelle. Der Bau von Friedhofskapellen wurde meist erst zu einem späteren Zeitpunkt mit Spenden der Bevölkerung ermöglicht. Auch das Geld für die Hochkreuze auf den katholischen Friedhöfen in Sigmaringen, Würzburg, Köln oder Düsseldorf stammte aus Sammlungen.

Die Bepflanzung durch die öffentliche Hand war zunächst sehr sparsam. Sie beschränkte sich auf eine Einfassung der vier Hauptwege und der äußeren Umrandung mit Bäumen, wobei sich keine Präferenz für bestimmte Baumarten, etwa im Hinblick auf ihre luftreinigende Wirkung, nachweisen läßt. Manchmal zierten auch Blumenrabatten und Bäume den Rand des Rondells. Außer einer raumarchitektonischen Wirkung hatte die Bepflanzung vor allem hygienische Gründe. Sie sollte die Umgebung vor den gefürchteten Ausdünstungen der Toten schützen, auf dem Friedhof selbst aber nicht die Luftzirkulation beeinträchtigen. Daher gab es auf den Begräbnisfeldern außer der individuellen Grabbepflanzung, die teilweise Restriktionen unterlag, keine planmäßige Bepflanzung.

Wie in dem Kapitel über die Plazierung der Grabdenkmäler noch weiter ausgeführt werden wird, entspricht der Typus C einem als Reaktion auf die unhaltbaren Zustände auf den Friedhöfen entstandenen Bedürfnis, dort Ordnung zu schaffen. Ein möglichst einfacher Grundriß und die Numerierung der Abteilungen und Gräber sollte zunächst die Gewähr bieten, das Grab eines Verstorbenen wiederzufinden. Trotz der dünnen empirischen Basis über das Bestattungswesen vor dem in dieser Arbeit gewählten Untersuchungszeitraum scheint die Aussage erlaubt zu sein, daß jetzt erstmals in breiten Kreisen das Interesse an einer Grabpflege entsteht. Wird der gewohnte Anblick der Gräber, wie etwa beim Kirchgang, der alltäglichen Erfahrung entzogen, so entwickelt sich allmählich eine besondere Einstellung zu den Begräbnisplätzen. Es scheint, daß dieser Bruch mit der religiösen Tradition und die plötzliche Ferne der Toten von den Lebenden die Bedingung für eine private, gleichzeitig repräsentative Grabpflege ist, die neue Formen des Erinnerungskultes und der Gedächtnisformung hervorbringt. Der Wunsch eines begrenzten Personenkreises nach einem gepflegten Bestattungsort und auch das aktive Interesse einzelner Perosnen an der Gestaltung der Friedhöfe, z.B. bei Uhland, Wallraf, Sadebeck und Herzog Leopold, darf nicht mit dem allgemeinen Erscheinungsbild der Friedhöfe verwechselt werden. Dieses gab aufgrund mangelnder Pflege und Gestaltung noch bis weit ins 19. Jahrhunderts häufig genug Anlaß zu Kritik.

Der Friedhof in Dessau nimmt innerhalb des Typus C eine Sonderstellung ein. Klassizistisches Kunstempfinden und aufklärerisches Gedankengut verbinden sich hier in einer so vollendeten Komposition, daß dieser Begräbnisplatz zu einer

Idealanlage der damaligen Zeit wurde. Der gewaltige Eindruck, den er auf Zeitgenossen ausübte, läßt auf seine Vorbildfunktion für weitere Friedhofsgründungen des Untersuchungszeitraumes wie z.B. in Weimar schließen.

Typus D: Die Auflösung des geometrischen Grundrisses durch den Einfluß landschaftsgärtnerischer Gestaltungselemente.

Der „Hauptfriedhof" in Mannheim (1842)

Erst 1842 wurden in Mannheim die schon seit über einem halben Jahrhundert bestehenden Pläne zur Schaffung eines allgemeinen Zentralfriedhofes vor der Stadt in die Tat umgesetzt. Bereits seit Ende des 18. Jahrhunderts, noch in kurpfälzischer Zeit unter der Regierung Karl Theodors, „empfand man die Nähe der Friedhöfe sehr unangenehm" und beschäftigte sich mit deren Verlegung.[447] Verschiedene Lagepläne aus den siebziger und achtziger Jahren des 18. Jahrhunderts und dem frühen 19. Jahrhundert bezeugen diese Absichten.[448] Keiner dieser Pläne wurde verwirklicht. Leider gibt es auch keine Untersuchung über die verschiedenen Entwürfe, die Umstände und Gründe ihrer Ablehnung.[449]

Friedrich Ludwig von Sckell war Mitglied der Demolitionskommission der Mannheimer Festungsanlagen und erhielt den Auftrag, das durch die Schleifung der Festungsanlagen (1799–1801) gewonnene Terrain in Gartenanlagen zu verwandeln.[450] Bei dieser Gelegenheit entstand der Entwurf zu einem Friedhof, der jedoch nie verwirklicht wurde.[451] Von Sckell selbst hat später in seinen „Beiträgen zur bildenden Gartenkunst" seine Vorstellungen von einem Friedhof dargelegt. Auf sie werde ich im Kapitel „Gartenkunst und Friedhofsanlagen" noch ausführlich zurückkommen. Hier nur eine kurze Beschreibung. Der geplante Friedhof lag im Südosten

---

[447] Anonym: Die Friedhöfe in Mannheim. Führer durch die christlichen und jüdischen Friedhöfe. Mannheim 1927, S. 16.
[448] Die Kunstdenkmäler in Baden-Württemberg. Stadtkreis Mannheim. Hrsg. Landesdenkmalamt Baden-Württemberg. 1982. Die Kunstdenkmäler des Stadtkreises Mannheim. II. Bearb. von Hans Huth, S. 1393.
[449] Im Generallandesarchiv Karlsruhe befinden sich umfangreiches Aktenmaterial und Pläne über die früheren Friedhofsplanungen.
[450] Franz Hallbaum: Der Landschaftsgarten. Sein Entstehen und seine Einführung in Deutschland durch Friedrich Ludwig von Sckell 1750 - 1823. München 1927, S. 175ff.
[451] Über die Gründe der Ablehnung des Entwurfes von von Sckell ist nichts bekannt, da die betreffenden Unterlagen nicht mehr vorhanden sind. Hallbaum 1927, S. 177.

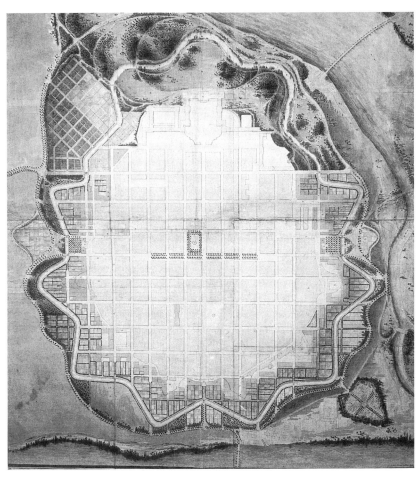

Abb. 37. a) „Erster Entwurf wie das wiedergewonnene Mannheimer Festungs Terrain, wenn die Glacis als Damm angenommen und der Stadtgraben geschmälert beibehalten würde, nützlich einzutheilen und zu verschönern wäre mit einer Beschreibung und Beilagen zu den weiteren Vorschlägen die Stadt über die Glacis auszudehnen und den Stadtgraben gänzlich zu caßiren." Federzeichnung auf Bleistiftvorzeichnung, aquarelliert. Sign. unten rechts: Gartenbau Director Sckell 1800. Bayrische Verwaltung der staatlichen Schlösser, Gärten und Seen, Schloß Nymphenburg München B 17/13.

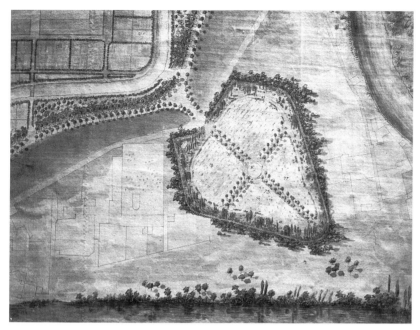

Abb. 37. b) Der Ausschnitt zeigt den „herzförmigen" Entwurf für den Friedhof. Man beachte die gärtnerisch gestaltete Randzone.

der Stadt auf dem sog. Pestbuckel, wo schon während der Epidemien im Jahre 1666/67 bestattet wurde (Abb. 37a). Er besaß einen herzförmigen Grundriß, welcher Hallbaum zu einer allegorischen Deutung anregte. (Abb. 37b) Mir scheint jedoch, daß von Sckell, wie auch bei der Krankenhausanlage in München, den Grundriß aus den topographischen Gegebenheiten entwickelte.[452] Das Friedhofsgelände war dem sternförmigen Verlauf der Festungsmauern wie eine Bastion vorgelagert. Die regelmäßige Gliederung seines Innenraumes wird durch das Wegekreuz erlangt, welches, wie auf allen bisher beschriebenen geometrischen Anlagen, mit Bäumen besetzt war. In der Mitte erweitert sich der Schnittpunkt der Wege zu einem Rondell, auf dem von Sckell eine Rotunde vorgesehen hatte. Während die vier Bestattungsfelder ohne Bepflanzung sind, ist an der Randzone ein breiter, abwechslungsreich bepflanzter Streifen angelegt. Ein leicht geschwungener Rundweg führt an dieser landschaftlich gestalteten Partie, in die sich einzelne Grabmäler einfügen, entlang. Mit diesem Entwurf weicht von Sckell erstmals von einer streng geometrischen Raumaufteilung eines Begräbnisplatzes ab.

---

[452] Ebd., S. 180.

Der Plan des Ingenieurs Dyckerhoff aus dem Jahre 1809 besitzt schon allein wegen seines Grundrisses eine gewisse Ähnlichkeit mit dem Entwurf von Sckells (Abb. 38). Die Binnengliederung ist hingegen nicht so klar durchkomponiert wie bei von Sckell. Im hinteren dreieckigen Zipfel, der zunächst noch „ohne Bestimmung" bleibt, ist ein Stück für den Garten des Wächters vorgesehen. Der Randstreifen zeichnet sich ähnlich wie bei dem Entwurf von Sckells durch eine dichtere Bepflanzung aus. An ihm entlang führt ein unterschiedlich dicht bepflanzter Rundweg. Fast in der Mitte des Platzes befindet sich ein „Todenhaus mit Capelle". Den gesamten Innenraum durchzieht eine lichte Bepflanzung. Am 10. September 1809 wurde der Plan von Dyckerhoff genehmigt und in Auftrag gegeben.[453] Doch wurden weder der Plan von von Sckell noch von Dyckerhoff verwirklicht. Die Gründe hierfür konnten nicht ermittelt werden. Beide Entwürfe besitzen als Bindeglieder zwischen den geometrischen Anlagen und dem landschaftsgärtnerisch gestalteten Friedhof eine hohe Bedeutung für die in der vorliegenden Arbeit entwickelte Geschichte der Friedhofsanlagen. Im Kapitel „Gartenkunst und Friedhofsanlagen" werde ich dies noch genauer ausführen.

Erst nach einigen vergeblichen Versuchen (1812, 1819 und 1836)[454], kam es 1838 aufgrund eines Ediktes der Kreisregierung zur Verlegung der Begräbnisplätze schließlich zur Bestimmung eines Standortes für den neuen Begräbnisplatz[455] nordöstlich der Stadt und jenseits des Neckars. 1842 wurde der von dem österreichischen Architekten Mutschlechner angelegte Friedhof fertiggestellt.[456] Im Gegensatz zu den Entwürfen von von Sckell und Dyckerhoff handelt es sich nun um eine streng geometrische Anlage. Das anfangs 3,2 ha große Gelände der heutigen Abteilung I wie auch die nachfolgenden Vergrößerungen waren durch ein Wegeraster strukturiert. Die Hauptwege und Außenseiten der Friedhofsmauer säumten Baumalleen.[457] Mutschlechner entwarf das Eingangsportal, an das sich links und rechts die Wohn- und Arbeitsräume des Friedhofverwalters, eine alte Urnenhalle und die Arkadenanlage mit abschließenden Eckpavillons anschlossen.[458] Drei offene Rundbögen mit einer

[453] GLAK 213/1430. In der betreffenden Akte heißt es auf S. 85b unter Punkt 4. „Eine baldigste öffentliche Accord Begebung an den wenigstnehmenden Baumeister für Herstellung der sämtlichen Baulichkeiten und Mauern, nach dem von dem Ingenieur Dickerhof gefertigten und von einem hohen Concilio genehmigten Plan, mit der Auflage bei nun eintretender günstigen Witterung die erforderlichen Baumaterialien beizuführen und unter desselben Leitung und Angabe bei dem ersten Eintritt des Frühlings das Ganze baldigst beendigen zu können".
[454] Anonym: Die Friedhöfe in Mannheim 1927, S. 17.
[455] Ewald M. Vetter: Die Eingangsfront des Mannheimer Hauptfriedhofes. In: Deutsche Friedhofskultur 65. Jg., Nr. 5, 1975, S. 96. Leider bemühte ich mich mit drei Anfragen beim Stadtarchiv Mannheim vergeblich um eine Auskunft über weiteres Archivmaterial zur Entstehung und Entwicklung des Hauptfriedhofes.
[456] Mutschlechner war von 1839 - 1842 Stadtbaumeister in Mannheim. Strittig ist in der Literatur sein Vorname. Nach einigen Quellen, z.B. Rudolf Haas & Wolfgang Münkel: Wegweiser zu den Grabstätten bekannter Mannheimer Persönlichkeiten, (o.O.) 1981 und Vetter 1975, heißt er Anton, andere nennen ihn Alois, z.B. Allgemeines Lexikon der bildenden Künstler von der Antike bis zur Gegenwart. Begründet von Thieme, U. & Becker, F., (Hrsg.: Vollmer, H.), ebenso die Kunstdenkmäler in Baden - Württemberg Stadtkreis Mannheim 1982.
[457] Haas, R. & Münkel, W. 1981, S. 15.
[458] Ebd.

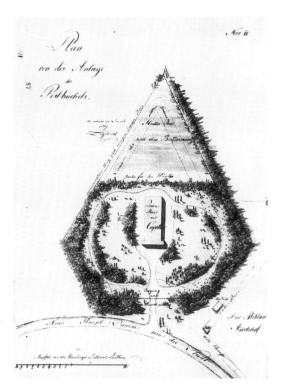

Abb. 38. „Plan von der Anlage des Pest=buckels. Mannheim im Decemb. 1809. Dyckerhoff Ingenieur." GLA Karlsruhe Sign 213/1430. Der Plan von Dyckerhoff lehnt sich an den Entwurf von von Sckell an.

etwas größeren Mittelöffnung gliedern die gewölbte Eingangshalle, an die sich jeweils dreizehn von achteckigen Säulen getragene Rundbögen anschließen. Diese sich in den Arkaden fortsetzende Rundbogenarchitektur des Mitteltraktes wirkt wie ein Zitat der Camposanto-Architektur. Mit den Erweiterungen des Friedhofes in den Jahren 1892 und 1900 wurde das streng geometrische Gestaltungsprinzip der Abteilungen I - IV zunehmend von freieren Zierformen des Kreises und der Ellipse abgelöst. Rondellwege, ein Ovalfeld und eine Rosenallee, die als gartenarchitektonisch gestaltete Repräsentativachse auf den Eingang ausgerichtet war, gaben dem Friedhof den Charakter einer großzügigen Gartenanlage.

Der „Alte Friedhof" in Bonn (1715)

An der Entwicklung des „Alten Friedhofes" in Bonn lassen sich beispielhaft die Wandlungen in den Vorstellungen zur Gestaltung eines Begräbnisplatzes über einen Zeitraum von 160 Jahren verfolgen. Im Jahre 1715 als Ersatz für die Notfriedhöfe in Epidemiezeiten, als bescheidenes Feldbegräbnis für Arme, Soldaten und Fremde

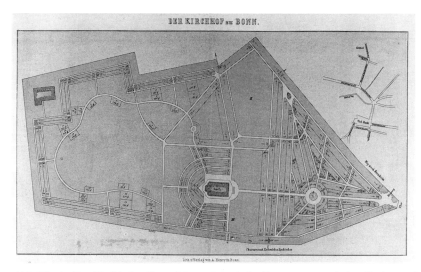

Abb. 39. a) „Der Kirchhof zu Bonn." Lageplan mit der Begrenzung nach dem Besitzstand von 1859. Stadtarchiv Bonn, Bildsammlung 1816.

außerhalb des Stadtgebietes vor dem Sternentore eingerichtet, entwickelte er sich im Laufe des 19. Jahrhunderts zu einer parkartigen Ruhestätte bedeutender Persönlichkeiten, die durch die Neugründung der Universität (1818) nach Bonn gekommen waren.[459]

Joseph Clemens, der Kölner Kurfürst und Erzbischof, bestimmte den Friedhof anfangs ausdrücklich als Begräbnisort „vor gemeine Einwöhner, Paßanten und Soldaten".[460] Ursprünglich umfaßte der Friedhof nur ein kleines dreieckiges Areal im Winkel zweier Straßen. Durch von Noel erfahren wir, daß es keine Berichte über seine erste Anlage gibt, „auch das französische Kataster zeigt kein Bild seiner inneren Anlage".[461] Von Noel vermutet, daß nur ein Mittelweg durch die bescheidene Begräbnisanlage führte.[462] Auch aus der Zeit des reformfreudigen Habsburger Kurfürsten Max Franz, des Bruders von Kaiser Joseph II., der am 5. April 1787 die Schließung der innerstädtischen Pfarrkirchhöfe veranlaßte und damit den Friedhof vor dem Sterntore zum allgemeinen Begräbnisplatz der Stadt bestimmte, sind keine

---

[459] Edith Ennen, Helmuth Hellberg & Gert Schroers: Der alte Friedhof in Bonn. Bonn 1981, S. 5f. Ausführliche Angaben über die Umstände seiner Entstehung und weiteren Entwicklung finden sich auch bei Edmund Gassner: Der Alte Friedhof in Bonn. In: Bonner Geschichtsblätter 32. Bd., Bonn 1980, S. 17-45.
[460] Ennen u.a. 1980, S. 6.
[461] von Noel: Der Friedhof vor dem Sterntore in Bonn. In: Rheinische Geschichtsblätter. Zeitschrift für Geschichte, Sprache und Altertümer des Mittel- und Niederrheins. 8. Jg., Nr.8, 1906, S. 235.
[462] Ebd., S. 235.

Einzelheiten des Grundrisses bekannt.[463] Mit der ersten Vergrößerung im Jahre 1819 wurde die Lücke zwischen der Bornheimer Straße und der bisherigen Begrenzung des Friedhofes geschlossen (Abb. 39a). Der dreieckige Grundriß hatte mittlerweile ein Wegekreuz erhalten. „Hinter dem Tore folgte eine platzartige Erweiterung, von der aus in gerader Linie ein Hauptmittelweg und nach jeder Seite hin parallel den Umfassungsmauern schmalere Wege abzweigten".[464] Der Kreuzungspunkt der Wege war als kleiner kreisrunder Platz mit zwei mächtigen Platanen angelegt, auf dem später das von Polizeikommissar Fecken (1849) gestiftete Kreuz aufgestellt wurde.[465] Die Grundstückserweiterungen von 1832 und 1840/41 veränderten vorerst den Charakter der regelmäßigen Anlage nicht. Der Plan von 1859 (Abb. 39b) gibt die Ausdehnung des Friedhofes nach den beiden Erweiterungen wieder. Im Laufe der Zeit wurden zusätzliche Nebenwege angelegt, die das ganze Terrain parzellierten. 1847 übertrug man auf Anregung des Bauinspektors Johann Claudius Lassaulx die alte St. Georgs-Kapelle (13. Jh.) der Deutschordenskommende aus Ramersdorf auf den Friedhof und weihte sie nach Restaurierungsarbeiten 1850 ein. Die Kapelle lag in der Achse des Hauptweges, der geradlinig auf sie zuführte. Sie gab die Richtung der neu anzulegenden Wege an, die seitlich in parallelen Reihen und hinter der Apsis in kreissegmentförmiger Anordnung um sie herumgeführt wurden.[466]

1855 beauftragte Bürgermeister Kaufmann den Landschaftsgärtner Günther mit einem Gestaltungsentwurf für die bisher noch nicht belegten Begräbnisfelder.[467] Bis zu diesem Zeitpunkt gliederten nur gerade Linien und geometrische Formen den Begräbnisraum. Günthers Entwurf orientierte sich auf Wunsch Kaufmanns an dem „Muster des berühmten Frankfurter Friedhofes".[468] Er „umfaßte das ganze damalige Gebiet des Friedhofes, soweit es von dem Querwege vor der Kapelle bis zur Südwestgrenze reichte" und sollte das Friedhofsgelände in eine parkartige Anlage verwandeln.[469] „Nach seiner Auffassung sollte das Starre einer rein geometrischen Einteilung vermieden und die Wege durch die an ihren Seiten entstehenden Privatgräber mit ihren Monumenten, ihrem Pflanzenschmucke zu anmutigen wenn auch ernsten Wandelgängen ausgebildet werden, von denen aus Durchblicke auf die grossen, aber immerhin monotonen Grabfelder gleichwohl möglich blieben. Pflanzungen von Baumgruppen und kleineren Gesträuchen sollten auch diesen Grabfeldern landschaftlichen Charakter verleihen."[470] Die geradlinige Felderaufteilung in der Umgebung der Kapelle wurde beibehalten, dann „aber durchzog ein vielfach geschlängelter Weg die mittlere Fläche in einem grossen Zuge"[471]. Mit welchen gestalterischen Mitteln sich die Verwandlung des Friedhofes in eine

---
[463] Ennen u.a. 1981, S. 9.
[464] Noel 1906, S. 235.
[465] Ebd., S. 235.
[466] Ebd., S. 236.
[467] Ebd., S. 236f.
[468] Ebd., S. 237.
[469] Ebd., S. 237.
[470] Ebd., S. 237.
[471] Ebd., S. 237.

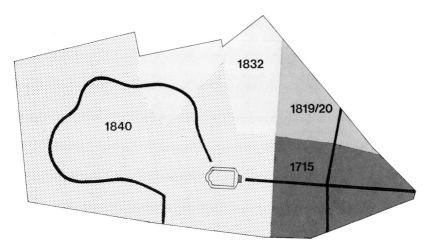

Abb. 39. b) Übersicht über die Erweiterungen auf dem Bonner Friedhof, umgezeichnet nach von Noel 1906, S.232. Charakteristisch ist das Wegekreuz im älteren Teil der Anlage und der geschwungene Weg hinter der Kapelle im Zuge der Umgestaltung von Günter.

Art Parklandschaft vollzog, läßt sich heute nicht mehr nachweisen. Man vermutet jedoch, daß durch den steigenden Raumbedarf die Eingriffe Günthers in späterer Zeit wieder verlorengingen. „Reste von ihr sind noch in dem südwestlich hinter der Kapelle liegenden Gelände (...) und an dem kleinen Rondell zu erkennen, das seitwärts der Kapelle liegt und ein kleines Kreuz im Mittelpunkt besitzt."[472] Nach 1870/71 wurde dieser gesamte Bereich vom Kgl. Garteninspektor Bouché in eine Begräbnisstätte für gefallene Soldaten umgewandelt. Seither bestimmen wieder gerade Linien und axiale Konzeptionen diesen Teil des Friedhofes.[473]

1868 nahm der Universitäts-Garteninspektor Sinnig eine den Absichten Günthers verwandte Erweiterung vor. Es war die sog. Westanlage, die den Friedhof nach der Bahnlinie hin abschloß. Der Erläuterungsbericht von Sinnig vom 23. 4. 1867 ist recht aufschlußreich. Daraus entnehmen wir, daß die Anlage zwar nicht die erforderliche Größe für einen zum Lustwandeln bestimmten Park besitze, gleichwohl „kann die Ausführung dieser vorerst bescheidenen Anlage als Anfang eines grösseren Volksgartens betrachtet werden, wenn bei der zukünftigen Verlegung des Kirchhofes dieses grosse Grundstück mit der jetzt nur kleinen Anlage verbunden wird. Durch die Verbindung beider Grundstücke erhält die Stadt an der Nordseite eine ihrer würdige, besonders durch die bleibenden schönen Monumente des

---

[472] Ebd., S. 238.
[473] Ebd., S. 238.

Kirchhofes sehr interessante Promenade."[474] Diese Konzeption bezog den Friedhof in eine umfassende städtebauliche Planung ein und übertrug ihm erstmals die Funktion eines öffentlichen Volksgartens. Auf dem Bonner Friedhof realisierte sich im letzten Drittel des 19. Jahrhunderts das, was in der einschlägigen Literatur schon als charakteristisch für die Friedhofsentwicklung im späten 18. und der ersten Hälfte des 19. Jahrhunderts postuliert worden war.

Der „Hauptfriedhof" in Frankfurt (1828)

Im Jahre 1828 wurde in Frankfurt am Main der neue Hauptfriedhof eröffnet. Wie so häufig gingen auch hier der Anlage eines Begräbnisplatzes außerhalb der Ringmauern langwierige Verhandlungen und Auseinandersetzungen zwischen Befürwortern und Gegnern der außerstädtischen Bestattung voraus. Treibende Kraft waren, wie auch andernorts, die Ärzte der Stadt Frankfurt.[475] Die Eigentümer der Erbbegräbnisse auf dem alten Peterskirchhof hingegen fürchteten den Verlust ihrer privilegierten Grabstätten und waren somit am Erhalt des alten Friedhofes interessiert.[476]

Der neue Friedhof lag im Norden, etwa eine Viertelstunde von der Stadtgrenze entfernt, in ländlicher Umgebung.[477] Man erreichte ihn auf einem beidseitig von Ulmen gesäumten Weg, der große Bewunderung bei den Zeitgenossen erregte.[478] Der Eingangsbereich vor dem Friedhof war gleichfalls mit in die Gestaltung der Gesamtanlage einbezogen, er war „ein grosser, theils grün bewachsener, theils mit Basalt gepflasterter freier Platz"[479]. Das monumentale klassizistische Eingangsportal ist nach Plänen des Frankfurter Architekten Friedrich Rumpf erbaut (Abb. 40). Es barg in den beiderseits sich anschließenden Bauten das Leichenhaus und die Totengräberwohnung.[480] Der Friedhof bildete damals ein sich von Osten nach Westen erstreckendes, längliches Viereck, das an den beiden Längsseiten von einer Mauer begrenzt wurde. Es entspricht den Gewannen A -D auf Abbildung 40. Seine

---

[474] Ebd., S. 238f. Von Noel (S. 239) erwähnt hier, daß Peter Josef Lenné maßgeblich an den Entwürfen von Sinnig beteiligt gewesen sein soll.

[475] Wilhelm Stricker: Die Geschichte der Heilkunde und der verwandten Wissenschaften in der Stadt Frankfurt am Main. Frankfurt 1847, S. 120f nennt eine Reihe von Schriften, deren Autoren sich in Frankfurt für die Verlegung des Friedhofes eingesetzt hatten. G.F. Hoffmann: Skizzirte Geschichte und Beschreibung des Friedhofs zu Frankfurt am Main nebst einigen gemeinnützigen Bemerkungen. Frankfurt am Main 1834 erwähnt auf S.7f die Arbeit einer Friedhofskommission, die eigens zur Planung des neuen Friedhofes ins Leben gerufen wurde. Die Akten über die Arbeit dieser Kommission fielen nach Auskunft des Stadtarchivs Frankfurt dem Brand während des zweiten Weltkrieges zum Opfer.

[476] Fritz Althammer: Fallstudie Frankfurt im Forschungsprojekt der AFD Kassel (unveröffentlichtes Manuskript), S. 32.

[477] Hoffmann 1834, S. 9.

[478] Ebd., S. 9.

[479] Gollhard, (o.V.): Der neue Friedhof zu Frankfurt a.M. In: Allgemeine Kirchenzeitung Nr.162, 13. October 1831, S. 1337-1340.

[480] Althammer o. J., S. 42.

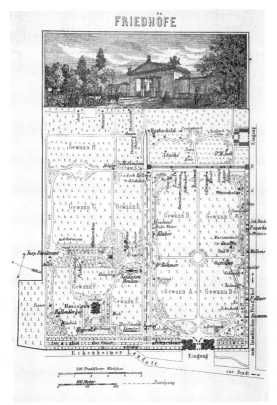

Abb. 40. Plan des Frankfurter Hauptfriedhofes aus dem Ravensteinführer von 1885. Die Gewanne A-D sind der älteste Teil des 1828 angelegten Hauptfriedhofes. Entlang des geschwungenen Rundweges liegen die bevorzugten Gräber.

ganze Ostseite nahm eine 176 Meter lange Gruftenhalle ein, deren gleichmäßige Arkaden Raum für 57 Grüfte bot. „Von Ausnahmen abgesehen, bildeten die Deckplatten der Grüfte zugleich den Bodenbelag, so daß man, ähnlich wie in den Kirchen und Kreuzgängen, über die Ruhestätten der Verstorbenen hinwegschreiten konnte."[481] An beiden Seiten flankierten kapellenartige Grüfte die Arkadenanlage. Bestieg man sie, sah man „auf den ganzen Friedhof hinab, der einem lichten freundlichen Garten gleicht, in dem man gern umherwandelt"[482]. Das Begräbnisfeld war von einem geschlängelten Rundweg umschlossen, der entlang der Umfassungsmauern verlief (Abb. 41). Sebastian Rinz, der die gärtnerische Gestaltung des Friedhofes übernommen hatte, bepflanzte diese Randzone zwischen Weg und Mauer in lockerer Anordnung mit Pappeln, Birken, Trauerweiden und niedrigem Gebüsch.[483] Im Innenraum des Friedhofes verzichtete er, bis auf eine grüne Rasen-

---
[481] Althammer o. J., S. 45.
[482] Gollhard 1831, S. 1339.
[483] Ebd., S. 1339.

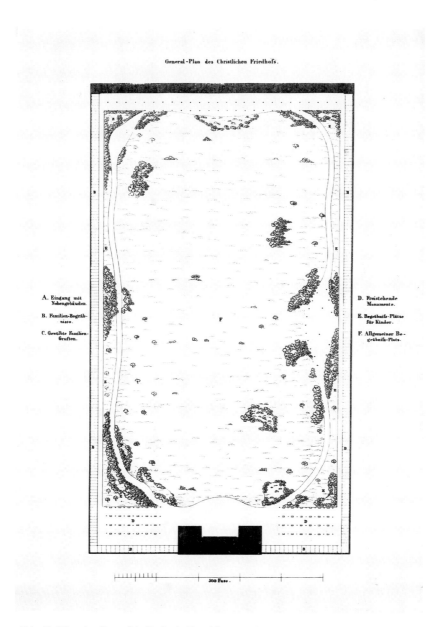

Abb. 41. Plan des Hauptfriedhofes in Frankfurt am Main von Sebastian Rinz von 1829. In: Beil 1829.

decke über den Gräbern, auf jegliche Bepflanzung. Auf dem Plan von Rinz von 1828 ist außer dem heute noch vorhandenen Rundweg keine Wegeführung eingezeichnet. Später wurde ein Wegekreuz angelegt, durch das der Friedhof die allgemein übliche Aufteilung in vier große Grabfelder erhielt. Zwischen dem Ensemble von Eingangsportal und Funktionsbauten und dem Bestattungsfeld führten zwei mit Kastanien besetzte Alleen hindurch, um deren Stämme sich angeblich wilde Rosen schlangen.[484] Von Ruhebänken aus hatte man einen Blick über das ganze Friedhofsgelände. Nach Althammer war die das Eingangsportal und die Gruftenhalle verbindende Hauptachse mit Zedern besetzt.[485]

Die zeitgenössischen Beschreibungen des Frankfurter Hauptfriedhofes sind voll des Lobes und der Begeisterung. Gollhard ist davon überzeugt, daß sie (die Begräbnisstätte, d.Verf.) „ohne Zweifel zu den schönsten in dem gesammten deutschen Vaterlande gehört, und allen neu anzulegenden Ruhestätten der Todten zu einem vorzüglichen Muster dienen kann"[486]. Besonderes Gefallen fand man an der Lage des Friedhofes in freier Natur, denn es „liegt so tief in der menschlichen Seele, Trost in der schönen Natur zu suchen"[487]. Sie beflügelte manchen Zeitgenossen zu schwärmerischen Beschreibungen der landschaftlichen Reize der gesamten Umgebung. So war auch der bereits erwähnte Arzt Hoffmann überwältigt von der außerordentlichen Schönheit dieses Begräbnisortes: „Wir staunen. Hier also ist der Platz, auf welchem wir schlafen, nach des Lebens Sorgen und Mühen? Hier in diesem abwechselnden Gewinde von Blumen, Bäumen und duftenden mannichfaltigen Gesträuchen! Eben so unwillkührlich betreten wir nun zur weiteren Wanderung die eben so schön und zweckmäßig angelegten Seitenwege, die mit dem Hauptweg in direkter Verbindung stehen."[488] Beil, der ebenfalls in der Friedhofskommission mitgearbeitet hatte, schrieb: „Das Innere des Friedhofs, als englische Gartenanlage behandelt, ist mit den schönsten Bäumen und Gesträuchen bepflanzt."[489] Man war offensichtlich so sehr an die beengten Verhältnisse auf dem seit Mitte des 15. Jahrhunderts in Betrieb genommenen alten Peterskirchhof gewöhnt, daß die großräumige und gepflegte Anlage des neuen Hauptfriedhofes regelrechtes Erstaunen hervorrief und zum Anziehungspunkt für Spaziergänger und auswärtige Besucher wurde. „Er ist deswegen in der schöneren Jahreszeit fast zu keiner Tagesstunde von Spaziergängern leer. Am stärksten aber wird er an Sonntagnachmittagen besucht. Auch Fremde betreten die neue Anlage häufig, weil sie rühmlich in der Reihe des vielen Merkwürdigen und Sehenswerten steht, das Frankfurt und seine Umgebungen aufzuweisen haben."[490]

---

[484] Ebd., S. 1338.
[485] Althammer o. J., S. 37.
[486] Gollhard 1831, S. 1337.
[487] Didaskalia. Blätter für Geist, Gemüth und Publicität. Nr. 35, 1857. „Der Frankfurter Friedhof".
[488] Hoffmann 1834, S. 10.
[489] Johann Adam Beil: Der neue Friedhof von Frankfurt am Main nebst allen darauf Bezug habenden amtlichen Verordnungen und Zeichnungen. Frankfurt a.M. 1829, S. 4.
[490] Gollhard 1831, S. 1339.

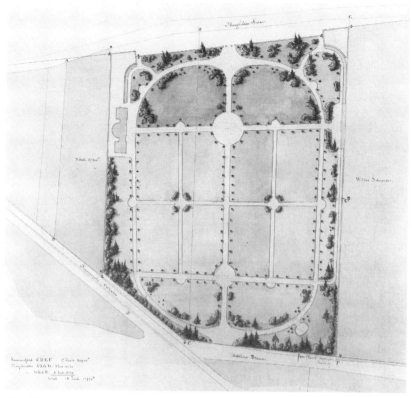

Abb. 42. Plan des Kannenfeldgottesackers in Basel von 1867. Kolorierte Federzeichnung eines unkannten Künstlers. Staatsarchiv Basel, Plansammlung D 4, 213.

Der „Kannenfeldgottesacker" (1868) und der „Wolfgottesacker" (1869-1872) in Basel

Zwei Friedhöfe in Basel zeigen eine ähnliche Grundrißgestalt wie der Frankfurter Hauptfriedhof. Der Kannenfeldgottesacker wurde 1868, der Wolfgottesacker zwischen 1869–1872 angelegt (Abb. 42–43).[491] Beide Friedhöfe besitzen die charakteristische Aufteilung in ein rasterförmiges Mittelfeld und eine landschaftsgärtnerisch gestaltete Peripherie, welche durch einen Rundweg mit abzweigenden Nebenwegen erschlossen wird. Die Auflösung der regelmäßigen Form vollzieht sich hier wie in Bonn und Frankfurt vom Randbereich aus.

---

[491] Othmar Birkner: Friedhof-Bestattungspark-Volksgarten. In: Gärten in Basel. Geschichte und Gegenwart. Basel 1980, S. 44.

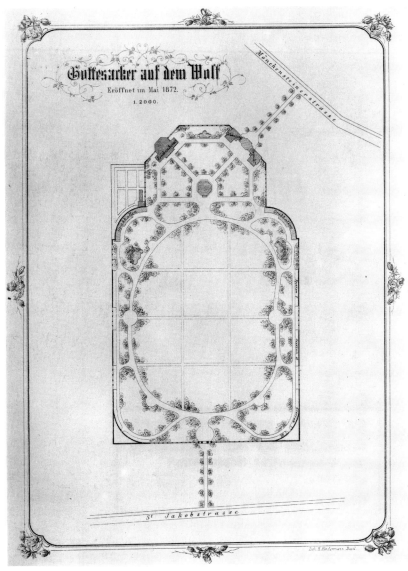

Abb. 43. „Gottesacker auf dem Wolf." Nach Plänen von Amadeus Merian, unter Mitarbeit von Rudolf Fechter ausgeführt. Undatierte Lithographie. Staatsarchiv Basel, Bau JJ 56, 1. Auf beiden Baseler Plänen beginnt die Auflösung der regelmäßigen Binnengliederung durch eine gärtnerisch gestaltete Randzone.

Der „Domkirchhof" in Braunschweig (1810)

Der Domkirchhof in Braunschweig bestand ursprünglich aus zwei getrennt voneinander angelegten Kirchhöfen, die 1783 zu einem Begräbnisplatz vereinigt wurden.[492] Er war von Anbeginn (1729) der Begräbnisort des herzoglichen Hofpersonals. 1758 überließ der Herzog dem Stift St. Blasii ein weiter östlich gelegenes Grundstück. 1788 wurde ein Teil des Leonhardsplatzes hinzugenommen. Der Plan von 1835 (Abb. 44) zeigt die aus zwei Teilen zusammengefügte Gesamtanlage des Domkirchhofes. Östlich des Hauptweges hat er die Form eines gleichschenkeligen Dreieckes, sein westlicher Teil ist annähernd quadratisch.

Im Gegensatz zu anderen Städten bestand in Braunschweig kein Zwang zu einer raumsparenden Ausnutzung des Geländes.[493] Der Friedhof war von einer Hecke umfriedet, die an der Nord- und Ostseite zusätzlich durch einen Graben geschützt wurde.[494] Trat man im Nordosten des Dreieckes durch die von zwei Kastanienbäumen flankierte Eingangspforte, dann zweigten sogleich rechter und linker Hand die beiden Hauptwege ab, die an jeder Seite mit Bäumen bepflanzt waren. Wie man der ausführlichen Erläuterung des Planes entnimmt, waren die Fußwege mit Kies bestreut, der Hauptfahrweg, der sich gerade von Nord nach Süd hinzieht, chaussiert und an beiden Seiten mit Pappeln bepflanzt.[495] Die Anlage war in ihrer gesamten Ausdehnung von geschlängelten und sich immer wieder verzweigenden Wegen durchzogen, die zu den einzelnen Grabstätten führten. Gleich in der Nähe des Einganges diente ein kapellenartiges Gebäude im gotischen Stil den Besuchern als Unterstand.[496] Die Grabstätten lagen inmitten von Blumenbeeten. Ausgewählte Sträucher und Stauden sollten dem Ganzen einen heiteren Charakter verleihen. Im Gegensatz zu anderen Friedhöfen waren nicht nur der Randbereich und die Wege, sondern die gesamte Friedhofsfläche mit unterschiedlichen Baumarten, wie z.B. Akazien, Eichen, Trauereschen, Trauerweiden und Koniferen bepflanzt. An den Grabplätzen, die ohne feste Ordnung über das ganze Terrain verstreut lagen, waren Ruhebänke oder Lauben aufgestellt, die den Besucher zum Verweilen bewegen sollten.[497] Die kleinen länglichen, mit P bezeichneten Felder im Westteil dienten nicht der Bestattung, sie waren mit Bäumen und Sträuchern bepflanzt. Die sich anschließenden vier Felder besitzen eine höhere Regelmäßigkeit als die in Form und Größe sich sehr unterscheidenden Felder im östlichen Teil des Friedhofes. Betrach-

---

[492] Heinrich Meier & Wilhelm Schadt: Die Kirchhöfe vor den Toren der Stadt Braunschweig. In: Braunschweigisches Magazin Nr. 1/2, 1920, S. 6f.
[493] Erläuterung des Situations-Planes von dem Dom-Kirchhofe zu Braunschweig. (o.O.) 1835, S. 5. „Die beiden hier eingepfarrten Gemeinen, des Hofes und des Stifts, sind nämlich nicht so zahlreich, als daß deren Entschlafene den Raum über das Maaß anfüllten; mithin durfte auch hier jene strenge Oeconomie nicht vorwalten, wie die Nothwendigkeit solche an andern Orten zu gebieten scheint."
[494] Ebd., S. 11.
[495] Ebd., S. 7.
[496] Ebd., S. 12.
[497] Ebd., S. 7.

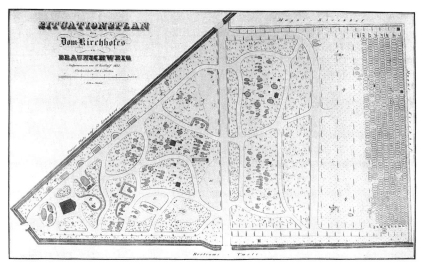

Abb. 44. „Situationsplan des Dom-Kirchhofes zu Braunschweig. Aufgenommen von W. Rudloff 1835." Stadtarchiv Braunschweig H XI 71 i Nr. 1.

tet man sie isoliert, entsteht der Eindruck, sie lägen in einem verschobenen und verbogenen Wegekreuz. Diese Partie ist nach Westen hin durch einen mit Kastanien bepflanzten Fahrweg von einer mit geradlinig verlaufenden Baumreihen durchzogenen Abteilung getrennt. Während der dreieckige Ostteil den Familiengräbern vorbehalten war und im anschließenden Westteil bevorzugte Einzelgräber lagen, sind die Gräber im nicht landschaftlich gestalteten Westteil in strenger Linie und dicht nebeneinander angelegt. Hierauf wird im nächsten Kapitel noch ausführlich eingegangen.

Der Braunschweiger Domkirchhof verdankt seine 1810 begonnene, einzigartige Umgestaltung dem „Verein zur Verschönerung des Dom- oder Burgkirchhofes". Ziel dieses Vereins war es, der „gewöhnlichen Gestalt der meisten Kirchhöfe, die mehr geeignet ist, den Geist beängstigend niederzudrücken, als ihn beseligend zu erheben", ein freundlicheres Aussehen zu verleihen. „Wenn jedoch der Uebergang in ein künftiges, vollkommeneres Leben in den neueren Zeiten sehr viel von seinen Schrecknissen verloren hatte, wenn wir nach und nach gewöhnt worden waren, jenen freundlichen Genius mit gesenkter Fackel als Bild der Auflösung zu betrachten, so lag der Gedanke gar nicht fern, den stillen Aufenthalt unserer Vorangegangenen gleichfalls freundlicher zu gestalten, nicht für jene, sondern vielmehr für uns selbst. Geleiten wir einen geliebten Entschlafenen zu seiner Ruhestätte, wie wohltuend spricht uns da eine heitere Umgebung derselben an!"[498] Der Wunsch, dem

---
[498] Ebd., S. 4f.

Friedhofsbesucher Trost zu spenden, schien sich zu erfüllen, denn die „bisherige Kirchhofsscheu fing an, sich bedeutend zu vermindern, und Jeder verließ den Ort des heiligen Friedens mit voller Anerkennung und mit Dank erfüllt gegen die Begründer einer hier ganz einzigen Anlage."[498a]

Heute ist leider von dieser Umgestaltung nichts mehr erhalten (freundliche Mitteilung von Herrn Dr. Tute, Stadtgarten- und Friedhofsamt Braunschweig).

Zusammenfassung

Mit den unter Typus D beschriebenen Friedhöfen beginnt die langsame Auflösung der strengen, geometrischen Anlage des Typus C. Der früheste Nachweis einer Anlage dieses Typus ist der Domkirchhof in Braunschweig, wo nach 1810 der alte Friedhof einen parkartigen Charakter erhielt. Gemeinsam ist den Friedhöfen in Bonn, Frankfurt und Basel die Unterteilung des Begräbnisfeldes in einen geometrischen Innenraum und eine aufgelockerte landschaftsgärtnerisch, gestaltete Randzone. Auf dem großen mittleren Feld ist die klassische rasterförmige Wegeführung beibehalten. Eine besondere Bepflanzung dieser Grabfelder gab es nicht. Durch die Randzone führt ein geschwungener Weg, der, wie z.B. in Frankfurt mit verschiedenen Arten von Laubbäumen und Büschen bepflanzt ist. Das Interesse an einer ästhetischen Friedhofsgestaltung hatte sich schon in anderen Orten artikuliert, doch sind in Braunschweig erstmals eindeutige Elemente des englischen Landschaftsgartens in der Friedhofsgestaltung anzutreffen. Geschlängelte Wege, die mit Ausnahme des westlichen Drittels den ganzen Friedhof durchziehen, lösen die strenge Feldereinteilung auf. Dadurch ist die Anlage nicht mehr auf ein Zentrum orientiert. Die artenreiche Bepflanzung dient nicht mehr hygienischen Zwecken sondern der Zierde des Begräbnisortes, der nun in besonderer Weise auf die Stimmung des Friedhofgängers wirken soll. Mit Ruheplätzen will man ihn zum Verweilen bewegen. Nie zuvor wurde ein Friedhof so eindeutig als Ort für die Lebenden gestaltet.

Die nicht verwirklichten Entwürfe von von Sckell und Dyckerhoff in Mannheim sind, wie noch dargestellt werden wird, die konzeptionellen Vorläufer dieser Stilveränderung. Nur allmählich wird auf den Friedhöfen das Prinzip einer strengen Gliederung von einer scheinbaren Regellosigkeit verdrängt, und scheinbar zaghaft dringt der landschaftsgärtnerisch gestaltete Teil von der Peripherie des Bestattungsfeldes in sein Zentrum vor. Der Domkirchhof in Braunschweig ist auch in dieser Hinsicht ein besonderer Glücksfall: zeigt er uns doch noch klarer, zwitterhaft beide Gestaltungselemente einer Begräbnisanlage in der ersten Hälfte des 19. Jahrhunderts. Während der westliche Teil die klare Ordnung der Anlagen des geometrischen Typus aufweist, verstärkt durch die lineare Pflanzung der Bäume, zeigt sich im östlichen die Parklandschaft, in der jede formale Anordnung der Wege,

---

[498a] Ebd., S. 7.

Pflanzen und Gräber aufgegeben ist. Die unter Typus D beschriebenen Friedhöfe sind frühe und vereinzelte Vorboten der Parkfriedhöfe, die erst am Ende des 19. Jahrhunderts mit einer weiteren Welle von Friedhofsgründungen zur vollen Entfaltung gelangen.

Die Unterscheidung zwischen einer regelmäßigen und einer landschaftlichen Zone auf dem Friedhof ist von großer Bedeutung für die Anlage und Plazierung der Grabstätten. Das nachfolgende Kapitel soll zeigen, welche Spannungen zwischen dem Innenraum und der Peripherie eines Begräbnisfeldes bestehen, und daß diese Bereiche die sozialen Strukturen auf dem Friedhof widerspiegeln. Es wird weiterhin zu zeigen sein, daß der mit zunehmenden Bedarf für die Plazierung bevorzugter Grabmäler notwendige Raum, eine Verschiebung des Verhältnisses von Peripherie und Zentrum erzwingt.

Die Lage der Grabstätten und die Plazierung der Grabdenkmäler in den verschiedenen Anlagesystemen

Die Einführung des Reihenbegräbnisses

Die vorausgehende Untersuchung zeigte, daß Zweckmäßigkeit und Hygiene vorrangige Aufgaben in der Friedhofsgestaltung zwischen 1750 und 1870 waren. Diese Ziele sah man in einer regelmäßig und klar gegliederten Friedhofsanlage am ehesten verwirklicht. Schweizer erkennt in der nüchternen Zweckmäßigkeit neuzeitlicher Begräbnisplätze eine Grundbedingung ihrer Säkularisierung. „Bei dieser Rangordnung der Zwecke sind Friedhof und Bestattung der Neuzeit vor allem von den sanitären Rücksichten bestimmt, so wie einstmals der Kirchhof und das Begräbnis auf ihm vor allem von kultischen Grundsätzen beherrscht war."[499]

Um die geschilderten chaotischen Zustände, die auf den alten Bestattungsplätzen geherrscht hatten, zu beseitigen, wurde die Anordnung der Gräber nach einem zweckvollen Ordnungsprinzip zu einem wichtigen Bestandteil der neuen Friedhofsplanung. Nachfolgend soll untersucht werden, in welcher Weise sich die Ordnung des Begrabens und das Gesamtsystem der Anlage wechselseitig bedingen. Der Einführung des Reihenbegräbnisses wird hier das besondere Augenmerk gewidmet sein.

Seit Ende des 18. Jahrhunderts wurden im Zuge der Reformverordnungen vereinzelt auch Bestimmungen zur Einführung des Reihenbegräbnisses erlassen.[500] Die Leichen- und Begräbnisordnungen für die neuen Friedhöfe des frühen 19. Jahrhunderts waren von grundsätzlich anderem Charakter als die früheren

---

[499] Schweizer 1956, S. 136.
[500] Krünitz 1798, S. 408f. Danach verfügt die „Hochgräflich Lippische Verordnung, die Kirchen=Begräbnisse und die Kirchhöfe betreffend" (1779) folgendes: „Und da 3. nach eingegangenen Berichten, auch auf den Kirchhöfen die Familien = Begräbnisse zahlreich (...) sind, und nicht selten dazu Gräber noch nicht vermoderter Leichen wieder geöffnet werden müssen: so sollen, wo neue Kirchhöfe angeleget werden, den Eigenthümern der Erb=Begräbnisse auf den alten zwar eben so viele Grabstätte, wie sie in denselben gehabt haben, wiederum zugestanden, nur an Anzahl im Begräbniß=Register bemerket, nicht aber allein ein Platz zusammen auf dem neuen Kirchhof ihnen wieder angewiesen werden; sondern sie sollen solche in der Ordnung unentgeldlich erhalten, wie sie bey der reihenweisen Beerdigung auf den neuen Kirchhöfen ihre vorfallende Leiche trifft. Denn die Gräber sollen 4. darauf in Ansehung des Ortes nicht willkürlich gemacht, sondern es sollen diese neue Kirchhöfe gleich in so viele Reihen, als Gräber über einander darauf angelegt werden können, eingetheilet, in der ersten und jeder folgenden Reihe also die Leichen, ohne Unterschied der Personen, so wie sie folgen, neben einander begraben; und so soll damit reihenweise, bis der Kirchhof voll ist, fortgefahren, dann aber mit ersten Reihe wieder angefangen, und der Kirchhof so groß angelegt werden, daß keine Oeffnung des ersten Grabes vor 30 Jahren nothwendig werde.

149

Trauerordnungen. Während letztere vornehmlich den formalen Ablauf und Aufwand des Trauerzeremoniells regelten, schrieben die neuen Verordnungen die Art und Anlage der Gräber und die Einrichtung der Friedhöfe vor.

Eine wesentliche Neuerung war hier das Reihenbegräbnis, das sich im Untersuchungszeitraum 1750–1870 fast ausnahmslos durchsetzte. Ein Grund hierfür war sicherlich, daß es von medizinischer Seite befürwortet wurde.[501] Der Begriff Reihenbegräbnis beinhaltet, daß die Leichen in der Abfolge ihres Sterbens in fortlaufenden Reihen nebeneinander in Einzelgräbern bestattet werden.[502] Familiäre oder freundschaftliche Bindungen werden bei dieser Bestattungsweise nicht berücksichtigt. So ist es demnach auch nicht gestattet, neben einem Grab weitere Grabstellen für Ehepartner, Angehörige oder Freunde zu reservieren. Zur Identifikation der einzelnen Gräber müssen nun Gräberbücher geführt werden. Mit der Einführung des Reihenbegräbnisses wurden häufig auch Erwachsene und Kinder in getrennten Abteilungen beigesetzt. Vielerorts gab es auf dem Friedhof getrennte Bezirke für Reihen- und Familiengräber.

Die Forschung schenkte der Einführung des Reihenbegräbnisses und damit einer neuen Bestattungspraxis bis auf wenige allgemeine Hinweise bisher keine Beachtung. Sie vernachlässigte somit ein Phänomen, das, wie noch auszuführen ist, wesentlich zur Neuordnung des damaligen Begräbniswesens beigetragen hat. Derwein widmet sich am umfassendsten der Entstehung des Reihenbegräbnisses. Er nimmt an, daß dem Friedhof früherer Jahrhunderte „die Reihengräber im modernen Sinn" fremd waren. „Familiengrabstätten waren viel häufiger, auch sonst bestand mehr Freiheit für die Hinterbliebenen, eine Stätte in der Nähe von Verwandten oder Freunden auszusuchen."[503] Ähnlicher Auffassung sind Grün[504] und Diehl[505], die die

---

[501] Wildberg, (o.V.): Ueber die bei Einrichtung neuer Begräbnisshöfe zu nehmenden Rücksichten. In: Jahrbuch der gesamten Staatsarzneikunde, Bd. 1, Leipzig 1835, S. 5f. Gmelin zit. nach Krünitz 1798, S. 424. Riecke 1840, S. 179ff.

[502] Corbin 1984, S.138 verweist auf die hygienische Komponente, die in Frankreich seit der Mitte des 18. Jahrhunderts die Forderung nach dem Einzelgrab laut werden ließ: „Jedem Toten seine eigene Gruft, und die Toten werden weniger stinken!" Ariès 1982, S. 625 formuliert diesen Sachverhalt ähnlich: „Wenn man jedem Toten sein eigenes Grab aushebt, wird es nahezu keine üblen Gerüche mehr geben."

[503] Derwein 1931, S. 120.

[504] Hugo Grün: Der deutsche Friedhof im 16. Jahrhundert. In: Hessische Blätter für Volkskunde 24. Jg., 1925, S. 76/77. Grün weist nach, daß der Wunsch, die Gemeinschaft der Lebenden auch auf dem Friedhof weiterzuführen, zur Einrichtung von Fremdenfriedhöfen geführt habe, und er zitiert aus einer Biberacher Chronik: „Wer aber nicht aigne gröber hat gehabt, hat man Vaßt hinder die Kirchen vergraben, die sind anderer seiner Freündt, oder die ehehalten zur Ihrem Herrn oder Maister. Die Frembden, die im Spital gestorben sendt, hat man Vaßt vergraben ahn der Mauer anhe (längs der Mauer) vff dem Bach vber denselben."

[505] Auch D. Diehl: Zur Geschichte der Kirchhöfe. In: Hessische Blätter für Volkskunde 5.Jg., 1906, S. 73ff weiß über die Beharrlichkeit, mit der man an den Familiengräbern hing, zu berichten. Er zitiert aus einem hessischen Pfarrbericht aus der Mitte des 18. Jahrhunderts: „Und sonsten suchet auch ein jeder seine Todten dahin zu begraben, wo seine Freundschaft lieget, und zu verwehren, daß keine Frembde oder von anderen Familien in solche oder derselben zu nahe begraben werden möchten, daher auch viel disputirens, Zankens und streitens entstehe."

Anlage von Familiengräbern als menschliches Grundbedürfnis ansehen.[506] Nach Derwein hat der Kampf um die einfache Reihenbestattung erst in der zweiten Hälfte des 18. Jahrhunderts begonnen. Er zieht „aber erst zu Beginn des 19. Jahrhunderts weitere Kreise".[507] „In umfassenderen Maße aber werden erst im 19. Jahrhundert die Familiengrabstätten zugunsten der Reihengräber zurückgedrängt sein."[508] Peiter sieht durch das Reihenbegräbnis die Einhaltung der Ordnung auf den Friedhöfen gewährleistet.[509]

Die Anlage der Familiengräber auf den alten Kirchhöfen erfolgte nicht nach einer festen Ordnung. Es kann nur vermutet werden, daß die Nähe der Gräber zum Altar, die eine hierarchische Anordnung der Gräber im Kircheninnern bewirkte, sich auch auf die Kirchhöfe unter freiem Himmel übertrug, doch entspricht dies nicht einem zweckrationalen Ordnungsprinzip.[510] Die Annahme, daß die Kirche der Richtungsgeber für die Anordnung der Gräber war, findet sich durch Rietzsch, in Form einer mündlichen Überlieferung eines Pfarrers bestätigt.[511] In die Familienplätze wurden über viele Generationen die Leichen ohne Beachtung einer bestimmten Ruhefrist gelegt. Daß dieses Verfahren zu erheblichen Mißständen führte, ist begreiflich. „So wuchsen erst ganz allmählich und unregelmäßig die Gräber immer dichter zusammen."[512] Durch die Willkür bei der Belegung, das Begraben vieler Leichen auf engem Raum und die kurzen Ruhefristen stießen die Totengräber beim Aufwerfen neuer Gräber oftmals auf nur halb verweste Körperteile. Dies war z.B. einer der Gründe, in Detmold bereits um 1779 das Reihenbegräbnis einzuführen.[513]

---

[506] Vgl. auch Peter Lex: Das kirchliche Begräbnisrecht historisch-kanonistisch dargestellt. Regensburg 1904, S. 35ff. In dem Kapitel „Familien- und Erbbegräbnisse" erläutert Lex die rechtliche Seite, der seit „allen Zeiten" bestehenden Familiengräber.
[507] Derwein 1931, S. 144.
[508] Ebd., S. 145.
[509] Peiter 1968, S. 207. „Aber man kann die Wahl des Begräbnisses nicht der Willkür eines jeden überlassen, nicht nur um der Ordnung willen, sondern auch, um die Kontrolle der Wiedereröffnung der Gräber besser gewährleisten zu können."
[510] Lex 1904, S. 52ff. Schweizer 1956, S. 68 spricht aus dem gleichen Grunde von der „zunehmenden Heiligkeit der einzelnen Teilbezirke" auf dem Kirchhof.
[511] Barbara Rietzsch: Der Neustädter Friedhof und die Entwicklung der Begräbniskultur in Erlangen im 18. und 19. Jahrhundert. In: Erlanger Bausteine 31. 1984, S. 187 (Fußnote 7).
[512] Derwein 1931, S. 140.
[513] Krünitz 1798, S. 411. In der Detmolder Verordnung von 1785 heißt es: „Im Fall aber nur zu befürchten ist, daß noch nicht ganz verweste Leichen herausgegraben werden könnten, so hat der Prediger alsobald desfalls an das Amt sowohl, als an das Consistorium, zu berichten, damit ersteres das nöthige Verboth für den Augenblick ertheilet, und letzteres eine bessere Einrichtung auf dem Kirchhof veranstaltet, weshalb denn jeder Prediger, dem Todtengräber den gemessensten Befehl zu geben hat, es ihm vorher anzuzeigen, wenn er auf ein nicht ganz altes Grab zu stoßen befürchtet."

Die Verordnungen zur Einführung des Reihenbegräbnisses

Vorausgeschickt sei, daß nicht für alle bisher untersuchten Friedhöfe Verordnungen zur Art des Begrabens vorliegen, so z.B. Hannover[514], Pirmasens, Braunschweig, Krefeld, Mannheim, München, Rheydt und Ulm[515]. Aus den Unterlagen in Traunstein geht nicht hervor, in welcher Weise im Untersuchungszeitraum bestattet wurde.[516] Auf die Verhältnisse in Dessau, auf dem „Sadebeckschen Friedhof" in Reichenbach, dem „Nordfriedhof" in Magdeburg und dem „Trinitatis-Friedhof" in Dresden wird im folgenden Abschnitt noch ausführlich eingegangen. Denn obwohl für diese Friedhöfe keine Begräbnisordnungen vorliegen, geben zeitgenössische Beschreibungen oder Erläuterungen ihrer Planer Aufschluß über die Intentionen, die mit der Anlegung der Gräber und Aufstellung der Grabdenkmäler verfolgt wurden.

Wie an den drei Fallstudien über die Friedhöfe in Tübingen, Reutlingen und Sigmaringen dargestellt werden konnte, lassen sich zwei Gründe für die Einführung des Reihenbegräbnisses erkennen: die Durchführung einer raumsparenden und hygienischen Bestattung und das Bestreben, soziale Rangunterschiede im Begräbnis abzubauen. In Tübingen wurden von der Stiftungspflege gegen das häufige Begehren des Erwerbes von Familiengräbern auf dem Stadtfriedhof hygienische Gründe eingewandt. Man befürchtete, durch Familiengräber die „Ordnung im Begraben" zu stören. Gleichzeitig wollte man aber auch kein „Reichenviertel auf dem Ruheplatz der Todten" entstehen und diesen zu einer „Rennbahn des Ehrgeizes" verkommen lassen. Erst 44 Jahre nach der Eröffnung des Tübinger Stadtfriedhofes wurde dort die Einrichtung von Familiengräbern zugelassen. Auch in Sigmaringen entschied sich das Oberamt der fürstlichen Regierung 50 Jahre lang gegen die Einführung des Familienbegräbnisses, weil, wie es in einem Protokoll zusammengefaßt heißt: „An einem Orte, wo die Natur jeden Rang aufhebt, die Begrabung mehr der Ordnung nach vorgenommen werden solle...". In beiden Fällen erfolgte schließlich die Genehmigung der Familiengräber „im pecuniären Interesse der Gemeinde". In Reutlingen wurde nur während der kurzen Amtszeit Fezers nach der Reihe begraben.

---

[514] Die Friedhofsakten wurden im 2. Weltkrieg zerstört. Auf dem Friedhof gab es „mit größter Sicherheit kein striktes Reihenbegräbnis", sondern „Einzelgräber und Familiengräber, jedoch gemischt und ohne erkennbare Ordnung. Die einzige Ordnung ist in der Tat die 'Ostung'." (Briefl. Mitt. vom 24. 11. 1986 von Herrn Prof. Dr. G. Richter).

[515] Die älteste Friedhofsordnung im Stadtarchiv Braunschweig ist vom 7. Mai 1887 datiert. Das Stadtarchiv Krefeld besitzt umfangreiche, bisher noch nicht bearbeitete Archivalien zum dortigen Begräbniswesen. Die umfangreiche Literatur zum Südlichen Friedhof in München nimmt keinen Bezug auf etwaige Begräbnisordnungen. Das Stadtarchiv Rheydt besitzt keine Begräbnisordnungen.

[516] StATr Von der k. Regierung von Oberbayern am 23. September 1861 gnädigst genehmigte Statuten für den Gottesacker in der Stadt Traunstein. „§ 2. Die einzelnen Begräbnißplätze (Gräber) sind genau ausgeschieden, eben so auch die Grabhallen. Der Todtengräber ist strengstens beauftragt, diese Ausscheidungen bei einem jeden neuen Grabe genau festzuhalten, jedes dieser Ordnung widersprechende Ansuchen wird zurückgewiesen."

Die Verfügungen zur Einführung des Reihenbegräbnisses ergingen in vielen Städten ohne einen besonderen Kommentar, so in Würzburg[517], Weimar[518], Bonn[519] und Kassel[520]. In Neuss[521] und Esslingen[522] sollte durch eine gleichförmige Ordnung das Auffinden der Gräber ermöglicht werden, zu welchem Zwecke Grabregister

---

[517] "Allgemeine Leichen= und Trauerordnung für die Städte des Fürstenthums Würzburg betr." Regierungsblatt für die Churpfalzbaierischen Fürstenthümer in Franken, 27. Stück; Würzburg 20. Juny 1805. Hierin wird in § 22 verfügt: „Alle Leichen ohne Ausnahme sind in den allgemeinen Kirchhöfen nie in Kirchen, Kapellen oder Klöstern zur Erde zu bestatten. Bestimmte Plätze oder Familien Begräbnisse bleiben untersagt, um diejenigen, welche sie bisher aus einem rechtlichen Erwerbstitel besaßen, sollen auf ausdrückliches Verlangen den Platz des Grabes unentgeltlich erhalten."

[518] Stapff o.J., Kap.: Der historische Friedhof in Weimar, S. 8. „In den Grabfeldern herrscht nach der Verordnung des herzoglichen Oberkonsistoriums vom 16. Mai 1809 an ausnahmslos die Reihenbegräbnisordnung, die von der neuen Begräbnisordnung vom 1. Januar 1828 nochmals bestätigt wird. Allein das Sterbedatum ist maßgebend dafür, wer neben wem begraben wird. Auf Verwandtschaftsbeziehungen wird keine Rücksicht genommen. Der Augenschein lehrt heute noch, daß diese Regel streng durchgeführt wurde."

[519] Von Noel 1906, S. 232. Nach einem Beschluß des Magistrats der Stadt Bonn vom 28. Dezember 1821 „ist der Kirchhof für alle christlichen Glaubensbekenntnisse gemeinschaftlich und wird in ununterbrochener Reihenfolge begraben".

[520] StAM 315 a gen. Cassel 159. Register über die Begräbnisse auf dem neuen Friedhofe vor dem Holländischen Thore der Residenz Cassel. (Entnommen Gerhard Seib: Fallstudie Kassel im Forschungsprojekt der AFD Kassel (unveröffentlichtes Manuskript). „1. Der mittlere Raum eines jeden Quartiers (...) ist zum Reihe Begräbnisse für Erwachsene (...) bestimmt. 2. Es wird dieses Reihe Begräbniß mit fortlaufender Nr. für die einzelnen Gräber ohne Ausnahme (Unterstr. i. Text) eingehalten und zwar genau so, wie es schon im Voraus in den Plan des Friedhofes eingezeichnet ist."

[521] "Verordnungen und Bekanntmachungen der Königl. Regierung. (Nr. 226.) Verordnung über die Erwerbung und Einrichtung der Begräbnißplätze und Feststellung einer Begräbniß-Ordnung für jede Gemeine." Amtsblatt der Regierung zu Düsseldorf. Nr. 30. 21. Mai 1838. Der Totengräber wird in § 24 ausdrücklich verpflichtet, „bei Fertigung der Gräber sich immer an die Reihen=Folge zu halten, (...) und jeder Ungebühr auf dem Begräbnißplatze abwehrend zu begegnen." Er mußte über die Grabstellen nach dem ihm von der Aufsichtsbehörde mitzutheilenden Muster ein Verzeichnis führen (§ 26), „mittelst dessen zu jeder Zeit die Grabstelle eines jeden Beerdigten wieder aufgefunden werden kann." § 36: „Die Begräbniß=Ordnung muß darauf gerichtet sein, im Allgemeinen eine würdige, der kirchlichen Ansicht entsprechende Bestattung der Leichen zu fördern, aber auch zugleich vorsehen, daß jeder eine einfache Bestattungsweise wählen kann, und den geringe Bemittelten keine unnöthige Ausgaben veranlaßt werden, auch die Neigung zu allem Prunk überall keinerlei Nahrung in derselben finde."

[522] StAT H 298. Friedhofs Ordnung und Instruktion für den Friedhof-Aufseher und den Todtengräber von dem neuen Begräbniß Platz in der Ebershalden. (Dabei handelt es sich um eine Abschrift vom 17. 10. 1869. Die Ordnung selbst ist nicht datiert.) „§ 2. Mit der Beerdigung wird an der Grenze eines Feldes angefangen und dieselbe so fortgesetzt, daß die Gräber in gleicher Linie aneinander gereiht werden. Zur Ersparniß von Raum sowie zur Erzielung von Gleichförmigkeit wird ein Feld ausschließlich nur für die Gräber von Verstorbenen über 14. Jahren ein zweites gegenüber liegendes Feld, für die Kinder bestimmt (...) § 4. Zur Einhaltung dieser Ordnung wird ein Plan gefertigt, in welchem nach geschehener Vermessung jedes Grab genau eingezeichnet und mit einer bleibenden Nummer versehen wird."

eingeführt wurden, wie dies auch in Düsseldorf[523] und Trier[524] geschah. Gerade in diesen beiden Städten zeigt sich, daß man nicht immer auf der strikten Einhaltung des Reihenbegräbnisses bestand.[525] Abweichungen dürften sehr häufig gewesen sein.[526] Eine weitere praktische Erwägung, die für das Begraben in der Reihe sprach, war die optimale Ausnützung der jeweiligen Grundstücke. Diese scheinen, trotz der Auslagerung der Friedhöfe in unbewohntes Gebiet, erstaunlicherweise immer sehr knapp bemessen gewesen zu sein. So wurde etwa in Tübingen bei jeder Erweiterung erwogen, sie zugunsten der landwirtschaftlichen Nutzung um ein weiteres Jahr zu verschieben. Auch die getrennte Bestattung von Erwachsenen und Kindern scheint hierin begründet zu sein, wie die Beispiele Göttingen[527], Trier[528], Koblenz[529] und

---

[523] „Ordnung für die Beerdigungen in der Stadt Düsseldorf. Düsseldorf den 11. August 1825." S. 3: „..., daß der Todengräber mit Hülfe der eingesetzten Gränzsteine, der ihm übergegebenen Meßkette und des von ihm zu führenden Verzeichnisses jede Grabstelle zu jeder Zeit sicher auffinden und genau bezeichnen kann."

[524] StATrier 15/676 Verordnung, vom 3. Februar 1817 über den städtischen Friedhof und das darauf befindliche Leichenhaus. „Art. IX. Jedes Grab erhält am untern Ende einen Pfahl, auf welchem der Nummer des Grabes eingeschnitten oder eingebrannt ist, so daß durch Einsicht des Registers, welches einem Jeden offen steht, das Grab ohne Mühe aufgefunden werden kann, um welches man sich bekümmert."

[525] Hinweise hierfür enthält Art. IV der Trierer Friedhofsordnung: „Jedes Grab soll nur eine Leiche enthalten; es kann aber eine Kindesleiche dazugelegt oder mehrere solcher in ein Grab gelegt werden. Auch können nahe Anverwandten oder Freunde ein Grab theilen, wenn sie die Erlaubnis dazu erhalten haben."
In Düsseldorf schränkt man ein: „In der Regel folgen die Beerdigungen der feststehenden Reihefolge der Gräber; wenn aber früher eine eigene Grabstelle erworben ist, kann die Beerdigung auch auf dieser geschehen."

[526] Spiegel, (o.V.): Das Begräbniswesen der Stadt Köln. In: Festschrift für die Mitglieder und Theilnehmer der 61. Versammlung Deutscher Naturforscher und Ärzte. Köln 1888, S. 533. „Anfangs wurden alle Begräbnisse auf den vier Feldern des Platzes reihenweise vorgenommen; nach und nach fanden indessen Ausnahmen statt, und auf Wunsch konnte gegen eine kleine Entschädigung zum Besten der Armen ein Grab ausserhalb der Reihe, etwa an der Mauer oder am Wege, benutzt werden."
Boerckel, 1903, S. 24f, berichtet über die Verhältnisse in Mainz, daß dort „gegen die Vorschrift, nur je eine Leiche in ein Reihengrab zu legen, wurde vielfach gesündigt, ereignete es sich doch nicht selten, daß ein Grab drei Erwachsene aufnahm. Einen Erwachsenen mit 4-5 Kindern zusammenzulegen, war sogar ganz gebräuchlich."

[527] StAG Actum Göttingen, aus der Superintendur d. 11. Octobr, 1747 AA 168,4 1-15. Regulativ „19.) Daß die Todten = Gräber die Leichen außer denen monumentis nebeneinander begraben müßen, damit der Raum nicht vor der Zeit beleget werde." Besondere Beachtung verdient der frühe Zeitpunkt dieser Anordnung.

[528] Verordnung über die Anlegung neuer und die Erweiterung alter Begräbnisplätze vom 26. Juli 1839 (zit. nach Brunner, 1927, S. 195ff). Darin heißt es: „Das Reihenbegräbnis ist überall zu beobachten, und niemand darf außer der Reihe begraben werden. Zur Gewinnung von Raum können jedoch die Gräber für Erwachsene von denen für Kinder unter 13 Jahren getrennt und für beide besondere Räume bestimmt werden."

[529] Instruktion über die Errichtung der Begräbnisplätze oder Kirchhöfe und deren polizeiliche Beaufsichtigung vom 1. März 1828 (zit. nach Brunner 1927, S.194f). Der § 9 lautet: „Die Leichen sind in einer fortlaufenden Reihenfolge beizusetzen und Niemand darf außer der Reihe begraben

Karlsruhe[530] zeigen.

Überraschenderweise findet sich der in Tübingen, Sigmaringen und Reutlingen erhobene Befund, daß die Einführung des Reihenbegräbnisses auch mit der Idee der Gleichheit des Menschen begründet wird, nur noch in einer abgeschwächten Formulierung in Mainz. Der § 6 der dortigen Begräbnisordnung von 1803 lautet: „Niemand kann auf dem allgemeinen Begräbnisorte einen eigenen Plaz oder Grabstätte haben, sondern die Leichname sollen ohne Unterschied, einer neben dem andern auf die den verschiedenen Religionssekten gewidmeten Pläze beerdigt werden."[531] Da in den gedruckten Leichenordnungen von Tübingen, Reutlingen und Sigmaringen auch keine diesbezüglichen Formulierungen stehen und mangels eingehender archivalischer Studien aus den meisten Städten nur die gedruckten Leichenordnungen vorliegen, kann dies unter Umständen eine Erklärung für das Fehlen dieses Aspektes sein.

Eine weitere wichtige Folge der Einführung des Reihenbegräbnisses war die Vermischung der Konfessionen auf dem Begräbnisfeld. Angehörige verschiedener Konfessionen teilten von nun ab nicht mehr nur den selben Friedhof, sondern sie wurden nach der zeitlichen Abfolge des Sterbens in fortlaufenden Reihen beerdigt. Den vermeintlich praktischen Vorteil des Reihenbegräbnisses stellte man, wie auch bei der Abschaffung des Familienbegräbnisses, über die persönlichen Bindungen und Gewohnheiten, und so wurde ein weiterer Schritt zur Säkularisierung der Friedhöfe vollzogen. Beispiele dafür finden sich in den Verordnungen von Freiburg[532] und Würzburg[533]. Der Oberbürgermeister von Koblenz äußerte sich zur Frage des Reihenbegräbnisses folgendermaßen: „Der neue Kirchhof wurde den 28. May 1820

---

werden. Jedoch können die Gräber für Erwachsene von denen der Kinder unter 14 Jahren getrennt und für beide besondere Räume bestimmt werden."

[530] GLAK 206/2301. Leichen-Ordnung der Residenzstadt Karlsruhe vom Dezember 1848. „§ 8. In jedem Quadrat müssen die Gräber nach der Nummernfolge und zwar zwei Reihen für Erwachsene und eine Reihe für Kinder bis zu 10 Jahren, in Angriff genommen werden."

[531] Beschluß vom 16. Floreal Jahr XI (6.5. 1803). In: Mainzer Zeitung Jahr XI (1802/1803) Nr. 118. In einem Gutachten, das schon 1798 von Mitgliedern der medizinischen Fakultät, vorgelegt worden war, wurde hingegen die hygienische Notwendigkeit des Reihenbegräbnisses betont. Bockenheimer 1890, S. 141. „,10. Die Leichen sind reihenweise nach der Reihenfolge der Todesfälle zu bestatten, damit das erste Grab so lange wie möglich geschlossen bleibe; eine Abweichung von dieser Regel zu Gunsten Einzelner, welche Familienbegräbnisse zu errichten wünschen, wäre dem öffentlichen Wohle, von dem Standpuncte der Gesundheitspflege aus, nachtheilig."

[532] StAF C1 Begräbnisse und Friedhöfe, Konvolut 1 Allgemeine Vorschriften, Ordnungen, Taxen 1632-1883. Leichen=Ordnung für die Stadt Freiburg. 1822. Der § 11 bestimmt: „Die Gräber sollen bei Erwachsenen wenigstens 6, für Kinder=Leichen 4 Schuh tief seyn, und erst nach Verfluß von 8 Jahren wieder geöffnet, und ohne Rücksicht auf Stand oder Religion in einer Reihe gemacht werden."

[533] Allgemeine Leichen= und Trauerordnung für die Städte des Fürstenthums Würzburg, a.a.O., § 13: „Die Gräber sollen für Erwachsene wenigstens sechs, für Kinderleichen vier Schuhe tief seyn, nur nach Abfluß von 5 Jahren und nach einer Reihe ohne Rücksicht auf Stand oder Geburt für die Leichname der drey nach dem Religions Edicte gleiche Rechte genießenden Religionen geöffnet werden."

nach den Vorschriften der katholischen Kirche eingesegnet, er nimmt indessen die Verstorbenen der katholischen wie der evangelischen Konfession ohne Unterschied und der Reihe nach auf, und vereinigt so die Menschen beider Konfessionen, die schon im Leben in Eintracht nebeneinander wohnen, auch nach dem Tode ein Feld des Friedens."[534] In Köln wurde die getrennte Bestattung nach Konfessionen nicht auf dem Verordnungswege aufgehoben, doch ist dem zuvor erwähnten Bericht des Friedhofsverwalters Spiegel zu entnehmen: „Eine Trennung der Gräber nach der Confession wird hierorts nicht beobachtet, vielmehr werden seit dem Jahre 1830 Katholiken und Protestanten durch- und nebeneinander bestattet, ohne dass bislang Störungen irgend welcher Art vorgekommen seien."[535] An anderen Orten führten diese Neuregelungen sehr wohl zu Reibungen zwischen den Religionsgemeinschaften. Vornehmlich von katholischer Seite wurden Einwände gegen ein gemeinsames Reihenbegräbnis mit Protestanten erhoben. Die Auffassung der Katholiken, der Friedhof sei ein Annexum der Kirche, der ähnlich wie eine Kirche benediziert wird[536], um einen sichtbaren Ausdruck der „Communio Sanctorum" zu schaffen, verbietet es, Angehörige anderer Konfessionen auf dem selben Begräbnisplatz zu bestatten.[537] Trotzdem war es eine Ausnahme, daß, wie auf dem Golzheimer Friedhof in Düsseldorf, weiterhin nach Konfessionen getrennte Abteilungen bestanden.

Neben den auf die Einhaltung der Ordnung bedachten Argumenten für die Einführung des Reihenbegräbnisses, verbinden sich wie z.B. in Mainz mit der Vorstellung von regelmäßigen Grabreihen beim Reihenbegräbnisses auch ästhetische Absichten.[538]

---
[534] Hauptfriedhof Koblenz. Dokumentation … usw., 1981, S. 71.
[535] Spiegel 1888, S. 537.
[536] Hans-Kurt Boehlke & Michael Belgrader: Friedhof. S. 646-653. In: Theologische Realenzyklopädie, Krause, G. & Müller, G. (Hrsg.), Band XI, Lieferung 4/5, Berlin/New York, 1983, S. 649.
[537] Beispiele von Protesten katholischer Geistlicher gegen die Beisetzung von Protestanten auf den neuen städtischen Friedhöfen sind z.B. aus Hechingen und Sigmaringen bekannt. In Hechingen kam es vor, daß der Totengräber einen protestantischen Tagelöhner nicht in der fortlaufenden Reihe beerdigte. HStAS Ho 13 1306 Blatt 9. Noch 1859 wehrte sich der katholische Pfarrer von Sigmaringen in einem ausführlichen Schreiben (24. 11. 1859) an den „Städtischen Gemeinderath und Bürger Ausschuß" gegen die „profane Ansicht, als ob der Gottesacker bloß der allgemeine Begräbnißplatz sei, in welchem die Gebeine von Christen und Nichtchristen, von Katholiken und Akatholiken, von Rechtschaffenen und öffentlichen Verbrechern ohne Störung verwesen können, dem Geiste der Kirche völlig widerspricht, dann auch, daß er als Verletzung der religiösen Ueberzeugung und der Rechte der Katholiken müßte bezeichnet werden, wollte man die Kirche nöthigen, Akatholiken eine geweihte Stätte zum Begräbniß zu gewähren." Pfarrarchiv Sigmaringen II a Begräbnisse.
[538] Bekanntmachung, die Einführung einer neuen Ordnung auf dem Begräbnisplatze zu Mainz betreffend. Regulativ, die Einführung einer neuen Ordnung auf dem Begräbnisplatze zu Mainz betreffend. Beilage zu Nr. 58 des Mainzer Wochenblattes vom 16. Mai 1850. „§ 1. Die Beerdigungen auf dem allgemeinen Begräbnißplatze zu Mainz sollen in Zukunft nach einem festen Plane und in derjenigen Ordnung stattfinden, welche mit Rücksicht auf die allgemeinen sanitätspolizeilichen Vorschriften, so wie auf die regeln einer, der Localität angemessenen Symmetrie zweckmäßig erkannt und festgesetzt worden ist."

Durch das Zusammenspiel von linearem Reihenbegräbnis und streng funktionaler Binnengliederung eines geometrischen Anlagesystems entsteht eine geordnete, übersichtliche Bestattungsanlage. Dieses steht im Einklang mit einem Grundzug der Aufklärung, die in fast allen Bereichen der Gesellschaft und des menschlichen Zusammenlebens eine stärkere Normierung und Konformierung anstrebte.

Die Verordnungen zur Errichtung und Plazierung der Grabdenkmäler

Einhergehend mit den Verordnungen zur Einführung des Reihenbegräbnisses traten an vielen Orten strikte Bestimmungen für die Errichtung und den Standort von Grabdenkmälern in Kraft. Ganz entgegen heutigem Verständnis und heutiger Praxis sah man den Wunsch nach Kennzeichnung des Grabes mit einem Grabmal aus dauerhaftem Material keineswegs als selbstverständlich an. Die Vorstöße des Oberamtsarztes Uhland in Tübingen und die radikalen Vorschläge von Bürgermeister Fezer in Reutlingen stehen für eine im späten 18. und frühen 19. Jahrhundert immer stärker hervortretende Vorstellung von einem Begräbnisfeld ohne Grabdenkmäler. Nach der Untersuchung von Leichenordnungen konnte eine fast durchgängig restriktive Haltung gegenüber der Aufstellung von Grabdenkmälern festgestellt werden. Mit unterschiedlicher Konsequenz und Rigorosität setzte sich häufig ein gänzliches Verbot von Grabdenkmälern durch, und wir werden sehen, welche Gründe maßgeblich für die „Denkmalfeindlichkeit" der Friedhofsverwaltungen waren. An den Anfang stelle ich die Orte, in denen keine Einwände gegen das Errichten von Grabdenkmälern bestanden. Die Verordnungen für die Friedhofsanlagen in Altona (1832)[539], Düsseldorf (1825)[540], Neuss (1838)[541] und

---

[539] (StAH) Bestand 1 Signatur II c 211, „§ 9. Jeder, welcher ein Grab auf dem neuen Begräbnißplatz eigenthümlich erworben hat, ist befugt, auf diesem Grabe einen oder mehrere Grabsteine, ein Denkmal von Holz, Stein oder sonstigem Material zu errichten und mit Inschriften und Verzierungen zu versehen; nicht minder sind die Grabbesitzer befugt, ihre Gräber mit einer Einfassung, jedoch nur von Staketwerk aus Holz oder Eisen, oder auch mit vier gewöhnlichen Gränzsteinen an den vier Ecken, zu umgeben, auch ihre Gräber inwendig ausmauern und mit platten Steinen belegen zu lassen. (...) Auch auf den Gräbern, die keinem eigenthümlich gehören, können nach eingeholter Genehmigung der Kirchenvisitatoren, und gegen eine an die Kirche zu bezahlende Abgabe von 8 Rbthl. S. Denkmäler und Grabsteine zum Andenken der an dieser Stelle Beerdigten gesetzt, jedoch keine Einfassung der Gräber errichtet werden."

[540] Ordnung für die Beerdigungen in der Stadt Düsseldorf 1825, S. 3. „Nicht nur die Stellen zu Familien=Begräbnissen, sondern auch die einzelnen Grabstellen, können von den Familien oder Hinterbliebenen für den feststehenden Preis von 1 Sgr. für jeden Quadratfuß eigenthümlich erworben, und alsdann auf eine der Würde des Ortes nicht widersprechende Weise nach Belieben mit Denkmälern oder anderen Verzierungen versehen werden." Auf S. 4 derselben heißt es: „Ausnahmsweise können auch mehrere aneinandergränzende einzelne Grabstellen zur Errichtung eines größeren Monumentes eigenthümlich erworben werden."

[541] Verordnungen und Bekanntmachungen der Königl. Regierung. Nr. 226, 1838, „12. Jedem steht frei, das Grab der Seinigen mit einem schicklichen Denkmale zu versehen, doch wird dieses, wenn nicht mittler Weile die Grabstätte als Eigenthum erworben wird, beseitiget, sobald die Reihenfolge wieder die Grabstätte erreicht."

Karlsruhe (1848)[542] stellten es jedem frei, gegen eine entsprechende Taxe, und wie in Karlsruhe, gegen Vorlage einer Zeichnung des gewünschten Grabmales ein Erinnerungszeichen auf die Gräber ihrer Angehörigen und Freunde zu setzen. Aus Traunstein besitzen wir erste Hinweise über die Bedingungen zur Errichtung von Grabdenkmälern erst aus dem Jahre 1861.[543] Für die Städte Hannover und Weimar ließen sich, wie bereits erwähnt, keine genauen Angaben ermitteln.

Die relativ freizügige Haltung in den oben erwähnten Verordnungen gegenüber individuellem Geschmacksempfinden in Bezug auf die Gestalt der Grabdenkmäler findet sich in anderen Verordnungen nicht. Denn man war darauf bedacht, die Wirkung der regelmäßigen Reihengrabfelder durch einheitlich gestaltete Grabsteine zu erhöhen. Hierin erwies sich der ästhetische Reiz einer geometrischen Gesamtkomposition, in der alle Bestandteile, wie das Wegesystem, die Bepflanzung und die linearen Grabreihen sich der Gesamtidee der klaren Linie fügten.

Ein frühes Beispiel hierfür gibt uns eine Verordnung von Koblenz aus dem 18. Jahrhundert.[544] Ähnliche Versuche wurden in den Städten Reichenbach (1804)[545],

---

[542] GLAK 206/2301 1848, „§ 12. (...) c.c. Das Setzen von Grabmonumenten. Diese sind unter folgenden Bedingungen gestattet: 1) Muß dafür eine Taxe von 5 fl. bis zu 6 Quadratfuß, und für jeden weitern Quadratfuß 2 fl. in die Friedhof= Kasse bezahlt werden, 2) bevor ein Monument gesetzt wird, ist der Friedhof=Kommission eine Zeichnung mit Duplikat und die beabsichtigte Inschrift zur Genehmigung vorzulegen."

[543] StATr Statuten für den Gottesacker in der Stadt Traunstein 1861, „ § 9. „Auf jedes Grab wird sofort nach der Beerdigung ein hölzernes Kreuz gesetzt. Will aber Jemand das Andenken eines Verstorbenen durch ein auf dessen Grabe oder in der gemietheten Grabhalle zu errichtendes dauerndes Denkmal (einen Leichenstein ein eisernes Kreuz u.s.f.) ehren, so ist es ihm unter folgenden Bedingungen gestattet: 1) Jedes Denkmal muß einen christlichen Charakter haben, darf somit weder der Form noch der Inschrift nach dem Christen Anstoß geben. Das Urtheil hierüber steht dem jeweiligen Pfarrer zu, dem deßwegen auch die Zeichnungen und Inschriften der Denkmäler vor der Setzung vorzulegen sind. 2) (...) Soll ein Denkmal zwei oder noch mehr Grabplätze einer und derselben Gräberreihe umfassen, so kann es nur dann geschehen, wenn dadurch kein Weg Abbruch leidet, und in die mit dem Denkmale zu besetzenden Plätze zun letzten Male Leichen versenkt wurden, die der Familie des Denkmalsetzers angehören."

[544] Hauptfriedhof Koblenz. Dokumentation usw., 1981, S. 69f. Laut der am 30.3. 1778 von Clemens Wenzeslaus erlassenen kurtrierischen Begräbnisordnung sollten die „Gräber in untrennbarer Reihe und wie die Leichen aufeinander folgen und in dieser Ordnung mit dabei senkrecht aufzustellenden Kreuzsteinen, (...) in einförmiger Größe und Gestalt (...) versehen werden".

[545] Gellhorn 1913, S.65. Der Stifter des Friedhofes in Reichenbach, der Kaufmann Sadebeck bestimmte, daß „bei den Reihengräbern nur liegende Steintafeln nach Art der evangelischen (Herrnhuter) Bruder – Friedhöfe verwendet und keine Bäume von mehr als 6 Ellen Höhe gepflanzt werden dürften."

Bremen (1813)[546], Dresden (1814)[547] und in Magdeburg (1827)[548] in den nachfolgenden Jahrzehnten unternommen. Andere Verfügungen sahen zwar davon ab, einheitliche Grabzeichen vorzuschreiben, ließen dafür aus Gründen der Ordnung aber nur einfache Denkmäler zu, welche die Ruhefrist eines Grabes nicht überdauern. So war es etwa in Trier (1817)[549],

---

[546] StAB Beschluß des Herrn Präfecten des Departements der Wesermünung über die Leichenbegängnisse in der Commuene Bremen vom 19ten Juny 1813. „Art. 9. (...) Die kleinern Gräber dürfen nur mit Rasen oder mit einem liegenden Stein, welcher nicht über 7 Fuß lang und 5 Fuß breit seyn darf, bedeckt werden. Der Stein darf nicht höher als 6 Zoll über die Erde gelegt werden."

[547] Kluge 1937, S. 13 und S.15. „Thormeyer will auch den einzelnen Grabstein nicht mehr dem verschiedenen Geschmack überlassen, sondern es soll durch Auferlegung einer gewissen Norm Einheitlichkeit erreicht werden, zugunsten einer großzügigeren Gestaltung und Flächenwirkung." So entschied er sich für folgende Lösung: „Die Gräber werden symmetrisch in geraden oder krummen Linien, in gleicher Entfernung angelegt. Auf den Grabsteinen, die nur liegend seyn können und eine bestimmte mäßige Größe nicht überschreiten dürfen kann nur der Name der Verstorbenen, Geburts- und Sterbetag stehen."

[548] Auf dem Magdeburger Nordfriedhof entschied man sich ebenfalls für einheitliche Steine. Melchert 1929, S. 58. „Die flach auf den Boden gelegten Einheits – Grabsteine, die die Angehörigen noch gewöhnlich mit einer Inschrift schmücken ließen, blieben der einzige Grabschmuck und beherrschten so das Friedhofsbild." Dies wurde mir dankenswerter Weise in einer schriftlichen Mitteilung des Stadtarchivs Magdeburg vom 13.3. 1987 bestätigt: „Aufrechtstehende Grabdenkmäler, Grabhügel, Familiengewölbe oder sonstige Massivbauten sowie hohes Gebüsch waren nicht gestattet. Die Grabsteine (Kreuze oder Platten meist ohne jede Verzierung), die überwiegend aus weißem Marmor gearbeitet waren, mußten flach auf dem Boden liegen." Melchert 1929, S. 59 geht hingegen davon aus, daß die „Errichtung von Denkmälern und die Aufstellung von Gitterwerken" möglich war und einer besonderen Genehmigung bedurften. Dem Antrag mußten Zeichnungen des betreffenden Grabmal beigefügt werden.

[549] StATrier, 15/676, 1817, „Art. IX. Jedes Grab erhält am untern Ende einen Pfahl, auf welchem der Nummer des Grabes eingeschnitten oder eingebrannt ist". „Art. XIII. Den Anverwandten oder Freunden ist erlaubt, gewöhnliche einfache Kreuze von Stein oder Holz auf das obere Ende des Grabes setzen zu lassen. – Denkmäler, Grabsteine und Inschriften können nur an der innern Ringmauer des Kirchhofes angebracht werden, in welchem Falle die Zeichnung des Denkmals und die Inschrift voraus von der Stadtbehörde genehmigt seyn muß, welche auch die Stelle anweist, wo dasselbe aufgestellt werden kann. Die Aufstellung selbst darf nicht geschehen, bis die Stadtbehörde, welche über die richtige Ausführung des Denkmals oder der Inschrift sich überzeugen wird, dazu die schriftliche Erlaubnis ertheilt hat, welche dem Interessenten eingehändigt wird, um sie in sein Hauptbuch einzutragen." Demgegenüber läßt die StATrier 15/676 Verordnung vom 10. Oktober wegen Ueberlassung von Familien=Begräbnißstätten und einzelnen Grabstellen auf dem städtischen Friedhofe eine leichte Auflockerung der Bestimmungen erkennen. „Art. 2. Die einzelnen Grabstellen, bestimmt den Abgestorbenen ein bleibendes Denkmal zu errichten, sollen nach Maßgabe des beiliegenden Situations – Plans auf dem neuen Kirchhofe an den beiden äußern Rändern des in 4 Felder abgetheilten Raumes angebracht, und denselben gegenüber längs der Umfassungs=Mauer die Familien=Begräbnißstellen oder Grüfte errichtet werden, und zwar in einer ununterbrochenen fortlaufenden Reihenfolge".

Koblenz (1820)[550] und Köln (1829)[551] nur gestattet, die Grabstelle durch ein einfaches Kreuz aus Holz oder Stein zu kennzeichnen.

Die Abneigung gegen jegliche Grabdenkmäler aus dauerhaftem Material bewog andere Städte dazu, nur Holzkreuze als Grabzeichen zuzulassen. Dabei spielte auch wieder der Gedanke an die notwendige Raumersparnis eine Rolle, denn man ging davon aus, daß die Holzkreuze die gesetzlich festgelegten Ruhefristen nicht überdauern würden. Die Städte Freiburg i. Brsg.(1784)[552], Mainz (1803)[553], Frankfurt

---

[550] Reglement der Begräbnisse. In: Koblenzer Anzeiger Nr. 21 26.Mai 1820. Es enthält fast identische Bestimmungen mit der Trierer Verordnung. „5) Jedes Grab enthält am obern Ende einen einfachen Pfahl, auf dem der Nummer des Grabes in der in 1. bestimmten Reihenfolge verzeichnet ist. Die Pfähle und die Zeichen liefert die Gemeinde. Es soll jedoch den Hinterlassenen unbenommen bleiben, an dessen Stelle ein Kreuz oder einen Stein an das Kopf=Ende des Grabes zu setzen, nur muß darauf der gehörige Nummer eingegraben, und jede darauf zu setzende Inschrift erst von dem Oberbürgermeister genehmigt, auch darf die im § 3 vorgeschriebene Weite des Zwischenraumes nicht überschritten werden." Die Instruktion über die Errichtung der Begräbnisplätze oder Kirchhöfe und deren polizeiliche Beaufsichtigung. Vom 1. März 1828, Brunner 1927, S. 194.bestimmt in „§ 10. (...) Denkmäler für Verstorbene, welche in der Reihe begraben werden, können, sobald sie die Größe eines bloßen Leichensteines in irgend einer Dimension überschreiten, nur längs der Umfassungsmauer angebracht und muß dieserhalb der erforderliche Raum besonders nachgesucht werden."

[551] Beerdigungs=Reglement für die christlichen Confessionen der Stadt Cöln. Cöln 1829. „§ 6. Jedes Grab erhält am obern Ende einen einfachen Pfahl, auf dem die Nummer des Grabes in der im § 4 bestimmten Reihenfolge verzeichnet ist. (...) § 8. Den Hinterlassenen bleibt es indessen unbenommen, an die Stelle des Pfahles ein Kreuz von Holz oder einen einfachen Stein zu setzen, und muß darauf die betreffende Nummer eingegraben, auch jede darauf zu setzende Inschrift, von dem Polizei=Präsidio, und dem Oberbürgermeister genehmigt, und darf die im § 5. vorgeschriebene Weite des Zwischenraumes nicht überschritten werden."

[552] Zirkular von der Kaiserl. Königl. Regierung und Kammer in Vorderösterreich. Freyburg den 9ten September 1784. In: Schwarz 1980. Dort heißt es: „Siebentens: Soll den Anverwandten, oder Freunden, welche der Nachwelt ein besonderes Denkmal der Liebe, der Hochachtung, oder der Dankbarkeit für den Verstorbenen darstellen wollen, allerdings gestattet seyn, diesen ihren Trieben zu folgen, diese sind aber lediglich an den Umfang der Mauer zu errichten, nicht aber auf den Kirchhof zu setzen, um allda keinen Platz zu benehmen." Furtwängler bestätigt, daß diese Regelung auch in der Praxis durchgesetzt wurde. Furtwängler 1926, S. 55. „Die Felder standen zu dieser Zeit (gemeint ist die Zeit zwischen 1790-1800, d.Verf.) ausschließlich der ärmeren Bevölkerung zur Verfügung, welche sich Grabmäler in haltbarem Material nicht leisten konnten. Wir müssen zwar annehmen, daß dort nur Mauergräber ausgeführt wurden, aber die freistehenden Grabmäler sind wohl sicher meist nur aus Holz gewesen."

[553] Beschluß vom 16. Floreal Jahr XI usw., 1803, „Art. 7. Auf den Gräbern dürfen keine Zeichen von Stein oder Metall errichtet werden; ein Kreuz oder andere Zeichen von Holz können allein die Orte bezeichnen, an denen Reste von Verstorbenen ruhen. Jedoch ist es erlaubt, Denkmäler in, oder an der Mauer zu setzen, welche den Begräbnisplatz einschließt; doch muß der Plan zu denselben muß zuvor der Genehmigung des Märs vorgelegt werden." Noch 1847 kritisierte man, daß inzwischen zu viele Denkmäler gesetzt worden seien. Vortrag der gemeinderäthlichen Spezial=Commission, die Vergrößerung des hiesigen Begräbnißplatzes, so wie die Eintheilung und Ordnung auf demselben, bezüglich der Abgabe von Familien=Grabstätten betreffend. In: Der Gemeinnützige, Nro. 35, 29.8.1847, S. 138. „Fortifikatorische und Gesundheits=Rücksichten fordern, daß die Anhäufung zu vieler Denkmäler vermieden werde, und machen daher das Wegschaffen derselben nöthig, was ausnahmsweise nicht geschehen soll, wenn entweder das Monument ein wahres Kunstwerk der Sculptur oder von genereller oder lokalhistorischer Bedeutung ist."

(1828)[554] und Kassel (1843)[555] seien hier als Beispiele für diese Vorgehensweise genannt. Diese Reglementierungen wurden in ihrer Strenge nur noch von den Verordnungen übertroffen, die das Aufstellen jeder Art von Gedenkzeichen auf den Gräbern untersagten. In Würzburg (1805) war sogar das Aufstecken von Grabkreuzen verboten[556]. Von Noel schreibt über den alten Friedhof in Bonn aus der Zeit um 1819/20, daß einer Bekanntmachung des Oberbürgermeisters zufolge „der innere Raum von allen Denkmälern und Grabsteinen frei" bleiben solle[557]. Grotefend, der die Städte Münster, Arnsberg und Erfurt als Beispiele für Verbote zur Errichtung von Grabdenkmälern nennt, hält diese Maßnahmen für unsinnig und kritisiert sie als einen Ausdruck „rationalistischer Nüchternheit jener Zeit".[558]

---

[554] Begräbniß=Ordnung für die christlichen Gemeinden der freien Stadt Frankfurt. In: Intelligenz=Blatt der freien Stadt Frankfurt Nr. 52 17. 6. 1828. Diese, anläßlich der Eröffnung des Hauptfriedhofes erlassene, sehr ausführliche Verordnung enthält keine Bestimmungen zur Aufstellung von Grabdenkmälern. Erst in der Verordnung von 1864 finden sich diesbezüglich klare Anweisungen. Begräbniß-Ordnung der christlichen Gemeinden in Frankfurt und Sachsenhausen. In: Amts=Blatt der freien Stadt Frankfurt Nr. 138, 19. 11. 1864. „§ 15. (...) Denksteine oder Kreuze oder sonstige monumentale Verzierungen der Gräber, welche gemauerte Fundamente bedürfen, sind auf den allgemeinen Begräbnißplätzen ebensowenig zulässig als eine Einfriedigung." Nachfolgend werden genaue Maßangaben der Holzkreuze für verschiedene Altersgruppen und ein einheitlicher Farbanstrich vorgeschrieben.

[555] Drei verschiedene Verordnungen aus Kassel legen in den Jahren 1843, 1847 und 1861 die Bedingungen für die Errichtung von Grabdenkmälern fest. Zunächst regelt das Register über die Begräbnisse auf dem neuen Friedhofe vor dem Holländischen Thore der Residenz Cassel, StAM 315a Gen Cassel 159: „4. Monumente von Stein, Eisen oder sonstigen, die Verwesungs Periode überdauernden Maße finden im Reihegräbnisß nicht statt." In einem Rundschreiben die Genehmigung von Grabdenkmälern betreffend, StAM 315a Gen. Cassel 159, heißt es: „Schließlich dient Allen, die es angeht noch zur Nachricht, daß an den Orten, wo das Reihenbegräbniß eingeführt ist, es zur Errichtung eines hölzernen Kreuzes ohne steinerne oder metallene Unterlage, einer besonderen Erlaubnis des Consistoriums nicht bedarf, (...) daß diese hölzernen Kreuze, sofern sie bis dahin nicht verwittert seyn sollten, ohne Weiteres beseitigt werden müßen, wenn der eingeführten Reihenfolge nach das betreffende Grab wieder geöffnet werden muß." Eine weitere „Bekanntmachung" der Friedhofsverwaltung vom 23. August 1861. StAM Best.i 75 Nr. 26 legt fest: „Außerdem sind im Reihenbegräbniß nur Denkmäler von Holz, oder Blech mit hölzernen Füßen, zulässig. Dergleichen Erinnerungszeichen dürfen, wenn sie an Gräbern im Quartier für erwachsene Personen aufgestellt werden sollen, nicht über 8' hoch und 2' breit sein".

[556] Allgemeine Leichen=Trauerordnung für die Städte des Fürstenthums Würzburg, a.a.O.. „§ 23. (...) Das Aufstecken eines Grabkreuzes darf unter keinem Vorwande geschehen. § 27. Epitaphien können nur in besondern Fällen an den Mauern den Kirchhöfe wegen ausgezeichneten Verdiensten der Verstorbenen gestattet werden. Die Orts Polizey ertheilet die Erlaubniß, muß aber vor deren Errichtung die vorzulegenden Risse und Inschriften rücksichtlich der äußeren Form und des Inhalts sorgfältig prüfen, damit nicht durch Albernheiten oder geschmacklose Darstellungen das Andenken der Verstorbenen mehr herabgewürdiget, als geehret werde."

[557] Von Noel 1906, S. 231f. Das Stadtarchiv Bonn besitzt keine Leichen- und Begräbnisordnungen aus der Zeit vor 1859, die diese Angabe von Noels bestätigen könnten.

[558] G.A. Grotefend: Das Leichen= und Begräbnißwesen im Preußischen Staate, besonders für Polizei- und Medicinalbeamte, Pfarrer und Kirchenvorstände. Arnsberg 1869, S. 84 & 86.

Die Suche nach dem Ursprung der Idee eines Friedhofes ohne Grabmäler führte nach Paris, wo mit den zitierten Aussetzungsbeschlüssen des Stadtparlaments von 1763 und 1765 erste moderne Bestattungsreformen eingeleitet wurden, und nach Wien zu den Reformverordnungen Joseph II.. Ob Joseph II. durch die Heirat seiner Schwester Marie-Antoinette und seine Frankreichreise im Jahre 1777 „Eindrücke, die sein eigenes Reformwerk beeinflußt haben", erhielt, wie Polley[559] annimmt, ist meines Wissens nicht belegt. Gleichermaßen könnte man den Besuch Josephs auf dem Friedhof der Herrnhuter Brüdergemeine im Jahre 1766 als Anstoß für seine Reformüberlegungen betrachten.[560] Der Aussetzungsbeschluß des Pariser Stadtparlaments vom 21. Mai 1765, in welchem die Richtlinien für die Anlage der geplanten Vorstadtfriedhöfe festgelegt wurden, untersagte ausdrücklich die Errichtung von Denkmälern auf den Gräbern. Nur das Anbringen von Epitaphien an der Umfassungsmauer war erlaubt.[561] Die Hofdekrete Josephs II., die wegen ihrer Radikalität den Wiener Volkszorn erregten, richteten sich wiederholt gegen die Errichtung von Grabdenkmälern direkt auf dem Grab, da sie zu viel Raum beanspruchten.[562] Über das angeführte Argument der Raumersparnis hinaus finden sich weder in den französischen noch in den josephinischen Reformen Erläuterungen zum Motiv des Grabmalverbotes. Auffallend ist jedoch, mit welcher kühlen Sachlichkeit die Frage der Friedhofsgestaltung sowohl in Paris als auch in Wien abgehandelt wurde. So weit das deutsche Begräbniswesen im Einflußgebiet der habsburgischen Erblande oder Frankreichs lag, ist eine Übernahme der modernen Bestattungsideen wahrscheinlich. An anderen Orten gelingt es nur schwer, solche Zusammenhänge zu rekonstruieren. So haben möglicherweise Fezer und Uhland von ihren Aufenthalten in Wien diese Ideen in ihre Heimatstädte zurückgebracht.

---

[559] Polley 1984, S. 115.
[560] Theodor Bechler: Ortsgeschichte von Herrnhut. (o.O.) 1922, S. 220f.
[561] Archives nationales Paris Arrest de la Cour de Parlement usw. 1765, „V. QUE chacun desdits Cimetieres sera clos de murs de dix pieds d'élévation dans tout le pourtour, & que dans chacun d'iceux, il y aura une Chapelle de dévotion & un logement de Concierge, sans que l'on y puisse construire autres batimens, ni meme mettre dans l'intérieur aucune Epitaphe, si ce n'est sur lesdits murs de cloture & non sur aucunes sépultures."
[562] Biedermann 1978, S. 33f. In der hier zitierten Hofentschließung vom 9. Oktober von 1783 wird verordnet, „Wenn eine Familie, oder die Freundschaft des Verstorbenen demselben ein besonderes Denkmal der Liebe, Hochachtung oder Dankbarkeit errichten wollen: so kann ihnen solches ohne Anstand gegen dem bewilliget werden dasselbe innerhalb der Mauer an solche auf eine Art aufgeführet werden das den Grabstätten hindurch kein übermäßiger Raum entzogen wird, der Antrag ist, die Friedhöfe mit Pfeilern von Mauerarbeit zu umfangen, und die Zwischenräume zwischen den Pfeilern mit einer einen halben Ziegel dicken Mauer auszufüllen: so geben eben diese Zwischenräume einen ganz schicklichen Platz zu diesen Denkmälern ab." Im Hofdekret vom 23. August 1784, das fast wörtlich identisch mit dem zitierten Zirkular von Freiburg ist, wurde diese Direktive wiederholt."7.) Sollte den Anverwandten oder Freunden, welche der Nachwelt ein besonderes Denkmal der Liebe, der Hochachtung und der Dankbarkeit, für den Verstorbenen darstellen wollen, allerdings gestattet sein, diesen ihrem Trieben zu folgen, diese sind aber lediglich an dem Umfange der Mauer zu errichten, nicht aber auf dem Kirchhof zu setzen, um da keinen Platz zu benehmen."

Gestaltungsfragen, die den engen Rahmen der Funktionsbestimmung des Bestattungsplatzes überschritten, waren kein Gegenstand der Pariser und Wiener Verordnungen. Daher fehlt für die Ansicht von Hüppi, daß man in Frankreich mit dieser Verordnung dem Motto „lieber bloß die Natur als eine Wüstenei von menschlichen Formen"[563] nacheiferte, eine wesentliche Voraussetzung, nämlich die Bepflanzung. Der Artikel XVIII des Aussetzungsbeschlusses von 1765 bestimmte: „QU'IL soit défendu au Concierge, & à tous autres, de planter aucuns Arbres ou Arbrisseaux dans lesdits Cimetieres."[564]

Wie konsequent und über welchen Zeitraum die Verbote, Grabzeichen auf den Gräbern anzubringen, in den deutschen Verordnungen im Einzelfall eingehalten wurden, läßt sich heute nurmehr schwer beurteilen. Dazu fehlen detaillierte Erhebungen über den ursprünglichen Grabmalbestand der ersten Belegungsphasen auf den Friedhöfen, die heute nicht mehr möglich sind, da notwendige Quellen, wie exakt geführte Grabmalregister, entweder nicht mehr existieren oder wie z.B. in Tübingen erst zu einem viel späteren Zeitpunkt (1869) angelegt wurden.[565] Eine weitere außerordentlich wichtige Quelle sind die durch zahlreiche Verordnungen zur Pflicht gemachten Genehmigungsanträge mit Beilage einer Zeichnung des betreffenden Grabmales. Die Untersuchung dieser Anträge und Zeichnungen wäre ein wichtiges Bindeglied dafür, inwieweit die zuständigen Friedhofsverwaltungen tatsächlich Einfluß auf die künstlerische Gestaltung der Grabdenkmäler nahmen und ob sie das quantitative Ausmaß ihrer Errichtung in irgendeiner Weise regulierten. Der Versuch, diese Spur zu verfolgen, scheiterte in Tübingen daran, daß die in den betreffenden Akten häufig erwähnten Zeichnungen von Grabdenkmälern nicht mehr aufzufinden sind. Über Karlsruhe, wo auch diese Genehmigungspflicht bestand, wird diesbezüglich in der Literatur nichts berichtet. In Sigmaringen und Reutlingen existierte keine derartige Genehmigungspflicht.

Der denkmalfreie Innenraum und die grabmalsbesetzte Peripherie

Am Beispiel des „Neuen Begräbnisplatzes" in Dessau wird nun versucht, den Kern der Idee von einer denkmalfreien Zone im Innenraum des Friedhofes und einer mit Grabmälern besetzten Peripherie genauer zu ergründen.

Verglichen mit anderen Orten scheint das Verbot der Errichtung von Grabdenkmälern auf dem Reihengräberfeld auf dem „Neuen Begräbnisplatz" in Dessau in den ersten Jahrzehnten am striktesten befolgt worden zu sein. „Ein bloßer Hügel, kein Stein, bezeichnet die Grabstätten. Ueberzeugt, daß an allen jenen, doch auch vergänglichen, Denkmalen nicht sowohl Zärtlichkeit als vielmehr Eitelkeit den

---

[563] Hüppi 1968, S. 398.
[564] Archives nationales Paris Arrest de la Cour de Parlement, usw., 1765.
[565] Ähnlich verhält es sich mit dem Verbot der Kirchenbestattung für Laien, das ja über mehrere Jahrhunderte bestand und vermutlich so gut wie nie konsequent befolgt wurde.

größten Antheil habe, begnügt sich hier das fühlende Herz der Zurückgebliebenen, die Grabstätte seiner Verstorbenen nicht zu vergessen, oft sie im Stillen zu besuchen, und um dem Andenken der Abgeschiedenen, unter bitter süßer Vergegenwärtigung der Geliebten, Thränen des Vermissens, der Sehnsucht und der Liebe zu weihen."[566]

Nur in einem Gespräch mit seinem Biographen Reil äußerte sich der Begründer des Friedhofes, Herzog Leopold hierzu: „Ich kann die großen Grabdenkmäler, Leichensteine und Umfriedigungen mitten auf dem Platze gar nicht leiden, sagte Er. Warum werden die, welchen man Denkmäler aufrichten will, nicht längs der Mauer nach der Reihe begraben? Da können auch die Inschriften, welche allezeit kurz sein sollten, recht gut angebracht werden." Denn der Raum, der mit Denkmälern belegt sei, „ist nun für die Nachkommen auf immer verloren. Woher soll denn noch aller Platz für die Leichen herkommen?"[567] Neben dem Aspekt der Raumgewinnung verwehrte sich Herzog Leopold, der durch seine Reformpolitik im eigenen Lande Sinn für Humanismus und gesellschaftliche Neuerungen bewiesen hatte, besonders gegen die „Prahlereien", die er noch auf dem alten Kirchhof in Wörlitz bei der Umgitterung von Familiengräbern beobachtet hatte.[568] Die Inschrift auf der Rückseite des Eingangsportals des Dessauer Friedhofes „Kein drohendes Grabmal und kein Tod wird mehr sein auf der neuen Erde Gefilden" drückt schließlich noch eine weitere Absicht aus. Der Gedanke an den Tod, der auch durch ein Grabzeichen hervorgerufen wird, soll nicht mehr das bestimmende Gefühl auf einem Friedhof sein. Blumenbeete anstelle von Grabzeichen verwandelten daher das Begräbnisfeld in eine gartenähnliche Anlage, der alles Düstere und die Erinnerung an den eigenen Tod genommen wurde.

Die Auseinandersetzung in der einschlägigen Literatur über den Dessauer Friedhof ist im wesentlichen durch seine literarische Verarbeitung in den „Wahlverwandtschaften" geprägt. Es wird allgemein angenommen, daß Goethe, der in engem Kontakt zu Herzog Leopold und dem Dessau-Wörlitzer Kulturkreis stand, den Dessauer Friedhof als Vorbild für seine literarische Vorlage benutzte.[569]

Goethe beschreibt in den „Wahlverwandtschaften" eine Umwandlung, die Charlotte mit dem alten Kirchhof vorgenommen hatte. „Die sämtlichen Monumente waren von ihrer Stelle gerückt und hatten an der Mauer, an dem Sockel der Kirche Platz gefunden. Der übrige Raum war geebnet. Außer einem breiten Wege, der zur Kirche und an derselben vorbei zu dem jenseitigen Pförtchen führte, war das übrige alles mit verschiedenen Arten Klee besäet, der auf das schönste grünte und blühte. Nach einer gewissen Ordnung sollten vom Ende heran die neuen Gräber bestellt, doch der Platz jederzeit wieder verglichen und ebenfalls besät werden. Sogar der betagte und an alten Gewohnheiten haftende Geistliche, der anfänglich mit der Einrichtung nicht sonderlich zufrieden gewesen, hatte nunmehr seine Freude daran,

---

[566] Rode 1795, S. 149.
[567] Reil 1845, S. 266f.
[568] Ebd., S. 266f.
[569] Vgl. Hirsch 1966 und Melchert 1929, S. 50.

wenn er unter den alten Linden, gleich Philemon mit seiner Baucis vor der Hintertür ruhend, statt der holprigen Grabstätten einen schönen bunten Teppich vor sich sah; der noch überdies seinem Haushalte zugute kommen sollte, indem Charlotte die Nutzung dieses Fleckes der Pfarre zusichern lassen."[570] Die Erläuterung von Charlotte selbst zu ihrer Neuordnung des Begräbnisfeldes war folgende: „Das reine Gefühl einer endlichen allgemeinen Gleichheit, wenigstens nach dem Tode, scheint mir beruhigender als dies eigensinnige starre Fortsetzen unserer Persönlichkeiten, Anhänglichkeiten und Lebensverhältnisse."[571]

Dieser Ausspruch gehört sicher zu einem der meist zitierten Sätze in der Friedhofsliteratur, und er scheint uns die Erklärung für die Abschaffung des Grabdenkmales auf den Reihengrabfeldern des Dessauer Friedhofes zu geben. Stellvertretend seien hier einige wichtige Interpretationsansätze zusammengefaßt. Schweizer erkennt in der Handlung Charlottes folgendes Motiv: „Diese Gleichheit soll sichtbar gemacht werden; das Gräberfeld soll den Eindruck erwecken, als seien wenigstens im Tode alle Unterschiede unter Lebenden aufgehoben."[572] Der Gedanke der sozialen Gleichheit diene ebenso als „Rechtfertigung gleichartiger architektonischer Unternehmungen."[573] Schweizer spricht damit sowohl die soziale Nivellierungstendenz des reformerischen Bestattungsgedankens als auch die ästhetisch motivierte Vereinheitlichung des Raumes an. In dieser Auffassung folgt ihm Hirsch, der seinerseits besonderen Wert auf die Gleichheitsvorstellungen in dieser Bestattungsidee legt. „Die Parole von der Gleichheit und Brüderlichkeit, die drei Jahre später in der großen bürgerlichen Revolution erschallen sollte, ist hier wenigstens für die Toten in die Realität umgesetzt: Man bestattet der Reihe nach, ohne Beachtung von Rangunterschieden; deshalb schon und der ernsten Würde des Todes gemäß, wählte Erdmannsdorff einen regelmäßigen Grundriß und ließ sich keineswegs zu englischer Gartengestaltung verleiten."[574] Mit der Deutung, daß das Reihenbegräbnis Ursache der geometrischen Anlage sei, wendet sich Hirsch explizit gegen die Annahme Boehlkes, der in dem Grundriß der Dessauer Anlage ein „Nachleben barocker Gestaltung" sieht.[575] Ähnlich wie Hirsch argumentiert auch Rietschel: „Hinzu kommt ein weiterer Gesichtspunkt, bestimmend für die Zeit des sich auflösenden Feudalismus und des sich langsam seiner selbst bewußt werdenden liberalen Bürgertums: Der Gedanke der Gleichheit und Brüderlichkeit, der dann in der Devise der bürgerlichen Revolution von 1789 formuliert wurde. Er schien für die

---

[570] Johann Wolfgang von Goethe: Die Wahlverwandtschaften. In: Goethes Werke. Hrsg. im Auftrage der Grossherzogin Sophie von Sachsen „Grosse Weimarer Ausgabe" Weimar 1887–1912.-1919. 1.Abt. Bd. 20. S. 202f. Goethe spielt hier auf die Nutzung des Friedhofes durch den Pfarrer an, der wir ja an anderen Orten bereits häufig begegnet sind.
[571] Ebd., S. 203
[572] Schweizer 1956, S. 227f.
[573] Schweizer 1956, S. 228.
[574] Hirsch 1985, S. 72f.
[575] Hans-Kurt Boehlke: Wie die Alten den Tod gebildet. Kassel 1981, S. 11.

Friedhofsgestaltung in Herrnhut und Dessau vorgebildet zu sein."[576] Für Röttgen spiegelt diese Passage aus Goethes Wahlverwandtschaften eine allgemeine Tendenz dieser Zeit wider, nämlich die „Fortsetzung der ständischen Gesellschaft der Lebenden im Totenreich zu unterbinden".[577] Rietschel wiederum stimmt mit der allgemein akzeptierten Auffassung überein, daß der Friedhof in Dessau dem Vorbild der Friedhöfe der Herrnhuter Brüdergemeinde nachempfunden sei.[578] Diese Annahme geht auf Melchert zurück, der aufgrund der engen Bekanntschaft von Goethe und Herzog Leopold und der Teilnahme Goethes an einer Synode der Herrnhuter den folgenden Schluß nahelegt: „Zinzendorf hat den Anstoß zur Reform gegeben. Goethe und der Fürst haben sich über Zinzendorfs Ideen unterhalten. Der Fürst hat seinerseits den Versuch mit Erfolg durchgeführt, und Goethe davon begeistert, hat ihn zum Gegenstand seiner Schilderung in den „Wahlverwandtschaften" gemacht."[579] Sicher kann nicht ausgeschlossen werden, daß Herzog Leopold Anregungen von den Herrnhutern aufgriff. Doch wird m. E. bei dieser Überlegung zu wenig der grundsätzliche Unterschied in der Zweckbestimmung dieser beiden Friedhöfe berücksichtigt. Der Friedhof der Herrnhuter war für eine religiöse Gemeinschaft bestimmt, der Friedhof in Dessau war ein kommunaler Begräbnisplatz. Die Anlage des Herrnhuter Friedhofes entsprach der Organisationsform der Brüdergemeine nach Chören, denen jeweils ein Grabfeld zugewiesen war. Der anfängliche Verzicht auf einen Grabstein, der schon 1747 wieder aufgegeben wurde[580], war dem ganz auf die Gemeinschaft bezogenen Leben angemessen.

Auf den ersten Blick scheint sich mit dem Versuch Herzog Leopolds, ein alle standesbedingten Unterschiede ausgleichendes, grabsteinloses Reihengräberfeld anzulegen, eine demokratische Absicht zu verbinden. Doch die Halbherzigkeit und Ambivalenz des Unternehmens zeigt sich darin, daß er für einige Wenige weiterhin die Möglichkeit offenhielt, ihre Erinnerung an den Verstorbenen mit einem sichtbaren Zeichen auszudrücken. Diejenigen, die sich nicht der gleichmachenden

---

576 Christian Rietschel: Das Herrnhuter Modell eines Gemeinschaftsfriedhofs, der Gottesacker der Brüdergemeine. In: Vom Kirchhof zum Friedhof. Wandlungsprozesse zwischen 1750 und 1850 (Kasseler Studien zur Sepulkralkultur, Bd. 2). Kassel 1984, S. 84.
577 Röttgen 1984, S. 290.
578 Vgl. hierzu Hans-Kurt Boehlke: Wie die Alten den Tod gebildet. Wandlungen der Sepulkralkultur 1750-1850. Ausstellungskatalog. Kassel 1981. (o. Seitenzählung). „Die von der Pfarrkirche gelösten Begräbnisstätten widersprachen jedoch nicht dem Geist des Protestantismus. Dieser fand seinen prägnantesten Ausdruck im ersten 1730 angelegten Gottesacker der Herrnhuter „Brüdergemeine". Eine in dieser Entwicklung stehende frühe „gartenarchitektonische" Gestaltung eines Friedhofes in der Formensprache des geometrischen Barockgartens zeigt der Grundriß des „Neuen Begräbnisplatzes" in Dessau von 1787." Oder Gerhard Richter: Zur historischen Pflanzenverwendung auf Friedhöfen. In: Vergänglichkeit und Denkmal. Beiträge zur Sepulkralkultur, Schuchard, J. & Claussen, H. (Hrsg.), Bonn 1985, S. 37. „Bereits vorher sind Einflüsse Herrnhuter Friedhofskunst nachweisbar, so bei dem Entwurf für den Neuen Dessauer Friedhof von 1787." Hirsch 1966, S. 43, geht davon aus daß „der grabsteinlose Friedhof (in Dessau, d. Verf.) die Konsequenz herrnhutischen Denkens war".
579 Melchert 1929, S. 55. Melchert nennt allerdings keinen Beleg für seine Annahmen.
580 Bechler 1922, S. 41.

Anonymität im Reihengrab beugen wollten, konnten einen besonderen Grabplatz an der Umfassungsmauer erwerben. „Wegen der in Zukunft zu treffenden Einrichtung des Begrabens können keine gemauerten Familien = Gewölbe, oder einzelne gemauerte Gräber auf dem inneren Teil dieses Gottesackers angebracht werden, sondern es sollen solche nur bloß an der äußeren Ringmauer, soviel der Raum gestattet, sowohl für Familien, als einzelne Personen, nach den schon gemachten Proben angelegt werden. (...) Ingleichen haben binnen eben der gesetzten Zeit sich diejenigen bei mir zu melden, welche auf den alten Gottesäckern annoch gemauerte Familiengewölbe haben, die noch nicht ganz voll sind, und anzugeben, für wie viel Särge sie noch in ihren alten Gewölben Raum haben...".[581] Ihnen wurden als Ersatz für ihre alten Erbbegräbnisse unentgeltlich Grabgewölbe auf dem neuen Begräbnisplatze überlassen.[582] An der Randzone des Friedhofes war damit ein besonderer Bereich geschaffen, wo nicht die Gleichheit des Reihengräberfeldes herrschte, und so drückte allein die Lage eines Grabes gesellschaftliche Ungleichheit aus. Der privilegierteste Ort im Zentrum des Friedhofes aber sollte dem Grab des Fürsten vorbehalten bleiben.[583] Wie erwähnt, wurde Herzog Leopold traditionsgemäß schließlich doch in der Kirche begraben. An diesem Widerspruch, nämlich der Unterscheidung zwischen einem Feld der Namenlosen und den Gruften an der Peripherie auf dem Dessauer Friedhof, hatte man schon verschiedentlich Anstoß genommen. Der Kulturhistoriker C.J. Weber vermerkte nach einem Besuch in Dessau: „...in der Mauer sind Nischen für Familiengrüfte oder Personen höheren Standes, denn nur Herrnhuter halten sich gleich im Tode."[584] Novalis notierte in seinem Tagebuch: „Diese Grasplätze bedecken die Gräber ärmerer Leute, über welchen ein länglicher Grashügel grünt, und das ganze Viereck umschließt eine etwa 5 1/2 Fuß hohe Mauer von Ziegelsteinen, welche die vordere Seite der Reihen von Gewölben ausmacht, die rings um den Platz hinlaufen und deren jedes nur für einen, doch manche auch für zwei Särge der reicheren Bewohner Dessaus Platz hat."[585]

Goethe stellt diesen Zwiespalt zwischen der Idee der Gleichheit und dem Wunsch nach einer Erinnerungsstätte in dem Disput über die ideale Gestalt eines Friedhofes in den „Wahlverwandtschaften" dar. Ottilie, die mit den Ansichten von Charlotte gar nicht einig ist, fragt den Architekten. „Und ohne irgend ein Zeichen des Andenkens, ohne irgend etwas, das der Erinnerung entgegen käme, sollte das alles so vorübergehen?" Worauf dieser entgegnet: „Keineswegs! Der Baukünstler, der Bildhauer sind

---

[581] Bernhard Heese: Die alten Friedhöfe. Neue Folge der Dessauer Chronik. 1926, S. 165.
[582] Ebd., S. 165.
[583] Hirsch 1966, S. 44, zieht hieraus einen ganz anderen Schluß. „Daß man es jedoch ernst gemeint hatte mit der „bürgerlichen" Gleichheit aller, auch „höchster Personen von Stande", und nicht auf bloße Ästhetik arbeitete, zeigt die Tatsache, daß hier 1814 auch der Erbprinz beigesetzt wurde, zwar durch die Lage genau auf der Mitte des Feldes unter seinen Mitbürgern hervorgehoben, aber wie diese ohne Stein."
[584] Zit. nach Hirsch 1966, S. 42.
[585] Zit. nach Hirsch 1966, S. 41f.

höchlich daran interessiert, daß der Mensch von ihnen, von ihrer Kunst, von ihrer Hand eine Dauer seines Dasein erwarte; und deswegen wünschte ich gut gedachte, gut ausgeführte Monumente, nicht einzeln und zufällig ausgesät, sondern an einem Orte aufgestellt, wo sie Dauer versprechen können. Da selbst die Frommen und Hohen auf das Vorrecht Verzicht tun, in den Kirchen persönlich zu ruhen, so stelle man wenigstens dort, oder in schönen Hallen um die Begräbnisplätze, Denkzeichen, Denkschriften auf."[586]

Die hier ausführlich diskutierten Verhältnisse auf dem Dessauer Begräbnisplatz führen uns auf eine Spur. Sie erhellen die auch andernorts angetroffene Situation eines weitgehend bis vollständig grabmalfreien Innenraumes und die „Verbannung" der Denkmäler an die Peripherie und hier zunächst an die Mauer. Wie ich nun ausführen möchte, liegt hierin ein Schlüssel, der uns die Tür zum Verständnis der Architektur der Friedhofsanlagen seit dem Ende des 18. Jahrhunderts öffnet.

Die Scheidung der Reihengrabfelder von den Privat- und Familiengräbern prägte die Architektur der Friedhöfe seit dem späten 18. Jahrhundert entscheidend. In den nachfolgend untersuchten Leichen- und Begräbnisordnungen wird die Lage der Familiengräber an der Friedhofsmauer oder an den Rändern der Abteilungen für die Reihengräber festgelegt. Auf den Gräbern in den Randzonen bestanden weitaus größere Rechte, z.B. für die Aufstellung von Grabzeichen und Grabumfriedungen; in der Regel waren dort die Ruhefristen wesentlich länger und die Grabplätze teurer. Ein Beispiel dafür, wie sehr die Lage eines Grabes tatsächlich zur Standesfrage werden sollte, beweist eine schon 1755 in Göttingen erlassene Ordnung.[587] Ein Professor, der von seinem Recht Gebrauch machte und sich eine eigene Gruft an der Friedhofmauer errichten ließ, verstand dies auch als demonstrativen Akt, um die „Honoratiorii" schon rein äußerlich von dem „Pöpel" abzusondern.[588] Auch in Freiburg ließ die Universität 1829 eine besondere Gruppe von Mauernischen, wenngleich nicht mit dieser ausdrücklichen Geste, für ihre Mitglieder reservieren (Abb. 45).[589] Auf dem Neustädter Friedhof in Erlangen gab es seit 1775 eine Universitätsgruft als Grablege für die Professoren und ihre Familien.[590] In Regensburg sollten die Mauernischen auf dem neuen Lazarusfriedhof einen Ersatz für die früheren Kirchengräber bieten.[591] Auf dem Friedhof in Karlsruhe sollten nach

---

[586] Goethe, S. 204, siehe Fußn. 570.
[587] StAG AA 168, 4 Reglement ohnmaßgeblicher Entwurff wie es mit denen Begräbniß=Stellen innerhalb der Mauer des Kirchhofes vor dem Wehnder Thore zu halten von 1755. „1. Wären die freygelaßenen Stellen an denen Vier=Seiten der Mauer des Gottesackers denen Honoratioribus als Professoribus, Geistlichen, Magistrats, und Militair Personen, auch promotis für ihre Leichen zu gönnen." In der Verfügung von 1747 hieß es unter Punkt 11.) „Wobey denn an allen Seiten der Mauer herum Raum zu denen etwa zu errichtenden monumentis zu laßen."
[588] Vgl. Jürgen Döring: Grabmäler des 18. Jahrhunderts in Göttingen. In: Göttinger Jahrbuch 1984, S. 117.
[589] Poinsignon 1890, S. 17.
[590] Rietzsch 1984, S. 157.
[591] Zit. nach Karl Baur: Regensburg. Aus Kunst-, Kultur- und Sittengeschichte. Regensburg, 1970, S. 473. „Die Unkosten, sich in ein Portal (d.h. in der Vorhalle einer Kirche) begraben zu lassen,

*Hier, unter den Schlafenden Gottes, ruht mein Sohn,
mein einziger.*

Abb. 45. *Der alte Friedhof in Freiburg. Franz Hegi: Titelkupfer der Iris von 1813. 5, 7 x 9, 8 cm Stadtarchiv Freiburg Sig. Aa 13c. In den Nischen der Friedhofsmauer befanden sich die Gräber der Professoren von der Universität Freiburg.*

einer Verordnung von 1782 „...alle Gräber der Reihe nach gefertiget, die Gruften aber an eine Wand des Gottesackers gemauert werden..."[592], bis 1841 die Gruftenhalle für besondere Grabdenkmäler von Stadtbaumeister Karl Küntzle erbaut wurde.[593] Der Kaufmann Sadebeck in Reichenbach bestimmte, „daß nur die Randfelder mit Erbbegräbnissen besetzt „werden durften.[594] Auch von dem Kölner „Melaten Friedhof" nimmt man an, daß dort die Wohlhabenden ihre eigenen Gräber an der Mauer in der Nähe des Haupteinganges hatten.[595] Später erhielten sie eine reprä-

---

haben nun aufgehört, schreibt K.S. Hosang, dafür kann man jetzt ein kleines Kapital aufwenden, um sich ein Recht auf eine Nische zu erwerben, in welche man ein Monument setzen lassen will."
[592] Fürstliche neue Verordnungen. Fürstliches Rescript ans Oberamt und Specialat Carlsruhe d.d.2ten August 1782. Neue Leichenordnung vor die Fürstliche Residenz Carlsruhe. In: Allgemeines Intelligenz = oder Wochenblatt für sämtliche Hochfürstliche Badische Lande. Nr.10, 20. 3. 1783.
[593] Ludwig Vögely: Badische Geschichte versinkt ins Wesenlose. Ein kritischer Gang über den alten Karlsruher Friedhof. In: Badische Heimat, Heft 3, 1982, S. 407.
[594] Gellhorn 1913, S. 65.
[595] Pieper 1905, S. 17. „Erst nach und nach erwarben Wohlhabende ein eigenes Grab an der Mauer beim Eingange; die ältesten Grabsteine bestätigen diese, nicht durch die Akten festgelegte Tatsache."

sentative Lage an den Hauptwegen.[596] Der Entwurf des Maurermeisters Spieß für den Dresdner „Trinitatis-Friedhof" gab eine klare Ordnung vor: „Der Raum längs der Umfassungsmauer ist für Familienbegräbnisse bestimmt, der Raum in den 4 Quartieren aber zur Aufnahme aller Todten."[597] Aus verschiedenen Beschreibungen des Friedhofes in Rheydt erfahren wir: „An den drei Mauernischen lagen die Erbbegräbnisse. In der Mitte von der Mauer, dem Eingang gegenüber, wird die Ruthe für die Pastorat bestimmt, und ebenso bleibt die Mittelruthe an der Mauer rechts und links für die jedesmaligen Schullehrer der evangelischen Gemeinde in Rheydt und Eicken bestimmt."[598] Von Würzburg ist nur soviel bekannt, daß erst seit 1827 erbliche Familienbegräbnisse in den Bogennischen der Friedhofsmauer angelegt wurden.[599] Nachdem auf dem Friedhof in Mainz anfangs gar keine Familienbegräbnisse zugelassen waren, bestimmte man 1847 und 1850, sie nur an dem oberen Rand des Begräbnisplatzes anzulegen. Offenbar hatte man sich nicht an diese Regelung gehalten.[600] Auch auf dem historischen Friedhof in Weimar lagen die Erbbegräbnisse, wie auch schon auf dem Jakobsfriedhof an den Umfassungsmauern. Erst als sämtliche 230 Plätze an den Mauern vergeben waren, wurde nach und nach auch das ursprüngliche Reihengräberfeld mit Familiengräbern belegt.[601] Auf dem Südfriedhof in München fanden Familiengräber und andere wertvolle Denkmäler zunächst ihren Platz an der Umfassungsmauer und später in dem von Vorherr erbauten halbrunden Arkadengang.[602] In der Erweiterungsanlage von Gärtner wurden die umlaufenden Arkadengänge gleichsam zu einer Art Ehrenhalle, in der die Epitaphien berühmter Persönlichkeiten aufgestellt wurden.[603] In Tübingen wollte Uhland Familiengräber und Einzelmonumente nur an der Mauer gestatten.

---

[596] Spiegel 1888, S. 533. „Anfangs wurden alle Begräbnisse auf den vier Feldern des Platzes reihenweise vorgenommen; nach und nach fanden indessen Ausnahmen statt, und auf Wunsch konnte gegen eine kleine Entschädigung zum Besten der Armen ein Grab ausserhalb der Reihe, etwa an der Mauer oder am Wege, benutzt werden." Vgl. auch Zacher 1980, S. 389.
[597] Kluge 1937, S. 13. Nach Thormeyers Vorstellungen sollten hingegen besondere Monumente in den die vier Quartiere umschließenden Pappelalleen aufgestellt werden.
[598] Zit. nach Steffen 1929, S. 76. Vgl. dazu: Rheydter Chronik 1897, S. 184. „Der projektirte Kirchhof sollte aus drei Abtheilungen bestehen, von denen „die erste für käufliche Familiengräber, die zweite für solche Gräber bestimmt war, bei denen ein Gewisses vergütet wird; die dritte endlich bleibt den Armen und Pilgern."
[599] Vgl. Memminger 1885, S. 17 und Anonym: Der Kirchhof zu Würzburg 1859, S. 15.
[600] "Vortrag der gemeinderäthlichen Spezial=Commission, die Vergrößerung des hiesigen Begräbnisplatzes usw. 1847, S. 137. „Neue Familienbegräbnisse können von jetzt an, nur an dem obern Rande des Begräbnisplatzes erworben werden".
[601] Stapff o. J., Kapitel: Der Historische Friedhof in Weimar, S. 4. „...doch wurden nach 1840 zuerst an den Rändern und später, als die Erbbegräbnisplätze an den Mauern belegt waren, auch im Inneren Erbbegräbnisplätze vergeben."
[602] Röttgen 1984, S. 291. „Durch die Umfassungsmauer erhöhte sich die Anzahl kostspieliger und für die Stadt einträglicher Familienbegräbnisse. (...) Das Mittelstück der Arkaden (...) war für Denkmäler besonderer Art reserviert..."
[603] Vgl. Hederer 1976, S. 170.

Allmählich zählten jedoch auch die Gräber in der 1. und 2. Reihe an den Hauptwegen zu den bevorzugten Lagen; sie wurden mit höheren Bodengeldern abgegeben als die Reihengräber im mittleren Feld.[604] Die zunehmende Erschließung von Raum aus den Reihengrabfeldern für Familiengräber und damit von weiteren privilegierten Zonen auf dem Begräbnisfeld läßt sich auch in der Entwicklung anderer Friedhöfe ablesen. So war es auf dem Friedhof in Trier seit 1838 erlaubt, Familienbegräbnisse und Grüfte entlang der Umfassungsmauern anzulegen, und die äußeren Ränder der vier Reihengrabfelder wurden gleichzeitig für die Aufstellung von einzelnen Grabmälern freigegeben.[605] Nach Maßgabe einer Verordnung für den Hauptfriedhof in Kassel umgaben dort die Familienbegräbnisse die in der Mitte der Quartiere liegenden Reihengräber. Die Gruftanlage war mit ihren ungewöhnlich langen Ruhefristen von einhundert Jahren besonders privilegierten Schichten des Kasseler Bürgertums vorbehalten.[606] Auf dem Ebershalden Friedhof in Esslingen wurden die „unmittelbar an der Umfassungsmauer liegenden rechts und links sich an den Eingang anschließenden Abtheilungen für Familienbegräbnisse" reserviert.[607] Auf dem Golzheimer Friedhof in Düsseldorf war zunächst ein Streifen zwischen der äußeren Hecke und dem umlaufenden Weg für die Familiengräber vorgesehen, doch allmählich belegte man auch die Außenränder der Reihengrabfelder mit Erbbegräbnissen. Seit 1878 gab es zwei Klassen von Erbbegräbnissen: Die 1. Klasse befand sich direkt an den für die Besucher am besten sichtbaren Hauptwegen, dahinter lagen die Erbbegräbnisse 2. Klasse, für die entsprechend geringere Gebühren entrichtet wurden.[608]

Die bisher untersuchten Verordnungen zur Anlage von Familiengräbern und der Möglichkeit zur Errichtung von Grabdenkmälern zeigten, daß zunächst besondere Zonen an der Peripherie für den Erwerb von Familien- und Einzelgräbern bereitgestellt wurden. Mit zunehmendem Platzmangel erhielten auch die Gräber an den Hauptwegen und den Rändern der Reihengrabfelder das Ansehen einer repräsentativen Lage.

Durch die allmähliche Auflösung der streng linearen Binnengliederung auf den Friedhöfen in Bonn, Frankfurt, Basel und Braunschweig vergrößerte sich der Randbereich für besondere Gräber immer mehr. Die gärtnerisch gestaltete Peripherie drang immer weiter in den Innenraum vor, und die Grabdenkmäler lösten sich

---

[604] Röttgen 1984, S. 293.
[605] StATrier 15/676, 1817, „Art. 2. Die einzelnen Grabstellen, bestimmt den Abgestorbenen ein bleibendes Denkmal zu errichten, sollen nach Maßgabe des beiliegenden Situations= Plans auf dem neuen Kirchhofe an den beiden äußern Ränden des in 4 Felder abgetheilten Raumes angebracht, und denselben gegenüber längs der Umfassungs=Mauer die Familien=Begräbniß-stellen oder Grüfte errichtet werden..."
[606] StAM 315 a gen. Cassel 159, und Gerhard Seib: Exemplarische Darstellung einer Fallstudie am Beispiel der Friedhöfe in Kassel. In: Vom Kirchhof zum Friedhof. Wandlungsprozesse zwischen 1750 und 1850. (Kasseler Studien zur Sepulkralkultur, Bd.2), Kassel 1984, S. 45.
[607] StAT H 298.
[608] Hable o. J., S. 4. Vgl. auch Zacher 1982, S. 62f.

von der Mauerzone. Die allmähliche Verschmelzung von Randzone und innerem Bereich bewirkte, daß die besondere Bedeutung eines Grabes immer weniger an seinem Standort abgelesen werden konnte.

An den Entwicklungsphasen des „Alten Friedhofes" in Bonn von einer geometrischen zu einer landschaftsgärtnerisch gestalteten Anlage läßt sich eine Wechselwirkung zwischen der langsamen Loslösung des Familiengrabes vom Wandbereich und dem Beginn der landschaftsgärtnerischen Gestaltung in den Randzonen beobachten.

Anfänglich, um 1819/20, wurden in Bonn Plätze für Familiengräber ausschließlich an den Umfassungsmauern vergeben.[609] Ein umlaufender Weg führte die Besucher zu diesen besonderen Grabstellen. Nachdem 1847 die alte Ramersdorfer Kapelle auf dem Friedhof aufgestellt worden war, trat eine erste Veränderung ein: parallel zu den Längsseiten der Kapelle wurden mehrere Reihen für Privatgräber angelegt, die sich hinter dem Chor segmentförmig fortsetzten. 1855 wurde mit der Neugestaltung eines großen Teiles des Friedhofes zu einer parkartigen Anlage bedeutend mehr Raum für Familiengräber erschlossen. So wurde durch die Verdoppelung des umlaufenden Weges an der Umfassungsmauer weiterer Platz für Familiengräber hinzugewonnen. Der die mittlere Fläche des Bestattungsfeldes durchziehende, geschlängelte Weg war zu beiden Seiten von Privatgräbern eingefaßt.[610] „Mit dem früheren Prinzipe, die Privatgräber an die äussersten Grenzen des Friedhofes zu legen (...), hatte der Gartenkünstler also gebrochen und gerade den entgegengesetzten Standpunkt eingenommen."[611] Der Besucher konnte auf den Wegen an den besonderen Monumenten entlang spazieren. Das Familiengrab hatte begonnen, sich nun auch den Innenraum des Begräbnisfeldes zu erobern.

Auf dem Hauptfriedhof in Frankfurt können die verschiedenen Etappen der historischen Wanderung des Familiengrabes von einer an einen Kreuzgang oder das Seitenschiff einer Kirche erinnernden Gruftenhalle, über seinen Standort in einer gärtnerisch gestalteten Randzone bis hin zu seiner Aufstellung im „freien Feld" fast beispielhaft nachverfolgt werden. Insofern ist dieser Friedhof eine Mischform, der die Gestaltungselemente verschiedener Anlagetypen, wie die lange Gruftenhalle als Anspielung an die Camposanto-Architektur, den beginnenden Einfluß des Landschaftsgartens in der Peripherie und die rasterförmige Aufteilung des Mittelfeldes in einer Anlage vereint. So gab es auch vier verschiedene Kategorien von Gräbern auf dem Frankfurter Hauptfriedhof. Die Arkadenanlage bot Raum für insgesamt 57 Grüfte, die zu einem Kaufpreis von je 987fl 30kr erworben werden konnten.[612] Für die sog. Mauer- oder Epitaphiengräber mußten 50fl und zusätzlich

---

[609] Noel 1906, S. 231f.
[610] Ebd., S. 237.
[611] Ebd., S. 237.
[612] Begräbniß-Ordnung der christlichen Gemeinden in Frankfurt und Sachsenhausen 1864, § 28. Überraschenderweise machten jedoch die Frankfurter Patrizierfamilien, für die diese Gruftenhalle als Ersatz für ihre Mauergräber auf dem alten Peterskirchhof angelegt worden waren, nur zögernden Gebrauch von den Grüften, da sie sich offenbar vor modrigen Gerüchen fürchteten.

5fl 30kr für den laufenden Schuh als Anteil für die Errichtungskosten der Mauer entrichtet werden. An den Seiten zwischen der westlichen Mauer und der Kastanienallee befanden sich vier Reihen für kleinere Wahlgräber, die, wie die Mauergräber, zu einem Preis von 50fl erworben werden konnten. Auf diesen Gräbern konnten Monumente nach Vorlage einer Zeichnung errichtet werden.[613] Im Kern der Anlage befanden sich schließlich die Reihengräber. "Denksteine oder Kreuze oder sonstige monumentale Verzierungen der Gräber, welche gemauerte Fundamente bedürfen, sind auf den allgemeinen Begräbnißplätzen ebensowenig zulässig als eine Einfriedigung."[614] Diese Gräber waren einheitlich mit weißen Holzkreuzen besetzt.[615] Wir finden hier ein differenziert abgestuftes System vor, nach welchem die einzelnen Grabstandorte unterschieden werden.

Auf dem Kannenfeldgottesacker und Wolfgottesacker in Basel, die, abgesehen von der Gruftenanlage, nach einem ähnlichen Grundmuster wie der Frankfurter Hauptfriedhof angelegt waren, konzentrierten sich die Familiengräber in den landschaftsgärtnerisch angelegten Randzonen, die Reihengräber lagen hingegen auf beiden Friedhöfen in den großen, regelmäßig angelegten Mittelfeldern.[616]

Auf dem Domkirchhof in Braunschweig findet sich eine andere Lösung für die Plazierung der verschiedenen Grabtypen. Dieser Friedhof bestand, wie die obige Beschreibung zeigte, aus drei verschiedenen Zonen: einer großzügig angelegten parkartigen Abteilung, einem etwas regelmäßigeren Zwischenstück, das sich um ein leicht deformiertes Wegekreuz herum gruppierte und schließlich aus einem Feld, in welchem wieder strenge Regelmäßigkeit vorherrschte. Die Gräber wurden, ihrer Kategorie entsprechend, in den verschiedenen Abteilungen angelegt. In der ersten Abteilung lagen lose verstreut die individuell gestalteten Plätze der Familiengräber[617], in dem regelmäßigeren Zwischenstück konnten Einzel- und Doppelgräber erworben werden, daran schloß sich das schlichte Reihengräberfeld an. Die in Bonn, Frankfurt und Basel vorgefundene Gliederung des Begräbnisraumes in ein regelmäßiges Mittelfeld und eine aufgelockerte Randzone wird auf dem Braunschweiger Domkirchhof durch ein Nebeneinander der verschiedenartig gestalteten Begräbnisbereiche erreicht. Auf diesen Friedhöfen, wo bereits ein gewisser Einfluß

Nach Althammer o. J., S. 45 hatte es „sich rasch herumgesprochen, daß sich in den Grüften, die nach starken Regenfällen nicht selten teilweise mit Wasser gefüllt waren, die Zinnsärge vorzeitig zersetzten und dann die Gebeine sichtbar wurden."

[613] Begräbniß-Ordnung der christlichen Gemeinden in Frankfurt und Sachsenhausen 1864, § 19, S. 1077. Es können auf der Begräbnißstätte Monumente errichtet werden, jedoch nur, nachdem deren Zeichnung nebst Grundriß in doppelter Ausfertigung vorgelegt und genehmigt worden ist."
[614] Ebd., § 15, S. 1076.
[615] Gollhard 1831, S. 1338.
[616] Birkner 1980, S. 44.
[617] Erläuterung des Situations-Planes von dem Dom-Kirchhofe zu Braunschweig 1835, S. 6. „Nach und nach entstanden mehrere Verschönerungen, welche zum Theile von den Familien ausgingen, die indem sie sich ihren künftigen Ruheplatz selbst auswählten, solchen nach ihrem Geschmack bepflanzen ließen, und in daneben angelegten Lauben oft und gern verweilten. Die frühern mit Rasen bewachsenen Grabhügel waren sämmtlich in Blumenbeete verwandelt."

landschaftlicher oder natürlicher Gartengestaltung spürbar ist, heben die Abteilungen der Familiengräber sich von denen der Reihengräber durch ihre besondere gärtnerische Gestaltung ab. Die Lage dieser Gräber in den reicher bepflanzten Zonen kommt am ehesten der Vorstellung von einem parkartig oder landschaftlich angelegten Friedhof des 19. Jahrhunderts nahe.

Zusammenfassung

Mit der Anlage neuer außerstädtischer Friedhöfe wurde in der Regel das Reihenbegräbnis eingeführt. In der Literatur geht man davon aus, daß bis zum ausgehenden 18. Jahrhundert auf den Kirchhöfen und auch auf den alten Feldbegräbnissen das Familienbegräbnis die übliche Bestattungspraxis war. Zunächst zielte diese Maßnahme darauf ab, das Begraben und die Anordnung der Gräber planvoll zu gestalten. So glaubte man, einen besonderen Vorteil der Reihenbestattung in der optimalen Raumausnutzung zu erkennen, und in bezug auf die Hygiene schien sie die genaue Überprüfung und Einhaltung der Ruhezeiten zu gewährleisten.

Gleichzeitig verband sich mit dem Bestreben, ordentliche und sanitär einwandfreie Zustände auf dem Friedhof herzustellen, der Gedanke, soziale Unterschiede auf dem Begräbnisfeld abzubauen. Da allein das Sterbedatum über den Standort eines Grabes entschied, bestand keine Möglichkeit, den Platz für ein Grab frei zu wählen. Denn es wurde immer das nächste freie Grab in der fortlaufenden Reihe benutzt. Eine Ausnahme hiervon machten die häufig an der Peripherie zugelassenen Familiengräber.

Beim Reihenbegräbnis wird weder auf religiöse noch auf persönliche Verwurzelungen Rücksicht genommen. Es ist ein einschneidender Schritt in der Entwicklung zum modernen Bestattungswesen. Es hob die Bindung an die religiöse Gemeinschaft auf dem Bestattungsfeld, die, wie die Untersuchung zeigte, ein fester Bestandteil des katholischen Begräbnisses war, auf. Sein rationalistischer Zug zeigt sich auch darin, daß Zusammenlegungen aus familiären oder freundschaftlichen Gründen untersagt wurden.

Das Reihenbegräbnis war schließlich in ästhetischer Hinsicht auch ein Mittel, die Gesamtkomposition der geometrischen Friedhofanlage zu perfektionieren. Alle Elemente, wie das Wegesystem, die Bepflanzung und die linearen Grabreihen sollten sich zu einem einheitlichen Bild verbinden. Dies erklärt auch den normierenden Zug einiger Verordnungen zum einheitlichen Grabzeichen.

Eine Besonderheit in einigen Verordnungen war das Verbot jeglicher Art von Grabzeichen aus dauerhaftem Material auf dem Reihengräberfeld. Die Tendenz, das Errichten von Grabmälern von staatlicher Seite aus zu unterbinden, ist uns aus den Aussetzungsbeschlüssen des Pariser Stadtparlamentes von 1765 und aus verschiedenen Hofdekreten Josephs II. bekannt. Hier wie dort gilt die Raumersparnis als Grund für das Verbot von Grabdenkmälern. Der bisherigen Ansicht, daß hinter dem Ziel, auf dem Friedhof einen Bereich ohne Grabmäler zu schaffen, der Gleichheitsgedanke der Aufklärung stehe, steht die Tatsache entgegen, daß an der Umfassungsmauer eine besondere Zone geschaffen wurde, wo dieser Zwang zur Gleichheit nicht existierte. Die Scheidung des Begräbnisfeldes in ein Reihengräberfeld und die privilegierte Zone an der Peripherie wurde so zum entscheidenden Charakteristikum der Friedhofsarchitektur des späten 18. Jahrhunderts. Im folgenden wird der Frage nach dem Ursprung der besonderen Bedeutung der Peripherie auf dem Friedhof nachgegangen.

Die Ursprünge der modernen Bestattungsanlagen

Die bisherige Untersuchung der Friedhofsanlagen von 1750 bis zum ausgehenden 19. Jahrhundert hat die Vielfalt der in diesem Zeitraum entstandenen Anlagen beschrieben und geordnet und die, die Einzelentwicklung übergreifenden, Gemeinsamkeiten dargestellt. Dabei gelang es nur zum Teil, die Entwicklungen aus ihrem zeitgenössischen Kontext zu erklären. Im folgenden soll nun versucht werden, die historisch bestimmten, traditionsgebundenen Momente der modernen Bestattungsanlagen zu erarbeiten.

Die Vorstellungen Luthers vom Tod und vom Begräbnis lösten eine wichtige Veränderung in der Sichtweise des Begräbnisortes aus, deren Auswirkungen auf das Friedhofswesen in der einschlägigen Literatur bisher wenig beachtet wurden. Im Zuge einer im 16. Jahrhundert beginnenden ersten Auslagerungswelle trat ein, für die Friedhofsarchitektur des späten 18. und frühen 19. Jahrhunderts bedeutsamer Anlagetypus, der Camposanto, in größerer Verbreitung auf.

Luther und die Friedhöfe des 16. Jahrhunderts

Der mittelalterliche Totenkult

Luthers Vorstellungen zum Begräbnis und Friedhof sind eine Antwort auf den mittelalterlichen Totenkult[618], dessen Grundzüge, insoweit sie im Zusammenhang

---

[618] Peiter 1968, hat ausführlich die theologischen Grundlagen des mittelalterlichen Totenkultes und die Kritik Luthers daran dargestellt. Vgl. hierzu auch: O. H. Pesch: Theologie des Todes bei Luther. In: Im Angesicht des Todes. Ein interdisziplinäres Kompendium Bd. 2 (Pietas Liturgica Band 3 und 4), Becker, H., Einig, B., Ullrich, P.-O. (Hgg.) St. Ottilien 1987.

mit der vorliegenden Fragestellung von Bedeutung sind, hier kurz umrissen werden sollen.

Der Totenkult im Mittelalter basierte auf der Vorstellung, die Mitglieder der christlichen Gemeinde könnten auch nach dem Ableben noch das Seelenheil des Verstorbenen beeinflussen. So fordert die Lehre von der Gemeinschaft der Heiligen (Communio sanctorum) geradezu das Eintreten für die Seelen der Verstorbenen. Die Gemeinschaft der Heiligen, der alle drei Glieder der Kirche, die streitende Kirche, das sind die Rechtgläubigen auf Erden, die leidende Kirche, die Seelen im Fegefeuer, und die triumphierende Kirche, die Heiligen im Himmel angehören, steht durch den Erlösungsgedanken mit Christus in einer übernatürlichen Lebensgemeinschaft. Ihre drei Glieder sind durch gegenseitige Fürbitte verbunden.[619] Auf diese Weise wird dem Tod in der katholischen Glaubenslehre etwas von seiner Endgültigkeit und dadurch auch von seiner Grausamkeit und Härte genommen. Er setzt keine absolute Grenze, da der Tote in einen Zwischenzustand zwischen seinem persönlichen und dem letzten Gericht eintritt, der die „Verbindung zwischen Lebenden in dieser Welt und den Toten in der Welt Gottes möglich macht"[620], was zugleich die Verpflichtung zur gegenseitigen Mittlerschaft beinhaltet. Der Glaube an die Nützlichkeit der Fürbitte für das Seelenheil erzeugte ein vielschichtiges System mittelalterlicher Seelenfürsorge, wovon die bekannteste Erscheinung der Ablaßhandel ist. Schließlich ist die Fürbitte zu einem wesentlichen Bestandteil der Liturgie geworden.[621] Die Teilnahme der Seelen am Meßopfer ließ die Nähe des Grabes zur Kirche und zum Altar zum wichtigsten Motiv bei der Grabwahl werden.[622] In dieser räumlichen Verbindung von Grab und Kirche findet das Dogma von der Gemeinschaft der Heiligen seinen sichtbaren Ausdruck. Jahrhundertelang gebot dieses Dogma die Einheit von Kirchhof und Kirche, und seine Wirksamkeit kann insbesondere in ländlichen Gebieten bis ins 20. Jahrhundert beobachtet werden. Noch 1845, also nach vollzogener Auslagerung der Friedhöfe, hält der katholische Jurist und Politiker August Reichensperger an diesem Grundgedanken fest: „Daß ein warmes Christenherz den Wunsch hegt, im Tempel Gottes, in der Nähe der Reliquien eines Heiligen oder Märtyrers, welche der Altar birgt, seine Ruhestätte zu finden, ist so natürlich, daß, trotz der entgegenstehenden weltlichen Gesetze, jener Gebrauch sich Bahn brach und im elften Jahrhundert durch das ganze christliche Europa herrschte. Die „Gemeinschaft der Heiligen" findet in dieser Sitte einen annähernden Ausdruck, und gewiß kann nichts geeigneter sein, dem Tode

---

[619] Realencyklopädie für protestantische Theologie und Kirche, Bd. 6, Hauck, A. (Hrsg.), Leipzig 1899, S. 504ff.

[620] Josef Maß: Sterben und Tod aus der Sicht eines katholischen Pfarrers. S. 11-17. In: Die letzte Reise. Sterben, Tod und Trauersitten in Oberbayern. Metken, S. (Hrsg.). München 1984, S. 14.

[621] E. Döring-Hirsch: Tod und Jenseits im Spätmittelalter. (Studien zur Geschichte der Wirtschaft und Geisteskultur, Bd. II.), Berlin 1927, S. 30f. Döring-Hirsch stellt die Breite der kirchlichen Seelenfürsorge dar.

[622] Vgl. L. Dolberg: Das mittelalterliche Begräbnis. In: Der Katholik, 67. Jg. (N.F. 29. Jg.), Mainz 1887, S. 275ff.

seinen Stachel zu nehmen, als das Bewußtsein dieser Gemeinschaft zwischen den noch streitenden und den verklärten Kindern der Kirche, welche durch ein „orate pro anima" oder „miserere mei domine deus meus" sich um Hülfe und Erbarmung flehend an ihre Brüder und an ihren Richter wenden."[623]

Luthers Gedanken zum Friedhof

Die Reformatoren brachen mit dem Dogma von einer wirksamen Handlung für den Toten und so mit jeglicher Form der Fürbitte.[624] Nach protestantischem Verständnis endet mit der Stunde des Todes jeder seelsorgerische Dienst am Nächsten. Hierdurch verliert der wichtigste theologische Grund für den Zusammenhang von Kirche und Begräbnisplatz seine Gültigkeit, und es entstehen die Voraussetzungen für eine Neubestimmung des Begräbnisortes.

Die bibliographische Nachsuche ergab, daß dem Einfluß der Reformation auf die Entwicklung der Friedhöfe in der Forschung bisher nicht genügend Aufmerksamkeit entgegengebracht wurde.[625] Luther hat in seiner berühmten Schrift „Ob man vor dem Sterben fliehen möge" (1527) zentrale und für die Friedhofsentwicklung folgenreiche Gedanken über den Begräbnisort dargelegt. Veranlaßt wurde diese Schrift durch eine Anfrage evangelischer Prediger aus Breslau, die nach einer Pestepidemie Luther um seine Meinung darüber baten, „ob einem Christenmenschen gezieme zu fliehen in Sterbensläuften"[626], d.h. welche Pflicht zur Fürsorge gegenüber Pestkranken bestehe. Dem Sterben zu entfliehen ist nach Luther unmöglich, da man sich dem Tod als gerechter Strafe Gottes nicht entziehen könne. Gleichwohl dürfe man die Gunst Gottes nicht versuchen, und das beinhalte die Verpflichtung, sich gegen die Seuche zu schützen. So entsteht seine Empfehlung, die Begräbnisplätze aus den Städten zu entfernen. Die Entscheidung über ihre Lage will er

---

[623] Reichensperger 1854, S. 90. Vgl. auch: Ferdinand J. Moulart: Kirche und Staat oder die beiden Gewalten, ihr Ursprung, ihre Beziehungen, ihre Rechte und ihre Grenzen. Mainz 1881, S. 484.
[624] Die Vorrede zu der Sammlung der Begräbnislieder 1542. Martin Luther Werke, Kritische Gesamtausgabe, Bd. 35, Weimar 1923, S. 478. „Dem nach haben wir in unsern Kirchen die Bepstlichen Grewel, als Vigilien, Seelmessen, Begengnis, Fegfewr und alles ander Gauckelwerck, fur die todten getrieben, abgethan und rein ausgefegt." Vgl. auch Paul Graff: Geschichte der Auflösung der alten gottesdienstlichen formen in der evangelischen Kirche Deutschlands bis zum Eintritt der Aufklärung und des Rationalismus. Göttingen 1921, S. 360f. Daß die Reformatoren im Umgang mit der Fürbitte z.T. recht inkonsequent verfuhren, zeigt Grün an den Kirchenordnungen des 16. Jahrhunderts. Hugo Grün: Die kirchliche Beerdigung im 16. Jahrhundert. In: Theologische Studien und Kritiken, 105. Jg., H. 2., 1933.
[625] Dies wurde mir durch Herrn Prof. Dr. Weigelt (Universität Bamberg) brieflich bestätigt. Herrn Prof. Dr. Weigelt möchte ich an dieser Stelle auch ausdrücklich für die Überlassung eines unveröffentlichten Vortragsmanuskriptes danken. Dieses Manuskript enthielt wertvolle Anregungen. Ich zitiere aus ihm wie folgt: Horst Weigelt: Einflüsse Luthers auf die Gestaltung des Friedhofs. Vortrag gehalten am 11. 11. 1983 auf der Tagung der evangelischen Akademie Tutzing.
[626] Martin Luther: Kritische Gesamtausgabe. 23. Bd. Weimar 1901, S. 323.

unabhängig von theologischen Grundsätzen der Kompetenz der Ärzte überantworten. „Weil wir aber ynn diese sache komen sind, vom sterben zu reden, kan ichs nicht lassen, auch von dem begrebnis etwas zu reden. Auffs erst las ich das die Doctores der ertzney urteilen und alle die des bas erfaren sind, obs ferlich sey, das man mitten ynn stedten kirchhofe hat. Denn ich weis und verstehe mich nichts drauff, ob aus den grebern dunst odder dampff gehe, der die lufft verrücke. Wo dem aber also were, so hat man aus obgesagten warnungen ursachen gnug, das man den kirchhoff ausser der stad habe. Denn wie wir gehort haben, Sind wir allesampt schueldig der gifft zu weren, wo mit man vermag, Weil Gott uns befohlen hat, unseres leibs also zu pflegen, das wir sein schonen und warten, so er uns nicht not zuschickt."[627] Auch mit folgendem Rat verstößt Luther bewußt gegen christliche Traditionen und knüpft an antike und jüdische Bestattungspraktiken an.[628] „Darumb mein rat auch were, solchen exempeln nach das begrebnis hinaus fur die stad machen."[629]

Diese auffallend moderne Sichtweise beruht darauf, daß die Reformation das Prinzip der Einheit von Kirche und Begräbnisplatz in Frage stellt. „Zugleich war aber damit auch das ewige Band zwischen Lebenden und Abgeschiedenen, zwischen Vorangegangenen und Zurückgebliebenen, zwischen der Gemeinschaft der Lebenden und der Toten, zwischen streitender und triumphierender Kirche zerrissen. Von da aus mußte natürlich nicht mehr sehr daran gelegen sein, daß die Abgeschiedenen in möglichster Nähe der Gemeinschaft der Lebenden ihre letzte Ruhestätte erhielten, um so im Gesichtskreis der für ihr ewiges Heil mit Sorge tragenden Gemeinschaft der Lebenden zu bleiben."[630] Mit der Abkehr der Protestanten vom mittelalterlichen Totenkult als einem Dienst am Toten änderte sich auch die Bedeutung des Bestattungsortes. Sowohl in den liturgischen Handlungen als auch in der Bestimmung des Begräbnisplatzes hat eine Akzentverlagerung vom Jenseits auf das Diesseits, vom Toten auf den Lebenden stattgefunden.[631] Der Begräbnisplatz war für die Seelenruhe der Verstorbenen bedeutungslos geworden, er wurde zu einem Ort für die Lebenden.[632] Neben dem hygienischen Motiv seiner Entfernung aus der Stadt erscheint die abgesonderte Lage nun aus einem weiteren Grund von Vorteil. „Denn ein begrebnis solt ja bilich ein feiner stiller ort sein, der abgesondert were von allen oerten, darauff man mit andacht gehen und stehen

---

[627] Ebd., S. 374f.
[628] Ebd., S. 375. „Das weis ich wol, das bey den alten der brauch gewesen ist, beide unter Jueden und Heiden, beide unter heiligen und sundern, das begrebnis ausser der stad zuhaben, und sie sind ja so klug gewesen als wir sein mögen."
[629] Ebd., S. 375. Erwähnenswert erscheint mir hier, daß er selbst die Verbrennung der Toten als Möglichkeit ihrer Beseitigung anspricht. „Denn sie trugen sie nicht alleine hinaus, sondern verbranten die leychen alle zu pulver, auff das die lufft ja auffs reinste bliebe."
[630] Weigelt 1983, S. 5.
[631] Grün 1933, S. 200. „Das evangelische Begräbnis hat ja nur Bedeutung für die Lebenden, daher muß auch das Gebet sich diesem Gesichtspunkt unterordnen."
[632] Weigelt 1983, S. 7. „Die Friedhöfe haben also für Luther zuerst und vor allem für die Lebenden Bedeutung."

Abb. 46. Darmstadt „Ansicht vom alten Friedhof aus". Kupferstich von Ernst Friedrich Grünewald.19 x 12,5 Darmstadt 1829. In: Grünewald, E.F.: Vier Ansichten von Darmstadt. Hessische Landes- und Hochschulbibliothek Sig. 43/2283. Die Ansicht vermittelt einen Eindruck, wie es noch 250 Jahre früher auf dem 1564 angelegten Friedhof ausgesehen haben mag.

kuendte, den tod, das Juengst gericht und aufferstehung zu betrachten und betten"[633]. Aus dem Stadtgebiet entfernt und dem weltlichen Treiben entzogen, sollte der Friedhof zu einer Stätte stiller Andacht werden. Da er im Gegensatz zum Kirchhof seine Würde nicht mehr allein schon durch den Standort erhält, bedarf er einer besonderen, „ästhetischen" Pflege[634]. Inwieweit sich die veränderte Auffassung der Protestanten auch im Erscheinungsbild der Friedhöfe niederschlug, ist bislang noch nicht untersucht.

Luther kritisiert die unwürdigen Zustände auf dem Begräbnisplatz in Wittenberg, der wie die meisten mittelalterlichen Kirchhöfe ein Zentrum weltlicher Geschäfte und Verrichtungen war.[635] (Abb. 46) „Aber unser Kirchhoff, was ist er? vier oder

---

[633] Luther 1901, S. 375.
[634] Die Ansicht Hüppis 1968 (S. 208), der Indifferenz der Protestanten gegenüber der Lage eines Grabes entspreche eine Gleichgültigkeit bei der Wartung und Pflege der Gräber, ist, wie er selbst einschränkt, nicht empirisch belegt.
[635] So weist Kurt Ranke: Die Bedeutung des Friedhofes in älterer Zeit. In: Rotenburger Schriften, 27.

funff gassen und zween odder drey marckt ist er, das nicht gemeiner odder unstiller ort ist ynn der gantzen stad denn eben der kirchhoff, da man teglich, ja tag und nacht uber leufft, beyde menschen und viehe, und ein iglicher aus seinem hause eine thür und gassen drauff hat, und allerley drauff geschicht, villeicht auch solche stüke, die nicht zu sagen sind. Dadurch wird denn die andacht und ehre gegen die begrebnis gantz und gar zu nicht und helt yderman nicht mehr davon denn als wenn yemand uber einen schindenleich lieffe, das der Türcke nicht so unehrlich kündte den ort halten, als wir yhn halten (...). Aber wie kan man solchs thun auff eym gemeinen ort, da ydermann mus uberlauffen und fur ydermans thür auffstehet, das, wenn ja ehr sol ym begrebnis gesucht sein, ich so mehr ynn der elbe odder ym walde liegen wolt. Aber wenn das begrebnis draussen auff eim abgesonderten stillen ort lege, da niemand durch noch drauff lieffe, so were es gar geistlich, ehrlich und heilig anzusehen und kündte auch zu gericht werden, das es zur andacht reytzte die so drauff gehen wolten."[636] Ist nun der Begräbnisplatz primär ein Ort für die Lebenden, die das Andenken an die Toten wachhalten, so gehört dazu auch das Schmücken der Gräber. „Wenn man auch sonst die Greber wolt ehren, were es fein, an die Wende, wo sie da sind, gute Epitaphia oder Sprüche aus der Schrift drüber zu malen oder zu schreiben, das sie fur augen werden denen, so zur Leiche oder auff den Kirchoff giengen, nemlich also, oder dergleichen."[637] Der Besuch der Gräber, der sich nicht mehr mit dem gewohnheitsmäßigen Kirchgang verbindet und nicht mehr in die Liturgie eingebunden ist, nimmt hier seinen Anfang.

Ein dritter interessanter Aspekt in Luthers Äußerungen zum Sterben ist seine Auffassung vom Tode als Schlaf. Dieses Sinnbild ist für ihn das Zeichen der Hoffnung und Freude auf die Auferstehung. „Wir Christen aber, so von dem allen durch das theure blut des sons Gottes erlöset sind, sollen uns uben und gewehnen im glauben, Den tod zuverachten, und als einen tieffen, starcken, süssen Schlaff anzusehen. Den Sarck nicht anders denn als unseres HERRN Christi Schos oder Paradis, das Grab nicht anders, denn als ein sanfft Faul oder Rugebette zuhalten."[638] Interessanterweise stellt sich für Lessing fast zweieinhalb Jahrhunderte später die Frage nach der Gestalt des Todes und seiner bildlichen Darstellung. Mag im Motiv des Todesbildes von Luther und Lessing eine Übereinstimmung bestehen, so ist für

---

Jg., 1967 auf die räumliche Identität von Gerichts- und Begräbnisstätten bis in das hohe Mittelalter und auf ihre Verwendung als Fest- und Spielplatz hin.

[636] Luther 1901, S. 377. Vgl. auch Raimar Zeller: Luther wie ihn keiner kennt. Freiburg 1982, S. 51. In einem Brief vom 3. Februar 1539 an den Bürgermeister Hieronymus Krapp von Wittenberg zeigt sich Luther erneut über die „pietätlosen" Zustände auf dem Wittenberger Friedhof verärgert. Er bittet darum, daß „den Toten ein wenig größere Ehre und Ruhe vergönnet werde." Den Toten werde so wenig Achtung entgegegebracht, daß man den Eindruck habe, sie lägen auf einem Schindanger oder nicht weit vom Galgen. „Die Braukessel, wie seit alters her, mögen wir darauf wohl dulden, um der sicherheit willen. Des anderen wird gar zu viel, daß auch die Zimmerleute keine Predigt achten, ja hauen und poltern mit ihrem Zeug, daß kein Wort gehört werden."

[637] Luther 1923, S. 479. In dieser kritischen Ausgabe wird Leiche = Leichenbegängnis gesetzt.

[638] Ebd., S. 478. In der Fußnote wird Faul = Liegestuhl gesetzt.

Luther die Frage nach der Auffassung vom Tode ein theologisches Problem, die Lessing hingegen nur auf der Ebene der ästhetischen Darstellung bewegt.

Fassen wir die referierten Äußerungen Luthers zum Begräbnis zusammen, so zeigt sich, daß Luther mit seiner veränderten Sichtweise des Todes die Voraussetzung für eine Trennung von Kirche und Grab und damit für die Verlegung der Begräbnisplätze aus den Städten schuf. Durch seine Kritik am mittelalterlichen Totenkult verlieren die seelsorgerischen Handlungen ihre Bedeutung für das postmortale Geschehen. Da Protestanten die Begräbnisplätze vorwiegend als Orte für die Lebenden ansehen, ist es ihnen ein immer stärker werdendes Anliegen sie nach hygienischen und ästhetischen Gesichtspunkten zu gestalten.

Die Übernahme von Luthers Forderungen zum Begräbnisplatz in die Kirchenordnungen des 16. Jahrhunderts

Die Aufforderung Luthers, die Begräbnisplätze aus den Ortskernen zu verlegen und sie somit auch ihrer weltlichen Nutzung zu entziehen, wurde in zahlreiche evangelische Kirchenordnungen des 16. Jahrhunderts aufgenommen.

Nachdem die Reformation die dogmatische Grundlage für die Zusammengehörigkeit von Kirche und Grab beseitigt hatte, traten neue Gesichtspunkte, wie z. B. die Reinhaltung der Luft in den Städten, als Argument für die Auslagerung der Begräbnisplätze auf. Die Aufrufe der Kirchenordnungen zur Einrichtung von Feldbegräbnissen waren sicherlich häufig eine Reaktion auf die Auswirkungen der Pest, doch läßt sich, wie die folgende Auswahl von Kirchenordnungen des 16. Jahrhunderts zeigen wird, auch unabhängig vom akuten Anlaß eine grundsätzliche Bereitschaft erkennen, die Begräbnisplätze vor die Ortschaften zu verlegen. Leider berücksichtigt Peiter in ihrer Untersuchung der Kirchenordnungen des 16. Jahrhunderts diesen Aspekt nicht.

Schon vor dem Erscheinen der Schrift Luthers „Ob man vor dem Sterben fliehen möge" dachte man in Königsberg 1525 an eine Verlegung des Begräbnisplatzes.[639] In der Bremer Kirchenordnung von 1534 beriet man im Zusammenhang mit der Pest über einen außerörtlichen Friedhof.[640] In Lüneburg setzte man sich bereits 1531

---

[639] Emil Sehling: Die evangelischen Kirchenordnungen des 16. Jahrhunderts. Bd. 4, Herzogthum Preussen. 2. Artikel der ceremonien und anderer Kirchen ordnung Vom 10. Dezember 1525, Leipzig 1911, S. 35. „Von begrebnis. Solchs sol man an einen oder mehr gelegenen orten ausser der stad allhier zu Königsberg haben, die ursach seint leicht zuerkennen, darumb unnötig zuerzelen." Vgl. auch Emil Ludwig Richter: Die evangelischen Kirchenordnungen des 16. Jahrhunderts. Urkunden und Regesten zur Geschichte des Rechts und der Verfassung der evangelischen Kirche in Deutschland. 2 Bde., Weimar 1846, Bd. 1, S. 33.

[640] Richter 1846, Bd. 1, S. 246f. „Unde were wol geraden, sunderlick thor tidt der pestilentie, dat ein Erb. Radt verschaffede wor buten vor den Stadt ein gemenen Kerckhoff, Alse den olden de bruck gewest ys, bei de manck Joeden und Heiden, manck Hilligen unde sündern, de begrebnisse buten der Stadt tho hebben". Die Ausführung ließ aber bis zum Ende des 16. Jahrhunderts, als eine besonders schwere Pestepidemie die Stadt heimsuchte, auf sich warten. Vgl.

ausführlich mit dem hygienischen Aspekt des Begrabens auseinander.[641] Oftmals mahnten auch die Visitatoren zu einer Überprüfung der Zustände auf den Friedhöfen. So trifft man 1551 in Werden in der Mark Brandenburg auf einen Appell zur Einrichtung eines Begräbnisplatzes vor den Stadttoren.[642] Aus dem gleichen Grunde wollte man 1559 in Neubrandenburg das Begraben in der Stadt verbieten.[643] Auch die Verordnung von 1569 in Wolfenbüttel betonte die Vorzüge des außerörtlichen Begrabens.[644] In einer Verordnung des Herzogtums Pfalz-Neuburg von 1576 beabsichtigte man mit der Einführung des Feldbegräbnisses die Wirkung des

---

Klaus Schwarz: Die stadtbremischen Kirchhöfe von der Reformation bis zur Franzosenzeit (1813). In: Bremisches Jahrbuch. Bd. 58, 1980, S. 28f.

[641] Sehling Bd. VI, 1. Tübingen 1955, S. 646f. Christlyke ordenynghe van der scholen und Kerckensacken der stadt Luneborch. Dorch Urbanum Rhegium (1531). „Van kerchoven. De begravynghe halven wer woll nuthlych, dat me de begravyghe der vorstorven vor der stadt up enen herlyken kerchoff hedde myth wartekynghe (= Wahrzeichen, Fußnote 73 im Text) der hystorien und schryften van der upstandyghen Christi und alle de, so yn Christo entslapen synth. (...) Fordernysse de ghesunthyth: wente so de mynsche synes lyves sunthyth dorch de luft hefft und de luft alse eyn subtyll element den mynschen dordryngeth und ym lyve grote voranderynghe maketh, ock allewghe dat ertryke in kerchoven synes parochien openth und denn yngelaten dampt, er uthgheyt,de luft voranderth, so ys ydt lychtlych to vorstann, dat unvorrottede korper yn denn laden (Lade = Sarg, Fußnote 76 im Text) bose damp gheven, dorch welchen yn der stadt de luft unreyne und menschen drade (schnell, Fußnote 77 im Text) vorgyfth werden, dat alle jar stervendes noth tho besorghem ys." 1564 wird die Auslagerung der Begräbnisplätze für das gesamte Herzogtum Lüneburg angeordnet. Ebd., S. 563.

[642] Sehling Bd. 3, Leipzig 1909, S. 342. Kirchen – Visitations – Abschied wegen Werben vom 9.Nov. 1551, „Es bedenken auch die visitatores dieser stadt und gemeine zu verhutnus besorglicher vergiftung geraten und notig sein, das ein gemein begrebnus fur das dor, weil der pfarrkirchof von grebern fast gefullet ist, (...) mechte gelegt werden, und dass gleichwohl auch gestadtet wurde, auf den pfarrkirchof zu begraben, doch dass von den leichen, die dahin begraben wurden, allewege von jeder solte ein gulden zu gemeinen casten zu besserung desselbigen noth fur dem begrebnus gegeben werden." Auf dieses Phänomen, daß die außerörtlichen Friedhöfe zunächst häufig von ärmeren Schichten in Anspruch genommen wurden, werden wir noch häufig stoßen. So heißt es z.b. im Visitations-Abschied der Stadt Lyck vom 7.Nov. 1579 Sehling Bd. 4, 1911, S. 148 „Wer auf dem kirchhofe bei der kirchen begraben wird, soll ein jeder person vom begrebnus der kirchen zu gute 15 sch. geben (...). Auf dem andern kirchhof aber zu begraben, sol ein jeder man frei sein".

[643] Sehling Bd. 5, Leipzig 1913, S. 269. Der hern visitatoren kirchen ordnung in der stadt Newen Brandenburgk anno 1559. „....wollen auch unser gnedige fürsten und herrn endlich haben, das alhie vor der stadt zwei gotsacker oder kirchove ausgesehen und bestelt, dahin man die toten begrebt. Wer wol nun an hinfürter niemantz mehr in der stadt (und stanck und ungesunde luft dadurch zu vermieden) begraben werden. Wer aber je die seinen will auf den kirchof begraben,soll den vorstendern einen gulden, und die in der kirche wollen begraben lassen, vor ein jedes leich fünf gulden den vorstendern geben."

[644] Sehling Bd. VI, 1, Tübingen 1955, S. 174. Kirchenordnung unser von Gottes gnaden Julii, herzogen zu Braunschweig und Lüneburg etc., Wolfenbüttel 1569. „...jedoch ists an etlichen örten aus vielen ursachen nutz und gut, das die kirchöfe ausserhalb den stetten sein, sonderlich da die kirchöfe in der stadt keinen grossen platz haben, so ordnen wir, die kirchöfe in und vor den stetten, auch auf den dörfern, sollen dermassen befriediget werden, also das kein vihe daraufgehen noch schaden thun könne, und da es die notturft erfordert, ausserhalb den stetten an einen gelegen orth kirchöfe oder gottesacker zugerichtet werden."

Bestattungsortes als memento mori zu mindern.[645] Auch hier scheint der außerörtliche Friedhof zunächst der Bestattungsplatz der Ärmeren gewesen zu sein. Grün führt eine Reihe weiterer Beispiele an, in denen die Kirchenordnungen das Begraben in der Stadt weitestgehend unterbinden wollen. Er nennt Gera (1533), Plauen (1533), Leipzig (1557), Henneberg (1582), Stendal und Mühlhausen i.Th., letztere ohne Datumsangabe.[646] Seltsamerweise richteten sich alle diese Warnungen vor der Verunreinigung der Luft durch die innerstädtischen Kirchhöfe niemals gegen die in dieser Hinsicht viel bedenklichere Bestattung in den Kirchen. Auch Mediziner sahen in den Begräbnisplätzen eine Gefahr für Luft, Wasser und die Gesundheit der Einwohner und plädierten bereits im 16. Jahrhundert für eine Auslagerung der Friedhöfe.[646a]

Luthers Anliegen, neue Begräbnisstätten außerhalb der Ortschaften anzulegen, schloß den Wunsch ein, sie als Orte besonderer Ruhe anzusehen, die die Andacht der Lebenden und ihren Glauben an die Auferstehung förderten. Weltliches Treiben und eine profane Nutzung, wie sie auf dem mittelalterlichen Kirchhof üblich waren, sollten nunmehr von den Gräbern ferngehalten werden. Er verstand es als ein Gebot der Achtung vor den Toten, daß man ihre Ruhestätten respektierte und pflegte. Diese Ansicht setzte sich auch in den Kirchenordnungen immer mehr durch. So drängten z.B. die Visitatoren in der Mark Brandenburg darauf, jeglichen Mißbrauch der Friedhöfe zu unterbinden und nötigenfalls zu bestrafen. „Und weil die kirchhöfe der verstorbenen christen, so von christo selig gemacht und am jüngsten tage wider auferweckt werden sollen, schlafheuser sein, sollen die kirchhöfe allewege rein und zierlich gehalten werden, wie wir dann den rethen in stedten, auch schulzen und gemeinen in dörfern, hiemit in ernste auflegen, das sie dieselbigen allenthalben mit mauren, planken oder andern guten zeunen, auch schranken und thüren wol und mit fleisse allenthalben also vermachen, das keine schwein, kühe oder ander viehe darauf kommen können, so soll auch in stedten nicht gestattet werden, das darüber gefahren oder mist, noch ander unflat, wie bishero geschehen, dahin geschüttet werde."[647] Die Appelle, auf den Friedhöfen Ordnung zu halten und die Kritik an ihrer Fremdnutzung in den Kirchenordnungen reißen nun nicht mehr ab. Im damaligen

---

[645] Sehling Bd. XIII, Tübingen 1966, S. 196. General Artikel vom 20. Fbr. 1576. „5. Die begrebnussen und gottesäcker sollen von wegen verkomung (= Erschrecken, Entsetzen, Fußnote 62 im Text), abscheu und schrecken der junge leut, auch der unreinen luft außerhalb der statt und flecken, wo muglich zugericht, auch ehrlich und geburlich gehalten und verwart werden. 6. Wo irgend zwaierlai gottsacker in und außerhalb der statt weren und etwa furnembste leut iren begrebnussen in der statt haben und begeren wurden, soll denselbigen ein solches unverboten sein, doch daß si deswegen ein anzal gelts in gottskasten geben."

[646] Grün 1925, S. 74f.

[646a] Siehe heirzu ausführlich: Barbara Happe: Gottesäcker gegen Mitnacht und freier Durchzug der Winde. Hygiene auf d Friedhof des 18. und 19. Jahrhunderts. In: Jahrbuch des Instituts für Geschichte der Medizin der Robert Bosch Stiftung. Werner Friedrich Kümmel (Hrsg.) Bd. 7 für das Jahr 1988. S. 205–231. Stuttgart 1990.

[647] Sehling Bd. 3, Leipzig 1909, S. 115. Die Mark Brandenburg – Die Markgrafenthümer Oberlausitz und Nieder-Lausitz. – Schlesien. Visitations- und consistorialordnunge von 1573.

Herzogtum Preussen verlangte man 1568: „Soll derhalben der ort sauber, schön und rein gehalten werden und keineswegs gestattet, dass das vieh darauf getrieben oder andere unreinigkeit dahin gebracht werde."[648] In der Grafschaft Oldenburg war man ebenfalls darauf bedacht, die Friedhöfe nicht länger als Plätze zur Verrichtung handwerklicher Arbeiten zu benutzen. „Erstlich sollen die kirchöfe oder gottesacker in oder vor den stedten, auch auf den dörfern ehrlich und löblich umb der auferstehung willen gehalten und für allem misbrauch der weltlichen hendel befriediget werden, also das kein viech daraufgehen noch schaden tun könne, und sonst darauf von prophansachen, als holz, stein und was mehr zum weltlichen brauch gehöret, nicht geleget werden."[649] Dazu zählten auch Tanzspiele und andere allgemeine Volksbelustigungen. Die Kirchenordnung für die Herrschaft Wolfstein appelliert 1574 an die Verantwortlichkeit der Pfarrer: „Zum achten sollen die pfarhern auch darob sein, daß die kirchhof und gottesecker ehrlich und fein sauber gehalten werden, daß man nicht das viehe darauf lasse oder treibe oder an solchen orten spil oder denz oder andere üppige ding verbringe."[650] Auch in Öhringen drängte man darauf, wenigstens die Zimmerarbeiten künftig auf anderen Plätzen auszuführen. „Alß wir auch bericht, das etliche unsere burger zu Öringew, wann sy daselbsten newe bew fürnemen wöllen, das sy das zimmerholtz uf den kirchhoff füern und daselbst bezimmern laßen, waverr dann inner oder ausserhalb der statt andere gelegenheit und blätz vorhanden, so wöllend ein solches auß bewegenden ursachen auch abschaffen. Ebenmessig seyen wie verstendigt, das zur zeit der mittags- oder catechißmuspredigt das büchßenschiessen, auch andere spil und kurtzweil geübet und gehalten werden, welchs aber ergerlich und nit zugedulden."[651]

Das Bestreben in den Kirchenordnungen, nunmehr alle zweckfremden Handlungen vom Begräbnisort fernzuhalten, betraf jedoch nicht das angestammte Nutzungsrecht der Pfarrer, Meßner oder Lehrer. Dieses wurde, wie schon ausgeführt, noch bis in das späte 19. Jahrhundert beibehalten.

Die veränderte Haltung der Reformatoren zum Begräbnis, die in Luthers Schriften und den Kirchenordnungen des 16. Jahrhunderts zum Ausdruck kam, bewog in der Folge zahlreiche Städte, neue Außenfriedhöfe anzulegen. Es setzte eine Welle der Auslagerung allgemeiner Begräbnisplätze ein, die in der Geschichte der christlichen Bestattungsanlagen ein bislang nicht gekanntes Ausmaß annahm. Die neuen, außerörtlichen Friedhöfe ersetzten nun zwar nicht die Bestattung in und um die

---

[648] Sehling Bd. 4, Leipzig 1911, S. 100. Das Herzogthum Preussen. 13. Kirchenordnung und ceremonien, wie es in ubung gottes worts und reichung der hochwirdigen sacrenment in den kirchen des herzogthums Preussen sol gehalten werden. 1568.
[649] Sehling Bd. VIII 1, Tübingen 1980, S. 1108. 2. Kirchenordnung, wie es mit der reinen lere göttliches worts und austeilung der hochwirdigen sacrament, auch allerley christlichen ceremonien und zum heiligen predigambt notwendigen sachen, auch in schulen, in der löblichen Grafschaft Oldenburg sol eintrechtiglich gehalten werden. 1573.
[650] Sehling Bd. 13, Tübingen 1966, S. 586. Kirchenordnung 1574. Herrschaft Wolfstein.
[651] Sehling Bd. 15, Tübingen 1977, S. 353. Öhringen. Kapitels- und Visitationsordnung vom 12. April 1579.

Kirchen, doch ist diese beginnende Auslagerung weit mehr als nur eine Ausnahmeerscheinung, die sich wie bisher auf Notzeiten oder das unehrliche Begräbnis beschränkte. Das tatsächliche Ausmaß der Auslagerung wird in der Literatur durchgehend unterschätzt und als Einzelerscheinung, die die enge Verbindung von Grab und Kirche nicht antaste, bewertet.

In der Literatur besteht allgemeiner Konsens darüber, daß seit der Reformation eine Änderung in der Geschichte des christlichen Bestattunsplatzes eingetreten sei. Die einschlägigen Arbeiten von Boehlke[652], Derwein (1931), Grün (1925), Hüppi (1968), Melchert (1929), Peiter (1968) und Schweizer (1956) sehen zwar eine Tendenz zur Auslagerung von Begräbnisplätzen seit der Reformation, doch nennen sie meist nur einige bekannte Beispiele von außerstädtischen Friedhöfen im 16. Jahrhundert, die als Einzelerscheinung zu betrachten seien. Boehlke stellt fest: „Trotz dieser reformerischen Ansätze konnten sich die Feldbegräbnisse nur schwer gegenüber dem traditionsreichen Kirchhof durchsetzen."[653] Derwein konstatiert: „I. a. waren die ältesten Außenfriedhöfe Ergänzung, nicht Ersatz der Begräbnisstätten im Umkreis der Pfarrkirchen. Aber schon im 16. Jahrhundert finden wir mehrfach, daß mit der Benutzung der neuen Friedhöfe die alten aufgegeben und sogar schon in freie Plätze umgewandelt wurden, z.B. in Halle."[654] Kennzeichnend ist die Haltung von Grün: „Immer mehr sucht man das Begraben in der Stadt, auf dem Pfarrkirchhofe zu vermeiden. Eine Verweltlichung des Begräbniswesens beginnt sich durch die Mitarbeit weltlicher Behörden anzubahnen. Der Frage, an welchen Orten Verlegung, Neuanlage oder Erweiterung des Begräbnisplatzes gewünscht und durchgeführt wurde, kann im einzelnen nicht nachgegangen werden"[655]. Hüppi stellt die Frage nach der Verweltlichung des Begräbniswesens bei den Reformatoren und verweist in diesem Zusammenhang auf einige Beispiele von Außenfriedhöfen in der Schweiz und Deutschland.[656] Melchert geht davon aus, daß die Verordnungen zur Anlage gesonderter Bestattungsanlagen außerhalb der Siedlungen „zumeist örtlich und zeitlich in ihrer Wirkung beschränkt (waren d. Verf.), so daß wir bis zum 18. Jahrhundert, (...) mit dem Friedhof bei der Kirche als Norm rechnen können."[657] Die Untersuchung von Peiter konzentriert sich auf die literarischen Quellen und nicht auf die Realentwicklung der Friedhöfe. Das Verdienst von Schweizer ist es, daß er aus dem Unterschied in der Sinngebung vom katholischen und protestantischen Begräbnis eine Typenbildung im Begräbnisort ableitet, die zugleich „zwei

---

[652] Hans-Kurt Boehlke: Kirchhof – Gottesacker – Friedhof. Wandlungen der Gesellschaft – Wandlungen der Pietät. S. 163-180. In: Im Angesicht des Todes. Liturgie als Sterbe- und Trauerhilfe. Ein interdisziplinäres Kompendium. Bd. 1. (Pietas Liturgica, Bd. 3). St. Ottilien, 1987.
[653] Boehlke 1987, S. 170.
[654] Derwein 1931, S. 100. Zugleich schränkt er ein: „Denn trotz Luthers Ratschlag, neue Friedhöfe abseits von dem Treiben der Lebenden anzulegen, benutzte man doch noch lange meist die alten Begräbnisstätten weiter." S. 81.
[655] Grün 1925, S. 74.
[656] Hüppi 1968, S. 204f.
[657] Melchert 1929, S. 21.

Ausprägungen abendländischer Art widerspiegeln: der Kirchhof und der Friedhof." (...) „Beim katholischen Kirchhof stand dabei mehr das Mittelalter, beim neuzeitlichen Friedhof die Zeit seit der Aufklärung im Vordergrund, denn dies sind die Zeiträume, in denen diese beiden Arten von Begräbnisplätzen ausgebildet wurden."[658] Damit sind auch die zeitlichen Schwerpunkte seiner Untersuchung umrissen.

Einen sehr wichtigen Beitrag zur Lage der Begräbnisplätze im 16. Jahrhundert leistet Schnellbögl in seiner Untersuchung über Friedhofsverlegungen im nordbayerischen Raum. Mit einer Fülle von Beispielen belegt, kommt er zu dem Schluß: „Fast alle Städte unseres Untersuchungsgebietes, die Mittel- und Großstädte, aber auch die meisten Kleinstädte haben, wie wir sahen, im 16. Jahrhundert ihren alten Kirchenbereich verändert, indem sie die Gottesäcker in die städtische Umgebung verpflanzten."[659] Schnellbögl führt die Entfernung der Begräbnisse aus den Städten auf die Pest zurück. Doch zu Recht fragt er, warum man sich erst im 16. Jahrhundert zu dieser Maßnahme entschlossen habe, wenn der „Schwarze Tod" schon seit dem Mittelalter eine weit verbreitete Seuche war. Er nennt zwei Gründe, die die Entschlußkraft im 16. Jahrhundert beförderten: der lawinenartige Bevölkerungsanstieg seit Mitte des 15. Jahrhunderts und die skeptische Haltung der Reformatoren gegenüber der altkirchlichen Vorstellung von der Nützlichkeit der Fürbitte für die armen Seelen.[660] Die Auswirkungen der Stadtentwicklung und der Anstieg der Bevölkerungszahlen müßten, neben den theologischen Aspekten, in eine weitergehende Untersuchung über das Friedhofswesen im 16. Jahrhundert miteinbezogen werden.

Der Beginn der Trennung von Grab und Kirche

Die Auslagerung der allgemeinen Begräbnisplätze im 16. Jahrhundert

Luther hatte, wie oben ausgeführt, das in der mittelalterlichen Theologie gültige theologische Dogma von der Einheit des Gotteshauses und Grabes aufgehoben. Dadurch hat er die Voraussetzung geschaffen, die Begräbnisplätze, die besonders in Pest- und Epidemiezeiten eine besondere Bedrohung für die Hygiene und die Gesundheit darstellten, aus dem Umkreis der Lebenden zu entfernen. Indem er den außerörtlichen Friedhof als eine gleichwertige Alternative zum innerstädtischen Kirchhof ansieht, nimmt er dem Feldbegräbnis dem ihm bis dahin anhaftenden

---

[658] Schweizer 1956, S. 11f.
[659] Fritz Schnellbögl: Friedhofverlegungen im 16. Jahrhundert. In: Jahrbuch für Fränkische Landesforschung 34/35, 1974/75, S. 118.
[660] Ebd., S. 119.

Makel eines unehrlichen Begräbnisses, und so kann die Standortfrage der Begräbnisplätze erstmals nach anderen Gesichtspunkten entschieden werden.[661] Dies erklärt auch, warum dringlich notwendige Schutzmaßnahmen gegen Seuchen in der Bestattung erst so spät in Angriff genommen wurden.

Wenngleich die folgende Untersuchung eine umfassende Bearbeitung der Verhältnisse im Begräbniswesen des 16. Jahrhunderts und insbesondere der Problematik des Umfanges und der Gründe für die Auslagerung nicht ersetzen kann, so zeigt sie doch, wie sehr in der frühen Neuzeit die Bereitschaft gestiegen ist, die Begräbnisplätze vor die Städte zu verlegen.

Nachfolgend stelle ich eine Auswahl von Städten in alphabetischer Reihenfolge zusammen, in denen während des 16. Jahrhunderts außerörtliche Begräbnisplätze angelegt wurden. Die Daten wurden im wesentlichen aus den Inventaren der Baukunstdenkmäler und aus verschiedenen Einzelpublikationen gewonnen. Dabei lieferte mir die systematische Durchsicht der Stadtansichten von Braun und Hogenberg und besonders die Topographia Germania von Merian Hinweise darauf, in welchen Städten eine Nachsuche lohnend schien. Häufig zeigte sich, daß die auf den dargestellten Stadtansichten des 17. Jahrhunderts außerhalb der Städte befindlichen Friedhöfe auf eine Auslagerung im 16. Jahrhundert zurückgehen.

In Altdorf bei Nürnberg erfolgte 1527 auf Veranlassung des Rates der Stadt Nürnberg die Verlegung des Begräbnisplatzes auf ein Gelände außerhalb der Stadt. Altdorf gehörte von 1504–1806 zum Gebiet der Stadt Nürnberg. Der „Friedhof vor dem Unteren Tor" diente ausschließlich der in demselben Jahr evangelisch gewordenen Bevölkerung. An seiner Westseite wurde Mitte des 17. Jahrhunderts eine überdachte Gruftenhalle für besondere Grabmäler angelegt (Abb. 47 und 48).[662]

In Bamberg erwuchs aus einem neben dem Liebfrauen-Siechhaus seit 1564 erwähnten Armen- und Fremdenfriedhof allmählich ein allgemeiner Begräbnisplatz.[663] Wegen der Pest erweiterte Biberach a. d. R. 1574 den außerhalb der Stadt gelegenen alten Siechenfriedhof bei der Magdalenenkapelle; dort wurde fortan die katholische Bevölkerung beerdigt. 1604 erhielt er eine Umfriedung mit Backsteinarkaden.[664] Die Protestanten bestatteten schon bald nach der dort 1523 eingeführten Reformation ihre Toten auf dem Gottesacker beim Spital.[665] Wie bereits erwähnt, wurde in der ersten evangelischen Kirchenordnung von 1534 in Bremen die Anlage außerstädtischer Friedhöfe empfohlen. Dieser Aufforderung

---

[661] Die Vorbehalte in der Bevölkerung gegenüber den Vorstadtfriedhöfen blieben hingegen noch lange wirksam und ließen die außerstädtische Bestattung als eine Diskriminierung erscheinen.
[662] Diese Information verdanke ich der freundlichen Auskunft von Herrn Lengenfelder vom Stadtarchiv Altdorf.
[663] Ament 1929, S. 173 und Mayer 1955, S. 348.
[664] Die Kunst= und Altertums= Denkmale im Königreich Württemberg. Paulus, E. v. & Gradmann, E. (Hrsg.). Inventar Donaukreis. Erster Band Oberämter Biberach, Blaubeuren, Ehingen, Geislingen Bearb. v. Baum, J., Klaiber, H. & Pfeiffer, B., Esslingen 1914, S. 137ff.
[665] Ebd., S. 132.

Abb. 47. „Altdorffische-Prospecten verlegt von Johann Christ. Höflich 1718." Kupferstich von Johann Georg Puschner Stadtarchiv Altdorf b. Nürnberg.

kam man aber erst 1598 nach und legte gleich drei neue Friedhöfe vor den Toren der Altstadt an. Während die Friedhöfe vor dem Brücktor und dem Ostertor nur eine kurzfristige Bedeutung erlangten, bestand der Friedhof vor dem Doventor bis ins späte 19. Jahrhundert.[666] Eine besondere Anlage war der aus der Mitte des 16. Jahrhunderts stammende Friedhof in Buttstädt. „Ursprünglich muss es ein ziemlich regelmäßiges Quadrat mit einer Einfassung nach italienischem Muster gewesen sein, indem nämlich vier Hallen für Erbbegräbnisse rings herum liefen, deren dem Friedhof zugewendete Seite durch Säulenstellungen geöffnet, deren Aussenseite durch die Friedhof-Mauer gebildet wurde."[667] Ein Teil der Hallen an der Nord- und Westseite dieses als Camposanto angelegten Friedhofes mußte späteren Erweiterungen weichen.

Aufgrund der Bevölkerungsentwicklung und der damit verbundenen Erweiterung des Altstadtgebietes wurde in Celle 1536 ein neuer Begräbnisplatz vor dem

---
[666] Schwarz, K., 1980, S. 28ff.
[667] Bau- und Kunst- Denkmäler Thüringens. Heft XIV. Grossherzogtum Sachsen – Weimar – Eisenach. Bearb. v. Lehfeldt, P.. Jena 1892, S. 420. Siehe hierzu die ausführliche Darstellung der Entstehungs- und Entwicklungsgeschichte von Barbara Happe: Einzigartiges Kleinod der Friedhofskunst. Der Buttstädter Camposanto. In: Glaube und Heimat. Wochenzeitung für Thüringen. 6.1.1991, 46. Jg. S. 7.

Abb. 48. Der heutige Zustand der Arkadenhalle.

Hehlentor im Norden der Stadt angelegt.[668] Die vom Kupferstecher Conrad Bruno aufgenommene Stadtansicht im Merian von 1650 überliefert uns die älteste Darstellung des Friedhofes. Ausschließlich Grabplatten bedecken das Gräberfeld, das von einer mit Blendnischen versehenen Mauer umschlossen ist. Die Totenleuchten zeigen die Verwurzelung des Arme-Seelen-Kultes auch bei den Protestanten (Abb. 49). Auch in Coburg war die Zunahme der Bevölkerung schon 1494 der Grund, einen neuen Friedhof nordöstlich des Stadtgebietes einzurichten.[669] 1605 ließ Herzog Johann Casimir zu beiden Seiten des Eingangstores und an der Nordmauer des Salvatorkirchhofes eine Arkadenreihe für Familienbegräbnisse errichten.[670] Leider wurde ein Großteil dieser Anlage bereits zu Beginn des 20. Jahrhunderts wieder zerstört (Abb. 50 und 51). Aus dem gleichen Grunde legte man in Darmstadt 1564 als Ergänzung zu dem Kirchhof an der Liebfrauen-Kirche einen weiteren

---

[668] Jürgen Ricklefs: Der Altstädter Bürgerkirchhof vor dem Hehlentor. Eine Stätte alter Celler Friedhofskultur. In: Cellesche Zeitung vom 8. 8. 1981.
[669] Emil Maurer: Alt-Coburg, Federzeichnungen mit geschichtlichen Erläuterungen von Emil Rädlein. Coburg 1918, S. 13.
[670] Vgl. Bau- und Kunst – Denkmäler Thüringens. Heft XXVIII. Herzogthum Sachsen – Coburg und Gotha. Bearb. v. Lehfeldt, P. Jena 1902. Auf S. 327f wird eine detaillierte Beschreibung der Arkadenanlage gegeben.

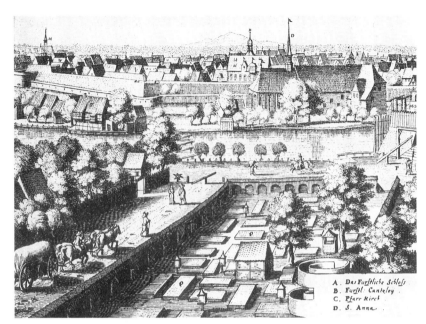

Abb. 49. Der Friedhof vor dem Hehlentor in Celle. Ausschnitt aus der Stadtansicht des Kupferstechers Conrad Buno im Merian von 1653.

Abb. 50. 1605 wurden auf dem Salvatorfriedhof in Coburg Arkaden für bevorzugte Familienbegräbnisse erbaut. In: Jakob Lindner: Album der Herzoglichen Residenzstadt Coburg und seiner nächsten Umgebung zu Ende des vorigen Jahrhunderts. Coburg 1877. Stadtarchiv Coburg Sig. K 1.

Abb. 51. Die Arkaden auf dem Salvatorkirchhof in Coburg. In: Emil Maurer: Alt Coburg. Coburg 1918. Stadtarchiv Coburg. Sig. Coburgica I/76.

Begräbnisplatz vor dem Bessunger Tor, auf dem heutigen Kapellplatz an. „Dieses Grundstück hatte der Rat der Stadt bei den Pestfällen des Jahres 1564 (...) erworben."[671] Doch die Pesttoten wurden auf einem besonderen Gelände südwestlich des neuen Friedhofes begraben. In der Reichsstadt Dinkelsbühl beschloß der Rat der Stadt bereits vor dem Beitritt zur Augsburgischen Konfession, den Kirchhof bei der St. Georgskirche vor die Stadt zu verlegen. In dem Bittgesuch der Stadt an den Augsburger Bischof finden wir folgende Begründung: „... es sei die Stadtgemeinde im Laufe so langer Zeit gewachsen und nehme täglich unaufhörlich zu, so daß die Leiber der Verstorbenen in dem in der Stadt gelegenen Friedhof infolge seines beschränkten Raumes weiterhin ohne Schaden nicht beerdigt werden könnten."[672] Im Jahre 1571 ließ der Rat der Stadt Dresden einen neuen Begräbnisplatz mit einer nach dem Hl. Johannes benannten Kapelle vor dem Pirnaischen Tore erbauen, „da die beiden einzigen Friedhöfe der Stadt, der Frauenkirchhof und der Gottesacker am Bartholomäusspital nicht mehr genügten."[673] Kluge erwähnt, daß dieser Friedhof

---

[671] Esselborn 1935, S. 170.
[672] Dionys Stiefenhofer: Die Verlegung des Gottesackers in Dinkelsbühl. In: Alt-Dinkelsbühl. Mitteilungen aus der Geschichte Dinkelsbühl und seiner Umgebung. 17. Jg., Nr. 4, 1930, S. 25.
[673] Kluge 1937, S. 7.

bei der Bevölkerung sehr beliebt gewesen sei. Nach einer Aufzeichnung eines Kirchners von 1859 besaß der Johanniskirchhof 175 Schwibbögen für die Erbbegräbnisse.[674] Der Friedhof der Reformierten und Lutheraner in Düren geht auf eine private Stiftung an die lutherische Gemeinde aus dem Jahre 1587 zurück.[675] In den ersten Jahren nach der Reformation begruben die Protestanten ihre Toten noch wie die Katholiken auf dem deutschen und lateinischen Kirchhof, die nördlich und südlich der Annakirche gelegen waren. „Später entstanden dadurch Zerwürfnisse zwischen den beiden Konfessionen. Ob aus diesem Grunde oder auf landesfürstliche Anweisung hin der Friedhof an der Paradiesstraße angelegt wurde, ist nicht zu entscheiden."[676] Der erste außerörtliche und zugleich städtische Friedhof in Düsseldorf wurde 1565 auf Veranlassung Herzog Wilhelms nach einer Pestepidemie angelegt.[677] Anfangs wurde der in der Nähe von Derendorf gelegene Notfriedhof auch zur Beerdigung von Armen und Fremden benutzt, später wurde er dann der langsam wachsenden protestantischen Gemeinde zur Verfügung gestellt.[678]

In Eichstätt begannen die Beratungen über ein Verbot der Beerdigung innerhalb der Stadt um 1511.[679] Nach langen Verhandlungen zwischen dem Domkapitel und der Bürgerschaft wurden 1535 schließlich Beschlüsse zum Bau von zwei neuen Gottesäckern gefaßt. 1535 wurde der neue Ostengottesacker eingerichtet, die Ummauerung des sog. Westengottesackers erfolgte 1536. In Eichstätt war man damals sehr auf die Einhaltung einer bestimmten Ordnung bei der Anlage der Gräber und Grabsteine bedacht, daher wurde 1607 eine einheitliche Größe für die Grabplatten festgelegt.[680] Über den alten Friedhof in Eisenach, der nach der Reformation vor das Predigertor verlegt worden war, liegen keine weiteren Angaben vor.[681] Im Jahre 1542 wurde in Eisfeld (Thüringen) ein Friedhof vor der Stadt angelegt. Die

---

[674] Ebd., S. 9.
[675] Jos. Geuenich: Der alte Friedhof der Reformierten und Lutheraner in Düren 1587-1825. Düren 1933, S. 1ff.
[676] Ebd., S. 6. Der sehr weit von der Stadt entfernt gelegene Friedhof wurde zunächst nur von den Reformierten benutzt. Als der Magistrat 1627 den Lutherischen das Begräbnisrecht auf dem „gemeinen" Kirchhof an der Annakirche entzog, wechselten sie auf den Begräbnisplatz der Reformierten über.
[677] Zacher (1982), S. 48.
[678] Ebd., S. 48.
[679] Felix Mader: Geschichte der Eichstätter Friedhöfe. In: Sammelblatt des historischen Vereins. Eichstätt 1920, S. 4f.
[680] Ebd., S. 15. In demselben Jahr hatte man sogar „darüber beraten, ob nicht jeder, der einen Grabstein lege, eine Abgabe zu zahlen habe, die zur Verschönerung, zu künftig mehr Zier und Wohlstand angelegt werden könnte, da die Baulast das Kapital übernommen habe. Gegen diesen Vorschlag hatte der Stadtrat, wie zu erwarten, Bedenken, weshalb man die Frage aufschob. Man ermaß es ferner für löblich, künftig, wie es auch an anderen Orten gebräuchlich, rings an der Mauer und Circumferenz, Portikus und Bögen, und in der Mitte der Mauer gegen den Kuglberg einen Altar, also wohl mit einer Kapelle, zu errichten." Die Grabplätze an der Mauer zu beiden Seiten des Altares sollten für die Geistlichen, Adeligen, Hofgesinde, Beamten und Ratspersonen reserviert bleiben. Der übrige Platz sei für die gemeinen Bürger und die Eingepfarrten bestimmt.
[681] Vgl. H. Helmbhold: Der alte Friedhof in Eisenach. In: Thüringer Kalender 1913.

Hallengänge an der Innenseite der zwischen 1545–1554 erbauten Mauer gaben ihm den Charakter eines Camposanto.[682] So ist auch der Arkadengang des 1527 vor die Stadt verlegten Friedhofes in Eisleben als eine Anspielung auf diesen Anlagetypus zu verstehen.[683] Das Motiv der Arkadenarchitektur auf den Friedhofsanlagen des 16. Jahrhunderts ist nicht auf eine bestimmte Region begrenzt. In Eppan, unweit von Bozen, wurde 1571 der St. Pauls Friedhof eingerichtet, nachdem der an der Pfarrkirche gelegene Begräbnisplatz nicht mehr genügend Raum bot. „Er wird von drei Seiten von Rundbogenarkaden mit toskanischen Säulen und Kreuzgewölben umgeben"[684].

Der Peterskirchhof in Frankfurt, der schon seit 1452 außerhalb der Stadt lag, wurde bis zur Anlage des neuen Hauptfriedhofes im Jahre 1828 der Begräbnisort der lutherischen und reformierten Gemeinden.[685] Die Einrichtung des Nicolaikirchhofes in Freiburg ist mittlerweile eines der bekanntesten Beispiele für die seit dem 16. Jahrhundert beginnende Auslagerung von Begräbnisplätzen. Sie war 1510 von Kaiser Maximilian I. wegen der damals grassierenden Seuchen verfügt worden.[686] Um 1515 wurden auf dem Nicolaifriedhof die ersten Toten beigesetzt.

In der Reichsstadt Giengen wurde seit 1560 auf dem alten Friedhof nördlich der Stadtmauern beerdigt.[687]

Der Gottesacker in Halle a. d. S. ist eines jener berühmten Beispiele für den Einfluß italienischer Arkadenarchitektur auf deutschen Friedhöfen. (Abb. 52–53). Der Friedhof wurde, neben vier weiteren außerstädtischen Begräbnisanlagen, 1529 auf dem Martinsberg, auf dem schon während der großen Pestepidemien um 1350 und 1450 beerdigt worden war, angelegt. Kardinal Albrecht von Hohenzollern hatte diese Maßnahme im Rahmen eines umfassenden Modernisierungs- und Verschönerungsprogramms der Stadt ergriffen.[688] Oleario, der 1674 die erste Monographie über diesen Friedhof verfaßt hat, nennt weitere Gründe. „Nachgehend aber als bey gesegneten Fortgang der reinen Religion/auch das volck und die

---

[682] Bau- und Kunst- Denkmäler Thüringens. Herzogthum Sachsen – Meiningen. II. Band. Bearb. v. Lehfeldt, P.. Jena 1904, S. 141. „Immerhin wirken die Hallen, eine hierorts seltene Nachahmung prächtigerer Arcadengänge des Südens, monumental, zumal sie mit dem Friedhof die starke Ansteigung von Süden nach Norden mitmachen."
[683] Vgl. Cornelius Steckner: Der Genius mit der Fackel. Berliner und Weimarer Ansichten von Kosmos, Kunst und Menschlichkeit im Zeitalter der Vernunft. In: „O ewich is so lanck" Die Historischen Friedhöfe in Berlin-Kreuzberg. Ein Werkstattbericht. Fischer, C. & Schein, R. (Hrsg.). Berlin 1987, S. 190.
[684] Diese Angabe verdanke ich einer brieflichen Mitteilung von Herrn Dr. Erich Pattis aus Bozen. Vgl. auch Erich Pattis: Kirchhöfe im alpinen Raum. Bozen 1984.
[685] Hoffmann 1834, S. 5. Althammer o. J., S. 32 schreibt, daß auf dem Peterskirchhof „seit 1452 durchweg alle nördlich des Mains verstorbenen Frankfurter beerdigt wurden".
[686] Poinsignon 1890, S. 2 ff. Poinsignon zufolge hat Maximilian I. ähnliche Verhandlungen auch in Wien, Graz und Konstanz geführt.
[687] Die Kunst= und Altertums= Denkmale im Königreich Württemberg. Bd. 3. 2. Jagstkreis: Oberamt Heidenheim Bearb. v. Gradmann, E.. Eßlingen 1913, S. 130.
[688] Vgl. Deutschlands Städtebau. Halle an der Saale. Hrsg. vom Magistrat. 2. Aufl.. Berlin 1924, S. 12.

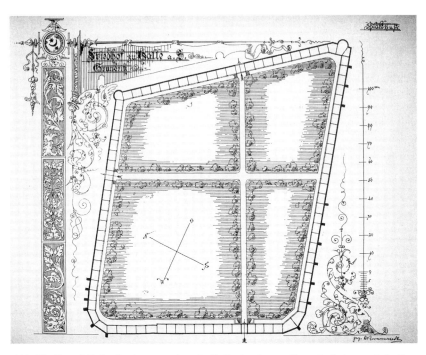

Abb. 52. Grundriß des Stadtgottesackers in Halle. In: August Ortwein & August Scheffers: Deutsche Renaissance. Eine Sammlung von Gegenständen der Architektur, Decoration und Kunstgewerbe in Orginalaufnahmen. Bd. 5. Leipzig 1881-1882, Blatt 11.

bürgerschaft dieser Stadt sich vermehret/hat man die alte Weise/das Begraben auf die Kirchhöfe in der Stadt/aufgehoben/u. diesen schönen gegen Morgen wohlgelegnen erhabnen Platz (...) zum allgemeinen Coemiterio dieser Stadt zuzurichten angefangen".[689] 1563 wurde der Friedhof erstmalig erweitert und in den darauffolgenden Jahren von Nikolaus Hofmann mit einer Arkadenanlage umgeben. In den 94 Schwibbögen, die das unregelmäßige Viereck umschlossen, befanden sich die Familien- und Erbbegräbnisse.[690] Die einzelnen Bögen waren einheitlich gestaltet, obwohl sie von verschiedenen Familien in Auftrag gegeben wurden, und so ist davon auszugehen, daß die 1594 vollendete Anlage auf eine Gesamtkonzeption zurückgeht. Einen weitaus unscheinbareren Außenfriedhof besaß Heidelberg seit dem 16. Jahrhundert. Dieser war zunächst ein im Südwesten der Stadt gelegener

---

[689] Johann Gottfried Oleario: Coemiterium Saxo-Hallense. Das ist/Des wohlerbauten Gottes = Ackers Der Löblichen Stadt Hall in Sachsen Beschreibung: usw.. Wittenberg 1674. Das Zitat ist aus dem „Vorbericht an den Leser" ohne Seitenzahlen.

[690] Carl Gottlieb Dähne: Neue Beschreibung des Halleschen Gottesackers nebst geschichtlichen Bemerkungen über die Gräber und Begräbnisbräuche der Christen. Halle 1830, S. 55ff.

Abb. 53. *Ansicht der Arkaden auf dem Stadtgottesacker in Halle. In: Deutschlands Städtebau. Halle an der Saale. 2. Aufl. Berlin-Halensee 1924.*

Fremdenfriedhof, auf dem aber auch Arme und Bettler, vom ehrlichen Begräbnis ausgeschlossene Einwohner, die nicht das Bürgerrecht besaßen und Soldaten beigesetzt wurden.[691] In Heilbronn entstand offenbar wegen Platzmangel auf dem Pfarrkirchhof die Notwendigkeit, zusätzliche Begräbnismöglichkeiten zu schaffen. „Der Pfarrkirchhof war (1502) „bei sterbenden Läufen dermaßen ergraben, und mit allerlei gemeinem volck erfüllet worden, daß nicht wohl mehr Personen dort begraben werden konnten. „Man half dem Übelstande in der Weise ab, daß an zwei Filialkirchen die Begräbnisse verlegt, bzw. erweitert wurden, und zwar an eine die der „trefflichen Leute" und an die andere des gemeinen Volcks"."[692] In Bad Hersfeld entschloß man sich gegen Ende des 16. Jahrhunderts zur Einrichtung eines Begräbnisplatzes außerhalb des Mauerringes. Am 26. Mai 1590 wurde der Totenacker vor dem Frauentor, etwa 500 m von der alten Begräbnisstätte entfernt, eröffnet. Über die Gründe seiner Entstehung und seine äußere Erscheinung ist wie bei vielen Friedhöfen aus diesem Zeitraum heute nichts mehr bekannt.[693]

---

[691] Herbert Derwein: Vom Heidelberger Begräbniswesen in früheren Zeiten. In: Kurpfälzer Jahrbuch 6, 1930, S. 62f.
[692] Grün 1925, S. 73.
[693] Waldemar Zillinger: Der Friedhof am Frauenberg 1590-1876. Fallstudie Bad Hersfeld im Forschungsprojekt der AFD Kassel. (unveröffentlichtes Manuskript), S. 4-6.

In Isny stiftete Matthäus Buffler 1522 das Grundstück für einen neuen Friedhof. Noch im gleichen Jahr ließ Peter Buffler das Grundstück umfrieden und eine Kapelle darauf errichten. Die Kapelle wurde indes schon zehn Jahre später wieder abgerissen. In die Ummauerung des Friedhofes waren Nischen zur Anbringung besonderer Denkmäler eingelassen.[694] „...vor allem aber sind an die Mauer angebunden oder ihr vorgesetzt bildnischenartige Gedächtniskapellen, deren erhaltene Epitaphe wichtige Denkmale zur Geschichte einzelner Geschlechter der Stadt darstellen."[695]

Der Altstädter Friedhof in Kassel wurde vermutlich 1533 angelegt. Er diente bis 1843 als Begräbnisplatz für die Bewohner der Altstadt und der Oberneustadt.[696] In der 1525 reformierten freien Reichsstadt Kempten wurde 1535 anstelle des aufgelassenen Kirchhofes um die Pfarrkirche ein Friedhof an der Burghalde eröffnet und 1563 ummauert.[697] Mit den Auswirkungen der Reformation entstanden auch in Köln zwei neue Außenfriedhöfe während des 16. Jahrhunderts. Die Protestanten erhielten von einem Glaubensgenossen einen eigenen Begräbnisplatz vor dem Severinstor gestiftet.[698] Gegen Ende des 16. Jahrhunderts erhielten die Protestanten eine weitere Begräbnisstätte, den bekannteren Friedhof vor dem Weyertor im Südwesten der Stadt, der noch bis ins 19. Jahrhundert benutzt wurde.[699]

Leipzig gehört zu den Städten, deren Friedhof über seine örtliche Bedeutung hinaus ein besonderes Ansehen erlangte. Der östlich der Stadt gelegene Johannisfriedhof geht auf eine Leprosensiedlung bei dem St. Johannisspital zurück, das um 1278 gegründet wurde.[700] Im Jahre 1476 wurde er erstmals vergrößert, denn nach einer Verordnung des Kurfürsten Ernst sollten nunmehr alle Verstorbenen aus den eingepfarrten Dörfern und Vorstädten, die nicht das volle Bürgerrecht besaßen, außerhalb der Innenstadt begraben werden. Dies war die erste Vorsichtsmaßnahme, um sich gegen die immer wiederkehrenden Seuchen zu schützen. 1536 erging eine endgültige Verordnung, nach der fortan sämtliche Begräbnisse auf dem Johannisfriedhofe stattfinden sollten, denn es wurde „von wegen der mennge deß Volcks und vorstehenden sterbleufften, so sich fast alle Jahr sorgklich erregt, nit vor guet angesehen, die absterbenden forder in der Stadt zu begraben."[701] Der Friedhof wurde

---

[694] Die Kunstdenkmäler des ehemaligen Kreises Wangen. Bearb. v. Schahl, A., von Matthey, W., Strieder, P. und Graf Adelmann von Adelmannsfelden, G.S.. Stuttgart 1954, S. 171.
[695] Ebd. Die Autoren weisen insbesondere darauf hin, daß diese Anlage sich nicht mit dem später noch zu beschreibenden Friedhof in Wangen messen könne.
[696] Seib (Fallstudie), o.J. (ohne Seitenz.).
[697] Michael Petzet: Stadt und Landkreis Kempten. In: Bayerische Kunstdenkmale, München 1959, S. 23.
[698] Pieper 1905, S. 4.
[699] Ebd., S. 4. „Er ist jedenfalls identisch mit dem Platze, wo im Mittelalter die Hinrichtung und gleichzeitig die Beerdigung gemeiner Verbrecher stattfand."
[700] Paul Benndorf: Der alte Leipziger Johannisfriedhof und die Rats= oder Hospitalgruft. Leipzig 1907, S. 14.
[701] Zit. nach C.C.C. Gretschel: Der Friedhof bei St. Johannis. Leipzig 1836, S. 11. Siehe auch Benndorf 1907, S. 16. „Von diesem Zwange, ihre Verstorbenen am bezeichneten Orte zu beerdigen, blieben noch immer befreit die Adligen, welche Familienbegräbnisse in der Klosterkirche zu St. Pauli und bei den Barfüßern inne hatten oder noch zu erhalten wünschten, ferner die

bei dieser Gelegenheit erweitert und erhielt an der Umfassungsmauer 88 Schwibbögen für die Familienbegräbnisse, die durch nachfolgende Erweiterungen auf 353 Schwibbögen im Jahre 1784 anwuchsen.[702] Zwischen 1783 und 1786 wurde die Rats- oder Hospitalsgruft für Ratsmitglieder, Universitätsverwandte, angesehene Bürger und Adelige erbaut. Sie war der Ersatz für die Grabplätze in der Paulinerkirche, die aus hygienischen Gründen abgeschafft worden waren.[703] Die besondere künstlerische Qualität des Johannisfriedhofes stellte schon Weidemann 1647 in einer enthusiastischen Beschreibung heraus: „Der Gottesacker war mit hohen Mauern, Dächern und Schwiebbögen um und um gar zierlich angebauet, und mit schönen und herrlichen kostbaren epitaphien aus Marmorsteinen, Holzwerck und Mahlwerck, mit biblischen Gemählden, Sprüchen, Figuren, Historien und andern Gemählden, von Bildhauern, Mahlern und Künstlern herrlich geziehret. Die alten Geschlechter, welche vorlängst abgestorben, die hat man nebst ihren rühmlichen Thaten und Herkommen, nach ihren alten Gebräuchen, Trachten, Kleidungen und andern Monumentis allda finden können. In Summa dieser Leipzigische Gottesacker ist sowohl erbauet gewesen, daß wenn fremde Nationes und Völcker anhero kommen, sie denselben als ein Wunder angeschauet, und ist dergleichen Gottesacker an Zierrath, Gebäuden und Gemählden im gantzen römischen Reiche nicht zu finden gewesen."[704] In Lübeck, wo es seit dem 14. Jahrhundert verschiedene Außenfriedhöfe gab, wurde 1597 wegen der Pest der Lorenz-Friedhof, ein späteres Armenbegräbnis, eingerichtet.[705]

Auch in der Reichsstadt Memmingen richtete man 1529 einen neuen Friedhof ein, in dessen Umfassungsmauern sich Rundbogennischen für wertvolle Grabmäler befanden.[706] In Mindelheim kaufte 1582 die Stadt vor dem oberen Tor ein Gartengrundstück, das mit einer Mauer umgeben und 1583 geweiht wurde. 1599 ließ der Stadtherr Fugger hier eine Kapelle in gotisierenden Formen erbauen.[707] Der oben beschriebene alte Süd-Friedhof in München wurde 1563 aufgrund der steigenden Einwohnerzahlen und wegen der Pest in unmittelbarer Nähe zum Sendlinger Tor eingerichtet. 1567 ließ Herzog Albrecht V. hier eine Kapelle errichten.[708]

Universitätsverwandten, welche mit Erfolg Einspruch erhoben, die Geistlichen, Bürgermeister und Ratsherren, sowie alle Stifter von Kirchenvermächtnissen. Sie erhielten weiter das Recht, ihre Toten im Bannkreise des Allerheiligsten beizusetzen. In späterer Zeit trat an Stelle dieser Vergünstigung das Gruftrecht auf dem Friedhofe."

[702] Ebd., S. 12-14.
[703] Benndorf 1907, S. 27. Über den Bau der Ratsgruft liegen keine Quellen vor.
[704] Zit. nach Heinrich Heinlein: Der Friedhof zu Leipzig in seiner jetzigen Gestalt oder vollständige Sammlung aller Inschriften auf den ältesten und neuesten Denkmälern daselbst. Leipzig 1844, S. 1.
[705] Ernst Hagemann: Lübecks Friedhöfe. In: Der Wagen. Ein Lübeckisches Jahrbuch. Brockhaus, P. (Hrsg.), 1952-1953, S. 103.
[706] Tilman Breuer: Stadt und Landkreis Memmingen. In: Bayerische Kunstdenkmale. München 1959, S. 57.
[707] Heinrich Habel: Landkreis Mindelheim. In Bayerische Kunstdenkmale. München 1971, S. 305f.
[708] Schepe 1980, S. 99.

Um das Jahr 1588, nachdem die früheren Begräbnisstätten bei den verschiedenen Kirchen und Klöstern aufgehoben worden waren, wurde in Pforzheim, weit außerhalb der damaligen Stadt, an der Straße nach Eutingen ein neuer städtischer Friedhof angelegt, der 275 Jahre lang für fast zehn Generationen Pforzheimer zur letzten Ruhestätte wurde.[709] In Pösseneck in Thüringen legte man 1530 einen neuen Gottesacker an.[710]

Wie in anderen Städten wurden in der Reichsstadt Regensburg nach der Reformation neue Begräbnisplätze für die Protestanten eingerichtet. Bereits 1528 entstand außerhalb des Jakobstores in der Nähe des Siechenhauses St. Lazarus der Lazarusfriedhof für die evangelischen Bürger von Regensburg[711] und da dieser sich bald als zu klein erwies, wurde schon 1543 vor dem Peterstor der Weih St. Peters-Friedhof als zusätzliche Begräbnisstätte für die protestantischen Einwohner angelegt.[712] Die oberdeutschen Reichsstädte, die sich in der Mehrzahl der Reformation angeschlossen hatten, schufen im 16. Jahrhundert fast ausnahmslos neue Begräbnismöglichkeiten außerhalb der Städte. Infolge der von 1541 ab verbreiteten Pest wurde in Ravensburg 1543 der Friedhof am Pfannenstiel vor dem unteren Tor eingerichtet.[713] Nachdem in Rothenburg o.d.T. der Platz um die Jakobskirche bereits zu Ende des 15. Jahrhunderts mit Gräbern angefüllt war, benutzte man ab 1519 zunächst einen alten Judenfriedhof, und als auch dieser nicht mehr ausreichte, legte man 1590 einen ganz neuen Friedhof vor der Stadt an.[714]

In Saalfeld wurde 1533 anstelle des alten Begräbnisplatzes an der Johanniskirche ein neuer Friedhof angelegt; er ist auf der Stadtansicht von Merian (1650) sehr gut erkennbar. Links des Eingangs befand sich eine sogenannte Begräbnishalle, in welcher die Grabdenkmäler aufgestellt wurden.[715] Schon 1502 stellte der Ratsherr Jost Thiel in Speyer seinen Garten in der Vorstadt Altspeier zum Begräbnis für Arme und Fremde zur Verfügung. Es war der Ursprung des heutigen Alten Friedhofes, der nach dem Augsburger Religionsfrieden von 1555 mitsamt der Gottesackerkapelle in den Besitz der Lutheraner überging.[716] „1608 beschloß der Rat „zum Begräbnis ansehnlicher Leut den Schwibbogenbau (...) auf dem Gottesacker", und 1611 „hat ein Rat die kostbaren Schwibbögen zu Erbbegräbnissen der Vornehmen inwendig

---

[709] Die Kunstdenkmäler der Stadt Pforzheim. Bearb. von Lacroix, E., Hirschfeld, P. & Paeseler, W., Karlsruhe (o.J.), S. 251ff.
[710] Bau- und Kunst- Denkmäler Thüringens. Herzogthum Sachsen -Meiningen. Kreis Saalfeld. Bearb. v. Lehfeldt, P.. Jena 1892, S. 268.
[711] Baur 1970, S. 470.
[712] R. Freytag: Friedhofswanderung. In: Regensburger Anzeiger vom 9.7. 1927.
[713] Die Kunst= und Altertums= Denkmale im ehemaligen Donaukreis. Oberamt Ravensburg. Bearb. von Schmidt, R. & Buchheit, H. Stuttgart und Berlin 1931, S. 53f.
[714] Die Kunstdenkmäler von Mittelfranken. Stadt Rothenburg o.d. T. Bearb. von Ress, A.. München 1959, S. 328.
[715] Bau- und Kunst- Denkmäler Thüringens. Herzogthum Sachsen -Meiningen. Kreis Saalfeld 1892, S. 47f.
[716] Fritz Klotz: Speyerer Friedhöfe in früherer Zeit. In: Vierteljahresheft des Verkehrsvereins Speyer. Herbst 1971, S. 5.

Abb. 54. „Gotische Kapelle auf dem Alten Friedhof, von Südwesten." Kolorierte Federzeichnung eines unbekanntem Künstlers. 15,5 x 26 cm. Stadtarchiv Speyer Bestd. 233/III 74. In den Schwibbögen lagen die Erbbegräbnisse vornehmer Bürger.

der drei Mauern anlegen lassen, weil in der St.-Gorgen-Kirche, wohin die Vornehmen begraben sein wollen, der Platz nimmer zugereicht" (Abb. 54).[717] Der Friedhof wurde 1881 geschlossen und 1958 in eine Parkanalage umgewandelt.[718] Der St. Leonhardskirchhof mit der namensgleichen Kapelle in der südlichen Vorstadt von Stuttgart, der seit 1564 zunächst für die Beerdigung von Pesttoten diente, war bis 1823 in Benützung.[719]

In der katholischen Reichsstadt Wangen im Allgäu wurde 1576 ein neuer Gottesacker auf dem sog. Maierhof vor dem Martinstor angelegt (Abb. 55). Die 1592 erbaute Kapelle im Südosten der Anlage, die dem Hl. Rochus geweiht ist, läßt nach Nestle darauf schließen, daß der Friedhof wegen der Pest vor die Stadt verlegt wurde.[720] Auf dem alten Kirchof in der Stadt wurden noch bis ins 18. Jahrhundert vorwiegend Geistliche und deren Angehöriger bestattet. Der neue Gottesacker hatte eine annähernd quadratische Grundfläche. In seiner östlichen Ummauerung befan-

---

[717] Zit. nach Klotz 1971, S. 6.
[718] Ebd., S. 7.
[719] Hermann Ziegler: Zur Geschichte der Stuttgarter Friedhöfe. In: Deutsche Friedhofskultur 65. Jg., H. 5, 1977, S. 110f.
[720] Walter Nestle: Der Gottesacker der ehemaligen Reichsstadt Wangen i. Allg.. Wangen 1932, S. 10. Diese Vermutung stützt sich jedoch nicht auf entsprechende Quellen, und so räumt Nestle ein: „Doch wird trotzdem noch der laut Inschrift 1628 an der Pest verstorbene Mesner Simon Stehele auf dem ehemaligen Kirchhof beigesetzt".

Abb. 55. Arkaden auf dem alten Gottesacker in Wangen. Photographie, aufgenommen 1980. Landesdenkmalamt Baden-Württemberg. Außenstelle Tübingen.

den sich Nischen zur Anbringung von Epitaphien, „davor legte man eine Wandelhalle, bestehend aus einem offenen Sparrendach auf ziemlich derben, vierseitigen Steinsäulen. Erhalten blieb sie nur auf der Ost-und einem Teil der Südseite. (...) Die große Masse der Bürger wurde in der Mitte bestattet. Für sie in erster Linie war das gemeinsame Hochkreuz bestimmt. Die Einzelgräber muß man sich seit dem 17. Jahrhundert anstelle der in Abgang gekommenen Totenbretter mit hölzernen oder schmiedeisernen Kreuzen geschmückt denken".[721] Die angeseheneren Bürger errichteten sich Epitaphien in den Nischen der Arkadengänge. „Sie bekleideten die städtischen Aemter, kaum einer ist darunter der nicht Bürgermeister, Ratsherr,

---
[721] Ebd., S. 12.

Stadtammann, Syndikus, Stadtphysikus gewesen wäre oder wenigstens eine „Pflegschaft" (Vermögensverwaltung, z.b. des Spitals) gehabt hätte."[722] Schon im 17. und 18. Jahrhundert ging der geschlossene Charakter der Anlage verloren, als einzelne Familien begannen, sich besondere Grüfte in der Art von Familienkapellen erbauen zu lassen, wodurch der Arkadengang in private Andachtsstätten unterteilt wurde. Die älteste Einzelkapelle an der Nordmauer, die um 1700 wiederbenutzt wurde, muß vor 1611 entstanden sein, denn sie ist bereits auf dem Stadtplan von Rauch eingetragen.[723] Der Friedhof in Wangen ist eines der selteneren Beispiele eines katholischen, außerstädtischen Begräbnisplatzes im 16. Jahrhundert mit dieser künstlerischen Qualität. Im thüringischen Weida wurde 1564 ein neuer Friedhof angelegt. An der nördlichen Mauer befand sich seit Ende des 16. Jahrhunderts eine von Rundbögen getragene Arkadenanlage für die Erbbegräbnisse.[724] Ihr gegenüber erbaute man 1608 eine Kanzel. Predigtkanzeln sind auf protestantischen Friedhöfen des 16. Jahrhunderts verschiedentlich im östlichen Maindreieck anzutreffen. Der Friedhof in Weida existiert heute nicht mehr, da das Grundstück durch Schulgebäude überbaut wurde. Nur die sog. Pestkanzel und Reste des Eingangsportales sind noch erhalten. Die Arkadenanlage für die Erbbegräbnisse hat man schon zu Beginn dieses Jahrhunderts in die Ruine der Widenkirche eingebaut.[725] Die kleine Stadt Weiden in der Oberpfalz, die seit 1532 evangelisch-lutherisch war[726], erhielt 1534 ihren ersten Friedhof vor der Stadt. „Schon in den zwanziger Jahren des 16. Jahrhunderts befaßte sich der Rat mit Plänen, den Friedhof, weil er „so eng bei den Häusern lag" und für die aufstrebende Stadt zu klein wurde, vor die Stadtmauern hinaus zu verlegen."[727] Das neue Gräberfeld bei der Heilig-Geist-Kirche war eine rechteckige Anlage mit einer Kapelle am nordöstlichen Rand. Es wurde, wie auf einer Zeichnung von 1860 festgehalten ist, von einer Arkadenanlage, die zur Aufstellung von Grabsteinen diente, umschlossen (Abb. 56). Die Gräber im Mittelfeld waren zu diesem Zeitpunkt fast ausschließlich mit Kreuzen aus Holz oder Schmiedeeisen übersät. In ihrer Mitte erhob sich das Hochkreuz. Die Friedhofanlage wurde 1879 geschlossen, anschließend in eine Grünanlage umgewandelt und später dann mehrmals überbaut.[728] In Weimar wurde 1530 der Friedhof um die Stadtkirche geschlossen und durch Ratsbeschluß verfügt, „daß das Begräbnis „aus merklich bewegenden Gründen" „fürder zu St. Jacob vor dem Tore" sein sollte."[729] Der Jakobsfriedhof war von 1530 bis 1818 die einzige Begräbnisstätte in Weimar.

---

[722] Ebd., S. 12.
[723] Nestle hat ein ausführliches Inventar der Grabdenkmäler erstellt.
[724] Bau- und Kunst- Denkmäler Thüringens. Heft XXV. Grossherzogthum Sachsen – Weimar – Eisenach. Amtsgerichtsbezirk Weida. Bearb. von Lehfeldt, P.. Jena 1897, S. 386f.
[725] Vgl.: Happe 1991.
[726] Diese Auskunft erteilte mir freundlicherweise Frau Krauß, Stadtarchivarin in Weiden.
[727] Josef Kick: Friedhöfe in Weidens Geschichte. In: Der neue Tag Weiden vom 31.10. 1975.
[728] Ebd.
[729] Zit. nach Stapff o. J., Abschnitt: Der Jakobsfriedhof in Weimar. S. 2. Stapff geht, ohne dies allerdings zu belegen, davon aus, daß der Schutz vor der Pest und nicht die 1525 in Weimar eingeführte Reformation der Grund für die Verlegung des Begräbnisplatzes von der Stadtkirche war.

Abb. 56. *Der alte Friedhof in Weiden. Zeichnung von Georg Krauß um 1880. Stadtarchiv Weiden.*

Sie besaß zunächst einen rechteckigen Grundriß, und in ihrer Mitte stand die Jakobskirche aus dem Jahre 1168. Zu Beginn des 18. Jahrhunderts wurden bei mehreren Friedhofserweiterungen sogenannte Erbbegräbnisbogen in der Umfassungsmauer angebracht.[730] In Wiesbaden wurde 1573 der erste außerstädtische Friedhof an der Heidenmauer angelegt. Ursprünglich bestattete man hier nur die Armen. Nach einer Anordnung des Fürsten Georg August von 1690 sollten alle Beerdigungen hier vorgenommen werden. Seither hieß er Bürgerfriedhof.[731] Auch in Würzburg spielte die Pest bei der Einrichtung neuer Begräbnisplätze während des 16. Jahrhunderts eine Rolle. 1540 verlangte das Domstift vom Rat der Stadt, den Domkirchhof wegen Überfüllung mit Pestkranken ganz aufzugeben.[732] 1541 wurde dann als Reaktion auf eine Seuche in Pleichach ein Begräbnisplatz zur Aufnahme der Epidemietoten eingerichtet.[733] 1563 wies Friedrich von Wirsberg den Anhängern der lutherischen Lehre einen weiteren abgesonderten Begräbnisplatz an.[734]

---

[730] Ebd., S. 3ff. Stapff gibt leider keine genauere Beschreibung dieser Bögen.
[731] Herr Buschmann aus Wiesbaden teilte mir diese Auskünfte freundlicherweise brieflich mit.
[732] Anonym: Der Kirchhof zu Würzburg usw., 1859, S. 9.
[733] Ebd.
[734] Nach Angaben von Memminger 1885, S. 8f war dies ein Druckmittel des Bischofes Julius Echter von Mespelbrunn (1573-1617), um die Protestanten von ihrer neuen Glaubenslehre fernzuhalten. Hier stimmt dann allerdings das zuvor zitierte Gründungsdatum mit der Amtszeit des o.g. Bischofes nicht überein.

Zum Abschluß der Darstellung über die Umstände und den Umfang der Auslagerung von Begräbnisplätzen im 16. Jahrhundert, sei auf eine besondere Art von Friedhöfen im östlichen Maindreieck aufmerksam gemacht. Bauer[735] beschreibt im Umkreis von Kitzingen zwölf protestantische Friedhöfe, die wie der bereits erwähnte Friedhof in Weida, eine Freikanzel inmitten des Gräberfeldes und ihr gegenüberliegend ein- oder mehrseitige von Holzpfeilern getragene Arkadengänge besaßen. In Kitzingen selbst war der 1542 angelegte Friedhof ursprünglich an allen vier Seiten von Arkaden umschlossen. „In der Nordostecke befand sich eine Kapelle, so daß sich die Aufstellung einer Kanzel erübrigte."[736] Bauer deutet die zwischen der Mitte des 16. Jahrhunderts und um 1600 entstandenen Kanzeln und Arkaden als einen Ersatz für das Kirchengebäude. „Von der Kanzel hält der Pfarrer die Leichenpredigt und leitet die Begräbniszeremonien; die trauernde Gemeinde nimmt unter dem schützenden Dach der Arkaden Platz."[737] Die Arkaden dienten darüber hinaus, wie schon häufig an anderen Beispielen beschrieben, zur Aufnahme besonderer Grabdenkmäler und Epitaphien.

Zusammenfassung

Die vorliegenden Befunde zeigen, daß das Ausmaß der Anlage von außerörtlichen Begräbnisplätzen im 16. Jahrhundert wesentlich höher war, als bislang angenommen wurde. Wenngleich hier nicht alle außerstädtischen Friedhofsneugründungen des 16. Jahrhunderts erfaßt werden konnten, so lassen die gegebenen Beispiele in Übereinstimmung mit den regionalen Untersuchungsergebnissen von Bauer und Schnellbögl[738] eine allgemeine Tendenz erkennen. Das Spektrum der vorgestellten fünfzig außerörtlichen Friedhöfe reicht von einfachen Armen-und Fremdenbegräbnisplätzen bis zu architektonisch gestalteten Anlagen im Stile von Camposanto-Friedhöfen.

Dieser tiefgreifende Einschnitt in der Geschichte des christlichen Begräbnisplatzes wurde zu einem guten Teil auch vom Protestantismus herbeigeführt und nachhaltig gefördert. Denn mit der Aufhebung des theologischen Dogmas der Einheit von Kirche und Grab und der damit einhergehenden Auflösung der bis dahin

---

[735] Hans Bauer: Friedhofsarkaden und Friedhofskanzeln. Eine regionale Besonderheit in Friedhöfen des Maindreiecks. In: Schöne Heimat 71 Jg. H. 2. 1982, S. 336-341.
[736] Ebd., S. 337.
[737] Ebd., S. 336. Vgl. hierzu auch die umfassende Untersuchung von Otto Selzer: Die Friedhofshalle Marktbreit und ihre Grabdenkmäler. In: Mainfränkisches 52/1968, S. 8. „Diese Form (der Arkadenfriedhof, d.Verf.) entspricht ganz dem evangelischen Ritus, wonach die Predigt den Hauptteil, auch des Begräbnisgottesdienstes bildet. Dabei dienten die Arkaden der Trauerversammlung als Schutz gegen die Unbilden der Witterung, während der Geistliche von einer Friedhofskanzel aus eine oft sehr ausführliche Predigt hielt".
[738] Schnellbögl 1974/75, S. 109. „Erst im 16. Jahrhundert ging man in den Städten daran, die Friedhöfe von den Pfarrkirchen weg vor die Mauern hinaus zu verlegen. Nur in den kleinsten Städten, in den Märkten und Dörfern unterblieb dies vorerst."

unzertrennbaren Gemeinschaft zwischen Lebenden und Toten konnte der Begräbnisort zu einer vom Kirchengebäude unabhängigen Einrichtung werden. Die Loslösung des Grabes vom Kultbezirk ist der Beginn der Entwicklung zum neuzeitlichen Friedhof. Erst nach fast dreihundert Jahren hat dieser Prozeß einen Abschluß gefunden.

Erstaunen muß daher nicht, daß die überwiegende Mehrzahl der ausgewählten Orte, die damit begannen, neue Friedhöfe außerhalb der Stadtgebiete anzulegen, protestantisch waren, sondern daß auch in katholischen Städten Auslagerungen stattfanden. Anlaß für die Verlegungsmaßnahmen waren gesundheitliche Bedenken und der Bevölkerungsanstieg. Pestepidemien und andere Seuchen trugen dazu bei, die Vorbehalte gegenüber einer gewissen Absonderung der Toten zu verringern.

Das Grab in der Kirche hatte indessen auch bei den Protestanten nichts von seiner Wertschätzung eingebüßt und blieb weiterhin ein erstrebenswertes Privileg. Daher war das Feldbegräbnis nicht selten zunächst eine Einrichtung für Arme und Fremde, die, wie die Beispiele in Bamberg, Düsseldorf, Heidelberg, Wiesbaden und Lübeck zeigen, erst mit der Zeit auch von Bürgern benutzt wurde. Die in den evangelischen Kirchenordnungen verschiedentlich festgesetzte Gebührenfreiheit für Feldbegräbnisse macht deutlich, wie sehr die Wahl des Bestattungsortes eine Standesfrage war. Über das Erscheinungsbild dieser Armenfriedhöfe ist m.W. nichts bekannt. Außenfriedhöfe entstanden, wie z.B. in Köln und Würzburg, aber auch dort, wo den Protestanten das Begräbnisrecht an den katholischen Hauptkirchen verweigert wurde.

Mit dem Nachweis von Camposanto-Anlagen oder von daraus abzuleitenden Arkadenumgängen in Altdorf bei Nürnberg, Biberach, Buttstädt, Coburg, Dresden, Eisfeld, Eisleben, Eppan, Halle a.d.S., Kitzingen und den von Bauer beschriebenen weiteren zwölf protestantischen Friedhöfen im Maindreieck, die mit ein- oder mehrseitigen Holzarkaden versehen waren, Leipzig, Wangen, Weida und Weiden gelingt es, einen Vorläufer der Anlagen des 18. und 19. Jahrhunderts wahrscheinlich zu machen. Bisher wurden in der Literatur nur einzelne solcher Anlagen besprochen, z.B. der Stadtgottesacker in Halle, die Gräberhallen in Luzern, auf die noch ausführlicher einzugehen sein wird, oder etwa der berühmte Sebastiansfriedhof in Salzburg. Die in Kunsthandbüchern wie z. B. Bergner[739] und Lübke[740] immer wieder

---

[739] Heinrich Bergner: Handbuch der kirchlichen Kunstaltertümer in Deutschland. Leipzig 1905, S. 175. „Einige wenige Beispiele sind bekannt, wo offenbar in Nachahmung des italienischen Kamposanto der Friedhof von einer Arkadenhalle umgeben war, zu Luzern um die Stiftskirche und Halle 1563-65 von Nik. Hofmann erbaut.

[740] Wilhelm Lübke: Geschichte der Renaissance in Deutschland. Zweite und vermehrte Auflage. Erste Abtheilung. Stuttgart 1882, S. 251f. Im Hinblick auf die Gräberhallen an der Stiftskirche in Luzern schreibt Lübke: „Sie sind diesseits der Alpen vielleicht das einzige Beispiel der großartigen Campo-santo-Anlagen Italiens (...). Es ist ein südlicher Gedanke, für die wohlgepflegten Gräber und Denkmale einen festen architektonischen Rahmen und Hintergrund zu schaffen, während die deutsche Sitte sonst ihre Friedhöfe als Gartenanlagen unmittelbar in die Naturumgebung zu stellen pflegt." Vgl. auch Wilhelm Lübke: Geschichte der neueren Baukunst. Zweite durchgesehene und vermehrte Auflage. Zweite Abtheilung. Stuttgart 1882, S. 91 „Male-

anzutreffende Annahme oder in jüngerer Zeit von Schweizer[741], das Auftreten von Camposanto-Friedhöfen nördlich der Alpen im 16. Jahrhundert sei eine Ausnahme, kann damit widerlegt werden. Gellhorn macht zur Frage der Verbreitung von Camposanto-Friedhöfen im 16. Jahrhundert die ausführlichsten Angaben. „Seit dem 16. Jahrhundert entstanden in den Gebieten des Sächsischen Kunstkreises Friedhofanlagen, welche im Sinne des italienischen Camposanto (Pisa) kreuzgangartig von Hallen um schlossen waren. Die vollendetste ist die in Halle a. S., welche 1530 von Bischof Albrecht von Brandenburg angelegt wurde. Des weiteren sind ähnliche Anlagen in Eichsfeld (1545), Buttstädt, Schleiz sowie in Sorau, Niederlausitz (1563), bekannt geworden. Dieser Baugedanke ist nicht immer durchgeführt worden. Auch in Thüringen finden sich Zwischenformen: Auf dem Friedhof in Weida (1564) ist eine Reihe von Erbgrufthäusern in gemeinsamen Bogenstellungen zusammengezogen; in Altenburg sollen die Gruftkapellen früher einen geschlossenen Kranz gebildet haben."[742] Im folgenden werde ich begründen, inwiefern der Camposanto-Friedhof eine besondere Rolle für die spätere Friedhofsentwicklung im späten 18. und 19. Jahrhundert spielt.

Der Camposanto-Friedhof im 16. Jahrhundert

Die Verbreitung der Camposanto-Friedhöfe in Deutschland seit dem 16. Jahrhundert ist eine Folge der durch die Reformation eingeleiteten Trennung des Grabes vom Kirchenraum. Vergegenwärtigen wir uns zunächst die Grundzüge eines mittelalterlichen Kirchhofes: er bildete eine architektonische Einheit mit der Kirche, und sein geländebedingter, zumeist unregelmäßiger Grundriß war von einer Mauer, einer Hecke oder einem Zaun umfriedet. Das Gotteshaus als religiöses Zentrum gab die Anordnung der Gräber und damit eine besondere Strukturierung der Kirchhofanlage vor, da sich die Wahl einer Grabstelle ausschließlich nach ihrer

---

risch zeigt sich die Anlage des Kirchhofs bei St. Peter (Salzburg, d. Verf.), eins der wenigen in Deutschland vorhandenen Beispiele eines von Arkaden umschlossenen Friedhofes, wie Italien sie liebt."

[741] Schweizer 1956, S. 69. „Die reine Form des Camposanto ist nördlich der Alpen nur selten nachgeahmt worden, am meisten im 16. und 17. Jahrhundert, und zwar vor allem dort, wo Beziehungen zu Italien bestanden, wie zu St. Sebastian in Salzburg oder bei der Hofkirche in Luzern." Schweizer sieht die „peripheren Gruftkapellen" interessanterweise als eine Folge der Vergrößerung von alten Kirchhöfen an. „Beim Ausbau bestehender alter Kirchhöfe entsteht so ein neuer Typus, wobei die Arkaden und Grüfte den Hof und das Gotteshaus ganz oder teilweise einschließen, wie beispielsweise zu St. Peter in Salzburg." Mit dem Phänomen der Camposanto-Friedhöfe als Folge der Enstehung außerstädtischer Begräbnisplätze seit dem 16. Jahrhundert setzt er sich nicht auseinander.

[742] Gellhorn 1918, S. 25.

Nähe zum Altar richtete. Schweizer geht sogar von einer regelrechten Zonenaufteilung des Kirchhofgeländes aus: „Drei Linien umfassen also das Allerheiligste auf dem Kirchhof: Die Umfriedung des Kirchhofs, der Prozessionsweg und die Mauer der Kirche. Sie ergeben eine erste Gliederung der Gesamtfläche, wenn man Kirche und Hof als ein Gräberfeld betrachtet, und bezeichnen die zunehmende Heiligkeit der einzelnen Teilbezirke. Dies ist auch für die Gräberverteilung von Bedeutung, da die Fläche zwischen Kirchhofmauer und Prozessionsweg die am wenigsten gesuchte, die zwischen Weg und Kirchenmauer schon stärker begehrte und endlich die innerhalb der Kirchenmauern selbst die begehrteste war."[743]

Auf den außerstädtischen Friedhöfen des 16. Jahrhunderts fehlte in der Regel die Kirche als kultische Mitte, um die sich die Gräber in einer religiösen Ordnung gruppierten. Die Camposanto-Friedhöfe besaßen einen regelmäßigen, annähernd quadratischen oder rechteckigen Grundriß. Sie waren all- oder mehrseitig von Arkaden oder Gruftkapellen umschlossen, die der begehrteste Bestattungsort waren.

Vergleicht man einen mittelalterlichen Kirchhof mit einem Camposanto, so ist man mit zwei grundsätzlich verschiedenen Bestattungssystemen konfrontiert. Auf dem Kirchhof strebten alle Kräfte zum Altar, zur geistigen Mitte des Kultbezirkes. Die Kirchhofsmauer, die am weitesten vom heiligen Zentrum entfernt lag, war der ungeliebteste Ort, wo z.B. auch die Selbstmörder begraben wurden. Auf dem Camposanto hingegen ließ sich eine Bewegung an die Peripherie beobachten, und wir sahen, daß sich in den randständigen Arkaden und Gruften die Gräber des Adels und reicher Bürger befanden, während auf dem mittleren Feld unter freiem Himmel die Allgemeinheit begraben wurde. Die Aufhebung der örtlichen Verbindung von Grab und Kirche scheint die zentrierenden Kräfte der kultischen Mitte zerstört zu haben, und es fragt sich, welche Kräfte mit dem „Verlust der Mitte" die neue Ordnung im Camposanto herstellen. Man muß auch fragen, warum insbesondere die kreuzgangähnlichen Arkaden der angesehenste Bestattungsort waren. Die Suche nach einer Erklärung für diese Richtungsänderung der zentripetal wirkenden Kräfte auf dem mittelalterlichen Kirchhof zu einer Bewegung an den Randbezirk auf dem Camposanto führte über Umwege.

Die einschlägige Literatur setzt es als selbstverständlich voraus, daß die Camposanto-Friedhöfe in Deutschland von Vorbildern italienischer Friedhofsarchitektur abstammen, die sich im Laufe der Zeit auch nördlich der Alpen ausgebreitet habe. So impliziert etwa die Formulierung von Schweizer, „die reine Form des Camposanto ist nördlich der Alpen nur selten nachgeahmt worden"[744], die Existenz eines ursprünglichen Typus südlich der Alpen. Melchert[745] nimmt an, die Gestaltung des Stadtgottesackers in Halle a. d. S. sei durch die Architektur der italienischen Campisanti beeinflußt worden. Unklar bleibt z.B. auch, worauf

---

[743] Schweizer 1956, S. 68.
[744] Schweizer 1956, S. 68.
[745] Melchert 1929, S. 40. Melchert nennt als in Frage kommendes Vorbild den Camposanto von Pisa.

Röttgen anspielt, wenn sie den Camposanto des Friedrich von Gärtner in München als eine Nachbildung italienischer Vorbilder ansieht.[746] Ohne Mühe ließen sich weitere Beispiele nennen, in denen immer wieder auf die italienischen Campisanti rekurriert wird. Dabei fällt jedoch auf, daß in der gesamten Literatur, wo von Campisanti die Rede ist, kein einziges Beispiel eines italienischen Camposanto-Friedhofes vor dem 19. Jahrhundert, mit Ausnahme desjenigen in Pisa, beschrieben oder erwähnt ist. Auch die Nachsuche in einschlägigen deutschsprachigen Werken über die Kunst der Renaissance in Italien und in allen mir zugänglichen großen westeuropäischen Enzyklopädien erbrachten keinen Hinweis auf italienische Campisanti vor dem 19. Jahrhundert. Bekanntlich ist der Camposanto von Pisa, mit dessen Bau um 1270 nörlich des Dombezirkes begonnen wurde, das älteste und wohl auch einzigartige Beispiel eines Camposanto-Friedhofes in Italien.[747]

Bei keiner von mir beschriebenen Camposanto-Anlage aus dem 16. Jahrhundert konnte eine Verbindung zum Vorbild in Pisa oder zu anderen italienischen Friedhofanlagen ermittelt werden. So ist vorerst die allgemeine Auffassung, die deutschen Campisanti des 16. Jahrhunderts seien eine Nachschöpfung italienischer Sepulkralarchitektur gewesen, auszuschließen.

Einen klärenden Hinweis zum Verständnis der Entstehung und Bedeutung der Arkadenarchitektur auf Friedhöfen gibt uns eine Begebenheit in Luzern. Nach einem Brand der Hofkirche in Luzern im Jahre 1633 wurde der gesamte Kirchenvorplatz, welcher zuvor schon als Friedhof gedient hatte, mit einer unregelmäßigen fünfeckigen Arkadenanlage umschlossen[748] (Abb. 57). Zelger veröffentlichte im Rahmen einer lokalen baugeschichtlichen Studie über den Friedhof bei der Stiftskirche St. Leodegar in Luzern 1937 erstmals ein Ratsprotokoll vom 24. November 1639, das Aufschluß über die Bedeutung des Baues der Friedhofarkaden gibt und daher einen unvergleichlichen Wert darstellt.[749] In diesem Ratsprotokoll wurde ein Bestattungsverbot im Kircheninnern ausgesprochen und gleichzeitig festgelegt: „Von jetzt ab sollten jene Glieder des Patriziates, die „Herren Rät und Hundert", welche früher keine eigenen Gräber in der Kirche besaßen, ihre eigenen Gräber auf dem neugewonnenen Friedhofsplatz innerhalb der neuen Hallen zugewiesen erhalten, und zwar sollten jedem Ratsherrn des Täglichen Rates drei Gräber, den Mitgliedern des Grossen Rates je zwei Gräber zustehen in der Reihenfolge, wie man in den Rat gekommen war. Hierauf geht das Protokoll auf jene Herren vom Rat und Hundert über, welche bereits in der Kirche ihre Begräbnisstätte hatten. Ihnen wurde die gleiche Anzahl Gräber zuerkannt, die sie einst in der Kirche hatten; nur hatten sie

---

[746] Röttgen 1984, S. 297.
[747] Vgl. Propyläen Kunstgeschichte. Bd. 6, 1972, S. 321.
[748] Adolf Reinle: Die Kunstdenkmäler des Kantons Luzern. Bd.II Die Stadt Luzern: I. Teil. Basel 1953, S. 201.
[749] Franz Zelger: Der Friedhof bei der Stiftskirche St. Leodegar in Luzern. Eine baugeschichtliche Studie. Erweiterter Separatabzug aus den „Zeitglocken" Nr.21 und 22 vom 7. und 22. November 1937, Beilage zum „Luzerner Tagblatt", o.J.

Abb. 57. Luzern, Friedhof im Hof. Nach Titelblatt des Kunstalbums Nr. 14 (jüngstes datiertes Blatt vom 22. Juni 1826). Zentralbibliothek Luzern. Man erkennt die deutliche Trennung in ein Mittelfeld mit einfachen Gräbern und die Arkaden mit den privilegierten Gräbern.

sich zu gedulden, bis der Hallenbau weitere Fortschritte gemacht haben würde."[750] Laut Halder mußten sich diejenigen, welche kein Anrecht auf ein Grab in den Arkaden besaßen, im offenen Feld der Anlage nach der Reihe begraben lassen.[751] In dieser Verfügung wurden die alten Anrechte auf ein Kirchengrab auf eine Grabstelle in den Arkaden übertragen, Kirchengrab und Arkadengrab wurden einander gleichgestellt. Die Arkaden auf dem Friedhof wurden als Annex der Kirche angesehen und waren somit ein angemessener Ersatz für eine Grabstelle innerhalb der Kirche.

Entsprechend erhielten auf den außerstädtischen Campisanti die Gräber in den Arkaden die gleiche Wertschätzung wie zuvor ein Grab in der Kirche, in den

---

[750] Ebd., S. 11. Für Zelger, S. 1. sind die Friedhofsarkaden an der Hofkirche in Luzern „... eine Anlage, welche nach Lübke das einzige Beispiel einer italienischen Camposanto-Anlage diesseits der Alpen bietet. Während die deutsche Sitte den Friedhof als einen Garten in die Naturumgebung einzubetten pflegt, liebt es der Süden, für Gräber und Denkmäler einen architektonisch geschlossenen Hintergrund zu schaffen."

[751] Gottlieb Halder: Die Friedhöfe der Stadt Luzern. In: Luzern im Wandel der Zeiten. Heft 42, Luzern 1968, S. 15.

angrenzenden Kreuzgängen oder Seitenkapellen. Ariès beschreibt ähnliches vom Cimetière des Innocents in Paris. „Im 15. und 16. Jahrhundert bildeten die ihn umlaufenden Galerien seinen würdigeren Teil (...) und jede Arkade der Galerie barg eine Grabkapelle, die den Seitenkapellen gleichgestellt war, die man seit dem 14. Jahrhundert den Seitenschiffen der Kirchen eingliederte und die manchmal bedeutenden Persönlichkeiten (...) als Grabstätten dienten. Der freie Innenraum blieb Beisetzungen -vor allem der Armen (...) vorbehalten."[752]

Schien es zunächst so, daß das Aufkommen der Camposanto-Friedhöfe ein Bruch mit der kultischen Tradition bedeutete, so zeigt sich nun, daß die Idee der Arkadenarchitektur, als ein wesentlicher Bestandteil eines Camposanto, aus der Vorstellung einer Grabstätte im Kirchenraum geboren wurde. Damit waren auch die an die Peripherie des Friedhofes drängenden, den Kultraum offenbar sprengenden Kräfte auf dem Camposanto zunächst wieder gebunden, denn die Bedeutung der Arkaden als eines besonderen Bestattungsorts ergab sich aus ihrer Gleichstellung mit einem Kirchengrab und somit an dem Festhalten an einem abstrakten religiösen Zentrum.

Schweizer beschreibt den Bau von Arkaden und Gruftkapellen als eine Folge der Vergrößerung von alten Kirchhöfen. „Beim Ausbau bestehender alter Kirchhöfe entsteht so ein neuer Typus, wobei die Arkaden und Grüfte den Hof und das Gotteshaus ganz oder teilweise einschließen, wie beispielsweise zu St. Peter in Salzburg. (...) die Bevorzugten, die bisher an der Kirchenmauer oder gar in der Kirche begraben sein wollten, ruhen nunmehr an der Kirchhofsmauer. Diese Wanderung vom Kern der Anlage zu ihrer äußeren Begrenzung zeigt deutlicher als vieles andere den Einbruch der Moderne in den uralten Kultraum, der zum Aufgeben des ursprünglichen Grundgedankens, des Hindrängens zum Altar und zum Heiligengrab, geführt hat."[753] Schweizer sieht in dem Bau von Arkaden eine Verdrängung der Bedeutung des alten Kultraumes auf dem Kirchhof, also eine Abkehr von der Kirchenbestattung und damit eine Zerstörung des Systems Kirchhof. Die Entwicklung der außerstädtischen Friedhofsanlage seit dem 16. Jahrhundert und insbesondere der Campisanti berücksichtigt Schweizer nicht, da er, wie bereits erwähnt, sein Schwergewicht auf die beiden Haupttypen der christlichen Bestattungsanlagen, den mittelalterlichen Kirchhof und den modernen Friedhof, legt. Diese polarisierende Sichtweise verstellt ihm den Blick auf einen sich seit dem 16. Jahrhundert herausbildenden Übergangstypus und auf das keimhafte Entstehen einer modernen Bestattungsanlage. Meines Erachtens zeigt sich der allmähliche Einbruch in mittelalterliche Bestattungstraditionen nicht als Auflösungserscheinung der sich aus dem Dogma der Gemeinschaft der Heiligen ergebenden kultischen Ordnung auf den Kirchhöfen. Erst die Trennung des Grabes von der Kirche, als Zeichen seiner Herausnahme aus dem mittelalterlichen Totenkult, und die Einrichtung außerstädtischer Friedhöfe im 16. Jahrhundert, schuf die Voraussetzung für neue Akzente in der Bestattung. Die

---

[752] Philippe Ariès: Bilder zur Geschichte des Todes. München/ Wien 1984, S. 24.
[753] Schweizer 1956, S. 69.

Ambivalenz der Wirkungsweise von systemsprengenden und systembewahrenden Kräften, einerseits war das Grab auf dem außerstädtischen Friedhof dem Wirkungskreis des Kultraumes entzogen, andererseits entstand das Arkadengrab aus seiner Gleichstellung mit dem Kirchengrab, veranschaulicht den Übergangscharakter des Camposanto zwischen einem mittelalterlichen Kirchhof und einem modernen Friedhof.

Diese Entwicklung wirkte sich auch auf die Bedeutung eines Grabplatzes aus. Das Motiv zum Erwerb eines Grabes in den Arkaden und Gruftkapellen wurde nun allmählich aus dem theologischen Bedeutungszusammenhang herausgelöst. An die Stelle der religiösen Heilserwartung, die beim Erwerb eines Grabes in der Kirche vorrangig war, trat nun allein der Wunsch nach weltlicher Repräsentation und individuellem Nachruhm. Eine der wichtigsten Folgen der Trennung von Grab und Kirche war, daß die Lage des Grabes seine Bedeutung für das postmortale Geschehen verloren hatte. Die kultische Ordnung auf dem Kirchhof wurde durch die Ordnung der gesellschaftlichen Hierarchie auf dem Friedhof ersetzt. Das Begräbnisfeld wurde erneut in Zonen aufgeteilt, nur spiegelten die verschiedenen Grablagen nun allein die soziale Gliederung auf dem Bestattungsfeld wider. Die Arkaden, die Gruftbauten am Rand der Friedhöfe und die Umfassungsmauern haben ihre Bedeutung als besonderer Bestattungsort bis ins 19. Jahrhundert hinein nicht mehr verloren. Die Beschreibungen der Friedhofsanlagen und die Verordnungen des 18. und 19. Jahrhunderts zur Plazierung der Grabmäler zeigten, daß die besondere Bedeutung des Grabes an der Mauer auch für die Entwicklung des modernen Friedhofes charakteristisch blieb.

In den Friedhofsentwürfen von Furttenbach d. Ä. und Furttenbach d. J. von 1628 und 1653 ist die gesellschaftliche Gliederung des Bestattungsfeldes in idealtypischer Weise konzipiert. Der Entwurf von 1628 zeigt einen Friedhof mit quadratischem Grundriß. Er ist in vier gleich große Begräbnisfelder unterteilt, die an allen vier Seiten mit insgesamt „160 bedeckten Begräbnussen" umgeben sind, um die dort aufgestellten Grabsteine vor zu schneller Zerstörung durch Witterungseinflüsse zu schützen (Abb. 58).[754] Den „bedeckten Begräbnussen" sind Arkadengänge vorgelagert. Im Zentrum des Friedhofes steht eine Kapelle „darinnen können grosse Herren ihre Begräbnussen haben".[755] In den vier offenen Höfen können „die gemeinen(n) Personen zur Erde bestattet werden".[756]

Im Entwurf von 1653 ist die soziale Gliederung der verschiedenen Grablagen noch weiter differenziert. Der rechtckige Friedhof ist durch vier gepflasterte Wege, die zu der Kapelle im Zentrum führen, in vier gleiche Felder unterteilt. Furttenbach d. J. unterscheidet analog einer sozialen Hierarchie drei Zonen auf dem Friedhof. Er nennt zuerst die „Herren Regenten" und „Adelichen familien", die in „gantz bedeckhten Gängen beygesetzt" werden, dem Mittelstand und angesehenen Perso-

---

[754] Joesph Furttenbach: Architectura Civilis. Ulm 1628, S. 76.
[755] Ebd., S. 77.
[756] Ebd.

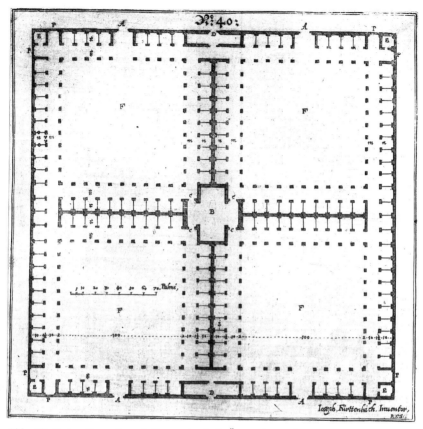

Abb. 58. *Entwurf von Joseph Furttenbach d. Ä. zu einem Gottesacker von 1628. In: Furttenbach, a.a.O., 1628. A: Vier Eingänge. B: Kapelle für die Gräber „grosser Herren". C: Eingänge der Kirche. D: Zugänge zu den Wohnungen der Totengräber. E: Beinhäuser. F: Vier Höfe zur Bestattung der „gemeinen Personen". m: Arkaden. n: 160 überdachte Begräbnisse, die jeweils mit einem Gitter umschlossen sind. P: Acht große Fenster.*

nen weist er Gräber „an der innersten Mauren/mit fürhangendem Dach" an. Den Bürgern und gemeinen Leuten werden wiederum die Grabplätze unter freiem Himmel überlassen.[757] Die kultische Einteilung des Begräbnisfeldes, wie sie Schweizer für den mittelalterlichen Kirchhof beschrieb, ist nun durch eine, die gesellschaftliche Hierarchie widerspiegelnde, Zoneneinteilung ersetzt.

---

[757] Joseph Furttenbach der Jüngere.: GottsAckhers Gebäw/Der Fünffzehende Theil. usw. Augsburg 1653.

Grundmann stellt in seiner Untersuchung der Gruftkapellen des 18. Jahrhunderts in Niederschlesien und der Oberlausitz ebenfalls die Frage nach der entwicklungsgeschichtlichen Bedeutung des Camposanto für die Gruftkapellen und stellt zwei Möglichkeiten zur Disposition. „Entweder nimmt man den italienischen Campo Santo zum Ausgangspunkt oder den mittelalterlichen Verteidigungskirchhof. In beiden Fällen wird man als das gleiche Endglied der Entwicklung die Einzelkapelle des 18. Jahrhunderts finden."[758] Die Entwicklung der Gruftkapellen aus dem Camposanto verläuft nach Grundmann folgendermaßen: Das Atrium der hellenistisch-römischen Basilika, in dem bekanntlich Bestattungen vorgenommen wurden[759], ist Ausgangspunkt für den italienischen Camposanto. „Diese so typisierte Campo-Santo Hallenanlage hat, wie alles Italienische ihren Weg über Tirol nach Deutschland genommen. Das älteste entwicklungsgeschichtlich wichtigste Bindeglied scheint hierbei der in der Art der italienischen „chiostri" von einem regelrechten Kreuzgang umzogene Domfriedhof in Brixen gewesen zu sein."[760] Diese Annahme setzt voraus, daß es schon vor dem Bau des Brixener Kreuzganges, der am Ende des 12. Jahrhunderts begonnen wurde, Camposanto-Friedhöfe in Italien gegeben habe.[761] Grundmann bleibt den Beleg hierfür schuldig. Als eigenständiges, von der Kirche losgelöstes Architekturelement tauche der Camposanto erstmals auf dem Salzburger Petersfriedhof auf und lasse „das Vorbild italienisch-tirolischer Gestaltung erkennen"[762]. Doch der Petersfriedhof erhielt erst sehr spät, um 1626/27, seine Arkadenumrahmung.[763] Der Sebastiansfriedhof in Salzburg wurde hingegen schon 1595 im Stil eines Camposanto angelegt.[764] Nach Grundmann vollzieht sich nun auf dem Stadtgottesacker in Halle, wo die umliegenden Gruften keinen begehbaren Arkadengang mehr bilden, sondern als zusammenhängende Einzelkapellen ausgebildet sind, der entscheidende Schritt auf dem Wege zur Einzelkapelle des 18. Jahrhunderts.

Seine zweite Argumentationslinie, die Entwicklung der Gruftkapellen vom mittelalterlichen Verteidigungsfriedhof aus, besagt: „Neben diese eben klargelegte Entwicklungskurve vom italienischen Campo-Santo zu den mit peripherisch angeordneten Einzelkapellen umgebenen deutschen Friedhöfen, wie sie in Niederschlessien im 18. Jahrhundert vorkommen, tritt eine eingangs erwähnte parallele Entwicklungsmöglichkeit, die sich mit der eben gezeichneten im Endresultat deckt. Ihr Ausgangspunkt ist der mittelalterliche Verteidigungsfriedhof."[765] Als Beispiele

---

[758] Grundmann 1916, S. 59.
[759] Vgl. hierzu Ludwig Joutz: Der mittelalterliche Kirchenvorhof in Deutschland. Diss. Berlin 1936. Joutz liefert einen wesentlichen Beitrag zur Entwicklung und Funktion des Atriums im mittelalterlichen Kirchen- und Klosterbau.
[760] Grundmann 1916, S. 60.
[761] Karl Atz: Kunstgeschichte von Tirol und Vorarlberg. Bozen 1885, S. 145.
[762] Grundmann, S. 60.
[763] Das älteste Kloster im deutschen Sprachraum. St. Peter in Salzburg. 3. Landesausstellung 15. Mai – 26. Oktober 1982. Salzburg 1982, S. 177.
[764] Conrad Dorn: Der Friedhof zum Heiligen Sebastian in Salzburg. Salzburg 1969, S. 9.
[765] Grundmann 1916, S. 63f.

hierfür „seien die Arkaden des alten Verteidigungsfriedhofes von Kitzingen genannt, der Friedhof zu Marksteft weist an zwei Seiten offene Arkaden auf, desgleichen zu Marktbreit. Auch in Mainbernheim finden wir an der Südwest- und teilweise an der Nordseite des Kirchhofes Holzarkaden."[766] Alle letztgenannten Beispiele stammen nicht aus dem Mittelalter; diese Friedhöfe wurden, wie bereits erwähnt, im 16. Jahrhundert als außerstädtische Begräbnisplätze angelegt. Ihre Arkaden dienten nicht der Verteidigung, sondern zu Bestattungszwecken und als Unterstand der Trauernden während der Leichenpredigt. Der These von Grundmann, „daß die peripherisch am Kirchhofsrand angeordneten Kapellen (...) Endglieder einer Entwicklung sind, die in den Friedhofsarkaden des italienischen Campo-Santo oder des deutschen Verteidigungskirchhofes ihren Ausgang nimmt"[767], ist deshalb in dieser Form nicht zuzustimmen.

Zusammenfassung

Mit dem Auftreten des Camposanto-Friedhofes in Deutschland während des 16. Jahrhunderts entsteht ein neuer Typus des Begräbnisplatzes. Der Camposanto kann als ein Bindeglied in der Entwicklung des christlichen Bestattungsplatzes vom mittelalterlichen Kirchhof zum modernen außerstädtischen Friedhof angesehen werden. Nach dem Verlust der kultischen Mitte durch die Aufgabe des Grabes an der Kirche und dem damit einhergehenden Verlust der traditionellen Hierarchie in der Bewertung eines Grabes nach seiner Nähe zum Altar entsteht ein neues, Kräfte bindendes System. Durch die empirisch belegte Gleichstellung der Arkadengräber mit einem Grab im Kircheninneren erfährt die Peripherie die höchste Wertschätzung auf den außerstädtischen Camposanto-Friedhöfen. Gleichzeitig hat die Lage eines Grabes seine Bedeutung für das Jenseits verloren. An die Stelle der religiösen Ordnung der Gräber auf dem Kirchhof tritt die gesellschaftliche Hierarchie auf dem Camposanto. Es läßt sich nun bis ins 19. Jahrhundert weiterverfolgen, daß die Gräber an der Friedhofsmauer oder an der Peripherie des Friedhofes stets die höchste Wertschätzung genossen und hierin ist ein Zusammenhang zum Arkadengrab des Camposanto-Friedhofes zu sehen.

---

[766] Ebd., S. 64.
[767] Ebd., S. 65.

Gartenkunst und Friedhofsanlagen

Nach der Darstellung des Ursprunges der modernen Friedhofsanlagen und ihrer Entwicklung zwischen 1750 und 1870 soll im folgenden eine in der aktuellen Auseinandersetzung über die Entstehung des modernen Friedhofes wichtige Annahme geprüft werden.
  In den vergangenen dreißig Jahren wurde immer wieder die These vertreten, der englische Landschaftsgarten sei Vorbild für die Anlage außerstädtischer Friedhöfe im obengenannten Zeitraum gewesen. Das von Hirschfeld in seiner „Theorie der Gartenkunst" entworfene idealtypische Bild einer Friedhofsanlage, welche diese Vorstellung stark geprägt hat, wird im folgenden kritisch diskutiert werden müssen.

Der englische Landschaftsgarten als Vorbild für die Friedhofsanlagen des 18. und 19. Jahrhunderts. Eine kritische Diskussion der aktuellen Sichtweise

Zur Idee des englischen Landschaftsgartens gehören vielfältige Strömungen in der Gartenkunst, die seit 1720 in England und rund fünfzig Jahre später in Deutschland eine neue Gartenkunst prägten. Ihnen war die Abkehr von der bisherigen Formenwelt des geometrischen Gartens gemeinsam. Als Ausgangspunkt der Entwicklung des Landschaftsgartens, dessen ausführliche Darstellung nicht Gegenstand dieser Untersuchung sein kann, wird allgemein der 1718 von Alexander Pope angelegte Garten in Twickenham angesehen. In Deutschland gilt der ab 1770 entstehende Park in Wörlitz bei Dessau als eines der frühesten Beispiele des englischen Gartenstiles. Sein Bauherr Fürst Leopold Friedrich Franz von Anhalt-Dessau ließ später auch den geometrischen Begräbnisplatz in Dessau anlegen. Es folgen 1774 die „Englischen

Anlagen" in Hohenheim unter Herzog Karl Eugen von Württemberg und, unter Mitwirkung Goethes, die Umwandlung des Parkes in Weimar ab 1778, um nur einige der frühesten Beispiele zu nennen.

Die unverkennbaren Merkmale des Landschaftsgartens sollen, insoweit sie für den Vergleich mit den Friedhofsanlagen relevant sind, hier kurz skizziert werden. An die Stelle der geometrisch zugeschnittenen Natur im höfisch-barocken Garten trat im englischen Garten die Naturschönheit als höchstes Leitbild der Gestaltung. Der Gartenarchitekt wurde zum zweiten, vollkommeneren Schöpfer der Natur. Er verdichtete auch heute noch so empfundene, sogenannte romantische Stationen, wie z.b. murmelnde Bächlein und wilde Felslandschaften auf engem Raum. Bemerkt sei, daß in dem Wunsch, Natur in einem Garten künstlich herzustellen, ein nicht aufhebbarer Widerspruch liegt. Bekanntlich war die Abkehr vom geometrischen Garten und die Hinwendung zur Natur ein häufiges Thema in der zeitgenössischen Philosophie und Literatur, welche wiederum Rückwirkungen auf die Gartenkunst hatte. Rousseau wird hier mit seiner Schilderung eines von menschlicher Hand unberührten Gartens in „La nouvelle Héloise" eine hervorragende Bedeutung eingeräumt.[768] In ähnlicher Weise empfand Schopenhauer den regelmäßigen Garten als Zeichen der Unterjochung der Natur durch den Menschen.[769] Hallbaum hat in seinem bis heute grundlegenden Werk über die Entstehung des Landschaftsgartens die Grundzüge und verschiedenen Phasen seiner Gestaltung dargelegt.[769a]

Dem Leitbild der Natur folgend, wurden in einem englischen Garten alle geometrischen Formen in Grundriß und Binnengliederung aufgelöst. An die Stelle von Rechteck und Quadrat trat ein unregelmäßiger Plan. Die Vegetation entfaltete sich scheinbar in natürlichem Wuchse. Diente sie im barocken Garten häufig zur Akzentuierung der Wegeführung, scheinen sich die Wege im Landschaftsgarten in die natürlichen Gegebenheiten eines Geländes und seiner Bepflanzung einzufügen. Die rechtwinkeligen Wegekreuze verschwanden zugunsten der geschwungenen Linie. Das ideale Terrain des Landschaftsgartens war ein leicht hügeliges Gelände, in dem sich beispielsweise Denkmäler oder Ruheplätze wie zufällig einfügen sollten und Ausblick auf andere Teile des Gartens gewährten. Alle Elemente eines Landschaftsgartens fügten sich zu einem Erlebnisprogramm, welches beim Besucher bestimmte Gefühle und Imaginationen auszulösen suchte. Die Vorstellung der Identität von Natur und Kunst bewirkte, daß sich die Grenzen zwischen Garten und umgebender Landschaft verwischten. Der Gartentheoretiker Grohmann schreibt: „Der Englische Garten muß also auch nicht umzäunt sein; denn die Gegend, die Ansichten außerhalb des Gartens gehören noch zur Bildung dieser Landschaft."[770]

In der Diskussion der These, der Landschaftsgarten sei schon vor der Mitte des 19. Jahrhunderts Vorbild für die Friedhofsplanung gewesen, muß als erstes geklärt

---

[768] Marie-Luise Gothein: Geschichte der Gartenkunst. Bd. 2. Jena 1914, S. 384.
[769] Hallbaum 1927, S. 27.
[769a] Vgl. auch den Überblick von Adrien von Buttlar: Der Landschaftsgarten. München 1980.
[770] Johann Christian August Grohmann: Neue Theorie der schönen Gartenkunst. Theil 2. Leipzig 1797, S. 223.

werden, inwieweit sich die Gestaltungsprinzipien des englischen Landschaftsgartens tatsächlich auf den damaligen Friedhöfen finden lassen.
Zunächst soll kurz ein Einblick in den Stand der Diskussion gegeben werden. Für Keller eröffnete die Verlegung der Friedhöfe vor die Tore der Stadt die Möglichkeit, eine „großräumigere Anlage der Friedhöfe zu schaffen", wo „landschaftliche Anlehnung den neuen Gestaltungsideen entgegenkamen".[771] „Auch in Bremen setzte dieses Bestreben kurz nach 1800 ein."[772] „Dabei wirkten sich die Auffassungen und Ideen, die zur landschaftlichen Gartengestaltung geführt hatten, zunächst weiter auf die Anlage dieser Ruhestätten aus. Es entstanden Parkfriedhöfe, deren Anlage nur unter Mitwirkung von Gartenkünstlern denkbar war."[773] Die Beispiele Kellers für Parkfriedhöfe in Bremen stammen jedoch aus der Zeit nach 1870. Hinsichtlich der Neuanlagen am Buntentor, Doventor und Herdentor zu Beginn des 19. Jahrhunderts räumt er ein, daß sie in „gleichmäßig rechteckige Grabfelder" aufgeteilt gewesen seien.[774]

Peiter hält die Wandlung im Erscheinungsbild der Friedhöfe für eine Folge der veränderten Auffassung vom Tode seit der Mitte des 18. Jahrhunderts an. In der Kunst des Klassizimus wurden barocke Todesdarstellungen durch solche der Antike ersetzt. „Das empfindsame Gemüt erträgt nicht den direkten Anblick des Todes; es kann ihn nur in verklärtem Licht durch ein heiteres Bild und eine schöne Form hindurchschimmern sehen."[775] „Alles, was auf den Tod hindeutet, wird mit dem Schönen kaschiert. Die Begräbnisstätte trägt Aussehen und Namen eines Gartens."[776] Als Folge der Ausbreitung des „englischen Naturparks" verändere sich das Bild des Friedhofes.[777] Peiter belegt diese Annahme mit literarischen Quellen wie den „Wahlverwandtschaften" und verweist auf eine Verfügung von 1845 aus Aachen, welche ein Bepflanzung der Friedhöfe mit schönen Hecken vorschreibt. Weiterhin nimmt sie ausführlich Bezug auf Voit, auf den später noch gesondert einzugehen sein wird. Ihre Ausführungen bleiben zu ungenau, wenn sie einerseits schreibt: „Die Verquickung der Gartenanlage mit dem antiken Grabmal muß als ideale Lösung des Friedhofsproblems gelten" und gleichzeitig feststellt: „Da für den Friedhof jedoch gewöhnlich nur ein begrenzter Raum zur Verfügung steht, wird man sich damit begnügen müssen, den „Leichengarten" nach dem Gesetz der strengen Regelmäßigkeit und Ordnung" zu gestalten."[778]

Auch für Schweizer ist die Auslagerung der Friedhöfe Teil eines Verdrängungsprozesses des Todes. In der Entwicklung der Begräbnisstätte vom ausgehenden

---
[771] Herbert Keller: Die Entwicklung des öffentlichen Grüns in der Freien Hansestadt Bremen. Diss. Hannover 1958, S. 120.
[772] Ebd., S. 121.
[773] Ebd., S. 122.
[774] Ebd., S. 122.
[775] Peiter 1968, S. 294.
[776] Ebd., S. 295.
[777] Ebd., S. 283.
[778] Ebd., S. 295.

Mittelalter bis zur „neueren Zeit"⁷⁷⁹ beobachtet er den Bedeutungswandel von einem memento mori zu einem Ort der Versöhnung. Auf letzterem bediene man sich zur Kaschierung des Todes des Einsatzes der lebendigen Natur. „Die Hauptbeispiele für solche Versuche sind der Parkfriedhof und der Waldfriedhof."⁷⁸⁰ „Der Gottesacker, schon seinem kultischen Mittelpunkt entfremdet, verwandelte sich so in ein Kunstwerk, in einen Park oder Garten, der zu Seelen der Hinterbliebenen sprechen sollte."⁷⁸¹ Den Wandel vom „Totenhof" zum Park belegt Schweizer mit einem Gedicht Klopstocks, in dem dieser die Frage stellt, warum die Toten nicht in „blühenden Talen beisammen oder in Hainen vereint" lägen. Der Hinweis auf das Gedicht Klopstocks muß insofern verwundern, als Schweizer keine konkreten Beispiele aus der Friedhofsentwicklung nennt. Er fährt fort: „Mehr und mehr wurde er (der Friedhof, d.Verf.) als Stimmungsquell angesehen, und auf nichts legen die modernen Friedhofsordnungen mehr Wert als auf die Erweckung und Erhaltung einer für passend erachteten Friedhofsstimmung."⁷⁸² Belege sind nun Friedhofsordnungen aus Rapperswil von 1931, aus Köln von 1926 und aus Magdeburg von 1826. Sie lassen eine Grundproblem in der Argumentationsführung erkennen. Schweizer gibt keinen klaren Zeitraum für den von ihm angenommen Übergang des Kirchhofs zum Friedhof an. Er stellt relativ unvermittelt Belege aus dem frühen und späten 19. Jahrundert nebeneinander, so daß letztlich unklar bleibt, zu welchem Zeitpunkt sich die Entwicklung zum parkartigen Friedhof vollzieht. In den großen Bögen, mit denen Schweizer die Friedhofsgeschichte beschreibt, geht deshalb leider ihr genauer Ablauf verloren.

Die zwei folgenden Autoren begründen ihre Annahme vom Einfluß des Landschaftsgartens auf die Friedhofsgestaltung des späten 18. Jahrhunderts in ähnlicher Weise. Memmesheimer und Evers entwerfen ein Szenario, welches das Auftauchen von Grabbauten in Parkanlagen erklärt und zugleich Gültigkeit für den damaligen allgemeinen Bestattungsplatz beansprucht. Die von Memmesheimer und Evers benutzten Bilder sind dabei weitestgehend dieselben.

Für Memmesheimer stellt sich die Entwicklung im Begräbniswesen nach Abschaffung der Gräber an und in den Kirchen folgendermaßen dar. „Stattdessen entstehen für bedeutende Entschlafene Einzelgrabmäler in freier Landschaft und weiträumige Friedhöfe außerhalb der Stadtbezirke, die durch aufgelockerte Bepflanzung von Bäumen und Sträuchern Verwesungsvorgänge aufsaugen und die Luft rein erhalten sollten. Diese Forderungen nach reich umpflanzten Gräbern kommen dem Klassizismus, der alles Antike begeistert aufnimmt, entgegen. Aus der griechischen und römischen Mythologie war das Elysium überliefert als ein Gefilde mit schattenspendenden Bäumen, in denen die Verstorbenen glücklich weiterlebten, auch kannte man aus derselben Quelle die von Okeanos umspülte Insel

---
[779] Schweizer 1956, S. 178.
[780] Ebd., S. 179.
[781] Ebd., S. 180.
[782] Ebd., S. 180.

der Seligen, auf der die Helden nach dem Tode entrückt, ein paradiesisches Leben führten."[783] Bei Evers findet sich dieser Punkt wie folgt beschrieben: „Grabdenkmäler und Grabbauten im Freien sind als integrierte Bestandteile des Landschaftsgartens mit in die Utopievorstellungen eingeschlossen, die den Landschaftsgarten als Elysium, als Paradies charakterisieren. Die griechische und römische Mythologie überliefert das Elysium als den Ort, wo die Toten unter schattenspendenden Bäumen weiterleben ebenso wie auf der vom Okeanus umspülten Insel der Seeligen, wo die Toten ein paradiesisches Dasein führen."[784] Für beide Autoren decken sich die Vorstellungen vom Elysium mit denen des „längst vergangenen Arkadien, dem Land vollkommenen Glücks"[785], wie sie in dem Gemälde von Poussin „Et IN ARCADIO EGO" in einer der beiden Deutungen von Panofsky zum Ausdruck kommen. Panofsky hatte 1936 in seiner berühmt gewordenen ikonologischen Untersuchung die doppelte Bedeutung des Sarkophags in der Landschaft als Vanitasmotiv bzw. als elegischer Topos für das glückliche Weiterleben der Verstorbenen in Arkadien dechiffriert.[786] Dieser letzteren Deutung schließt sich bei Memmesheimer als weiteres Bild des Szenarios „das durch die Natur hervorgerufene, rein gefühlsmäßige Stimmungserlebnis in den Schriften Jean Jacques Rousseaus" an[787], und Evers nimmt auf das Grab von Rousseau auf der Pappelinsel Bezug und gibt dessen Rezeption durch Hirschfeld wieder. Memmesheimer und Evers gehen dann auf die Aussage des Grabmales im Landschaftsgarten ein. Für Memmesheimer ist es, analog zu Panofsky, neben einem Vergänglichkeitssymbol „Sinnbild für die Sehnsucht nach dem Toten nach der harmonischen, unendlichen Welt des Jenseits. In dieser Bedeutung tritt es als Träger melancholischer Stimmung in Wechselwirkung mit der umgebenden Landschaft."[788] Evers schreibt: „Die Landschaft erfüllt die Sehnsucht des Toten nach der harmonischen Welt im Jenseits. Zwei wesentliche Aspekte fördern die weite und nachhaltige Verbreitung der Grabstätten in Parklandschaften: Die Landschaft sichert dem Toten das harmonische Übergehen in die Natur, während gleichzeitig am architektonischen Grabmal die menschliche Erinnerung an den Toten einsetzt."[789] Wie Memmesheimer berücksichtigt Evers auch den hygienischen Aspekt bei der Verlegung der Gräber „auf die Friedhöfe im Stil der Landschaftsgärten außerhalb der Städte und Ortschaften"[790] und schließt: „Der vernunftgemäße Bestattungsort ist der Friedhof, der bezeichnenderweise als Landschaftsgarten aufgefaßt wird".[791] Beide Autoren beschreiben die

---

[783] Paul Arthur Memmesheimer: Das klassizistische Grabmal. Eine Typologie. Diss. Bonn 1969, S. 74
[784] Evers 1983, S. 79.
[785] Memmesheimer 1969, S. 74.
[786] Konrad Hoffmann: Arkadien in Antike und Abendland. In: Humanistische Bildung, H. 5. Die Antike und ihre Wirkung auf die Kunst Europas. Stuttgart 1982, S. 18ff.
[787] Ebd., S. 75.
[788] Ebd., S. 75.
[789] Evers 1983, S. 81.
[790] Ebd., S. 84.
[791] Ebd., S. 83.

Bedingungen für das Entstehen von Einzelgrabstätten in fürstlichen Gärten und Parkanlagen. Die Umstände dieser besonderen Bestattungssituation treffen m. E. nicht auf den alltäglichen gemeinen Begräbnisplatz zu, und mir scheint, daß beide Autoren eine fälschliche Übertragung von Phänomenen der „hohen" Kultur auf die Alltagswelt vornehmen.

Anknüpfend an den Entwurf von von Sckell für einen Mannheimer Friedhof, auf dessen besondere Bedeutung ich später noch eingehen werde, geht Hallbaum dem Motiv des Parkgrabes nach. Er sieht es aus einem neuen Naturgefühl und pantheistischer Weltanschauung heraus entstanden, als Ausdruck einer „harmonischen Wiedervereinigung des Menschen mit der Natur".[792] Da die Bestattung im Park für einen großen Teil der Bevölkerung nicht zu ermöglichen sei, entstand nach Hallbaum die Idee, „Friedhöfe als Landschaftsgärten zu gestalten, ihnen die Form von öffentlichen Parks zu geben und selbst bescheidenen Gräbern wenigstens die Würde des natürlich Schönen mitzuteilen".[793] Doch bestünde angesichts der praktischen Erfordernisse, die Gefahr, „ob die natürliche Einförmigkeit und Vielheit kleiner Parzellen nicht gewisse Zugeständnisse nach der Seite des Regelmäßigen, insbesondere der regelmäßigen Wegeführung bedinge. Das Individualgrab muß sich also auseinandersetzen mit dem Reihengrab, die natürliche Freiheit mit dem kommunalen Ordnungsprinzip."[794] Wenngleich das private Parkgrab m. E. nicht ursächlich für landschaftsgärtnerisch gestaltete Friedhöfe war, so spricht Hallbaum mit dem Widerstreit von Einzelgrab und Reihengrab einen wichtigen Aspekt an.

Allen genannten Autoren, die den Landschaftsgarten als Vorbild für die Friedhofgestaltung im späten 18. und frühen 19. Jahrhundert ansehen, ist gemeinsam, daß sie ausschließlich außerhalb des Forschungsgegenstandes liegende Quellen zur Begründung heranziehen. Keiner der Autoren weist den tatsächlichen Einfluß der von ihnen genannten Phänomene auf die damalige der Friedhofsgestaltung nach. Sie belassen es bei der Zusammenführung zeitgleicher Strömungen, ohne deren wechselseitige Abhängigkeiten genauer zu klären.

---

[792] Hallbaum 1927, S. 180.
[793] Ebd., S. 180.
[794] Ebd., S. 180.

Hirschfelds Einfluß auf spätere Theorien über die Entstehung des modernen Friedhofes

Kein Autor hat die Theoriebildung über die Entstehung des modernen Friedhofes so sehr beeinflußt wie Hirschfeld mit seiner bedeutenden „Theorie der Gartenkunst"(1779–1785)[795]. Leider wird jedoch häufig das von ihm entworfene Idealbild mit der Wirklichkeit der damaligen Friedhöfe verwechselt.

Nach Hirschfelds Auffassung war der Begräbnisort ein Garten, und Gärten hatten bei Hirschfeld die Aufgabe, die Einbildungskraft und Empfindungen der Besucher anzuregen. In seiner Einteilung der Gärten gehörte der Friedhof zu den melancholischen Anlagen. Er sollte den Besucher in eine traurige und ernste Stimmung versetzen. Hirschfeld empfahl mit Rücksicht auf die Hygiene, Begräbnisplätze außerhalb der Städte anzuweisen, und sie mit einer niedrigen Mauer, einem Graben oder Zaun, nicht aber mit einer „ängstlichen Einsperrung" zu versehen. In der Theorie des Landschaftsgartens mußte eine natürliche Verbindung zwischen dem Garten und der anschließenden Landschaft hergestellt werden. So gibt Hirschfeld genau an, in welcher Umgebung ein Friedhof liegen solle. „Kein heller See, keine weiten fröhlichen Gefilde in der Aussicht, keine heiteren Rasen in dem innern Bezirk. Ein finsterer angränzender Tannenwald, ein dumpfigtes Gemurmel fallender Wasser in der Nähe, vermehrt die heilige Melancholie des Orts."[796] Auch die Bepflanzung im Inneren des Friedhofes müsse auf die Bestimmung des Ortes hinweisen. „Die Bäume müssen durch braunes und dunkles Laub die Trauer der Scenen ankündigen; Nadelhölzer gehören besonders wegen ihrer Steifigkeit und ihres Ernstes in diese Pflanzung. Diese Bäume können bald einzeln über den Gräbern sich erheben, bald sich in dichte Gruppen und in kleine dunkle Hayne zusammen schließen, die zugleich von wohlriechenden Pflanzen duften. Diese Gruppen und Hayne können selbst die Gräber merkwürdiger Personen in sich fassen, und durch Denkmäler und Inschriften veredelt werden, die dem Spaziergänger Empfindungen oder Betrachtungen anbieten, die er auf der geräuschvollen Bühne der Welt nicht findet. Hie und da können über den frey liegenden Gräbern zerstreute Gruppen trauern, oder kleines Gesträuch mit stillem Mitleiden über den weißen Stein hinhängen. In den Gruppen können einsame Sitze am Fuße der Gräber stehen, und das Auge plötzlich auf eine überraschende Inschrift fallen lassen."[797]

Der Besucher wird in dieser sorgfältig arrangierten Begräbnislandschaft nicht seinen eigenen Empfindungen überlassen. Zwischen Pflanzungen eingestreute bauliche Staffagen gemahnen an den Ort der Trauer. Sie begleiten ihn bei seinem Gange über den Friedhof, stimulieren und lenken seine Gedanken. „Bedeckte

---
[795] Christian Caius Lorenz Hirschfeld: Theorie der Gartenkunst. 5 Bde. Leipzig 1779-1785.
[796] Ebd., Bd. 5, S. 118.
[797] Ebd., S. 118f

Hallen mit weinenden Bildern des Schmerzes in halb oder ganz erhabener Arbeit, oder mit kurzen rührenden Inschriften, oder mit erhabenen Lehren an den umher wandelnden Sterblichen; Trauergebäude, Todtenkapellen, Sitze der Melancholie, Denkmäler, die sich hier häufen, und daher eine große Mannichfaltigkeit der Erfindung fordern, gehören zu den Verzierungen eines großen mit Geschmack angelegten Begräbnißplatzes. Sie können sich bald in den düstern Bezirk schattenreicher Pflanzungen verschließen, bald an der plötzlichen Wendung eines dunkeln Ganges überraschen, bald zwischen den Gruppen hin in der Ferne erscheinen, und das zweifelnde Auge zu sich rufen."[798] Anpflanzungen dominieren in dieser Friedhofslandschaft, und selbst die Grabmäler treten hinter der Vegetation zurück. „Doch darf kein Monument entblößt und frey in seinem vollen Lichte da stehen; es muß sich halb hinter dem Schleyer eines Baumes zu verbergen suchen, oder, von irgend einem Gesträuch beschattet, in einer kleinen Dämmerung zu schlummern scheinen. Diese Scenen sind hier einer großen malerischen Anordnung fähig. Die Lichter und Schatten fallen hier zwischen den dunkeln Pflanzungen und den weißen Steinen der Grabmäler stärker, und können zu außerordentlichen und lebhaft überraschenden Wirkungen vertheilt werden. Das Ganze muß ein großes, ernstes, düsteres und feyerliches Gemälde darstellen, das nichts Schauerhaftes, nichts Schreckliches hat, aber doch die Einbildungskraft erschüttert, und zugleich das Herz in eine Bewegung von mitleidigen, zärtlichen und sanft melancholischen Gefühlen versetzt."[799]

Hirschfeld entwirft hier eine großartige Szenerie, in der alle Bestandteile, wie die Bepflanzung und die baulichen Elemente zu einer weitläufigen Stimmungslandschaft zusammengefügt werden, um den Besucher in eine bestimmte Gefühlslage zu versetzen. Dieser an eine malerische Komposition erinnernde Entwurf, den Hirschfeld selbst mit einem Gemälde vergleicht, hat jedoch nichts mit einer an der praktischen Umsetzung orientierten Friedhofsplanung gemeinsam. Stellt man nun Hirschfelds Entwurf den in der vorgelegten Arbeit ausführlich beschriebenen, zwischen 1750 bis 1850 neu entstandenen Friedhofsanlagen gegenüber, so zeigt sich, daß seine Vorschläge keinerlei Einfluß auf die Friedhofsgestaltung dieses Zeitraumes hatten. Darüber hinaus konnte kein Beispiel einer Friedhofsplanung nachgewiesen werden, in der auf Hirschfeld Bezug genommen wurde.[800]

Einige Beispiele genügen, um zu verdeutlichen, wie wenig sich Hirschfelds Vorstellungen mit den Reformbestrebungen im damaligen Friedhofswesen vertrugen. Nach Hirschfelds Auffassung war der Begräbnisplatz eine großräumige Anlage, deren unscheinbare Umfriedung den fließenden Übergang zur Landschaft nur unmerklich unterbrechen sollte. Dagegen hatte der damalige kommunale

---

[798] Ebd., S. 119.
[799] Ebd., S. 119.
[800] Vgl. Jakob Atzel: Ueber Leichenhäuser vorzüglich als Gegenstände der schönen Baukunst betrachtet. Stuttgart 1796, S. 20. Atzel bedauert, wie wenig Hirschfelds Ideen die Friedhöfe verändert hätten. „Die Kraft bleibt im Papier stehen, und dringt – wo Verschönerungs=Räthe fehlen – nicht hin zu der ersten Gewalt, die zur allgemeinen Anordnung da ist."

Friedhof eine beschränkte Ausdehnung und seine Umfriedungsmauer trennte den Bestattungsbezirk bewußt von der Umgebung ab.[800a]

Die Plazierung der Grabmäler in Hirschfelds Entwurf orientiert sich am Einzelgrab im Park. Sie stellt die ästhetische Wirkung des Grabes in der Landschaft in den Vordergrund und kümmert sich nicht um pragmatische Aspekte wie z.B. die Art der Belegung. Auf dem allgemeinen Begräbnisplatz war man indessen darum bemüht, jegliche Regellosigkeit, die, wie vielfach erwähnt, an die chaotischen Zustände auf den alten Kirchhöfen und Feldbegräbnissen erinnerte, zu unterbinden. Von diesen Grundsätzen diktiert, entstanden meist geometrische Anlagen, auf denen aus rein praktischen Erwägungen heraus nach der Reihe begraben wurde.

Bei Hirschfeld ist die Bepflanzung Mittel zur Komposition einer ästhetischen Friedhofslandschaft. Auf dem kommunalen Begräbnisplatz ist hingegen der ästhetische Aspekt der Bepflanzung ihrer hygienischen Funktion untergeordnet. Nur bei den unter Typus D beschriebenen Friedhöfen wird außer der regelmäßigen Randbepflanzung der Wege die Bepflanzung als freieres Gestaltungsmittel eingesetzt.

Beachtet man den grundlegenden Unterschied zwischen dem Idealentwurf Hirschfelds und der damaligen Friedhofswirklichkeit, so ist es umso erstaunlicher, wenn dem Beitrag Hirschfelds heute ein so wichtiger Anteil an der Entwicklung des Friedhöfe seit der Aufklärung zugeschrieben wird. Zacher schätzt beispielsweise die Bedeutung von Hirschfeld für die Friedhofsgestaltung folgendermaßen ein: „Eine wichtige theoretische Grundlage für die gärtnerische Gestaltung der Friedhöfe war das Werk von CH. Hirschfeld „Die Theorie der Gartenkunst". (...) Hirschfeld empfahl bestimmte Pflanzen, die eine allegorische Bedeutung für die Trauer und Auferstehung haben. Die Trauerweide und Trauerbirke, die dunkle Tanne, die immergrünen Lebensbäume, die südländische Zypresse und aufstrebende Pappel wurden zu klassischen Friedhofsbäumen. Hinzu kamen Büsche, die aromatische Düfte verbreiten, Blumenbeete und Teppiche von Moos und Efeu. Hirschfeld wünschte die Bepflanzung des Friedhofs so üppig und dicht, daß sie die Grabmäler fast verbarg und so über die eigentliche Bestimmung des Ortes hinwegtäuschte. Seine Vorstellungen sind im 19. Jahrhundert in einem hohen Grad realisiert worden."[801] Auch Richter sieht in Hirschfeld einen geistigen Wegbereiter für die Erneuerungen im Begräbniswesen Ende des 18. Jahrhunderts: „Die im Klassizismus, besonders aber bei den Gartenhistorikern wie Hirschfeld nachweisbaren und einem subjektiven Naturverständnis entspringenden Empfindungsmodi wie das Angenehme, Melancholische, Romantische und Feierliche wurden gerade für „Begräbnißörter", wie C.C.L. Hirschfeld sich ausdrückt, als Grundlage der

---

[800a] R. Schütze: Samen für den Gottesacker. Leipzig 1885, S. 92. Schütze fordert sogar noch im späten 19. Jahrhundert dazu auf, an dieser Tradition festzuhalten. „Durch die durchsichtigen eisernen Gitter bekommt der Friedhof etwas öffentlich Gartenmäßiges, und es will der Idee des Friedhofes, es will dem frommen Gefühl, welches die Ruhe der Todten als eine ungestörte verlangt, widerstreiten, den Ruheort so dem Verkehr der Straßen, den Blicken der Vorübergehenden preisgegeben zu wissen."

[801] Zacher 1980, S. 395.

Friedhofsplanung empfohlen."[802] Gleichzeitig beurteilt Richter die Empfehlungen Hirschfelds zur Bepflanzung der Friedhöfe recht kritisch, da sie mit ihrem Bild eines sentimentalen Stimmungsquells die „friedhofskulturelle Entwicklung negativ beeinflußt" habe.[803]

Erneut muß kritisch angemerkt werden, daß die referierten Autoren den postulierten Einfluß Hirschfelds auf die Friedhofsentwicklung vor 1850 nicht ausreichend am empirischen Material überprüfen.

Die Hypothese, der Friedhof des späten 18. und frühen 19. Jahrhunderts habe sich unter dem Einfluß des englischen Landschaftsgartens zu einer parkartigen Anlage entwickelt, ist mittlerweile zu einem festen Klischee geworden, das sich durch die gesamte heutige Literatur zum Thema Friedhof zieht.

Wie sehr der Topos vom Landschaftsgarten die heutige Rezeption des Friedhofes im frühen 19. Jahrhundert bestimmt, soll nur exemplarisch vorgestellt werden. In Meyers Lexikon liest man unter dem Stichwort Friedhof: „Ab 1750 erhielten die Friedhöfe unter engl. Einfluß gärtner. und parkähnl. Gestaltung."[804] Diese Vorstellung verbindet sich auch mit dem Kommentar von Beines zur Anlage des geometrischen Melatenfriedhofes in Köln im Jahre 1810. „Einerseits sollte das öffentliche Grün=Friedhof ebenso wie zeitgenössische Parkanlagen, Ausflugsziel für die städtische Bevölkerung sein, der „Erbauung des Gemüths" dienen, andererseits, unter dem Einfluß aufklärerischen Gedankenguts, belehrenden Charakter haben: der Friedhof als Massenkommunikationsmittel für moralisch höhendes Gedankengut fungieren. Dem Lustwandelnden konnten die breit und rechtwinklig angelegten Wege, umsäumt von Baumreihen, dienen, der Bildung die staffelweise aufgestellten, von den Wegen her gut einsehbarer Monumente mit ihren jeweiligen ikonographischen Aussagen sowie den ausgedehnten Inschriften auf ihnen."[805] Erst kürzlich wurde wieder auf das Vorbild des englischen Gartens für die Friedhofsarchitektur zu Beginn des 19. Jahrhunderts verwiesen. „Diese Friedhofspläne eröffneten neue Möglichkeiten für die ästhetische Gestaltung. Das Vorbild englischer Gartenarchitektur (...) bestimmte nun die Friedhofspläne."[806] Nach Matsche-von-Wicht wird der am Ende des 18. Jahrhunderts abklingende Gräberkult in privaten Parks von einer neuen Friedhofsplanung aufgefangen. „Stattdessen gestaltete man nun, wie schon Hirschfeld 1785 vorgeschlagen hatte, die neuen Friedhöfe außerhalb der Städte in Art von melancholischen Landschaftsgärten. Man pflanzte

---

[802] Gerhard Richter: Die Wandlung des friedhofsarchitektonischen Erscheinungsbildes für die Zeit von 1750 bis 1850. In: Vom Kirchhof zum Friedhof. Wandlungsprozesse zwischen 1750 und 1850 (Kasseler Studien zur Sepulkralkultur, Bd. 2). Kassel 1984, S. 139.

[803] Richter 1985, S. 37.

[804] Meyers Grosses Taschenlexikon in 24 Bänden. Bd.7, Aktualisierte Neuausgabe. Mannheim usw. 1983.

[805] Johannes Ralf Beines: Glanz und Elend der Denkmalpflege und Stadtplanung Coeln 1906–2006 Köln. In: Jubiläumskatalog des Rheinischen Vereins für Denkmalpflege. Köln 1981, S.70.

[806] Heidi Staib: „Arm und Reich im Tode gleich"? Zur Kultur des Trauerns und Gedenkens. In: Baden und Württemberg im Zeitalter Napoleons. Ausstellung des Landes Baden-Württemberg. Bd 1.2. Katalog, S. 1253. Stuttgart 1987.

Zypressen und Taxus und allerlei dunkle Nadel- und Laubbäume, die zu den weißenGrabmälern einen düsteren Gegensatz bildeten."[807]

Das heutige Bild des Friedhofes aus der Zeit um 1800 scheint so festgeschrieben, daß Abweichungen von der vorherrschenden Rezeption umso wichtiger erscheinen. Langenbach ist in einem, im Rahmen der 750-Jahr-Feier Berlins entstandenen Sicherungs- und Restaurierungsprogramm der historischen Friedhöfe in Berlin-Kreuzberg dem Problem des Einflusses landschaftsgärtnerischer Gestaltungsprinzipien auf die Kreuzberger Friedhofswirklichkeit nachgegangen. Nach eingehenden Untersuchungen kommt sie zu dem Schluß: „Ein Vergleich dieser Friedhofsanlagen mit bedeutenden Gärten in Berlin (...) macht deutlich, wie sehr sich die Begräbnisplätze in ihrer Struktur vom gärtnerischen Ideal ihrer Zeit, dem Landschaftsgarten, unterscheiden."[808] In bezug auf die Bepflanzung der Kreuzberger Friedhöfe konstatiert sie: „Mit den Vorstellungen Hirschfelds (...), der „melancholische" Begräbnisorte sehen will, dunkle Haine aus immergrünen Gehölzen, ernst, düster und feierlich, haben diese Begräbnisplätze allerdings, obwohl dies öfters unterstellt wurde, wenig gemein."[809]

Ein Anzeichen dafür, daß die Entwicklung der Landschaftsgärten und Friedhöfe in Deutschland vor 1850 nicht miteinander verschmolzen war, mag man auch darin sehen, daß in der umfangreichen Literatur zur Theorie und Praxis des Landschaftsgartens die Friedhöfe dieses Zeitraumes kaum berücksichtigt werden. So kommentiert auch Hoffmann das Vorhaben Hirschfelds: „Allerdings müssen wir hinzufügen, daß Friedhöfe in Form von Landschaftsgärten erst einige Menschenalter später in Deutschland gebaut worden sind."[810]

---

[807] Betka Matsche-von-Wicht: Das Grabmal im Landschaftsgarten. S. 45-56. In: Wie die Alten den Tod gebildet. Wandlungen der Sepulkralkultur 1750-1850. (Kasseler Studien zur Sepulkralkultur), H.-K. Boehlke (Hrsg.). Mainz 1979, S. 53.
[808] Heike Langenbach: „Über die Anlegung und Umwandlung der Gottesäcker in heitere Ruhegärten". S. 129-142. In: „O ewich is so lanck". Die historischen Friedhöfe in Berlin Kreuzberg. Ein Werkstattbericht. Fischer, C. & Schein, R. (Hrsg.). Berlin 1987, S. 136.
[809] Ebd., S. 141. Vgl. hier Christoph Fischer: Die historischen Friedhöfe in Berlin Kreuzberg. Zur Entstehungsgeschichte. S. 17-52. In: „O ewich is so lanck". Die historischen Friedhöfe in Berlin Kreuzberg. Ein Werkstattbericht. Fischer, C. & Schein, R. (Hrsg.). Berlin 1987, S. 47.
[810] Dieter Hennebo & Alfred Hoffmann: Geschichte der deutschen Gartenkunst. In drei Bänden. Bd. III.: Hoffmann, A.: Der Landschaftsgarten. Hamburg 1963, S. 145.

Das folgenreiche Mißverständnis in der Interpretation der Schrift von Voit

Die Hypothese von der Entwicklung der Friedhöfe im Stil der Landschaftsgärten hat den Blick mancher Autoren so verengt, daß selbst Vorschläge von Zeitgenossen, die die Konzeption des Landschaftsgartens für eine Friedhofsgestaltung entschieden ablehnen, falsch interpretiert werden. Ein wichtiges Beispiel ist die 1825 erschienene Schrift des Königlich Bayrischen Bauinspectors in Augsburg R. J. A. Voit: „Über die Anlegung und Umwandlung der Gottesäcker in heitere Ruhegärten der Abgeschiedenen".[811] Sie wurde häufig als Begründung für die komplementäre Entwicklung von Friedhof und Gartenkunst herangezogen. Ihr Titel mag ja vielleicht eine Assoziation zu dem Topos Landschaftsgarten wecken.

Voit sah sich angesichts der Verwahrlosung der „meisten Gottesäcker" zu seiner Abhandlung veranlaßt und stellte die Frage: „Soll oder darf der Ruhegarten für die Toden im Geschmacke eines Natur= oder sogenannten englischen Gartens angelegt werden?"[812] Anschließend skizziert er dessen wichtigste Prinzipien. „Eine große englische Anlage, oder ein Naturgarten soll die freie Natur nachahmen und schöne Landschaften, überraschende Ansichten, malerische Partien u. dgl. enthalten. Nichts soll darin gezwungen oder gesucht, sondern alles ein Spiel der schaffenden Natur seyn. Unter den mannigfaltigen Partien können auch düstere, melancholische Haine erscheinen, in welche sich einzelne Grabmäler schicken, die auf das Gemüth einen tiefen Eindruck zu machen vermögen. In einer solchen Anlage dürfen aber keine geregelten Gänge und Wege vorkommen, überhaupt keine symmetrischen Theile sich eindrängen. Der Gartenkünstler muß alles mit Großheit behandeln und dazu gehört dann auch eine große, weit ausgedehnte Fläche. Man wird leicht einsehen, daß eine solche Anlage nicht ins Kleine gezogen werden darf, wenn sie nicht alle Wirkung verlieren soll, oder wenn man sich nicht lächerlich machen will."[813] Diesen Abschnitt benützt Schweizer als Beleg dafür, daß man erwog, „die neuen Grundsätze der Park- und Gartengestaltung auf dem Friedhof anzuwenden"[814], doch hat er die folgende Antwort Voits auf die sich selbst gestellte Frage nicht abgewartet. „Wenn man bedenkt, auf welche geringe Fläche unsere Gottesäcker beschränkt sind, weil es die Mittel nicht erlauben, denselben eine größere Ausdehnung zu geben, als es der Bedarf nothwendig macht, so wird man zugeben, daß keiner unserer Gottesäcker nach einem englischen Geschmack ausgeführt werden kann."[815] Voit entschied sich für folgende Lösung: „Bei einem Gottesacker

---

[811] Richard Jacob August Voit: Ueber die Anlegung und Umwandlung der Gottesäcker in heitere Ruhegärten der Abgeschiedenen. Augsburg 1825.
[812] Ebd., S. 29.
[813] Ebd., S. 29.
[814] Schweizer 1956, S. 181f.
[815] Ebd., S. 30.

soll durchaus strenge Regelmäßigkeit und Symmetrie wie bei einem Gebäude beobachtet werden, weil das Auge den ganzen Raum als ein Ganzes zu überblicken vermag, und weil auch durch genaue Ordnung Raum gewonnen werden kann. Daher soll auch der Platz, welcher zu einem Leichengarten eingeschlossen wird, regelmäßig seyn. (...) Vierecke, oder auch längliche Vierecke sind sehr zweckmäßige Formen. Gebogene oder gebrochene Linien muß man abzuschneiden suchen, denn diese geben ein widriges Aussehen und sind der Anlage der Wege hinderlich."[816] (Abb. 59) „Die Wege und Gänge derselben müssen daher regelmäßig und mehrentheils nach geraden Linien angelegt werden. Werden diese Gänge von andern durchschnitten, so muß es mehrentheils rechtwinklig geschehen."[817] „Die Fläche, welche zu einem Gottesacker benutzt wird, soll möglichst horizontal liegen, oder nur unmerklich ansteigen."[818] „Hat ein Platz, welcher zu einem Gottesacker angelegt werden soll, Unebenheiten, Erhöhungen und Vertiefungen, so müssen solche abgetragen und ausgefüllt werden."[819] Voit schlug vor, das Begräbnisfeld in vier Teile zu zergliedern und entlang der Mauer, wo sich die Familienbegräbnisse befänden, einen umlaufenden Weg führen zu lassen. Auf den mittleren Quartieren seien die Plätze für die Reihengräber und deren Monumente einzurichten.[820] „Steht bei der Anlegung eines neuen Gottesackers eine große Summe zu Gebote, so kann die Umfassungsmauer entweder ganz oder nur zum Theil mit Säulenhallen und Arkaden versehen werden", in denen besondere Grabmäler aufgestellt werden könnten.[821] Daß Voit die Architektur eines Camposanto als die „schönste" und „zweckmäßigste" ansieht, widerspricht ganz besonders dem Konzept eines Landschaftsgartens. Zur Bepflanzung erklärte Voit unter dem erneutem Hinweis, daß ein Friedhof kein englischer Park sei, sie solle im Inneren der Anlage sparsam sein. Entlang der Umfassungsmauer sollten zwischen den Familiengräbern Bäume und Sträucher angepflanzt werden. „So weit aber die Mauern keine Familienbegräbnisse erhalten, werden sie durch Pflanzungen gedeckt. Dergleichen Pflanzungen müssen mit Geschmack angelegt werden, so daß verschiedenes Laub malerisch miteinander wechselt und Gruppen entstehen, aus deren Grün die Grabmäler hervorblicken. Wenn es der Raum erlaubt, so können auch die Hauptwege in Form einer Allee mit schönen, nicht zu hoch wachsenden Bäumen bepflanzt werden. Alle Frühjahre sollte man die Gräber auffrischen und mit blühenden Gewächsen schmücken, so daß ein lieblicher Blumengarten entsteht."[822]

Voit hat m. E. in unmißverständlicher Weise sein Ideal einer zweckmäßigen und ästhetisch befriedigenden Begräbniseinrichtung in Form einer geometrischen Anlage vorgestellt. Dieser Idealtypus entspricht im wesentlichen der hier unter dem

---
[816] Ebd., S. 7.
[817] Ebd., S. 30.
[818] Ebd., S. 7.
[819] Ebd., S. 8.
[820] Ebd., S. 30ff.
[821] Ebd., S. 12.
[822] Ebd., S. 33.

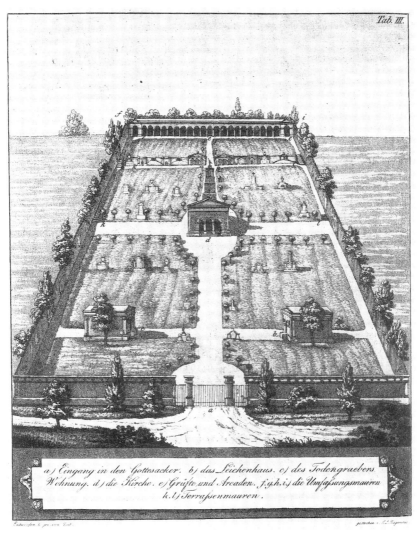

Abb. 59. *Entwurf zu einem Gottesacker von R.J.A. Voit von 1825. In: Voit, 1825.*

Typus C beschriebenen Friedhofsanlage. Es bleibt daher unverständlich, daß Voit als geistiger Vertreter einer Friedhofsgestaltung im Stil des englischen Landschaftsgartens angesehen wird.[823]

[823] Vgl. Martin Kazmaier: Auch Friedhöfe sterben. Vergängliche Zeichen der Vergänglichkeit: Ein Spaziergang zwischen Gräbern. In: Schwäbisches Tagblatt 20. 11. 1971. „Eine Schrift „Über die

Weitere Gestaltungsvorschläge

Sucht man im Bereich der Architektur und Gartenkunst nach weiteren Beiträgen und Entwürfen zur Gestaltung von Friedhöfen, so fällt auf, wie wenig der Friedhof zwischen 1750 – 1850 Gegenstand bau- und gartenkünstlerischen Interesses war.[824] Eine alle Quellen erschöpfende Durchsicht der damaligen Literatur zur Gartenkunst unter dem Aspekt der Friedhofsgestaltung steht allerdings noch aus. Die Architektur der Bestattungsanlagen war im Gegensatz zu den Oper-, Theater- oder Museumsbauten, die im Laufe des 19. Jahrhunderts eine Blütezeit erlebten, noch keine repräsentative Bauaufgabe für die bürgerliche Gesellschaft.

Die vereinzelten Gestaltungsvorschläge waren meist staatliche Verordnungen zur Friedhofsgestaltung, in denen Konsens darüber bestand, möglichst kostensparende und zweckmäßige, d.h. hygienische und äußerlich ansprechende Begräbnisplätze einzurichten. Dabei wurde zumeist dem bekannten Typus der geometrischen Friedhofsanlage der Vorzug gegeben. Abschließend sei somit eine „Verordnung der königl. preußischen Regierung zu Arnsberg über Anlegung, Erweiterung und Verschönerung der Begräbniß=Plätze" aus dem Jahre 1820 vorgestellt, die die wichtigsten Prämissen für die damalige Friedhofsgestaltung enthält. Nach ausführlichen Anweisungen wie etwa zur Bodenbeschaffenheit oder der erforderlichen Größe eines Friedhofes, die uns schon aus den Ausführungen des Oberamtsarztes Uhland in Tübingen bekannt sind, heißt es dann unter dem Stichwort „innere Einrichtung": „Begräbnißplätze außerhalb des Orts (...) müssen die Form eines regelmäßigen oder länglichen Vierecks und einen rings um solche führenden 18 bis 24 Fuß breiten Weg erhalten. Ein gleicher Weg durchschneidet den Begräbnißplatz in der Länge und Breite und theilt ihn in vier gleiche Felder. In der Mitte bleibt für die Leichenbegleitung ein ovaler Platz, um welchen sich, wenn Raum dazu vorhanden, ein gleich breiter Weg windet. Auf diesem Platze wird in katholischen Gemeinden das Kreuz errichtet, und wenn die Gemeinde dazu die Kosten anwenden kann, ein auf freien Säulen stehendes bedachtes Gebäude in Form eines Tempels, welcher wie das Portal am Eingang passend verziert wird, um die Leichenbegleitung beim Regen aufzunehmen. Ohne große Kosten wird derselbe mit Pyramidenpappeln, Linden, Ulmen oder Hängebirken zu bepflanzen seyn. Sämmtliche Wege werden planiret, mit Kies oder Sand befahren, und mit der angegebenen Gattung von Bäumen in der Entfernung von 12 bis 18 Fuß bepflanzt. Zwischen der Mauer oder Hecke und dem Umfassungsgang am hintern Theile des Begräbnißplatzes werden

---

Anlegung und Umwandlung der Gottesäcker in heitere Ruhegärten der Abgeschiedenen" (1825) zeigt das klassizistische Bemühen der Zeit, aus dem Begräbnisort elysische Felder zu machen, eine Parklandschaft mit Anklängen des englischen Gartens."

[824] Einzelne Anfragen bei Plansammlungen der Technischen Universitäten, wie z. B. in Berlin, ergaben, daß aus diesem Zeitraum noch keine Pläne von Friedhofsanlagen vorhanden seien.

zu den Erbgruften die nöthigen Räume von 9 Fuß Tiefe nach vorbemerkter Bestimmung gelassen und eingerichtet. Sollten viele Erbgruften gesucht werden, so werden dazu die drei übrigen Seiten gleichmäßig verwendet, und der Begräbnißplatz darnach eingerichtet. In den vier Feldern, welche planirt, gewalzt und mit Rasen belegt werden müssen, erfolgt das Begraben nach der Reihe. Denkmäler dürfen daselbst nicht gesetzt werden, ein Rosenstock und mit diesem ähnliche wohlriechende Gesträuche, welche kein Gebüsch verursachen, so wie Blumen, schmükken, dort nur die Gräber."[825]

Dieser Grundgedanke taucht auch in anderen staatlichen Verordnungen zur Einrichtung von Begräbnisplätzen immer wieder auf. So hat sich, abgesehen von geringfügigen Varianten zwischen den verschiedenen Entwürfen, der oben beschriebene geometrische Friedhof als das, auch von staatlicher Seite bevorzugte, Grundmuster einer außerstädtischen Begräbnisanlage bis zur Mitte des 19. Jahrhunderts bewährt.[826]

F.L.von Sckell: „Über Anlagen und Pflanzungen auf Kirchhöfen."

Im Jahre 1818 veröffentlichte Friedrich Ludwig von Sckell den Entwurf zu einem Friedhof, den er schon 1800 im Rahmen der Demolitionskommmission der Mannheimer Festungswerke angefertigt hatte. Wie bereits bei der Beschreibung des Mannheimer Friedhofes erwähnt, kam dieser Plan jedoch nicht zur Ausführung.[827]

Von Sckell war nach dem Theoretiker Hirschfeld der wichtigste praktische Wegbereiter der englischen Gartenkunst in Deutschland.[828] Er hat durch zahlreiche Schöpfungen, wie z.B. den berühmten „Englischen Garten" in München, die Erweiterungen der Schloßparks in Schwetzingen und Nymphenburg, die deutsche Gartenlandschaft um die Jahrhundertwende am stärksten geprägt.

---

[825] Hesperius, Bd. 25., 1820, S. 34-36. Verordnung der königl. preußischen Regierung zu Arnsberg über Anlegung, Erweiterung und Verschönerung der Begräbniß=Plätze.

[826] Vgl. Christian Pietsch: Der Einfluß staatlicher Verordnungen auf die Entwicklung des neuzeitlichen Begräbniswesens in Berlin und Brandenburg-Preußen bis zur Mitte des 19. Jahrhunderts. S. 143-166. In: „O ewich is so lanck" Die Historischen Friedhöfe in Berlin-Kreuzberg. Ein Werkstattbericht. C. Fischer & R. Schein (Hrsg.). Berlin 1987, S. 160f. Pietsch zitiert hier aus einer Verordnung der Kurmärkischen Regierung von 1811. Ein ähnlicher Vorschlag stammt von D.R.: Ueber Friedhöfe. In: Deutsches Magazin für Garten- und Blumenkunde 1, 1848, S. 6-12.

[827] Friedrich Ludwig von Sckell: Beiträge zur bildenden Gartenkunst für angehende Gartenkünstler und Gartenliebhaber. München 1825, S.188. „Aus diesem meinem damaligen Aufsatze führe ich hier nur die wesentlichen Stellen mit jenen Zusätzen an, welche vielleicht irgendwo zu einer Anwendung frommen könnten." Leider sind diese Aufzeichnungen nicht mehr aufzufinden.

[828] Vgl. Hallbaum 1927, S. 99ff. Hennebo, D. & Hoffmann, A.: Geschichte der deutschen Gartenkunst. Bd. III, 1963, S. 188ff.

Sein Friedhofsentwurf war richtungsweisend für die Entwicklung einer neuen Architektur der Bestattungsplätze. Von Sckell wich mit diesem Projekt, sieht man von den Vorstellungen Hirschfelds ab, erstmals von dem Schema der verbindlich gewordenen geometrischen Friedhofsanlage ab. Mit seinen Ideen hat er die konzeptionelle Grundlage für den hier als Typus D beschriebenen Friedhof geschaffen (Abb. 60).

Von Sckells erste Absicht galt ähnlich wie bei Voit der Verschönerung der Friedhöfe. Nach seiner Auffassung führe der schlechte Zustand vieler Begräbnisstätten dazu, daß man sie nur ungern aufsuche und daß sie auch den Tod viel grausamer erscheinen ließen als er in Wirklichkeit sei. Wichtig sei daher, die Friedhöfe ausreichend zu bepflanzen. „Also nur durch die Pflanzungen kann ein solcher Trauer=Ort verschönert, und sein schauerlicher Charakter in ein heimlich mildes Bild verwandelt; nur durch sie und eine entfernt vom Wohnsitze der Lebenden gewählte nördliche Lage kann seine Ausdünstung auch weniger gefährlich gemacht werden."[829] Anschließend beschreibt von Sckell Grundriß und innere Struktur der Anlage. „Die Stacketen oder Mauern, oder die Hahas mögen an manchen Stellen eine Figur beschreiben, wie sie wollen, dieses thut zur Sache nichts."[830] Konnte der Grundriß eines Friedhofes durchaus eine unregelmäßige Form annehmen, so entschied sich von Sckell bei der Binnengliederung für einen Ausgleich zwischen regelmäßigen und unregelmäßigen Partien. Entsprechend sollte ein Bereich völlig frei von Grab- und Erinnerungszeichen bleiben, der andere diente zur Aufstellung von Grabzeichen. Entlang der Umfassungsmauer war ein etwa 20 – 30 Meter breiter Streifen zur Errichtung von Grabdenkmälern bestimmt. „Dieser Strich Land, welcher den gewöhnlichen Kirchhof umgeben würde, dürfte dann nur allein diese bleibenden Monumente zeitlicher Trennung, welche das dankbare Vaterland dem Verdienste, oder die eheliche Liebe oder die Freundschaft errichten läßt, aufnehmen."[831] Zwischen den Grabmälern „und längs einem murmelnden Bache, wo dieser Statt finden kann", seien Bäume und Sträucher anzupflanzen. Im Unterschied zu Hirschfeld bestand von Sckell darauf, daß die Bepflanzung keine traurige Atmosphäre erzeugen dürfe. Darum wählte er ausschließlich Laubbäume. Ein „10 Fuß breiter Weg, mit einer sanft gebogenen, aber natürlichen Linie gezeichnet" führe entlang dieser stimmungsvoll gestalteten Zone, die nach seiner Überzeugung den Schmerz der Trauernden lindere. „Er würde sagen müssen: Auch hier ist es schön, und hier unter diesen freundlichen Linden, am rieselnden Bache, wo sich die Vögel auf den Zweigen wiegen, da schlummert mein Freund."[832]

---

[829] Ebd., S. 190.
[830] Ebd., S. 190. Die Hahas oder Ahas sind eine neue Art der Umfriedung, die im Zuge der englischen Gartenkunst eingeführt wurden. Der englische Gärtner Bridgeman gilt als ihr Erfinder. Ein Haha erzeugte ein Überraschungsmoment, das darauf beruhte das man z.B. einen versteckten Graben oder einen versenkten Zaun erst wahrnahm, wenn man dicht davor stand und vor Erstaunen ein „Aha" ausrief. Sie dienten dazu, die Grenze zwischen Landschaft und Garten zu verwischen. Vgl. Gothein 1914, Bd.II, S. 371.
[831] Ebd., S. 190f.
[832] Ebd., S. 192.

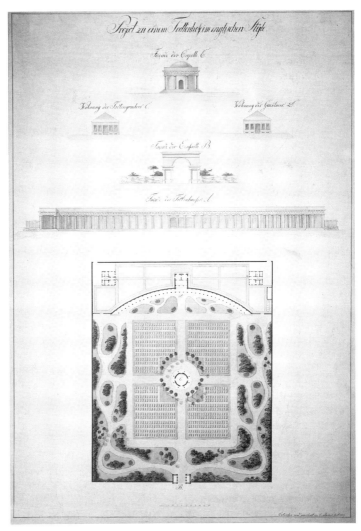

Abb. 60. „Project zu einem Todtenhofe im englischen Style" von E. Lipsius von 1829. Feder in Grauschwarz über Bleistiftvorzeichnung, aquarelliert. 730 x 508 mm. Staatliche Kunstsammlung Kassel, Kupferstichkabinett G 53075. Der Grundriß des Friedhofes besteht ähnlich wie bei dem Vorschlag von Sckell aus einem regelmäßig angelegten Mittelfeld, das von einer landschaftsgärtnerischen Zone umschlossen wird. Die „Facade des Todtenhofes" erinnert an die Gruftenhalle auf dem Hauptfriedhof in Frankfurt. Den Hinweis auf diese Abbildung verdanke ich Frau Dr. Jutta Schuchard (Kassel).

Das mittlere Feld sei regelmäßig in Quadrate oder Rechtecke zu unterteilen. „Auf diesen regulären Feldern mögen dann jene Leichen versenkt werden, die keine öffentlichen sichtbaren Zeichen des Andenkens erhalten, nämlich weder Monumente noch Grabsteine, sondern nur das Zeichen der Religion, das Kreuz, oder ein anderes aufnehmen."[833] Auf den Reihengräbern seien Blumen anzupflanzen, die die Luft mit Wohlgerüchen erfüllen. Im Zentrum der Anlage wollte von Sckell eine Rotunde zur Abhaltung von Leichenreden errichten. In dem zentralen Kuppelbau sei das antike Bildnis des Todes, „der schlafende Jüngling mit der umgekehrten Fackel und dem Schmetterling auf dem Haupte", in einer Nische anzubringen.[834] Um das Lebendigbegraben zu verhindern, müsse eine Leichenhalle gebaut werden. Von außen sollte die Friedhofsmauer durch natürlich angelegte Pflanzungen kaschiert werden. Von Sckell betonte abschließend, daß er den gartenartig angelegten Friedhof dem einer Camposanto-Anlage vorziehe. Letztere sei zu kostspielig und nicht sehr ansprechend für das Gefühl. Von Sckells ganzes Bestreben zielte darauf ab, den Friedhof durch die Bepflanzung in eine wohltuende Stätte zu verwandeln, die dem Trauernden bei der Bewältigung seines Schmerzes helfe. „Ein Kirchhof der Art, den ein schönes Gebüsch hoher Bäume und Blumen tragender Gesträuche mit schönen Denkmälern umgrenzte, und wo zahlreiche Blumenbeete den innern Raum füllten, würde sich zugleich auch zu einem Garten der Natur erheben, und zu häufigen Besuchen die empfindsame Menschenclasse einladen; wie sich ein ähnlicher im Fürstenthume Dessau befindet."[835] Von Sckells Entwurf war eng an den praktischen Möglichkeiten der damaligen Friedhofsplanung orientiert. Er fand einen Kompromiß zwischen dem großen regelmäßigen Feld für die Reihengräber ohne Grabdenkmäler und der landschaftsähnlich gestalteten Randzone für die privilegierten Gräber, auf denen Grabdenkmäler gesetzt werden durften. Die Peripherie des Friedhofes blieb auch bei von Sckell der Bereich der privilegierten Grabstellen, doch gewann der landschaftsartige Bereich gegenüber dem regelmäßigen Reihengräberfeld an Raum. Interessant ist, daß von Sckell seinen Entwurf der Konzeption eines Camposanto-Friedhofes gegenüberstellt. Fast rhetorisch fragte er: „Man vergleiche den prächtigen Kirchhof zu St. Sebastian in Salzburg, wo ein gedeckter Gang mit Arkaden und kleinen Kapellen geziert, die Monumente reicher Familien aufnimmt, und der den gewöhnlichen Beerdigungsort umgibt, mit jenen Monumenten, die ihren Standort unter lieblichen Gebüschen, unter schönen Bäumen und Blumen finden, und frage sein Herz, welche Anstalt die minder schauerlichste ist, und welche man am liebsten besuchen möchte?"[836] In von Sckells Entwurf hat das Grab in der Natur die Stelle eines Grabes in den Arkadengängen auf einem Camposanto-Friedhofes eingenommen. Von Sckells Konzept

---

[833] Ebd., S. 193.
[834] Ebd., S. 194.
[835] Ebd., S. 193. Hier irrt von Sckell, denn der Begräbnisplatz von Dessau war, wie ausgeführt wurde, streng geometrische Anlage.
[836] Ebd., S. 196.

war der Versuch, eine Alternative zum geometrischen Friedhof zu entwickeln. Sein Vorschlag, ein regelmäßig angelegtes Reihengräberfeld mit einer landschaftsgärtnerisch gestalteten Randzone zu umgeben, konnte in Bonn, Frankfurt und Basel nachgewiesen werden. Der endgültige Durchbruch zum parkartigen oder landschaftlichen Friedhof erfolgte in Deutschland jedoch erst mit dem Bau neuer Friedhöfe nach 1870, zu einem Zeitpunkt, als man in der Gartenkunst bereits die erneute Wendung zur geometrischen Form vollzogen hatte.[837]

---

[837] Vgl. Die Gartenkunst. Zeitschrift für die Gesamtinteressen der Gartenkunst und Gartentechnik sowie der damit verwandten Zweige des Gartenbaues. 1. Jg., Berlin 1899. Hier diskutieren Gartenarchitekten in verschiedenen Beiträgen die Frage ob man die Friedhöfe parkartig anlegen solle und geben nun eindeutig den landschaftlichen Friedhöfen den Vorzug.

Schlußbetrachtung

In der vorliegenden Arbeit wird anhand von drei Fallstudien und einem Vergleich mit 31 weiteren Friedhöfen der Prozeß der Auslagerung der Begräbnisplätze aus den Städten zwischen 1750 und 1850 untersucht. Es werden die verschiedenen Konzeptionen für die Gestaltung der neuen Friedhofsanlagen und das Spektrum damaliger Friedhofsarchitektur im deutschsprachigen Raum vorgestellt. In besonderer Weise wird auf das Wechselverhältnis zwischen der Plazierung und Anordnung der Gräber und dem Anlagesystem im Ganzen eingegangen. Ein historischer Abschnitt verfolgt die Ursprünge der modernen Bestattungsanlagen bis zur Reformation zurück. Aus den vorgelegten Befunden ergibt sich folgender Abriß der Friedhofsgeschichte im deutschsprachigen Raum seit Luther:

Mit der Kritik Luthers am mittelalterlichen Totenkult und seiner Empfehlung, die Begräbnisplätze aus den Städten auszulagern, beginnt die Herauslösung des Begräbniswesens aus dem kultischen Zusammenhang. Luthers Ablehnung der im System der Gemeinschaft der Heiligen begründeten gegenseitigen Mittlerschaft und damit aller auf das jenseitige Schicksal bezogenen liturgischen Handlungen schafft die theologische Voraussetzung für eine Trennung von Kirche und Grab. Da der Standort eines Grabes nun keine Bedeutung mehr für das postmortale Geschehen hat und alle seelsorgerischen Dienste für den Toten nutzlos geworden sind, wandelt sich auch das Verständnis vom Begräbnisplatz. Während beim mittelalterlichen Kirchhof die jenseitige Heilserwartung, d.h. das postmortale Geschehen im Vordergrund steht, ist der außerstädtische Begräbnisplatz eine Stätte für die Andacht der Lebenden geworden, die einer bewußten Gestaltung bedarf. In der Trennung des Grabes von der Kirche und der sich dadurch verlagernden Bedeutung des Bestattungsortes vom Jenseits auf das Diesseits liegt die Voraussetzung für eine ästhetische Gestaltung des Friedhofes, welche dem mittelalterlichen Kirchhof nicht zuteil wurde. Die wiederholten Appelle Luthers und der Kirchenordnungen des 16. Jahrhunderts zu einer intensiveren Friedhofspflege bestätigen dies. Obwohl die Untersuchung der Friedhofswirklichkeit im 16. und 17. Jahrhundert auch wegen der sehr schwierigen Materiallage noch nicht abgeschlossen ist, scheint die Annahme berechtigt zu sein, daß hier die Wurzeln für eine Ästhetisierung des Begräbnisplatzes als Folge seiner Entflechtung aus dem Kultischen liegen.

Im 16. Jahrhundert setzt eine Welle der Auslagerung allgemeiner Begräbnisplätze ein, die erst wieder von der weitaus umfassenderen Bewegung in der zweiten Hälfte des 18. Jahrhunderts übertroffen wird. Zwischen dem Auftreten von Camposanto-Friedhöfen im deutschsprachigen Raum während des 16. Jahrhunderts und dem Wegfall des bisherigen Privilegs von Gräbern in den Kirchen wird ein Zusammenhang angenommen. Denn, wie in einem Ratsprotokoll aus Luzern von 1639 festgelegt ist, wird dort das Anrecht auf den Besitz einer Grabstelle in der Kirche auf die Arkaden des Camposanto übertragen. Trotz der formalen Gleichstellung eines Arkadengrabes mit einem Kirchengrab fehlt ersterem der Bezug zur ursprünglichen Bedeutung eines Kirchengrabes, d. h. zum jenseitigen Schicksal des Verstorbenen. In dieser Veränderung des Sinngehaltes einer Grabstelle kann ein Moment der Verweltlichung des Begräbnisplatzes im 16. Jahrhundert aufgespürt werden. Dies zeigen auch die Friedhofsentwürfe von Furttenbach d. Ä. und d.J., die in bisher nicht gekannter Weise die Lage eines Grabes auf dem Friedhof an der gesellschaftlichen Stellung des Verstorbenen orientieren. Die Grabpflege und der Erhalt eines Grabsteines sind zu einem Zeichen der Ehrbezeugung für einen Toten geworden, und dies mag ein Hinweis für die Beobachtung sein, daß den Grabsteinen auf protestantischen Friedhöfen oftmals eine längere Lebensdauer als auf katholischen Friedhöfen beschieden ist.

Eine Verbindung der deutschen Campisanti zu italienischen Vorbildern konnte nicht nachgewiesen werden, und es wäre dringend zu prüfen, ob außer dem Camposanto in Pisa weitere Beispiele dieser Friedhofsarchitektur in Italien vor dem 16. Jahrhundert überhaupt zu finden sind. Die Bedeutung der Camposantoanlagen des 16. Jahrhunderts für die Friedhofsarchitektur zwischen 1750 und 1850 ist in der fortgesetzten Privilegierung der Peripherie eines Friedhofes und der eklektizistischen Arkadenarchitektur zu suchen. Denn der besondere Wert eines Grabes in den Arkaden überträgt sich schließlich auf ein Grab an der Friedhofsmauer. Die Friedhofsmauer als bevorzugter Bestattungsort ist konstitutiv für die Architektur der neuen Friedhöfe zwischen 1750 und 1850. Sie führt zu einer Untergliederung des Begräbnisfeldes in Innenraum und Peripherie, in ein allgemeines Reihengräberfeld und in eine mit großzügigeren Rechten hinsichtlich der Errichtung von Grabdenkmälern und des Erwerbes von Familiengräbern ausgestattete Randzone. Eines der bekanntesten Beispiele ist hier der Begräbnisplatz von Dessau. Es scheint, als ob nach dem Verlust der kultischen Mitte die auseinanderstrebenden Kräfte durch eine umlaufende Mauer und ein gegliedertes Binnensystem neu geordnet werden müßten. Erst mit dem Park- und Waldfriedhof zu Ende des 19. Jahrhunderts verändert sich dieses System des Friedhofs erneut. (Abb. 61)

Zwischen der Art des Begrabens und der inneren Struktur eines Friedhofes besteht ein enger Zusammenhang, denn durch das Reihenbegräbnis wird eine regelmäßige Aufteilung des Begräbnisfeldes erreicht. Überraschenderweise kann nachgewiesen werden, daß das Reihenbegräbnis ausnahmslos auf allen außerstädtischen Friedhö-

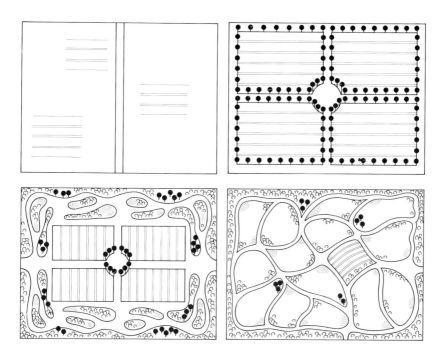

Abb. 61. Graphische Darstellung der Entwicklung der Friedhofsanlagen.
Aus einem ungegliederten System mit unregelmäßiger Belegung entsteht zunächst eine symmetrische Vier-Felder-Anlage. Erstmals zielt die Bepflanzung auf ästhetische Wirkung. Im Innenraum wird streng nach der Reihe begraben. Nachfolgend wird die geometrische Raumgliederung von einer landschaftsgärtnerisch gestalteten Randzone her aufgelöst. Ein erst am Ende des 19. Jahrhunderts aufkommender Anlagentypus, dessen gesamter Innenraum von geschwungenen Wegen durchzogen ist, schließt die Entwicklung ab.

fen eingeführt worden ist. Beim Begraben nach der Reihe wurden weder persönliche noch familiäre oder religiöse Bindungen berücksichtigt. Darüber hinaus finden sich in zahlreichen Friedhofs- und Begräbnisordnungen Reglementierungen und Verbote zur Errichtung von Grabdenkmälern. Neben hygienischen, praktischen Erwägungen scheint sich hier der Gleichheitsgrundsatz der Aufklärung auch im Tode durchzusetzen. Die Bereitstellung von besonderen Grabstellen an der Friedhofsmauer widerspricht dieser Vermutung.

Mit der Verlegung der Begräbnisplätze nach 1750 von den innerstädtischen Kirchen an die Peripherie der Städte beginnt die Säkularisierung des Begräbniswesens. Ende des 18. Jahrhunderts wechselt die Trägerschaft der Friedhöfe von der Kirche in die kommunale Hand. Damit wird die Bestattung von Angehörigen unterschiedlicher Konfessionen auf einem gemeinsamen Bestattungsfeld zur Regel.

Über diese kurze Zusammenfassung der Geschichte des modernen Friedhofes hinaus lassen sich folgende Grundzüge in der Friedhofsgestaltung zwischen 1750 und 1870 benennen:

Entgegen der Arbeitshypothese nahm die Friedhofsentwicklung in den Städten überraschenderweise einen von konfessionellen und lokalen Traditionen unabhängigen Verlauf.

Die vorherrschende Ansicht, derzufolge ein Zusammenhang zwischen der Friedhofsgestaltung und der Entwicklung der Gartenkunst besteht und die im englischen Landschaftsgarten ein Vorbild für die Anlage von Friedhöfen erkennen will, ist empirisch nicht haltbar. Sie beruht auf der falschen Voraussetzung, der kommunale Begräbnisplatz sei ähnlich wie eine damalige Parkanlage ein öffentlicher Raum, in dem der Geist und das Gefühl seiner Besucher didaktisch stimuliert werden, und verkennt damit die lange Zeit gültige Ansicht vom primären Zweck eines Bestattungsplatzes. Das Bild vom Friedhof als einem Landschaftsgarten entwickelte sich aus dem weit verbreiteten Motiv des Grabes in der Natur in verschiedenen zeitgenössischen Kunstgattungen, welches ungeprüft auf den Friedhof übertragen wurde. Das immer wieder bemühte Idealkonzept von Hirschfeld, demzufolge der Friedhof als eine stimmungsvolle, reich bepflanzte Gartenanlage aufzufassen sei, findet keine Entsprechung in der Realität der zeitgleichen Bestattungsanlagen.

Den Anstoß zur Verlegung der Begräbnisplätze haben in aller Regel Mediziner gegeben. Es kann gezeigt werden, daß sie vielfach an der Planung und Einrichtung neuer Friedhöfe beteiligt waren und nicht etwa Gartenkünstler, wie es der Vorstellung vom Friedhof als einer landschaftsgärtnerischen Anlage entsprochen hätte.

Das aus Einzelstudien ermittelte Spektrum der damaligen Friedhofsarchitektur wird nach Typen geordnet. Typus A ist eine bescheidene Zweckeinrichtung ohne gestalterischen Anspruch. Der historisch älteste Typus B ist der in Deutschland nach 1750 nur noch selten anzutreffende Camposanto. Den Typus C, den Haupttypus, kennzeichnet die geometrische Vier-Felder-Anlage, und bei Typus D zeigt sich die allmähliche Auflösung des geometrischen Grundrisses in einer landschaftsgärtnerisch gestalteten Randzone. Dieser im Untersuchungszeitraum noch selten auftretende Typus kündet die sich nach 1870 vollziehende Entwicklung zum Wald- und Parkfriedhof an. Typus A und C zeigen die weitaus größte Verbreitung, wobei Typus A sich im Laufe seiner Entwicklung häufig Typus C angleicht. Die Verbreitung der vier Anlagetypen läßt sich weder zeitlich noch regional eingrenzen.

Die Leitlinien der damaligen Friedhofsplanung sind in den Grundsätzen Vorherrs bei seiner Erweiterung des Münchener Südfriedhofes formuliert: Zweckmäßigkeit und Ökonomie, Ordnung und Symmetrie.

Demzufolge sind anfänglich die sanitären Verhältnisse der wichtigste Maßstab der Gestaltung. Mit verschiedenen Maßnahmen, wie der Festsetzung gesetzlicher Ruhefristen, einheitlicher Grabgrößen -und tiefen, sucht man die nun als würdelos und hygienisch unhaltbar empfundenen Zustände, die auf den alten Kirchhöfen und Feldbegräbnissen geherrscht hatten, zu überwinden. Als besonders einschneidend erweist sich hierbei die Einführung des Reihenbegräbnisses anstelle des alten Familiengrabes.

Selbst die Art der Bepflanzung der Friedhöfe wird nach hygienischen Gesichtpunkten entschieden. Auf den Friedhöfen des Typus A und C sollen die Baumpflanzungen entlang der Wege und im Randbereich oder an einer der Stadt oder vorbeiführenden Straße zugewandten Seite des Friedhofes die Ausdünstungen der Gräber zerstreuen. Die Überzeugung der Mediziner, eine hohe und dichte Bepflanzung hemme die erforderliche Luftzirkulation, setzt auch der individuellen Grabbepflanzung enge Grenzen. So dürfen auf den Gräbern lange Zeit keine Bäume und Sträucher gepflanzt werden. Auch wegen der Finanznot der Städte und der Raumknappheit auf den Friedhöfen ist die Bepflanzung oftmals sehr dürftig, und so ist der heutige ausgedehnte Baumbestand historischer Friedhöfe selten älter als 100 Jahre. Der ästhetische Wert der Bepflanzung ist zweitrangig. Die Rand- und Wegebepflanzung auf der geometrischen Vier-Felder-Anlage betont die klare Struktur der regelmäßigen Grundrißeinteilung und wirkt somit formbildend. Damit wird auch der vielfach geäußerten, bisher nicht belegten Ansicht, die Bepflanzung sei ein Mittel zur Erzeugung einer besonderen Stimmung gewesen, widersprochen.

Das auch erzieherisch motivierte Interesse eines begrenzten Personenkreises des gebildeten Bürgertum, die Friedhöfe über ihre Zweckmäßigkeit hinaus zu ästhetisch ansprechenden Einrichtungen zu machen, scheiterte zu dieser Zeit. Anregungen, Rotunden als Zentralbauten zu errichten, wurde aus Kostengründen nie entsprochen. Die von privater Seite eingerichteten Friedhöfe in Dessau und Reichenbach bilden hier eine Ausnahme.

Trotz strenger Reglements belegen zahlreiche Berichte noch lange Zeit die durchaus üblichen ungepflegten und chaotischen Zustände auf den neuen Friedhöfen. So sind die landwirtschaftliche Nutzung der Begräbnisfelder von Pfarrern und Totengräbern und andere profane Verrichtungen anfangs keine Seltenheit. Schon auf den mittelalterlichen Kirchhöfen wurde dieses Nutzungsrecht praktiziert.

Auf den religiösen Sinnverlust in der Bestattung, der durch die Trennung von Kirche und Grab eingetreten war, folgte nur sehr langsam die heute übliche Grab- und Friedhofspflege.

Anhang

Literatur

Anonym: Die Friedhöfe in Mannheim. Führer durch die christlichen und jüdischen Friedhöfe. Mannheim 1927.
Anonym: Der Kirchhof zu Würzburg, mit geschichtlichen Nachrichten über die älteren Begräbnisplätze und die Vermächtnisse zum Aufbau der Todtenkapelle dahier. Würzburg 1859.
ABT, J. & VOMM, W.: Der Kölner Friedhof Melaten. Köln 1980.
ADLER, N.: Die Bemühungen um die Verlegung der Mainzer Friedhöfe vor die Stadt in der 2. Hälfte des 18. Jahrhunderts. In: Mainzer Almanach. S. 60-73. Mainz 1963.
ALLGEMEINE DEUTSCHE BIOGRAPHIE, auf Veranlassung Seiner Majestät des Königs von Bayern, hrsg. durch die historische Commission bei der Kgl. Akademie der Wissenschaften. Leipzig 1896.
ALLGEMEINES LEXIKON DER BILDENDEN KÜNSTLER von der Antike bis zur Gegenwart. 25. Bd. Begründet von THIEME, U. & BECKER, F., (Hrsg.: VOLLMER, H.). Leipzig 1931.
ALTHAMMER, F.: Fallstudie Frankfurt im Forschungsprojekt derAFD Kassel (unveröffentlichtes Manuskript).
AMENT, W.: Bamberg: Die fränkische Kaiser- und Bischofsstadt. Bamberg 1929.
ARIES, P.: Geschichte des Todes. München 1982.
- - - : Bilder zur Geschichte des Todes. München/ Wien 1984.
ATZ, K.: Kunstgeschichte von Tirol und Vorarlberg. Bozen 1885.
ATZEL, J.: Ueber Leichenhäuser vorzüglich als Gegenstände der schönen Baukunst betrachtet. Stuttgart 1796.
AUZELLE, R.: Dernières Demeures. Paris 1965.
BACCI, P.: Il „Camposanto di Pisa" non è di Giovanni di Nic cola Pisano, Pisa 1918.
BAU- und KUNST- DENKMÄLER THÜRINGENS. Heft XIV. Grossherzogtum Sachsen - Weimar - Eisenach. Bearb. v. LEHFELDT, P.. Jena 1892.
BAU- und KUNST- DENKMÄLER THÜRINGENS. Herzogthum Sachsen-Meiningen. Kreis Saalfeld. Bearb. v. Lehfeldt, P.. Jena 1892.
BAU- und KUNST- DENKMÄLER THÜRINGENS. Heft XXV. Grossherzog thum Sachsen - Weimar - Eisenach. Amtsgerichtsbezirk Weida. Bearb. von LEHFELDT, P.. Jena 1897.

BAU- und KUNST- DENKMÄLER THÜRINGENS. Herzogthum Sachsen -Meiningen. II. Band. Bearb. v. LEHFELDT, P.. Jena 1904.
BAUER, H: Friedhofsarkaden und Friedhofskanzeln. Eine regionale Besonderheit in Friedhöfen des Maindreiecks. In: Schöne Heimat 71 Jg. H. 2., S. 336-341. 1982.
BAUR, K.: Regensburg. Aus Kunst-, Kultur- und Sittengeschichte. Regensburg 1970.
BECHLER, T.: Ortsgeschichte von Herrnhut. (o.O.) 1922.
BEIL, J.A.: Der neue Friedhof von Frankfurt am Main nebst allen darauf Bezug habenden amtlichen Verordnungen und Zeichnungen. Frankfurt a.M. 1829.
BEINES, J.R.: Glanz und Elend der Denkmalpflege und Stadtplanung Coeln 1906 - 2006 Köln. In: Jubiläumskatalog des Rheinischen Vereins für Denkmalpflege. Köln 1981.
BENNDORF, P.: Der alte Leipziger Johannisfriedhof und die Rats= oder Hospitalgruft. Leipzig 1907.
BERGNER, H.: Handbuch der kirchlichen Kunstaltertümer in Deutschland. Leipzig 1905.
BESCHREIBUNG des OBERAMTS REUTLINGEN. Herausgegeben von dem statistischen Landesamt. Stuttgart 1893.
BESCHREIBUNG des OBERAMTS TÜBINGEN. Herausgegeben von dem Königlich statistisch-topographischen Bureau. Stuttgart 1867.
BIEDERMANN, W.: Friedhofkultur in Wien im 19. Jahrhundert. Das Bestattungswesen vom Josefinismus bis zur Gründerzeit. Diss. Wien 1978.
BIRKNER, O.: Friedhof-Bestattungspark-Volksgarten. In: Gärten in Basel. Geschichte und Gegenwart. Basel 1980, S. 41-48.
BOBBE, F.H.E.: Die Gräber auf den Gefilden des neuen Gottesackers bei Dessau nebst einer kurzen Beschreibung des Gottesackers Dessau. Dessau 1792.
BOCKENHEIMER, K.G.: Geschichte der Stadt Mainz während der zweiten französischen Herrschaft (1798 - 1814). Mainz 1890.
BOEHLKE, H.-K.: Kirchhof - Gottesacker - Friedhof. Wandlungen der Gesellschaft - Wandlungen der Pietät. S. 163-180. In: Im Angesicht des Todes. Liturgie als Sterbe- und Trauerhilfe. Ein interdisziplinäres Kompendium. Bd.1. (Pietas Liturgica, Bd. 3). St. Ottilien, 1987.
- - - (Hrsg.): Wie die Alten den Tod gebildt. Wandlungen der Sepulkralkultur 1750–1850. (Kasseler Studien zur Sepulkralkultur, Bd. 1.) Mainz 1979.
- - - (Hrsg.): Wie die Alten den Tod gebildt. Wandlungen der Sepulkralkultur 1750-1850. Ausstellungskatalog. Kassel 1981.
- - - & BELGRADER, M.: Friedhof. S. 646-653. In: Theologische Realenzyklopädie, KRAUSE, G. & MÜLLER, G. (Hrsg.), Band XI, Lieferung 4/5, Berlin/New York, 1983.
- - - (Hrsg.): Vom Kirchhof zum Fried hof. Wandlungsprozesse zwischen 1750–1850. (Kasseler Studien zur Sepulkralkultur, Bd. 2.) Kassel 1984.
BOERCKEL, A.: Der Mainzer Friedhof. Seine Geschichte und seine Denkmäler. Mainz 1903.
BOSSERT, G.: Die kirchlichen Verhältnisse von Reutlingen bis Ende des dreizehnten Jahrhunderts. In: Reutlinger Geschichtsblätter Nr. 2, 1890, S. 5-8.
BRAUN, G. & HOGENBERG, F.: Beschreibung und Contrafactur der vornembster Stät der Welt. Eingel. und komm. von M. SCHEFOLD. Faks. Ausgabe. Bd. 1-5. Plochingen 1965-1969.
BREUER, T.: Stadt und Landkreis Memmingen. In: Bayerische Kunstdenkmale. KREISEL, H. & HORN, A. (Hrsg.). München 1959.
BRÜCKNER, W.: Das alte Thema Tod im Boom der neuen Literatur. In: Bayerische Blätter für Volkskunde 11. Jg., H. 2 Juni 1984 S. 75-96.
BRUNNER, W.: Das Friedhofs- und Bestattungswesen. Berlin 1927.
BUTTLAR, A. v.: Der Landschaftsgarten. München 1980.
CARL, E.: Biographische Skizze über das Leben und die besondern Schicksale des Reichsstadt Reutlingischen Herrn Burgermeisters Dr. Fezers, von einem Freunde desselben. In: National=Chronik der Teutschen. Erste Jahreshälfte 1802, S. 337-340.
CHAUNU, P.: La mort à Paris. XVIe, XVIIe, XVIIIe siècles. Paris 1978.
CONVERSATIONS - LEXICON für bildende Kunst. Begründet von J.A. ROMBERG, fortgeführt von Friedrich FABER. 2.Bd. Leipzig 1846.

CORBIN, A.: Pesthauch und Blütenduft. Berlin 1984.
CRUSIUS, M: Diarium Martini Crusii. GÖZ, W. & CONRAD, E. (Hrsg.), Bd. 2. Tübingen 1931.
CURL, J.S.: A celebration of death. An introduction to some of the buildings, monuments, and settings of funerary architecture in the Western European tradtion. London 1980.
D.R.: Ueber Friedhöfe. In: Deutsches Magazin für Garten- und Blumenkunde 1, 1848, S. 6-12.
DÄHNE, C.G.: Neue Beschreibung des Halleschen Gottesackers nebst geschichtlichen Bemerkungen über die Gräber und Begräbnisbräuche der Christen. Halle 1830.
Das älteste Kloster im deutschen Sprachraum. St. Peter in Salzburg. 3. Landesausstellung 15. Mai - 26. Oktober 1982. Salzburg 1982.
Das andere Tübingen. Kultur und Lebensweise der Unteren Stadt im 19. Jahrhundert. Untersuchungen des Ludwig-Uhland-Institutes der Universität Tübingen. BAUSINGER, H., JEGGLE, U., SCHARFE, M. & WARNEKEN, B.J. Tübingen 1978.
DEHIO, G.: Handbuch der Deutschen Kunstdenkmäler. Die Bezirke Neubrandenburg, Rostock, Schwerin. Bearbeitet von der Arbeitsstelle für Kunstgeschichte bei der Deutschen Akademie der Wissenschaften zu Berlin. München & Berlin 1968.
- - - : Handbuch der deutschen Kunstdenkmäler. Rheinland -Pfalz Saarland. 1972.
DERWEIN, H.: Geschichte des christlichen Friedhofes in Deutschland. Frankfurt/M. 1931.
- - - : Vom Heidelberger Begräbniswesen in früheren Zeiten. In: Kurpfälzer Jahrbuch 6, S. 54-68, 1930.
DEUTSCHE ENCYKLOPÄDIE oder ALLGEMEINES REAL-WÖRTERBUCH aller Künste und Wissenschaften von einer Gelehrten Gesellschaft. Bd.13. Frankfurt/M. 1788.
DEUTSCHLANDS STÄDTEBAU. Halle an der Saale. Hrsg. vom Magistrat. 2. Aufl.. Berlin 1924.
DIEFENBACH, K. (Hrsg.): Ravenstein's Führer durch Frankfurt a.M. und seine Umgebungen für Einheimische und Fremde. Frankfurt am Main 1885.
DIEHL, D.: Zur Geschichte der Kirchhöfe. In: Hessische Blätter für Volkskunde 5.Jg., 1906, S. 71-75.
DOERRIEN, J.A.: Von der Espercette. (o.O.) 1756.
DÖRING, J.: Geschichte der alten Göttinger Friedhöfe. In: Göttinger Jahrbuch, S. 95-142, 1983.
- - - : Grabmäler des 18. Jahrhunderts in Göttingen. In: Göttinger Jahrbuch. S. 99-206, 1984.
- - - : Fallstudie Göttingen im Forschungsprojekt der AFD Kassel (unveröffentlichtes Manuskript).
DÖRING - HIRSCH, E.: Tod und Jenseits im Spätmittelalter. (Studien zur Geschichte der Wirtschaft und Geisteskultur, Bd. II.). Berlin 1927.
DOLBERG, L: Das mittelalterliche Begräbnis. In: Der Katholik, 67. Jg. (N.F. 29. Jg.), S. 271-295, Mainz 1887.
DORN, C.: Der Friedhof zum Heiligen Sebastian in Salzburg. Salzburg 1969.
E.N.: Verschönerungsverein Tübingen. In: Tübinger Blätter X. Jg., Nr. 3/4, 1907, S. 45-52.
ENNEN, E., HELLBERG, H. & SCHROERS, G.: Der alte Friedhof in Bonn. Bonn 1981.
ERLÄUTERUNG des Situations-Planes von dem Dom-Kirchhofe zu Braunschweig. (o.O.) 1835.
ESSELBORN, K.: Darmstädter Gärten geschichtlich betrachtet. Darmstadt 1935.
ETLIN, R.A.: The Architecture of Death. The Transformation of the Cemetery in Eighteenth-Century Paris. Cambridge u.a. 1984.
EVERS, B.: Mausoleen des 17.-19. Jahrhunderts. Typologische Studien zum Grab- und Memorialbau. Diss. Berlin 1983.
FAYANS, S.: Die Entwicklung der modernen Friedhofanlagen, Diss. Wien 1904.
- - - : Handbuch der Architektur. IV. Teil, 8.Halbband, Heft 3: Bestattungsanlagen. Stuttgart 1907.
FEKETE, J.: Die Friedhöfe im 19. und frühen 20. Jahrhundert. Dargestellt am Beispiel des Ebershaldenfriedhofs in Esslingen. In: Esslinger Studien, 23, 1984, S. 115-154.
FETZER, J.J.: Meine Lebensumstände. Bearbeitet von Paul SCHWARZ. Reutlingen 1968.
FISCHER, C.: Die historischen Friedhöfe in Berlin Kreuzberg. Zur Entstehungsgeschichte. S. 17-52. In: „O ewich is so lanck". Die historischen Friedhöfe in Berlin Kreuzberg. Ein Werkstattbericht. FISCHER, C. & SCHEIN, R. (Hrsg.). Berlin 1987.
FISCHER, H.: Schwäbisches Wörterbuch. 2. Bd. Tübingen 1908.
FREYTAG, R.: Friedhofswanderung. In: Regensburger Anzeiger vom 9.7. 1927.

FURTTENBACH, J.: Architectura Civilis. Ulm 1628.
FURTTENBACH, J. d. J.: GottsAckhers Gebäw/Der Fünffzehende Theil. usw. Augsburg 1653.
FURTWÄNGLER, W.: Der Freiburger „Alte Friedhof". Diss. Freiburg i.Br. 1926.
GASSNER, E.: Der Alte Friedhof in Bonn. In: Bonner Geschichtsblätter 32. Bd., S. 17-45, Bonn 1980.
GELLHORN, A.: Der Sadebecksche Friedhof zu Reichenbach in Schlesien. In: Der Städtebau, 10.Jg., 1913, S. 64-66.
- - - :Die Friedhofsanlagen Schlesiens. Studien zur deutschen Kunstgeschichte, Heft 208. Straßburg 1918.
GEUENICH, J.: Der alte Friedhof der Reformierten und Lutheraner in Düren 1587-1825. Düren 1933.
GMELIN, J.F.: Ueber die neuere Entdeckungen in der Lehre von der Luft, und deren Anwendung auf Arzneikunst in Briefen an einen Arzt. Berlin 1784.
GÖRICKE, J.: Die Kirchenbauten des Architekten Heinrich Hübsch. Diss. Karlsruhe 1974.
GOETHE, J.W.: Die Wahlverwandtschaften. In: Goethes Werke. Hrsg. im Auftrage der Grossherzogin Sophie von Sachsen „Grosse Weimarer Ausgabe" Weimar 1887- 1912. -1919. 1.Abt. Bd. 20.
GOLLHARD, (o.V.): Der neue Friedhof zu Frankfurt a. M. In: Allgemeine Kirchenzeitung Nr.162, 13. October 1831.
GOTHEIN, M.-L.: Geschichte der Gartenkunst. Bd. 2. Jena 1914.
GRAF, A.: Flora und Vegetation der Friedhöfe in Berlin (West). Verhandlungen des Botanischen Vereins. 5. Band. Berlin 1986.
GRAFF, P.: Geschichte der Auflösung der alten gottesdienstlichen Formen in der evangelischen Kirche Deutschlands bis zum Eintritt der Aufklärung und des Rationalismus. Göttingen 1921.
GRETSCHEL, C.C.C.: Der Friedhof bei St. Johannis. Leipzig 1836.
GRIMM, K.-H.: Zur Geschichte Altonas und seines historischen Friedhofes an der Norderreihe. S. 9-20. In: Der Friedhof Norderreihe in Altona. Beiträge zu seiner Geschichte und Gegenwart. Im Auftrage der Heimat-Verein zur Pflege der Natur- und Landeskunde in Schleswig-Holstein und Hamburg. RADTKE, C. (Hrsg.). Schleswig 1979.
GROHMANN, J.C.A.: Neue Theorie der schönen Gartenkunst. Theil 2. Leipzig 1797.
GROTEFEND, G.A.: Das Leichen= und Begräbnißwesen im Preußischen Staate, besonders für Polizei- und Medicinalbeamte, Pfarrer und Kirchenvorstände. Arnsberg 1869.
GRÜN, H.: Der deutsche Friedhof im 16. Jahrhundert. In: Hessische Blätter für Volkskunde 24. Jg., S. 64-97, 1925.
- - - : Die kirchliche Beerdigung im 16. Jahrhundert. In: Theologische Studien und Kritiken, 105. Jg., H. 2, S. 138-209, 1933.
GRUNDMANN, G.: Gruftkapellen des achtzehnten Jahrhunderts in Niederschlesien und der Oberlausitz. Studien zur deutschen Kunstgeschichte, Heft 193. Straßburg 1916.
- - - : Stätten der Erinnerung. Denkmäler erzählen schlesische Geschichte. München 1975.
HAAS, R. & MÜNKEL, W.: Wegweiser zu den Grabstätten bekannter Mannheimer Persönlichkeiten, (o.O.), 1981.
HABEL, H.: Landkreis Mindelheim. In Bayerische Kunstdenkmale. GEBHARD, T. & RESS, A. (Hrsg.). München 1971.
HABLE, B.: Fallstudie Düsseldorf im Forschungsprojektes der AFD Kassel (unveröffentlichtes Manuskript).
HACKER, J.L.N.: Thanatologie oder Denkwürdigkeiten aus dem Gebiete der Gräber. Ein unterhaltendes Lesebuch für Kranke und Sterbende. Th.1. Leipzig 1795.
HAGEMANN, E.: Lübecks Friedhöfe. In: Der Wagen. Ein Lübeckisches Jahrbuch. BROCKHAUS, P. (Hrsg.), 1952-1953, S. 103-106.
HALDER, G.: Die Friedhöfe der Stadt Luzern. Luzern im Wandel der Zeiten Heft 42, Luzern 1968.
HALLBAUM, F.: Der Landschaftsgarten. Sein Entstehen und seine Einführung in Deutschland durch Friedrich Ludwig von Sckell 1750-1823. München 1927.
HAPPE, B.: Der Tübinger Stadtfriedhof. In: Tübinger Blätter 73.Jg., S. 15-20, 1986.

- - -: Gottesäcker gegen Mitnacht und freyer Durchzug der Winde. Hygiene auf dem Friedhof des 18. Jahrhunderts. In: Jahrbuch des Instituts für Geschichte der Medizin der Robert Bosch Stiftung. W.F. Kümmel (Hrsg.). Bd. 7 für das Jahr 1988, S. 205–231, Stuttgart 1990.
- - -: Einzigartiges Kleinod der Friedhofskunst. Der Buttstädter Camposanto. In: Glaube und Heimat. Evangelische Wochenzeitung für Thüringen. 46. Jg., S. 7, 6.1. 1991.
HARKSEN, M.L., ENGELS, W. & MÜLLER, K.: Die Stadt Dessau. Bd. 1. Die Kunstdenkmale des Landes Anhalt. Im Auftrage des Oberpräsidenten der Provinz Sachsen und des Anhaltischen Staatsministeriums. GIESAU, H. (Hrsg.). Burg b. M. 1937.
HEDERER, O.: Friedrich von Gärtner 1792 - 1847. Leben, Werk, Schüler. Passau 1976 (Studien zur Kunst des 19. Jahrhunderts, Bd. 30).
HEESE, B.: Die alten Friedhöfe. Neue Folge der Dessauer Chronik. 1926.
HEINLEIN, H.: Der Friedhof zu Leipzig in seiner jetzigen Gestalt oder vollständige Sammlung aller Inschriften auf den ältesten und neuesten Denkmälern daselbst. Leipzig 1844.
HELMBHOLD, H.: Der alte Friedhof in Eisenach. In: Thüringer Kalender 1913, o.S..
HENNEBO, D. & HOFFMANN, A.: Geschichte der deutschen Gartenkunst. Bd. III. Hoffmann, A.: Der Landschaftsgarten. Hamburg 1963.
HILLAIRET, J.: Les 200 Cimetières du Vieux Paris. Paris 1958.
HIRSCH, E.: Der Erdmannsdorff-Friedhof in Dessau im Spiegel der zeitgenössischen Literatur. In: Dessauer Kalender 1966, S. 41-44.
- - - : Progressive Leistungen und reaktionäre Tendenzen des Dessau - Wörlitzer Kulturkreises in der Rezeption der aufgeklärten Zeitgenossen (1770-1815). Ein Beitrag zur Geschichte der deutschen Ideologie im Zeitalter der Französischen Revolution. Diss. Halle Wittenberg 1969.
- - - : Dessau – Wörlitz „Zierde und Inbegriff des XVIII. Jahrhunderts". München 1985.
HIRSCHFELD, C.C.L.: Theorie der Gartenkunst. 5 Bde. Leipzig 1779-1785.
HÖVELER, P.: Blätter und Blüten vom Friedhof Melaten. Düsseldorf o.J. (handschriftlicher Vermerk auf dem Deckblatt: „zwischen 1900 und 1914").
HOFFMANN, G.F.: Skizzirte Geschichte und Beschreibung des Friedhofs zu Frankfurt am Main nebst einigen gemeinnützigen Bemerkungen. Frankfurt am Main 1834.
HOFFMANN, K.: Arkadien in Antike und Abendland. In: Humanistische Bildung, Heft 5: Die Antike und ihre Wirkung auf die Kunst Europas. Stuttgart 1982, S.17 - 25.
HOFSTETTER, L.: Reutlinger Chronik. Von Ursprung der Stadt und was sich Merkwürdiges zugetragen bis 1691. Bearb. von SCHWARZ, P. In: Reutlinger Geschichtsblätter NF 20/21, S. 1-483, 1981/82.
HUBER, A.: München im Jahre 1819. (o.O., o.J.).
HÜBSCH, H.: Entwurf zu einem Gottesacker. In: Iris. Unterhaltungsblatt für Freunde des Schönen und Nützlichen. Nr. 167, S. 665-668, 1825.
HEINRICH HÜBSCH 1795–1863. Der große badische Baumeister der Romantik. Ausstellung des Stadtarchivs Karlsruhe und des Instituts für Baugeschichte der Universität Karlsruhe. Karlsruhe 1983.
HÜGEL, F.: Das Friedhofswesen vom Standpuncte der Begräbnisspolizei, nebst einer kritischen Beleuchtung der von der Commune Wiens beabsichtigten Errichtung eines „Communal -Friedhofes". Wien 1868.
HÜLLE, W.: Die Kirchen und kirchlichen Bauten in der Geschichte der freien Reichsstadt Reutlingen. Reutlingen 1953.
HÜPPI, A.: Kunst und Kult der Grabstätten. Olten 1968.
IBACH, J.: Die Friedhöfe. In: Naturwissenschaft und Gesundheitswesen, Cöln 1908.
- - - : Die Friedhöfe das Beerdigungswesen der Stadt Cöln im 19. Jahrhundert. S. 300-306. In: Die Stadt Cöln im ersten Jahrhundert unter Preußischer Herrschaft 1815 bis 1915. Bd.2. Die Verwaltung der Stadt Köln seit der Reichsgründung in Einzeldarstellungen. Cöln 1915.
JOUTZ, L.: Der mittelalterliche Kirchenvorhof in Deutschland. Diss. Berlin 1936.
JÜRGENSEN, D.: Campo santo: Von der Familiengruft zur Einzelzelle. In: Deutsche Friedhofskultur, 77.Jg., 3/1987, S. 55-57.

JUNGER, J.: Johann Jacob Fezer als Spätaufklärer und frühliberaler Publizist im Zeitalter der Französischen Revolution in Reutlingen und Wien (1760–1844). Diss. Tübingen. In: Reutlinger Geschichtsblätter Nr. 26 (NF), Jg. 1987.
KASENBACHER, A.: Traunstein. Chronik einer Stadt in Wort und Bild. Grabenstätt 1980.
KAZMAIER, M: Auch Friedhöfe sterben. Vergängliche Zeichen der Vergänglichkeit: Ein Spaziergang zwischen Gräbern. In: Schwäbisches Tagblatt 20. 11. 1971.
- - - : Die deutsche Grabrede im 19. Jahrhundert. Diss. Tübingen 1977.
KEIM, K.: Alt-Reutlingen. Reutlingen 1975.
KELLER, H.: Die Entwicklung des öffentlichen Grüns in der Freien Hansestadt Bremen. Diss. Hannover 1958.
KICK, J.: Friedhöfe in Weidens Geschichte. In: Der neue Tag Weiden vom 31.10. 1975.
KLOTZ, F.: Speyerer Friedhöfe in früherer Zeit. In: Vierteljahresheft des Verkehrsvereins Speyer., S. 2-9, Herbst 1971.
KLUGE, H.: Dresdens Friedhöfe in der Zeit der Freiheitskriege und der Romantik. (Forschungen des Kunstgeschichtlichen Instituts der Technischen Hochschule Dresden, Bd. 1), 1937.
KÖHLER, F.A.: Versuch einer historisch -statischen und topographischen Beschreibung der Universität und Stadt Tübingen mit ihrer Gegend und ihrem Oberamte. Tübingen 1791.
KOPP, H.: Die Anfänge der Stadt Reutlingen. Reutlingen 1961.
KRAUSS, J.: Das Medizinalwesen im Königreich Württemberg unter Mitwirkung des Sekretariats des K. Medizinal-Kollegiums. Stuttgart 1891.
KRÜGER, R.: Das Zeitalter der Empfindsamkeit. Leipzig, Wien, München 1972.
KRÜNITZ, J.G.: Ökonomisch-Technologische Encyclopädie oder allgemeines System der Staats-, Stadt-, Haus- und Landwirtschaft, und der Kunstgeschichte, in alphabetischer Ordnung. Bd. 73, 2. Aufl. Berlin 1782-1853.
KUHN-REHFUS, M.: Der Prinzenbau in Sigmaringen. Versuch einer Baugeschichte. In: Zeitschrift für Hohenzollerische Geschichte 15, S. 155 - 171, 1979.
Die KUNST= und ALTERTUMS= DENKMALE im KÖNIGREICH WÜRTTEMBERG. PAULUS, E. v. & GRADMANN, E. (Hrsg.). Inventar Donaukreis. Bd. 1. Oberämter Biberach, Blaubeuren, Ehingen, Geislingen. Bearb. v. BAUM, J., KLAIBER, H. & PFEIFFER, B., Esslingen 1914.
Die KUNST= und ALTERTUMS= DENKMALE im KÖNIGREICH WÜRTTEMBERG. Bd. 3.2. Jagstkreis: Oberamt Heidenheim. Bearb. v. GRADMANN, E.. Eßlingen 1913.
Die KUNST= und ALTERTUMS= DENKMALE im ehemaligen DONAUKREIS. Oberamt Ravensburg. Bearb. von SCHMIDT, R. & BUCHHEIT, H. Stuttgart & Berlin 1931.
Die KUNSTDENKMÄLER in BADEN - WÜRTTEMBERG. Stadtkreis Mannheim. Die Kunstdenkmäler des Stadtkreises Mannheim. II. Bearb. von HUTH, H.. Stuttgart 1982.
Die KUNSTDENKMÄLER der Stadt Pforzheim. Bearb. v. LACROIX, E., HIRSCHFELD, P. & PAESELER, W. Karlsruhe (o.J.).
Die KUNSTDENKMÄLER des ehemaligen KREISES WANGEN. Bearb. v. SCHAHL, A., von MATTHEY, W., STRIEDER, P. und Graf ADELMANN von ADELMANNSFELDEN, G.S.. Stuttgart 1954.
Die KUNSTDENKMÄLER von MITTELFRANKEN. Stadt Rothenburg o.d. T. Bearb. von RESS, A.. München 1959.
LANGE, J.: Zur Geschichte der Neusser Friedhöfe. In: Neusser Jahrbuch für Kunst, Kulturgeschichte und Heimatkunde, S. 23-37, Neuss 1974.
LANGENBACH, H.: „Über die Anlegung und Umwandlung der Gottesäcker in heitere Ruhegärten". S. 129-142. In: „O ewich is so lanck". Die historischen Friedhöfe in Berlin Kreuzberg. Ein Werkstattbericht. FISCHER, C. & SCHEIN, R. (Hrsg.). Berlin 1987.
LESSING, G.E.: Wie die Alten den Tod gebildet. 1769. In: Gotthold Ephraim Lessings sämmtliche Schriften. Bd. 8. LACHMANN, K. (Hrsg.). Leipzig 1855.
LEX, P.: Das kirchliche Begräbnisrecht historisch-kanonistisch dargestellt. Regensburg 1904.
LEXIKON der Kunst, Bd. 1 A-F. Berlin 1984.

LOESER, W., LÖSCH, V. & ENGELMANN, C.: Fallstudie Pirmasens im Forschungsprojekt der AFD Kassel (unveröffentlichtes Manuskript). 1982.
LOEVINSON, E.: Il campo Verano. In: Nuova Antologia, 1914.
LÜBKE, W.: Geschichte der Renaissance in Deutschland. Zweite und vermehrte Auflage. Erste & Zweite Abtheilung. Stuttgart 1882.
LUTHER, M.: Ob man vor dem Sterben fliehen möge (1527). Martin Luther Werke, Kritische Gesamtausgabe. 23. Bd. Weimar 1901.
- - - : Die Vorrede zu der Sammlung der Begräbnislieder (1542). Martin Luther Werke, Kritische Gesamtausgabe, Bd. 35, Weimar 1923.
MADER, F.: Geschichte der Eichstätter Friedhöfe. In: Sammelblatt des historischen Vereins, S. 3-16. Eichstätt 1920.
MAß, J.: Sterben und Tod aus der Sicht eines katholischen Pfarrers. S. 11-17. In: Die letzte Reise. Sterben, Tod und Trauersitten in Oberbayern. METKEN, S. (Hrsg.). München 1984.
MATSCHE-VON-WICHT, B.: Das Grabmal im Landschaftsgarten. S. 45-56. In: Wie die Alten den Tod gebildet. Wandlungen der Sepulkralkultur 1750-1850. Kasseler Studien zur Sepulkralkultur, Bd. 1, H.-K. BOEHLKE (Hrsg.). Mainz 1979.
MAURER, E.: Alt-Coburg, Federzeichnungen mit geschichtlichen Erläuterungen von Emil Rädlein. Coburg 1918.
MAYER (o.V.): Einige Gedanken über Kirchhöfe, nebst einigen Denkmählern und Grabinschriften in Berlin. S. 1153-1165, 1256-1269. In: KOSMANN, J.W.A. & HEINSIUS, Th.: Denkwürdigkeiten und Tagesgeschichte der Mark Brandenburg. 2.Bd., Berlin 1796.
MAYER, H.: Bamberg als Kunststadt. (o.O.) 1959.
MEIER, H. & SCHADT, W.: Die Kirchhöfe vor den Toren der Stadt Braunschweig. In: Braunschweigisches Magazin Nr. 1/2, 1920, S. 1-9.
MELCHERT, H.: Die Entwicklung der deutschen Friedhofsordnungen. Dessau 1929.
MEMMESHEIMER, P.A.: Das klassizistische Grabmal. Eine Typologie. Diss. Bonn 1969.
MEMMINGER, A.: Würzburger Friedhofwanderung. Würzburg 1885.
MEMMINGER, F.A.: Versuch einer Beschreibung der Stadt Reutlingen. Reutlingen 1805.
MERIAN, M.: Topographia Germaniae 1.-17. Kassel und Basel 1959-1967.
MERZ, H.: Der evangelische Kirchhof und sein Schmuck. Stuttgart 1884.
MEYERS GROSSES TASCHENLEXIKON in 24 Bänden. Bd.7, Aktualisierte Neuausgabe. Mannheim usw. 1983.
MOSEBACH, M.: Fallstudie Trier im Forschungsprojekt der AFD Kassel (unveröffentl. Manuskript).
MOULART, F.J.: Kirche und Staat oder die beiden Gewalten, ihr Ursprung, ihre Beziehungen, ihre Rechte und ihre Grenzen. Mainz 1881.
N.L.: Ueber den Gottesacker in München, in technischer Hinsicht. In: Kunst= und Gewerb= Blatt des polytechnischen Vereins im Königreich = Reiche Bayern, Nro.14, S. 201-205, München 1819.
NAUMANN, B.: „Wie die Alten den Tod gebildet" Lessings produktives Mißverständnis der Todesgenien im Streit um das Bild des heiteren Todes. S. 205-214. In: „O ewich is so lanck". Die Historischen Friedhöfe in Berlin - Kreuzberg. Ein Werkstattbericht, FISCHER, C. & SCHEIN, R. (Hrsg.), Berlin 1987.
NESTLE, W.: Der Gottesacker der ehemaligen Reichsstadt Wangen i. Allg.. Wangen 1932.
NOEL (o.V.) von: Der Friedhof vor dem Sternentore in Bonn. In: Rheinische Geschichtsblätter. Zeitschrift für Geschichte, Sprache und Altertümer des Mittel- und Niederrheins. 8. Jg., Nr.8, S. 225-307, 1906.
OLEARIO, J.G.: Coemiterium Saxo-Hallense. Das ist/Des wohlerbauten Gottes=Ackers Der Löblichen Stadt Hall in Sachsen Beschreibung: usw.. Wittenberg 1674.
PATTIS, P.: Kirchhöfe im alpinen Raum. Bozen 1984.
PEITER, K.: Der evangelische Friedhof - Von der Reformation bis zur Romantik. Diss. Berlin 1968.
PESCH, O., H.: Theologie des Todes bei Luther. In: Im Angesicht des Todes. Ein interdisziplinäres Kompendium Bd. 2 (Pietas Liturgica Band 3 und 4), BECKER, H., EINIG, B., ULLRICH, P. O. (Hgg.) St. Ottilien 1987.

PETZET, M.: Stadt und Landkreis Kempten. In: Bayerische Kunstdenkmale. KREISEL, H. & HORN, A. (Hrsg.). München 1959.
PIEPER, P.: Entwicklung des Beerdigungswesens der Stadt Köln. Worms 1905.
PIETSCH, C.: Der Einfluß staatlicher Verordnungen auf die Entwicklung des neuzeitlichen Begräbniswesens in Berlin und Brandenburg-Preußen bis zur Mitte des 19. Jahrhunderts. S. 143-166. In: „O ewich is so lanck" Die Historischen Friedhöfe in Berlin-Kreuzberg. Ein Werkstattbericht. C. FISCHER & R. SCHEIN (Hrsg.). Berlin 1987.
- - - : Potsdamer Bestattungswesen bis zum Beginn des 20. Jahrhunderts. Fallstudie im Forschungsprojekt der AFD Kassel (unveröffentlichtes Manuskript).
POINSIGNON, A.: Die alten Friedhöfe der Stadt Freiburg i.B. In: Freiburger Adressbuch, S. 1-23, 1890.
POLLEY, R.: Das Verhältnis der josephinischen Bestattungsreformen zu den französichen unter dem Ancien Régime und Napoleon I. S. 109-124. In: Vom Kirchhof zum Friedhof: Wandlungsprozesse zwischen 1750 u.1850 (Kasseler Studien zur Sepulkralkultur, Bd. 2). Kassel 1984.
PRESSEL, J.G & SARWEY, C.G.F.: Worte der Weihe, bey dem Uebergange von einem alten auf einen neuen Gottesacker. Tübingen 1829.
RANKE, K.: Die Bedeutung des Friedhofes in älterer Zeit. In: Rotenburger Schriften, 27. Jg., S. 7-17, 1967.
REALENCYKLOPÄDIE für PROTESTANTISCHE THEOLOGIE und KIRCHE, Bd. 6, HAUCK, A. (Hrsg.), Leipzig 1899.
REICHENSPERGER, A.: Fingerzeige auf dem Gebiete der kirchlichen Kunst. Leipzig 1854.
REIL, F.: Leopold Friedrich Franz. Herzog und Fürst von Anhalt-Deßau, nach seinem Wesen und Wirken geschildert. Dessau 1845.
REINLE, A.: Die Kunstdenkmäler des Kantons Luzern. Bd.II. Die Stadt Luzern: I. Teil. Basel 1953.
REMBART, K.: Friedhöfe unter der Stadt. S. 33-36. In: Stätten des Friedens. Die Krefeld - Uerdinger Friedhöfe früher und heute. BUSS, H. & PETERS, C. (Hrsg.). Krefeld 1950.
REYSCHER, A.L.: Vollständige, historisch und kritisch bearbeitete Sammlung der württembergischen Gesetze. Stuttgart & Tübingen 1828-1850.
RICHTER, G.: Entstehung und Entwicklung des öffentlichen Grüns in Hannover bis zur Eingemeindung Lindens im Jahre 1920. Diss. Hannover 1969.
- - -: Fallstudie Hannover im Forschungsprojekt der AFD Kassel (unveröffentl. Manuskript).
- - -: Der Gartenfriedhof in Hannover. In: Hannoversche Geschichtsblätter NF 38, S. 55-71, 1984.
- - -: Die Wandlung des friedhofsarchitektonischen Erscheinungsbildes für die Zeit von 1750 bis 1850. S. 137-143. In: Vom Kirchhof zum Friedhof. Wandlungsprozesse zwischen 1750 und 1850 (Kasseler Studien zur Sepulkralkultur, Bd. 2). Kassel 1984
- - -: Zur historischen Pflanzenverwendung auf Friedhöfen S. 33-41. In: Vergänglichkeit und Denkmal. Beiträge zur Sepulkralkultur, SCHUCHARD, J. & CLAUSSEN, H. (Hrsg.), Bonn 1985.
- - -: Fallstudie Hannover im Forschungsprojekt der AFD Kassel (unveröffentl. Manuskript).
RICHTER, L.E. : Die evangelischen Kirchenordnungen des 16. Jahrhunderts. Urkunden und Regesten zur Geschichte des Rechts und der Verfassung der evangelischen Kirche in Deutschland. 2 Bde.. Weimar 1846.
RICKLEFS, J.: Der Altstädter Bürgerkirchhof vor dem Hehlentor. Eine Stätte alter Celler Friedhofskultur. In: Cellesche Zeitung vom 8. 8. 1981.
RIECKE, V.A.: Ueber den Einfluß der Verwesungsdünste auf die menschliche Gesundheit und über die Begräbnißplätze in medizinisch - polizeilicher Beziehung. Stuttgart 1840.
RIEK, G.: Alte Tübinger Friedhöfe. In: Tübinger Chronik Nr. 90, 18.4.1936.
RIETSCHEL, C.: Das Herrnhuter Modell eines Gemeinschaftsfriedhofs, der Gottesacker der Brüdergemeine. S. 145-158. In: Vom Kirchhof zum Friedhof. Wandlungsprozesse zwischen 1750 und 1850 (Kasseler Studien zur Sepulkralkultur, Bd. 2). Kassel 1984.
RIETZSCH, B.: Der Neustädter Friedhof und die Entwicklung der Begräbniskultur in Erlangen im 18. und 19. Jahrhundert. In: Erlanger Bausteine 31., S. 149–192, 1984.
RODE, A.: Wegweiser durch die Sehenswürdigkeiten in und um Dessau. Erstes Heft. Dessau 1795.

RÖHS, K.-W.: Der „Alte Friedhof" der Stadt Bielefeld von 1811. S. 47-52. In: Vergänglichkeit und Denkmal. Beiträge zur Sepulkralkultur. SCHUCHARD, J. & CLAUSSEN, H. (Hrsg.), Schriften des Arbeitskreises selbständiger Kultur-Institute Bd. 4. Bonn 1985.
RÖTTGEN, S.: Der südliche Friedhof in München. S. 285-301. In: Die letzte Reise. Sterben, Tod und Trauersitten in Oberbayern. Ausstellungskatalog, METKEN, S. (Hrsg.), München 1984.
SCHEPE, M.: Der alte Süd-Friedhof. S. 99-100. In: Klassizismus in Bayern, Schwaben und Franken. Architekturzeichnungen 1775-1825. Ausstellung der Architektursammlung der TU München und des Münchener Stadtmuseums in Verbindung mit dem Zentralinstitut für Kunstgeschichte und dem Bayerischen Hauptstaatsarchiv. NERDINGER, W. (Hrsg.), München 1980.
SCHLÖZER, A.L.: Stats-Anzeigen gesammelt und zum Druck befördert. Bd. 1, H. 1-4. Göttingen 1782.
SCHMID, H.D. & SCWWARZ, P.: Aus der Geschichte einer Stadt. Reutlingen 1973.
SCHNELLBÖGL, F.: Friedhofverlegungen im 16. Jahrhundert. In: Jahrbuch für Fränkische Landesforschung 34/35, 1974/75, S. 109-120.
SCHÜTZE, R.: Samen für den Gottesacker. Leipzig 1885.
SCHWARZ, K.: Die stadtbremischen Kirchhöfe von der Reformation bis zur Franzosenzeit (1813). In: Bremisches Jahrbuch. Bd. 58, 1980, S. 23-63.
SCHWARZ, T.: Fallstudie Freiburg i. Br. im Forschungsprojekt der AFD Kassel (unveröffentl. Manuskript). 1980.
SCHWEIZER, J.: Kirchhof und Friedhof. Eine Darstellung der beiden Haupttypen europäischer Begräbnisstätten. Linz 1956.
SCKELL, F.L. von: Beiträge zur bildenden Gartenkunst für angehende Gartenkünstler und Gartenliebhaber. München 1825.
SEHLING, E.: Die evangelischen Kirchenordnungen des 16. Jahrhunderts. 5 Bde., Leipzig 1902-1913 und Bd. 6ff, Tübingen 1955ff.
SEIB, G.: Exemplarische Darstellung einer Fallstudie am Beispiel der Friedhöfe in Kassel. S. 19-48. In: Vom Kirchhof zum Friedhof. Wandlungsprozesse zwischen 1750 und 1850 (Kasseler Studien zur Sepulkralkultur, Bd.2). Kassel 1984.
- - - : Fallstudie Kassel im Forschungsprojekt der AFD Kassel (unveröffentlichtes Manuskript).
SELZER, O.: Die Friedhofshalle Marktbreit und ihre Grabdenkmäler. In: Mainfränkisches Heft 52, S. 3-145, 1968.
SIMSON, O.v.: Propyläen Kunstgeschichte Bd. 6. Das Mittelalter. Frankfurt 1972.
SPIEGEL, (o.V.): Das Begräbniswesen der Stadt Köln. In: Festschrift für die Mitglieder und Theilnehmer der 61. Versammlung Deutscher Naturforscher und Ärzte. Köln 1888.
STAIB, H.: „Arm und Reich im Tode gleich"? Zur Kultur des Trauerns und Gedenkens. S. 1252-1254. In: Baden und Württemberg im Zeitalter Napoleons. Ausstellung des Landes Baden-Württemberg. Bd 1.2. Katalog. Stuttgart 1987.
STAPFF, I.S.: Fallstudie Weimar im Forschungsprojekt der AFD Kassel (unveröffentlichtes Manuskript).
STECKNER, C: Der Genius mit der Fackel. Berliner und Weimarer Ansichten von Kosmos, Kunst und Menschlichkeit im Zeitalter der Vernunft. S. 185-204. In: „O ewich is so lanck" Die Historischen Friedhöfe in Berlin-Kreuzberg. Ein Werkstattbericht. FISCHER, C. & SCHEIN, R. (Hrsg.). Berlin 1987.
STEFFEN, K.: Zur Geschichte der Friedhöfe der evangelischen Gemeinde Rheydt. In: Niederrheinischer Heimatfreund (Rheydt) 5, S. 72-77, 1929.
STIEFENHOFER, D.: Die Verlegung des Gottesackers in Dinkelsbühl. In: Alt-Dinkelsbühl. Mitteilungen aus der Geschichte Dinkelsbühl und seiner Umgebung. 17. Jg., Nr. 4, S. 25-26, 1930.
STRICKER, W.: Die Geschichte der Heilkunde und der verwandten Wissenschaften in der Stadt Frankfurt am Main. Frankfurt 1847.
UNGERICHT, H.: Der alte Friedhof in Ulm. Forschungen zur Geschichte der Stadt Ulm: Dokumentation. Bd.3, Hrsg. vom Stadtarchiv Ulm. Ulm 1980.

Vergänglichkeit und Denkmal: Beiträge zur Sepulkralkultur. SCHUCHARD, J. & CLAUSSEN, H. (Hrsg.) Bonn 1985 (Schriften des Arbeitskreises Selbständiger Kultur-Institute; Bd. 4).
VETTER, E.M.: Die Eingangsfront des Mannheimer Hauptfriedhofes. In: Deutsche Friedhofskultur 65.Jg., Nr.5, S. 96, 1975.
VÖGELY, L.: Badische Geschichte versinkt ins Wesenlose. Ein kritischer Gang über den alten Karlsruher Friedhof. In: Badische Heimat, Heft 3, 1982.
VOGTS, H.: Der Kölner Friedhof Melaten. In: Rheinische Friedhöfe. Sonderhefte der Mitteilungen der Westdeutschen Gesellschaft für Familienkunde. Heft 2, S. 1-6, Köln 1937.
VOIT, R.J.A.: Ueber die Anlegung und Umwandlung der Gottesäcker in heitere Ruhegärten der Abgeschiedenen. Augs burg 1825.
VORHERR, J.M.E.G.: General=Plan über die Erweiterung und Gestaltung des Begräbniß=Platzes zu München. In: Kunst= und Gewerb= Blatt des polytechnischen Vereins im König= Reiche Bayern, Nro. 24, S. 411-413, München 1818.
VOTTELER, F.: Reutlingen vor hundert Jahren. In: Reutlinger Geschichtsblätter 14. Jg., Nr. 1, S. 1-10 u. S. 31-43, 1903.
WALLRAF, F.F.: Über den neuen stadtkölnischen Kirchhof zu Melaten.Kritische Auswahl unter den dazu gelieferten Inschriften desselben, die für den Ort und den Geschmack der Zeit paßte. Köln 1809.
WANETSCHEK, M.: Die Grünanlagen in der Stadtplanung Münchens von 1790-1860. (Neue Schriftenreihe des Staatsarchivs München, Heft 35). München 1971.
WARNCKE, J.: Die Errichtung des Allgemeinen Gottesackers vor dem Burgtore. In: Vaterstädtische Blätter Jg. 1931/32, Nr. 21, S. 87-88, 93-94, 97-98, 100-101, 1932.
WEIGELT, H.: Einflüsse Luthers auf die Gestaltung des Friedhofs. Vortrag gehalten am 11. 11. 1983 auf der Tagung der evangelischen Akademie Tutzing.
WENZEL, M.: Fallstudie Mainz im Forschungsprojekt der AFD Kassel (unveröffentlichtes Manuskript).
WEVER, K.: Über die Ottocento-Friedhöfe in Italien. Dissertation in Vorbereitung. Zum Zitieren freigegeben vom Autor. Darin: Kapitel: Acht italienische Friedhöfe des Ottocento.
WILDBERG, (o.V.): Ueber die bei Einrichtung neuer Begräbnisshöfe zu nehmenden Rücksichten. In: Jahrbuch der gesamten Staatsarzneikunde, Bd. 1, S. 1-8, Leipzig 1835.
WIND, L.: Der neue Leichenacker in München. In: Zeitschrift für praktische Baukunst 11, S. 34-46, 1851.
ZACHER, I.: Friedhofsanlagen und Grabmäler der kommunalen rheinischen Friedhöfe. S. 385-442. In: Kunst des 19. Jahrhunderts im Rheinland. Bd.4, Düsseldorf 1980.
- - - : Düsseldorfer Friedhöfe und Grabmäler. Begräbniswesen und Brauchtum im 19. Jahrhundert. Düsseldorf 1982.
ZELGER, F.: Der Friedhof bei der Stiftskirche St. Leodegar in Luzern. Eine baugeschichtliche Studie. Erweiterter Separatabzug aus den „Zeitglocken" Nr. 21 und 22 vom 7. und 22. November 1937, Beilage zum „Luzerner Tagblatt".
ZELLER, R.: Luther wie ihn keiner kennt. Freiburg 1982.
ZIEGLER, H.: Zur Geschichte der Stuttgarter Friedhöfe. In: Deutsche Friedhofskultur 65. Jg., H. 5, 1977, S. 110-111.
ZILLINGER, W.: Der Friedhof am Frauenberg 1590-1876. Fallstudie Bad Hersfeld im Forschungsprojekt der AFD Kassel (unveröffentlichtes Manuskript).
ZUBER, E.: Der alte nördliche Friedhof. Ein Kapitel Münchner Kulturgeschichte. München 1983.

Quellen

AMTSBLATT TÜBINGEN

ARCHIV des evangelischen DEKANATS REUTLINGEN (AeDR)
Akte III A 16b Fach 9 16c Bausachen Katharinenkirche.
Pfarrbeschreibung von der Parochie Reutlingen, Dekanats Reutlingen, Generalats Reutlingen. Angefertigt 1827 von dem Dekan Eisenlohr. Revidiert und umgearbeitet 1859 von Dekan Beck.

ARCHIVES NATIONALES PARIS
AD I 25^A („Édits, Arrêts, Lettres - Patentes, etc. Collection unique par Matières. Inhumations (et) cimetières.")

BAUAMT TÜBINGEN
Bauschau Protocolle 1869.

DIDASKALIA. Blätter für Geist, Gemüth und Publicität.
Nr. 35, 1857.

FÜRSTLICH HOHENZOLLERISCHE HOFBIBLIOTHEK SIGMARINGEN
Hs 172

DIE GARTENKUNST
Zeitschrift für die Gesamtinteressen der Gartenkunst und Gartentechnik sowie der damit verwandten Zweige des Gartenbaues. 1. Jg., Berlin 1899.

DER GEMEINNÜTZIGE
Nr.34, 1847.

GÖTTINGENSCHES UNTERHALTUNGSBLATT
31.10.1841.

HAUPTFRIEDHOF Koblenz - Dokumentation zum 100jährigen Bestehen des Hauptfriedhofes. Stadt Koblenz Presse- und Informationsamt (Hrsg.). Koblenz 1981.

HAUPTSTAATSARCHIV SIGMARINGEN (HStAS)
17 G 3 Sammlung der Gesetze und Verordnungen für das Fürstenthum Hohenzollern Sigmaringen von 1833 bis 1837.
Dep. 1 Nachlaß KELLER.
Dep. 1 Rathsprotokolle der Stadt Sigmaringen 1822-1869
Dep. 1 2018.
Dep. 1 2019.
Dep. 1 2025.
Ho 6 II 5717.
Ho 13 1306 Blatt 9.
HO 82 I 24168.
Ho 199 FOA 42.
Ho 199 FOA 43.
HO 235 I-X Nr. 852.
Wü 65/27 Nr. 1930 Oberamt Reutlingen.
Wü 63/36, F 205 Oberamt Tübingen.

HESPERIUS
Bd. 25., 1820, S. 34-36. Verordnung der königl. preußischen Regierung zu Arnsberg über Anlegung, Erweiterung und Verschönerung der Begräbniß = Plätze.

MAINZER MONATSSCHRIFT
6. Jg., 1790.

MONATSBLATT für BAUWESEN und LANDESVERSCHÖNERUNG. Veranlaßt und red. durch J.M.C.G. VORHERR
Nr. 7, 1823.

PFARRARCHIV SIGMARINGEN
IIa Begräbnisse.

REUTLINGER GENERALANZEIGER
30. und 31. Dezember 1910.

RHEYDTER CHRONIK. Geschichte der Herrschaft und Stadt Rheydt. 2. Bd. Rheydt 1897.

SCHWARZWÄLDER KREISZEITUNG
35. Jg, Nr. 8 v. 11.1.1891. „Die Katharinen-Kirche auf dem Friedhof in Reutlingen."

STADTARCHIV REUTLINGEN (StAR)
Flattich Acc. 16
Brouillon über die Ergänzung der Feuerkarten und Primärkataster im Jahr 1842 bis 1847 aufgenommenen Gebäude und Güterparzellen.
Geheime Collegial Protocolle v. 8.ten Janr 1798 bis 31.Decbr.
Friedrich LAUNER: Erläuterungsbericht zum Kirchhof Reutlingen aufgenommen und gezeichnet in den Winterhalbjahren 1896, 1897 und 1898.
Sa 145 Übersicht über die Tätigkeit des Vereins für Feuerbestattung.
Stadtratsprotokolle von 1840-1844.

STADTARCHIV TRAUNSTEIN (StATr)
A VII 54 Depositum des Pfarrarchivs St. Oswald, Traunstein.

STADTARCHIV TÜBINGEN (StAT)
Stiftungs Raths Protokolle 1819-61
Bestand B 30 Registratur des Hospitals und der Stiftungsverwaltung H ad 5/3/9/6 Hospital Tübingen Akten Betr.: Den im Jahr 1828 neu angelegten Gottesacker.
Bestand B 30 Registratur des Hospitals und der Stiftungsverwaltung H 5/3/9/6a Stiftungsrath - Tübingen Bauwesen am Kirchhof/ Gottesacker. Mit Ausnahme weniger Blätter liegt keine Quadrangelführung vor.
H 297 Stiftungsratsprotokoll
H 298 Stiftungsraths Protokoll
H 298. Friedhofs Ordnung und Instruktion für den Friedhof-Aufseher und den Todtengräber von dem neuen Begräbniß Platz in der Ebershalden.
Sto 1554 Beilagen zu Spitalrechnungen.

TÜBINGER CHRONIK

UNIVERSITÄTSARCHIV TÜBINGEN (UAT)
UAT 117/370

Friedhofs- und Leichenordnungen

ESSLINGEN
Friedhofs Ordnung und Instruktion für den Friedhof-Aufseher und den Todtengräber von dem neuen Begräbniß Platz in der Ebershalden. (StAT H 298).

FRANKFURT
Begräbniß=Ordnung für die christlichen Gemeinden der freien Stadt Frankfurt. In: Intelligenz=Blatt der freien Stadt Frankfurt Nr. 52 17. 6. 1828.

Begräbniß-Ordnung der christlichen Gemeinden in Frankfurt und Sachsenhausen. In: Amts=Blatt der freien Stadt Frankfurt Nr. 138, 19. 11.1864.

FREIBURG
Zirkular von der Kaiserl. Königl. Regierung und Kammer in Vorderösterreich. Freyburg den 9ten September 1784. In: SCHWARZ, T. o.J..

Leichen=Ordnung für die Stadt Freiburg. 1822. Stadtarchiv Freiburg i.Br. (StAF) C1 Begräbnisse und Friedhöfe Konvolut 1 Allgemeine Vorschriften, Ordnungen, Taxen 1632 - 1883.

GÖTTINGEN
Actum Göttingen auß der Superintendur d. 11. Octbr. 1747. Stadtarchiv Göttingen (StAG) AA 168, 4 1-15.

Reglement ohnmaßgeblicher Entwurff wie es mit denen Begräbniß=Stellen innerhalb der Mauer des Kirchhofes vor dem Wehnder Thore zu halten von 1755. StAG AA 168, 4.

KARLSRUHE
Fürstliche neue Verordnungen. Fürstliches Rescript ans Oberamt und Specialat Carlsruhe d.d.2ten August 1782. Neue Leichenordnung vor die Fürstliche Residenz Carlsruhe. In: Allgemeines Intelligenz=oder Wochenblatt für sämtliche Hochfürstliche Badische Lande. Nr.10, 20. 3. 1783.

Leichen-Ordnung der Residenzstadt Karlsruhe vom Dezember 1848 Generallandesarchiv Karlsruhe (GLAK) 206/2301).

KASSEL
Register über die Begräbnisse auf dem neuen Friedhofe vor dem Holländischen Thore der Residenz Cassel. Staatsarchiv Marburg (StAM) 315 a gen. Cassel 159.

„Bekanntmachung" der Friedhofsverwaltung vom 23. August 1861. StAM Best.i 75 Nr. 26.

Koblenz
Reglement der Begräbnisse. In: Koblenzer Anzeiger Nr. 21 26.Mai 1820.

Instruktion über die Errichtung der Begräbnisplätze oder Kirchhöfe und deren polizeiliche Beaufsichtigung vom 1. März 1828 (zit. nach BRUNNER 1927, S.194f).

KÖLN

Beerdigungs=Reglement für die christlichen Confessionen der Stadt Cöln. Cöln 1829.

MAINZ

Beschluß vom 16. Floreal Jahr XI (6.5. 1803). In: Mainzer Zeitung Jahr XI (1802/1803) Nr. 118.

Vortrag der gemeinderäthlichen Spezial=Commission, die Vergrößerung des hiesigen Begräbnißplatzes, so wie die Eintheilung und Ordnung auf demselben, bezüglich der Abgabe von Familien=Grabstätten betreffend. In: Der Gemeinnützige, Nro. 35, 29.8.1847.

Bekanntmachung, die Einführung einer neuen Ordnung auf dem Begräbnisplatze zu Mainz betreffend. Regulativ, die Einführung einer neuen Ordnung auf dem Begräbnisplatze zu Mainz betreffend. Beilage zu Nr. 58 des Mainzer Wochenblattes vom 16. Mai 1850.

NEUSS

Verordnungen und Bekanntmachungen der Königl. Regierung.(Nr. 226.) Verordnung über die Erwerbung und Einrichtung der Begräbnißplätze und Feststellung einer Begräbniß - Ordnung für jede Gemeine. Amtsblatt der Regierung zu Düsseldorf. Nr. 30. 21. Mai 1838.

REUTLINGEN

Leichen= und Leichentax=Ordnung für Reutlingen. Revidiert im Jahr 1849. Stadtarchiv Reutlingen (StAR).

Stadt Reutlingen Friedhof=und Begräbnis= Ordnung 1897. Mit einer Beilage betr. Statuten für die Familien=Begräbnisse.(StAR A 537).

Gemeinde-Satzung über die Friedhöfe und das Begräbniswesen der Stadt Reutlingen mit dem Vorort Betzingen. 1910. (StAR 8410).

TRAUNSTEIN

Von der k. Regierung von Oberbayern am 23. September 1861 gnädigst genehmigte Statuten für den Gottesacker in der Stadt Traunstein. Stadtarchiv Traunstein (StATr).

TRIER

Verordnung, vom 3. Februar 1817 über den städtischen Friedhof und das darauf befindliche Leichenhaus. (StATrier 15/676)

Verordnung über die Anlegung neuer und die Erweiterung alter Begräbnisplätze vom 26. Juli 1839 (zit. nach BRUNNER 1927, S. 195ff).

TÜBINGEN

Leichen-Ordnung für die Stadt Tübingen in Wirkung getreten mit dem 1. April 1879.

Leichen= und Leichentax = Ordnung für die Stadt und Universität Tübingen von 1833.

WÜRZBURG

„Allgemeine Leichen= und Trauerordnung für die Städte des Fürstenthums Würzburg betr." Regierungsblatt für die Churpfalzbaierischen Fürstenthümer in Franken, 27. Stück; Würzburg 20. Juny 1805.